Muitas são as aflições do justo, mas o Senhor de todas o livra.
Salmos 34.19

Análise das Demonstrações Contábeis

18

ED LUIZ FERRARI

Análise das Demonstrações Contábeis

Inclui as seguintes posições dos Pronunciamentos Técnicos do CPC (Comitê de Pronunciamentos Contábeis):

CPC 00 (R1) – Estrutura Conceitual para Elaboração e Divulgação de Relatório Contábil-Financeiro
CPC 03 (R2) – Demonstração dos Fluxos de Caixa
CPC 09 – Demonstração do Valor Adicionado
CPC 16 (R1) – Estoques

CPC 21 (R1) – Demonstração Intermediária
CPC 26 (R1) – Apresentação das Demonstrações Contábeis
CPC 30 (R1) – Receitas
CPC 41 – Resultado por Ação

Niterói, RJ
2014

 © 2014, Editora Impetus Ltda.

Editora Impetus Ltda.
Rua Alexandre Moura, 51 – Gragoatá – Niterói – RJ
CEP: 24210-200 – Telefax: (21) 2621-7007

Projeto Gráfico e Editoração Eletrônica: Editora Impetus Ltda.
Capa: Wilson Cotrim
Revisão de Português: Hugo Corrêa
Impressão e encadernação: Edelbra Indústria Gráfica e Editora Ltda.

F427a
      Ferrari, Ed Luiz
         Análise das demonstrações contábeis / Ed Luiz Ferrari. – Niterói, RJ: Impetus, 2014.
         400p.; 17 x 24 cm.
         ISBN: 978-85-7626-739-3

         1. Serviço público – Brasil – Concursos. 2. Contabilidade – Problemas, questões, exercícios. 3. Balanço (Contabilidade) – Problemas, questões, exercícios. I. Título. II. Série.

                                                  CDD – 351.81076

O autor é seu professor; respeite-o: não faça cópia ilegal.
TODOS OS DIREITOS RESERVADOS – É proibida a reprodução, salvo pequenos trechos, mencionando-se a fonte. A violação dos direitos autorais (Lei nº 9.610/98) é crime (art. 184 do Código Penal). Depósito legal na Biblioteca Nacional, conforme Decreto nº 1.825, de 20/12/1907.

A **Editora Impetus** informa que se responsabiliza pelos defeitos gráficos da obra. Quaisquer vícios do produto concernentes aos conceitos doutrinários, às concepções ideológicas, às referências, à originalidade e à atualização da obra são de total responsabilidade do autor/atualizador.

www.impetus.com.br

Dedicatória

*Aos meus filhos Enzo e Lorena,
presentes de Deus, e à minha esposa Ierecê.*

Agradecimento

A Deus, o Qual torna possível nossos sonhos.

O Autor

- Analista Tributário da Receita Federal do Brasil.
- Especialista na área de concursos públicos, ministrando aulas há mais de 20 anos em diversos cursos preparatórios.
- Autor de diversos simulados e apostilas de Contabilidade Geral, Custos, Análise das Demonstrações Contábeis, Contabilidade Avançada e Auditoria.

Autor dos livros:
- *Contabilidade Geral – Teoria e mais de 1.000 questões,* pela Editora Impetus;
- *Contabilidade Geral – Questões,* pela Editora Impetus;
- *Análise de Balanços – Provas e Concursos*, editado pela Editora Campus/Elsevier.

Apresentação da Série

A preparação para concursos públicos é composta por diversas etapas, dentre as quais se destacam a escolha e seleção dos materiais adequados ao estudo de cada disciplina. Ao longo dos anos, o mercado de apoio ao concurso vem se expandindo à medida que aumenta a procura pelos cidadãos da boa remuneração e estabilidade asseguradas pelo cargo público. Observando este cenário e acompanhando as demandas e preferências dos concurseiros, a Editora Impetus oferece a *Série Impetus Concursos*, apresentando aos leitores os conteúdos mais completos e atualizados para sua preparação.

Reforçando o caráter completo das obras, a *Série* prima pela adequação constante aos conteúdos abordados em concursos por meio do desenvolvimento de uma estrutura diferenciada, pensada especificamente para cada disciplina, atendendo, assim, as suas peculiaridades. Seu objetivo é alcançar a compreensão plena do conteúdo apresentado, pelo destaque das características essenciais e respeito à lógica interna da matéria. Para isso, disponibiliza o máximo de conteúdo da maneira mais eficiente, sem desperdiçar tempo de estudo ao abordar assuntos que não são cobrados pelas bancas.

Palavras do Coordenador

Em *Análise das Demonstrações Contábeis* são apresentados, de maneira acessível e sistemática, exemplos práticos e teóricos, além de inovações trazidas pelos Pronunciamentos Técnicos do CPC.

Sobressai, na obra, a preocupação do autor em expor os conteúdos de forma a contemplar concursos de nível fundamental, médio ou superior e que sejam capazes de atender a leitores de todos os tipos, desde pesquisadores, estudantes e concurseiros até aos profissionais em busca de atualização.

Pensando em facilitar o entendimento da matéria, o autor introduz noções básicas de contabilidade geral, principalmente das demonstrações contábeis, passando pelas mais complexas e, ao final de cada capítulo, inclui exercícios com gabarito e solução comentada, dispostos de forma clara e objetiva.

Ed Luiz Ferrari, analista tributário da Receita Federal e especialista na área de concursos públicos, traz a lume um verdadeiro manual de contabilidade, fruto de sua longa experiência como profissional atuante da área contábil e professor de diversos cursos preparatórios, para todos aqueles que precisam desenvolver seus conhecimentos e garantir sua colocação.

Possuo grande admiração por meu amigo Ed Luiz, exemplo de professor dedicado e competente. Certamente, ele traz a segurança e o conhecimento de que o leitor precisa.

William Douglas
Professor, Escritor e Juiz Federal

Apresentação do Autor

Esta obra visa, sobretudo, atender as necessidades de candidatos a diversos concursos públicos, onde são exigidos conhecimentos de análise das demonstrações contábeis para resolução das questões elaboradas pelas diversas bancas que incluem esse tópico em seus editais, além de conhecimentos da estrutura e formas de elaboração dessas demonstrações.

O conteúdo do presente trabalho também poderá ser utilizado por aqueles que, por razões profissionais, acadêmicas ou quaisquer outras motivações, desejam a aprendizagem teórica com exemplos práticos de análise das demonstrações contábeis, bem como das inovações trazidas pelos Pronunciamentos Técnicos do CPC (Comitê de Pronunciamentos Contábeis), tais como a divisão da DRE (Demonstração do Resultado do Exercício) em "operações continuadas" e "operações descontinuadas", conforme definido no Pronunciamento Técnico CPC 26 (R1) – Apresentação das Demonstrações Contábeis, o novo conceito de "receita", segundo o Pronunciamento Técnico CPC 30 (R1) – Receitas, demonstrações contábeis "intermediárias", conforme o Pronunciamento Técnico CPC 21 (R1) – Demonstração Intermediária – e o cálculo do "resultado por ação", conforme o Pronunciamento Técnico CPC 41 – Resultado por Ação, resultado este que deverá ser indicado ao final das demonstrações do resultado das empresas brasileiras, em consonância com as novas regras contábeis adotadas no Brasil, as quais devem seguir os padrões internacionais de contabilidade.

Além dos exercícios resolvidos nos capítulos, todos os exercícios de fixação ao final de cada capítulo possuem gabarito e solução comentada.

Para que se possa entender o conteúdo, são necessários conhecimentos básicos de contabilidade geral, principalmente das demonstrações contábeis, de modo que as demonstrações mais básicas (Balanço Patrimonial, DRE, Demonstração dos Lucros ou Prejuízos Acumulados e Demonstração das Mutações do Patrimônio Líquido) serão revistas no capítulo 1 e as demonstrações mais complexas (Demonstração dos Fluxos de Caixa, Demonstração do Valor Adicionado e Demonstração do Resultado Abrangente) serão revistas nos capítulos 6, 7 e 8.

Desde já, agradeço a confiança dispensada, estando aberto a quaisquer observações ou críticas que contribuam para o aperfeiçoamento desta obra.

Ed Luiz Ferrari

Sumário

Capítulo 1	Demonstrações Contábeis	1

1. Conceito e Finalidade das Demonstrações Contábeis 1
2. Elaboração e Divulgação das Demonstrações Contábeis 3
3. Conjunto das Demonstrações Contábeis 4
4. Demonstrações Contábeis Intermediárias 5
5. Balanço Patrimonial (BP) 8
    5.1. Conceito 8
    5.2. Grupos de Contas do Balanço 8
    5.3. Apresentação do Balanço Patrimonial 8
    5.4. Ativo Circulante 10
        5.4.1. Disponibilidades 10
        5.4.2. Direitos Realizáveis no Exercício Seguinte 10
        5.4.3. Despesas do Exercício Seguinte 10
    5.5. Ativo Não Circulante 11
        5.5.1. Ativo Realizável a Longo Prazo 11
        5.5.2. Ativo Investimentos 12
        5.5.3. Ativo Imobilizado 13
        5.5.4. Ativo Intangível 13
    5.6. Passivo Circulante 14
    5.7. Passivo Não Circulante 14
    5.8. Patrimônio Líquido 15
        5.8.1. Capital Social 15
        5.8.2. Reservas 16
            5.8.2.1. Reservas de Capital 16
            5.8.2.2. Reservas de Lucros 17

		5.8.3. Ações em Tesouraria 26
	5.9.	Exemplo de Balanço Patrimonial 27
	6.	Demonstração do Resultado do Exercício (DRE) 28
		6.1. Conceito 28
		6.2. Apresentação da DRE 28
		6.3. O Novo Conceito de Receita 29
		6.4. Operações Continuadas e Operações Descontinuadas .. 33
	7.	Demonstração dos Lucros ou Prejuízos Acumulados (DLPA) .. 36
		7.1. Objetivo 36
		7.2. Apresentação da DLPA 40
	8.	Demonstração das Mutações do Patrimônio Líquido (DMPL) ... 40

Exercícios de Fixação 49

Capítulo 2   Análise das Demonstrações Contábeis 65

     1. Conceito 65
     2. Pequeno Histórico 66
     3. Necessidade 66
     4. Interpretação dos Indicadores Obtidos 66
     5. Usuários das Informações da Análise 66
     6. Principais Processos de Análise 67
     7. Análise Vertical 67
     8. Análise Horizontal 69
     9. Análise por Quocientes 71

Exercícios de Fixação 80

Capítulo 3   Análise por Quocientes 95

     1. Introdução 95
     2. Quocientes de Liquidez 95
         2.1. Objetivo 95
         2.2. Liquidez Corrente (LC) 96
         2.3. Liquidez Seca (LS) 97
         2.4. Liquidez Imediata (LI) 98
         2.5. Liquidez Geral (LG) 98
         2.6. Solvência (S) 99

3. Quocientes de Endividamento 106
   3.1. Objetivo 106
   3.2. Endividamento (E) 106
      3.2.1. Endividamento em Relação ao
             CAPITAL PRÓPRIO 106
      3.2.2. Endividamento em Relação ao ATIVO TOTAL . 108
   3.3. Composição do Endividamento (CE) 109
   3.4. Imobilização do Capital Próprio (ICP) 109
   3.5. Imobilização dos Recursos Não Correntes (IRNC) 110
4. Quocientes de Rotatividade 111
   4.1. Objetivo 111
   4.2. Rotação (ou Giro) de Estoques 111
   4.3. Prazo Médio de Rotação (ou Renovação) de Estoques
        (PMRE) 112
   4.4. Rotação de Clientes (RC) 112
   4.5. Prazo Médio de Recebimento de Vendas (PMRV) 114
   4.6. Ciclo Operacional (COP) 114
   4.7. Rotação de Fornecedores (RF) 115
   4.8. Prazo Médio de Pagamento de Compras (PMPC) 116
   4.9. Ciclo Operacional de Empresa Industrial 117
   4.10. Ciclo Financeiro – CF (ou Ciclo de Caixa – CC) 123
      4.10.1. Ciclo Financeiro Desfavorável 123
      4.10.2. Ciclo Financeiro Favorável 124
   4.11. Giro de Caixa (GC) 125
5. Quocientes de Rentabilidade (ou Lucratividade) 128
   5.1. Objetivo 128
   5.2. Giro do Ativo (GA) 128
   5.3. Giro do Ativo Operacional (GAOP) 130
   5.4. Margem Bruta (MB) 130
   5.5. Margem Operacional (MOP) 131
   5.6. Margem Líquida (ML) 132
   5.7. Retorno (ou Rentabilidade ou Lucratividade)
        do Ativo (RA) 132
   5.8. *Pay-Back* (PB) 133
   5.9. Retorno (ou Rentabilidade) Operacional do Ativo (ROA) ... 133

5.10. Retorno (ou Rentabilidade) do Ativo Operacional (RAOP) 135
5.11. Retorno (ou Rentabilidade) do Capital Próprio (RCP) 136
5.12. Rentabilidade (ou Rendimento) do Capital Aplicado em Estoques (RCAE) 138
6. Quocientes de Interesse de Investidores em Ações 139
   6.1. Valor Patrimonial da Ação (VPA) 139
   6.2. Prazo de Retorno Econômico da Ação (PRE) 139
   6.3. Prazo de Retorno Financeiro da Ação (PRF) 140
   6.4. Dividendo por Ação 140
   6.5. Resultado por Ação 142
      6.5.1. Introdução e Conceitos Básicos 142
      6.5.2. Tipos de Resultado por Ação 145
      6.5.3. Número Médio Ponderado de Ações Ordinárias (ou Preferenciais) 145
      6.5.4. Resultado Básico por Ação 146
      6.5.5. Resultado Diluído por Ação 146
7. Quocientes Combinados 153
   7.1. Termômetro de Kanitz 153
   7.2. Custo Médio Ponderado de Capital – CMPC (*Weighted Average Cost of Capital – WACC*) *156*
   7.3. Valor Econômico Agregado – EVA (*Economic Value Added*) *158*
Exercícios de Fixação 176

Capítulo 4   **Quocientes Complexos** **263**
1. Grau de Alavancagem Financeira 263
   1.1. Introdução 263
   1.2. Exemplo Prático de Cálculo do GAF 263
   1.3. Fórmula para o Cálculo do GAF 265
   1.4. Forma Alternativa de Análise do GAF 268
2. Grau de Alavancagem Operacional (GAO) 275
Exercícios de Fixação 281

Capítulo 5	Análise do Capital de Giro	291
	1. Tipos de Capital de Giro	291
	1.1. Capital de Giro Financeiro	291
	1.2. Capital de Giro Operacional	292
	1.3. Capital de Giro Permanente	292
	1.4. Capital de Giro Sazonal	292
	2. Diferença entre Capital de Giro Líquido e Capital de Giro Próprio	294
	3. Necessidade de Capital de Giro (NCG)	295
	4. Saldo de Tesouraria	298
	5. Efeito Tesoura (ou *Overtrading*)	299
Exercícios de Fixação		303
Capítulo 6	Demonstração dos Fluxos de Caixa (DFC)	311
	1. Conceito e Objetivo	311
	2. Disponibilidades	312
	3. Equivalentes de Caixa	312
	4. Obrigatoriedade da DFC	312
	5. Fluxos de Caixa – Classificação	313
	6. Fluxos das Atividades Operacionais (FAO)	314
	7. Fluxos das Atividades de Investimento (FAI)	317
	8. Fluxos das Atividades de Financiamento (FAF)	318
	9. Métodos de Elaboração da DFC	319
	10. Método Direto	319
	11. Método Indireto	320
Exercícios de Fixação		330
Capítulo 7	Demonstração do Valor Adicionado (DVA)	345
	1. Conceito e Objetivo	345
	2. Obrigatoriedade	345
	3. Relação da DVA com a DRE	345
	4. Estrutura da DVA	345
Exercícios de Fixação		352

Capítulo 8	Demonstração do Resultado Abrangente (DRA).....................363	
	1. Introdução 363	
	2. Outros Resultados Abrangentes...365	
	3. Demonstração do Resultado Abrangente (DRA) 366	

Exercícios de Fixação 367

Capítulo 9	Questões do CESPE/UnB..371	
	1. Introdução 371	
	2. Algumas Questões Resolvidas e Comentadas.....................373	

Capítulo 1

Demonstrações Contábeis

1. Conceito e Finalidade das Demonstrações Contábeis

As DEMONSTRAÇÕES CONTÁBEIS, também chamadas de DEMONSTRAÇÕES FINANCEIRAS ou RELATÓRIOS CONTÁBEIS-FINANCEIROS, se apresentam em forma de quadros técnicos que informam sucintamente de modo objetivo e sistematizado a situação patrimonial, financeira, econômica e dos fluxos de caixa de uma entidade, visando atender, principalmente, os usuários **externos**, os quais podem ser entidades físicas ou jurídicas, tais como investidores, acionistas minoritários, fornecedores, credores por empréstimos ou financiamentos etc., tendo em vista que esses tipos de usuários, em geral, não têm acesso às informações contábeis-financeiras que poderão atender suas necessidades específicas.

O Pronunciamento Conceitual Básico (R1) do CPC (Comitê de Pronunciamentos Contábeis), o qual é conhecido como CPC "00" (R1) – Estrutura Conceitual para Elaboração e Divulgação de Relatório Contábil-Financeiro, se refere às Demonstrações Contábeis como "Relatórios Contábeis-Financeiros". Além disso, o Pronunciamento Técnico CPC 26 (R1) – Apresentação das Demonstrações Contábeis, em seu item 7, dá a seguinte definição:

DEMONSTRAÇÕES CONTÁBEIS DE PROPÓSITO GERAL (referidas simplesmente como demonstrações contábeis) são aquelas cujo propósito reside no atendimento das necessidades informacionais de usuários externos que não se encontram em condições de requerer relatórios especificamente planejados para atender às suas necessidades peculiares.

Nota 1: "R1" significa que o CPC "00" (R1) e o CPC 26 (R1), até o presente momento de elaboração desta obra, estão na 1ª revisão.

Nota 2: A SITUAÇÃO PATRIMONIAL se refere aos bens, direitos e obrigações pertencentes à entidade em dado momento (regra geral, ao final do ano-calendário), os quais são evidenciados na demonstração contábil denominada de BALANÇO PATRIMONIAL.

Nota 3: A SITUAÇÃO FINANCEIRA se refere ao potencial que uma entidade possui de quitar suas dívidas com terceiros, podendo esse potencial ser avaliado pelas informações obtidas do balanço patrimonial da entidade, o qual fornecerá, entre outras coisas, os valores dos recursos aplicados em caixa ou equivalentes de caixa, bem como outros ativos que se converterão em dinheiro em curto ou longo prazos, seja por recebimento (ex.: duplicatas a receber) ou por venda (ex.: mercadorias), além de fornecer todas as dívidas a pagar, sendo essas indicadas no passivo da entidade.

Nota 4: A SITUAÇÃO ECONÔMICA (ou SITUAÇÃO DE DESEMPENHO) se refere ao resultado, isto é, ao lucro ou prejuízo da entidade referente a dado período (normalmente de 1 ano), o qual é evidenciado na DRE (Demonstração do Resultado do Exercício).

Nota 5: Os FLUXOS DE CAIXA correspondem aos movimentos de entradas e saídas de disponibilidades (dinheiro) numa entidade ao longo de determinado período, sendo esses movimentos evidenciados na DFC (Demonstração dos Fluxos de Caixa).

Corroborando e complementando tudo isso, o Pronunciamento Técnico CPC 26 (R1) – Apresentação das Demonstrações Contábeis, em seu item 9, define a finalidade das Demonstrações Contábeis. Abaixo, reproduzimos esse item (grifos nossos):

> *9. As demonstrações contábeis são uma representação estruturada da posição PATRIMONIAL e FINANCEIRA e do DESEMPENHO da entidade. O objetivo das demonstrações contábeis é o de proporcionar informação acerca da posição **patrimonial** e **financeira**, do **desempenho** e dos **fluxos de caixa** da entidade que seja útil a um grande número de usuários em suas avaliações e tomada de decisões econômicas. As demonstrações contábeis também objetivam apresentar os resultados da atuação da administração, em face de seus deveres e responsabilidades na gestão diligente dos recursos que lhe foram confiados. Para satisfazer a esse objetivo, as demonstrações contábeis proporcionam informação da entidade acerca do seguinte:*
>
> *(a) ativos;*
>
> *(b) passivos;*
>
> *(c) patrimônio líquido;*
>
> *(d) receitas e despesas, incluindo ganhos e perdas;*
>
> *(e) alterações no capital próprio mediante integralizações dos proprietários e distribuições a eles; e*
>
> *(f) fluxos de caixa.*
>
> *Essas informações, juntamente com outras informações constantes das notas explicativas, ajudam os usuários das demonstrações contábeis a prever os futuros fluxos de caixa da entidade e, em particular, a época e o grau de certeza de sua geração.*

2. Elaboração e Divulgação das Demonstrações Contábeis

Antes de mais nada, não se há de confundir **elaboração** das demonstrações contábeis com **divulgação** (ou publicação) dessas demonstrações. Ao passo que a primeira é o ato de <u>confeccionar</u> as demonstrações, a divulgação, conforme definido na Resolução do CFC nº 737/92, é o ato de <u>colocar as demonstrações contábeis da entidade à disposição de seus usuários</u>, visando fornecer a esses usuários um conjunto mínimo de informações de natureza patrimonial, econômica, financeira, legal, física e social que lhes possibilitem o conhecimento e a análise da situação da entidade.

Com relação à <u>época de elaboração</u> das demonstrações contábeis, o art. 176 da Lei nº 6.404/1976 (Lei das Sociedades por Ações) determina que, ao final de cada exercício social, a diretoria da companhia fará elaborar, com base na escrituração mercantil, as demonstrações contábeis, devendo estas serem publicadas com a indicação dos valores correspondentes do exercício anterior.

Embora a Lei das Sociedades por Ações não determine <u>quando</u> as companhias devam encerrar seus exercícios sociais, estabelecendo apenas no seu art. 175 que o exercício social terá a duração de **<u>1 (um) ano</u>** e a data do término será fixada no estatuto da companhia, praticamente a totalidade das companhias adotam o ano-calendário como exercício social, isto é, iniciam seus exercícios sociais em 1º de janeiro e os encerram em 31 de dezembro de cada ano.

Assim, em geral, a data "referência" das demonstrações contábeis é 31 de dezembro de cada ano (final do exercício social).

Cabe ressaltar que isso deve ser entendido no sentido de que essas demonstrações, em regra, "se referem" à data de 31 de dezembro de cada ano e não que os contadores das companhias têm que fazê-las nessa data, mesmo porque não haveria tempo hábil para isso. Em geral, as demonstrações são "efetivamente" elaboradas no ano seguinte (normalmente, a elaboração se dá até o final do 1º trimestre do ano seguinte, visto que os administradores da companhia devem comunicar cópia das demonstrações até 1 mês antes da data da assembleia geral ordinária, a qual se reunirá nos 4 primeiros meses seguintes ao término do exercício social).

Com relação à <u>PUBLICAÇÃO</u> (ou <u>DIVULGAÇÃO</u>) das demonstrações contábeis, esta é efetuada uma vez por ano, visto que o art. 132 da Lei nº 6.404/76 determina que, anualmente, nos <u>4 (quatro) primeiros meses seguintes ao término do exercício social</u>, deverá haver 1 (uma) assembleia geral para, entre outras coisas, examinar, discutir e votar as demonstrações financeiras. Além disso, o art. 133 da mesma lei determina que os administradores devem comunicar, entre outras coisas, a cópia das demonstrações financeiras, <u>até 1 (um) mês antes da data marcada para a realização da assembleia geral ordinária</u>, por anúncios publicados na forma prevista no art. 124, que se acham à disposição dos acionistas. Também, o § 3º do referido art.133 determina que a cópia das demonstrações contábeis **será publicada** até 5 (cinco) dias, pelo menos, <u>antes</u> da data marcada para a realização da assembleia geral. Assim, diante disso e partindo do princípio que a data do término do exercício social seja 31 de dezembro, podemos inferir que a assembleia geral ordinária tem até 30 de abril do ano seguinte para se reunir e a **1ª publicação das demonstrações contábeis** deve ser feita "até" dia 25 de abril do ano seguinte ao exercício social ao qual se refere tais demonstrações, as quais ainda não foram aprovadas pela referida assembleia geral, lembrando que esta ainda não se reuniu para votar as demonstrações. Caso essas demonstrações sejam aprovadas pela assembleia geral, não haverá republicação das mesmas. No entanto, conforme o § 4º do art. 134 da mesma lei, se a assembleia aprovar as demonstrações financeiras com modificação no montante do lucro do exercício ou no valor das obrigações da companhia, os administradores promoverão, dentro de 30 (trinta) dias, a **republicação das demonstrações**, com as retificações deliberadas pela assembleia; se a destinação dos lucros proposta pelos órgãos de administração não lograr aprovação (art. 176, § 3º), as modificações introduzidas constarão da ata da assembleia. Adicionalmente a isso tudo, a Resolução do CFC nº 737/92 determina que a REPUBLICAÇÃO das demonstrações contábeis aplica-se quando:

(a) as demonstrações forem elaboradas em desacordo com os princípios fundamentais de contabilidade, ou com infringência de normas de órgãos reguladores; e

(b) a assembleia de sócios ou acionistas, quando for o caso, aprovar a retificação das Demonstrações Contábeis Publicadas.

Ainda, de acordo com a referida resolução, **não é necessária** a republicação das demonstrações contábeis, **quando a assembleia de sócios ou acionistas alterar apenas a destinação de resultados proposta pela administração da entidade**. Adicionalmente a esse fato, é oportuno mencionar que, em conformidade com o § 3º do art. 176 da Lei nº 6.404/76, as demonstrações financeiras registrarão a destinação dos lucros segundo a proposta dos órgãos da ADMINISTRAÇÃO, **no pressuposto de sua aprovação pela assembleia geral**.

Diante disso tudo, pode-se denotar que as demonstrações contábeis publicadas pela 1ª vez contêm as destinações propostas pela administração e não pela assembleia geral, a qual, caso queira alterar apenas a destinação dos resultados, tem a dispensa da obrigatoriedade da republicação das mesmas.

Entendemos que a provável razão desse disposto é explicada pelo fato das demonstrações contábeis visarem, sobretudo, atender os usuários externos, os quais, em regra, não têm interesse direto na forma como a sociedade distribuiu seus resultados.

3. CONJUNTO DAS DEMONSTRAÇÕES CONTÁBEIS

O art. 176 da referida Lei nº 6.404/76 elenca as seguintes demonstrações contábeis:

- Balanço Patrimonial;
- Demonstração dos Lucros ou Prejuízos Acumulados (DLPA);
- Demonstração do Resultado do Exercício (DRE);
- Demonstração dos Fluxos de Caixa (DFC);
- Se companhia aberta, Demonstração do Valor Adicionado (DVA).

Todavia, a Deliberação da CVM nº 59 de 1986 determina a obrigatoriedade da DMPL (Demonstração das Mutações do Patrimônio Líquido) para as companhias abertas, a qual incluirá, além das informações contidas na DLPA, todas as demais alterações ocorridas no patrimônio líquido, de forma que a elaboração da DMPL dispensa a elaboração da DLPA, dado que esta já está incluída naquela.

Adicionalmente às demonstrações mencionadas anteriormente, o § 4º do art. 176 da referida lei determina que as demonstrações serão <u>complementadas</u> por NOTAS EXPLICATIVAS e outros quadros analíticos ou outras demonstrações contábeis necessárias.

Embora a Lei nº 6.404/76 esteja em vigor, o CONJUNTO COMPLETO DAS DEMONSTRAÇÕES CONTÁBEIS exigidas no Brasil se encontra no item 10 do Pronunciamento Técnico CPC 26 (R1) – Apresentação das Demonstrações Contábeis, o qual reproduzimos abaixo:

> *10. O conjunto completo de demonstrações contábeis inclui:*
> *(a) balanço patrimonial ao final do período;*
>   *(b1) demonstração do resultado do período;*
>   *(b2) demonstração do resultado abrangente do período;*
> *(c) demonstração das mutações do patrimônio líquido do período;*
> *(d) demonstração dos fluxos de caixa do período;*
> *(e) notas explicativas, compreendendo um resumo das políticas contábeis significativas e outras informações elucidativas;*
> *(f) balanço patrimonial do início do período mais antigo, comparativamente apresentado, quando a entidade aplica uma política contábil retrospectivamente ou procede à reapresentação retrospectiva de itens das demonstrações contábeis, ou ainda quando procede à reclassificação de itens de suas demonstrações contábeis; e*
> *(g) demonstração do valor adicionado do período, conforme Pronunciamento Técnico CPC 09, se exigido legalmente ou por algum órgão regulador ou mesmo se apresentada voluntariamente.*

No presente capítulo, estudaremos de forma resumida e simplificada as demonstrações contábeis básicas, que compreendem o Balanço Patrimonial, a DRE, a DLPA e a DMPL.

No caso das demonstrações mais complexas (DFC, DVA e DRA), essas serão estudadas de forma mais detalhada nos capítulos 6, 7 e 8 desta obra.

4. DEMONSTRAÇÕES CONTÁBEIS INTERMEDIÁRIAS

De acordo com o item 1 do Pronunciamento Técnico CPC 21 (R1) – Demonstração Intermediária, as companhias ABERTAS, quando não exigido de forma diferente legalmente, são incentivadas a divulgar demonstrações contábeis intermediárias de acordo com os princípios de reconhecimento, mensuração e de divulgação contidos nesse Pronunciamento. Especificamente, as companhias abertas são encorajadas a:

(a) disponibilizar demonstrações contábeis intermediárias <u>pelo menos semestralmente</u>; e

(b) provê-las em até 60 dias após o fim do período intermediário.

Conforme o item 4 do mesmo CPC, PERÍODO INTERMEDIÁRIO é um período inferior àquele do exercício social completo (inferior a 01 ano). Abaixo, reproduzimos os itens 20 a 22 do CPC 21 (R1) e os itens A1 e A2 do apêndice desse CPC (grifos nossos):

> **20.** *Demonstrações contábeis intermediárias devem incluir as demonstrações contábeis (condensadas ou completas) para os seguintes períodos:*
>
> *(a) balanço patrimonial ao fim do período intermediário corrente e o balanço patrimonial comparativo do final do exercício social imediatamente anterior;*
>
> *(b) demonstração do resultado e demonstração do resultado abrangente do período intermediário corrente e acumulado no exercício social corrente, comparadas com as dos períodos intermediários do exercício social anterior (corrente e acumulado no ano). Conforme permitido no Pronunciamento Técnico CPC 26 – Apresentação das Demonstrações Contábeis, a demonstração do resultado abrangente pode ser apresentada em quadro demonstrativo próprio ou incluída dentro das mutações do patrimônio líquido;*
>
> *(c) demonstração das mutações do patrimônio líquido acumuladas no ano, com demonstração comparativa também acumulada do exercício social anterior;*
>
> *(d) demonstração dos fluxos de caixa acumulados no ano, com demonstração comparativa também acumulada do exercício social anterior.*

> **21.** *Para a entidade cujos negócios sejam altamente sazonais, podem ser úteis informações financeiras para os últimos 12 meses terminados no final do período intermediário e para os 12 meses anteriores comparáveis. Portanto, entidades cujos negócios são altamente sazonais são encorajadas a considerar a divulgação de tais informações em adição às informações referidas no item anterior.*

> **22.** *O Apêndice A ilustra os períodos requeridos a serem apresentados por entidade que divulga semestralmente e para a entidade que divulga trimestralmente.*
>
> **Entidade que divulga ou publica demonstrações contábeis intermediárias SEMESTRALMENTE**
>
> ***A1.*** *O exercício social da entidade se encerra em 31 de dezembro (ano calendário). A entidade vai apresentar as seguintes demonstrações contábeis (condensadas ou completas) no seu relatório intermediário semestral de 30 de junho de 20X1:*
>
> ***Balanço Patrimonial:***
> *Em 30 de junho de 20X1 31 de dezembro de 20X0*
>
> ***Demonstração do Resultado e do Resultado Abrangente:***
> *6 meses finalizando em 30 de junho de 20X1 30 de junho de 20X0*
>
> ***Demonstração dos Fluxos de Caixa:***
> *6 meses finalizando em 30 de junho de 20X1 30 de junho de 20X0*
>
> ***Demonstração das Mutações do Patrimônio Líquido:***
> *6 meses finalizando em 30 de junho de 20X1 30 de junho de 20X0*

Entidade que divulga ou publica demonstrações contábeis intermediárias <u>**TRIMESTRALMENTE**</u>

A2. *O exercício social da entidade se encerra em 31 de dezembro (ano calendário). A entidade vai apresentar as seguintes demonstrações contábeis (condensadas ou completas) nos seus três relatórios intermediários trimestrais, de 31 de março de 20X1 (1º trim 20X1), de 30 de junho de 20X1 (2º trim 20X1) e de 30 de setembro de 20X1 (3º trim 20X1):*

Balanço Patrimonial no final do período intermediário e balanço comparativo do ano financeiro imediatamente anterior:

31-mar-20X1 e 31-dez-20X0

30-jun-20X1 e 31-dez-20X0

30-set-20X1 e 31-dez-20X0

Demonstrações do Resultado e do Resultado Abrangente do período intermediário corrente e acumulado do ano, comparadas com os mesmos períodos do ano anterior:

1º Trim 20X1:
(três meses) 01-jan-20X1 a 31-mar-20X1 e 01-jan-20X0 a 31-mar-20X0

2º Trim 20X1:
(seis meses) 01-jan-20X1 a 30-jun-20X1 e 01-jan-20X0 a 30-jun-20X0
(três meses) 01-abr-20X1 a 30-jun-20X1 e 01-abr-20X0 a 30-jun-20X0

3º Trim 20X1:
(nove meses) 01-jan-20X1 a 30-set-20X1 e 01-jan-20X0 a 30-set-20X0
(três meses) 01-jul-20X1 a 30-set-20X1 e 01-jul-20X0 a 30-set-20X0

Demonstração das Mutações do Patrimônio Líquido acumulada no ano até a data do período intermediário, comparada com o mesmo período do ano anterior:

1º Trim 20X1:
(três meses) 01-jan-20X1 a 31-mar-20X1 e 01-jan-20X0 a 31-mar-20X0

2º Trim 20X1:
(seis meses) 01-jan-20X1 a 30-jun-20X1 e 01-jan-20X0 a 30-jun-20X0

3º Trim 20X1:
(nove meses) 01-jan-20X1 a 30-set-20X1 e 01-jan-20X0 a 30-set-20X0

Demonstração dos Fluxos de Caixa acumulada no ano até a data do período intermediário, comparada com o mesmo período do ano anterior:

1º Trim 20X1:
(três meses) 01-jan-20X1 a 31-mar-20X1 e 01-jan-20X0 a 31-mar-20X0

2º Trim 20X1:
(seis meses) 01-jan-20X1 a 30-jun-20X1 e 01-jan-20X0 a 30-jun-20X0

3º Trim 20X1:
(nove meses) 01-jan-20X1 a 30-set-20X1 e 01-jan-20X0 a 30-set-20X0

5. BALANÇO PATRIMONIAL (BP)

5.1. Conceito

O BP é a demonstração contábil que evidencia o PATRIMÔNIO de uma entidade em dado momento, ou seja, o Ativo (A), o PASSIVO EXIGÍVEL (P) e o Patrimônio Líquido (PL) da entidade ao final de determinado período contábil (normalmente em 31 de dezembro de cada ano), sempre observando o perfeito equilíbrio entre a soma total do Ativo e a soma total do Passivo Exigível com o Patrimônio Líquido, isto é, A = P + PL.

5.2. Grupos de Contas do Balanço

ATIVO
- CIRCULANTE
- NÃO CIRCULANTE
  - Realizável a Longo Prazo
  - Investimentos
  - Imobilizado
  - Intangível

PASSIVO EXIGÍVEL
- CIRCULANTE
- NÃO CIRCULANTE

PATRIMÔNIO LÍQUIDO (= Passivo Não Exigível)

5.3. Apresentação do Balanço Patrimonial

Um dos modos de apresentar o balanço patrimonial é em forma de colunas justapostas, onde, convencionalmente, o ATIVO (A) é posto do lado esquerdo e o PASSIVO EXIGÍVEL (P) e o Patrimônio Líquido (PL) são postos do lado direito.

Considerando a equação patrimonial "PL = A − P", ou seja, "A = P + PL", a soma "P + PL" é comumente denominada no balaço patrimonial de "Total do Passivo", visto que no balanço o PL é considerado "Passivo Não Exigível".

Cabe ressaltar, no entanto, que fora do contexto de balanço patrimonial, a expressão "Passivo" é equivalente tão somente a "Passivo Exigível" (= Passivo Circulante + Passivo Não Circulante).

De outro modo, somente no contexto de balanço é que a expressão "passivo" pode também incluir o PL.

ATIVO	PASSIVO (Total)
ATIVO CIRCULANTE (AC)	PASSIVO CIRCULANTE (PC)
ATIVO NÃO CIRCULANTE (ANC) • Realizável a Longo Prazo • Investimentos • Imobilizado • Intangível	PASSIVO NÃO CIRCULANTE (PNC) PATRIMÔNIO LÍQUIDO (PL)
Total do Ativo X,00	Total do Passivo X,00

Obs. 1: Uma forma mais detalhada de apresentar a equação patrimonial é a seguinte:

AC + ANC = PC + PNC + PL

Obs. 2: Outra forma de apresentar o balanço é em colunas <u>sobrepostas</u>, onde o Ativo é posto na coluna de cima e o Passivo Exigível e o PL na coluna de baixo:

ATIVO
ATIVO CIRCULANTE (AC)
ATIVO NÃO CIRCULANTE (ANC) • Realizável a Longo Prazo • Investimentos • Imobilizado • Intangível
Total do Ativo X,00
PASSIVO
PASSIVO CIRCULANTE (PC)
PASSIVO NÃO CIRCULANTE (PNC)
PATRIMÔNIO LÍQUIDO (PL)
Total do Passivo X,00

5.4. Ativo Circulante

É composto por três partes:

- Disponibilidades
- Direitos realizáveis no exercício seguinte
- Despesas do exercício seguinte

5.4.1. Disponibilidades

Representam os <u>bens numerários</u> (dinheiro). As disponibilidades mais conhecidas são:

Caixa (dinheiro no cofre, em espécie ou cheques de terceiros)

Bancos Conta Movimento (dinheiro na conta-corrente bancária)

Aplicações de Liquidez Imediata (dinheiro aplicado para resgate no prazo máximo de 3 meses – ex.: caderneta de poupança).

5.4.2. Direitos Realizáveis no Exercício Seguinte

Equivalem aos <u>direitos pessoais</u> realizáveis no exercício seguinte (= créditos da empresa contra terceiros para recebimento ou compensação no exercício seguinte – ex.: Duplicatas a Receber, ICMS a Recuperar etc.) e aos <u>direitos reais</u> realizáveis no exercício seguinte (= bens para venda ou consumo no exercício seguinte – ex.: Mercadorias, Matérias-Primas, Material de Almoxarifado etc.)

Obs. 1: No sentido <u>estrito</u>, a palavra "direitos" se refere exclusivamente aos créditos de uma entidade contra terceiros (= direitos pessoais), tais como as duplicatas a receber de uma empresa em função de suas vendas a prazo, as quais representam créditos contra seus clientes. No sentido <u>amplo</u>, a mesma palavra pode também significar os bens de uma entidade (= direitos reais), como, por exemplo, as mercadorias para revenda no estoque de uma empresa comercial. A Lei das Sociedades por Ações (Lei nº 6.404/1976) utiliza a referida palavra no sentido <u>amplo</u>. Assim, por exemplo, quando no seu art. 179 define como uma das partes do ativo circulante os "direitos realizáveis no exercício seguinte", denota-se que estão incluídos não só os direitos pessoais, mas também todos os bens que serão realizados no exercício seguinte.

Obs. 2: Contabilmente falando, a palavra "REALIZAR" tem o sentido geral de "acabar com", "desfazer de". Desta forma, realizar mercadorias, significa vender as mercadorias; realizar as matérias-primas significa transformá-las em produtos. Realizar as duplicatas a receber significa receber essas duplicatas etc.

5.4.3. Despesas do Exercício Seguinte

Representam, em geral, as despesas pagas no exercício atual, cuja competência se refere ao exercício seguinte.

Dessa forma, por exemplo, se uma empresa pagasse antecipadamente em dezembro de X1 o aluguel referente a janeiro de X2, surgiria no ativo circulante do balanço de 31/12/X1 a conta "Aluguéis a Vencer" (ou "Aluguéis Pagos Antecipadamente" ou "Aluguéis a Transcorrer" ou "Aluguéis a Apropriar"). Nesse caso, a contabilização desse pagamento poderia ser feita da seguinte forma:

D – Aluguéis a Vencer

C – Caixa (ou Bancos)

Transcorrido o mês de janeiro de X2, a despesa de aluguel seria considerada "incorrida" e, ao final desse mês, essa despesa seria "apropriada", isto é, haveria o reconhecimento contábil da ocorrência de seu fato gerador, que é a utilização do imóvel no mês de janeiro de X2. Por fim, a conta "Aluguéis a Vencer" daria lugar à conta "Despesas de Aluguéis", mediante a seguinte contabilização:

D – Despesas de Aluguéis

C – Aluguéis a Vencer

Com isso, o que seria ativo circulante no balanço de X1 passaria a ser despesa no resultado de X2.

5.5. Ativo Não Circulante

É composto por 4 (quatro) subgrupos:

- Ativo Realizável a Longo Prazo
- Ativo Investimentos
- Ativo Imobilizado
- Ativo Intangível

5.5.1. Ativo Realizável a Longo Prazo

É formado por duas partes:

1ª PARTE – Direitos realizáveis, regra geral, após o término do exercício seguinte (ex.: duplicatas que serão recebidas após o término do próximo exercício, matérias-primas que serão utilizadas na produção após o término do exercício seguinte, aplicações financeiras com resgate após o exercício seguinte etc.

2ª PARTE – Direitos derivados de vendas, adiantamentos ou empréstimos a sociedades coligadas, sociedades controladas, sócios, diretores e participantes em geral nos lucros da companhia. Nesse caso, para que tais direitos sejam classificados no realizável a longo prazo, independentemente do prazo, é necessário que sejam não usuais (= não recorrentes) na exploração do objeto da sociedade.

Assim, por exemplo, se uma empresa comercial vender mercadorias a prazo à sua coligada, as duplicatas a receber representariam direitos usuais na exploração do seu objeto, que, no caso, é vender mercadorias.

Dessa forma, a classificação dessas duplicatas em circulante ou longo prazo dependerá exclusivamente do prazo de recebimento, ou seja, se o recebimento for para o exercício seguinte, serão classificadas no ativo circulante do balanço atual. Se o recebimento for para após o exercício seguinte, serão classificadas no balanço atual como ativo realizável a longo prazo.

Se, no entanto, em vez de vender mercadorias à sua coligada, a referida empresa comercial emprestasse dinheiro à sua coligada, esse empréstimo seria sempre classificado no realizável a longo prazo, independentemente do prazo de recebimento, tendo em vista que "emprestar dinheiro" não é negócio usual (= transações não recorrentes) na exploração do objeto de uma empresa comercial.

5.5.2. Ativo Investimentos

De acordo com o inciso III do art. 179 da Lei nº 6.404/76, esse subgrupo é composto pelas participações permanentes em outras sociedades e os direitos de qualquer natureza, não classificáveis no ativo circulante (*complemento nosso: e também não classificáveis no ativo realizável a longo prazo*), e que não se destinem à manutenção da atividade da companhia ou da empresa.

Diante da definição acima e com base no Pronunciamento Técnico **CPC 28 – Propriedade para Investimento**, podemos montar o seguinte esquema:

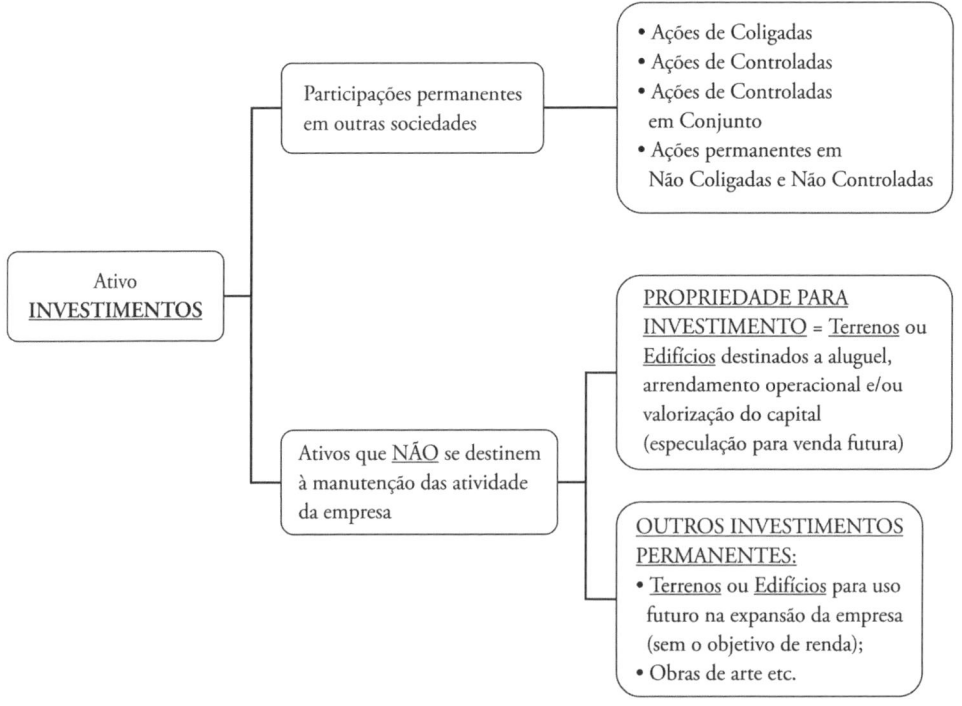

5.5.3. Ativo Imobilizado

É composto pelos bens corpóreos (bens tangíveis) destinados à manutenção das atividades da companhia ou da empresa ou exercidos com essa finalidade (bens de uso), inclusive os decorrentes de operações que transfiram à companhia os benefícios, riscos e controle desses bens (bens adquiridos por *leasing* financeiro).

- Imóveis;
- Benfeitorias em Imóveis de Terceiros;
- Veículos;
- Móveis e Utensílios;
- Máquinas e Equipamentos;
- Computadores etc.

Obs. 1: O Pronunciamento Técnico que tem por objetivo estabelecer o tratamento contábil para ativos imobilizados, de forma que os usuários das demonstrações contábeis possam discernir a informação sobre o investimento da entidade em seus ativos imobilizados, bem como suas mutações, é o CPC 27 – Ativo Imobilizado. Nesse pronunciamento, os principais pontos a serem considerados na contabilização do ativo imobilização são o reconhecimento dos ativos, a determinação dos seus valores contábeis e os valores da depreciação e perdas por desvalorização a serem reconhecidas em relação aos mesmos.

Obs. 2: Somente os bens corpóreos adquiridos por arrendamento mercantil financeiro (= *leasing* financeiro) são contabilizados como ativo imobilizado, dado que este tipo de *leasing* é equivalente a uma compra financiada. No caso de arrendamento mercantil operacional (= *leasing* operacional), os bens adquiridos não são contabilizados como ativo imobilizado e nem como qualquer outro tipo de ativo, visto que este tipo de *leasing* é equivalente ao aluguel do bem arrendado, ou seja, o arrendador não transfere ao arrendatário os riscos e benefícios dos bens objeto do arrendamento, de forma que ao final do contrato, em geral, o bem arrendado é devolvido ao arrendador, ao contrário do *leasing* financeiro. O Pronunciamento Técnico CPC 06 (R1) – Operações de Arrendamento Mercantil – dá maiores detalhes sobre essas duas formas distintas de arrendamento mercantil.

5.5.4. Ativo Intangível

É composto pelos bens incorpóreos (intangíveis) destinados à manutenção da companhia ou exercidos com essa finalidade, inclusive o fundo de comércio adquirido (= *goodwill*).

Exemplos:

- Fundo de Comércio;
- Patentes;
- Concessões Obtidas;
- *Softwares;*
- Direitos sobre Filmes Cinematográficos etc.

Obs.: O Pronunciamento Técnico CPC 04 (R1) – Ativo Intangível, é aquele que tem por objetivo definir o tratamento contábil dos ativos intangíveis que não são abrangidos especificamente em outro Pronunciamento. Esse Pronunciamento estabelece que uma entidade deve reconhecer um ativo intangível apenas se determinados critérios especificados no mesmo forem atendidos. O CPC 04 (R1) também especifica como mensurar o valor contábil dos ativos intangíveis, exigindo divulgações específicas sobre esses ativos.

5.6. Passivo Circulante

É composto pelas obrigações exigíveis no exercício seguinte, isto é, as dívidas que a empresa terá que pagar até o encerramento do próximo exercício.

Assim, por exemplo, se no balanço de 31/12/X1 há duplicatas a pagar para o exercício social de X2, estas serão classificadas naquele balanço no passivo circulante.

5.7. Passivo Não Circulante

É composto pelas obrigações exigíveis após o término do exercício seguinte. Assim, por exemplo, se no balanço de 31/12/X1 há duplicatas a pagar após o exercício social de X2, estas serão classificadas naquele balanço no passivo não circulante.

Obs. 1: Regra geral, a classificação em circulante (= curto prazo) ou longo prazo terá por base o exercício social, o qual sabemos que tem a duração de 1 ano.

Assim, por exemplo, os direitos a receber e as obrigações a pagar no exercício seguinte são, respectivamente, classificadas no balanço atual como ativo circulante e passivo circulante. Já os direitos a receber e as obrigações a pagar após o término do exercício seguinte (após 1 ano da data do balanço) são, respectivamente, classificadas no ativo realizável a longo prazo e no passivo não circulante.

No entanto, se o ciclo operacional da companhia tiver a duração superior ao exercício social (superior a 1 ano), a classificação no circulante ou longo prazo terá por base o prazo desse ciclo.

Dessa forma, por exemplo, se o ciclo operacional de uma empresa de construção civil for de 3 anos e esta estiver elaborando o seu balanço de 31/12/20X1, todos os direitos a receber e obrigações a pagar para 20X2, 20X3 e 20X4 são, respectivamente, classificados no ativo circulante e passivo circulante. Somente os direitos a receber e as obrigações a pagar a partir de 20X5 é que no balanço de 31/12/20X1 seriam, respectivamente, classificados como ativo realizável a longo prazo e passivo não circulante.

No Capítulo 3 estudaremos o significado de ciclo operacional e o seu cálculo aproximado.

Obs. 2: Conforme visto no item 5.4.3., as despesas competentes ao exercício seguinte pagas antecipadamente no exercício atual são classificadas no balanço atual como ativo circulante.

Da mesma forma, se essas despesas fossem pagas no exercício atual, mas sua competência se referisse a fatos que só se realizariam após o exercício seguinte, seriam classificadas no ativo realizável a longo prazo.

No caso das receitas recebidas antecipadamente, onde não haja obrigatoriedade de entrega de bens ou prestação de serviços e nem a possibilidade de devolução, estas serão classificadas no passivo não circulante, independentemente se competem ao próximo exercício ou a fatos que se realizarão após o exercício seguinte.

Assim, por exemplo, se uma empresa recebe em dezembro de 20X1 o aluguel referente a janeiro de 20X2, no balanço de 31/12/20X1, irá classificar no passivo não circulante esses aluguéis recebidos antecipadamente.

Já no caso das receitas recebidas antecipadamente, onde há a possibilidade de devolução ou a obrigatoriedade de entrega de bens ou prestação de serviços, tais como os adiantamentos de clientes, a classificação no passivo circulante ou não circulante dependerá do exercício ao qual os bens serão entregues ou os serviços prestados aos clientes, observando também o que foi mencionado na observação 1 sobre o ciclo operacional.

5.8. Patrimônio Líquido

A contas mais conhecidas desse grupo são as seguintes:

CONTAS POSITIVAS:

- Capital Social;
- Reservas de Capital;
- Reservas de Lucros;
- Ajustes de Avaliação Patrimonial (saldo credor).

CONTAS RETIFICADORAS (NEGATIVAS) DO PL:

- Capital a Integralizar (ou a Realizar);
- Prejuízos Acumulados;
- Ações em Tesouraria;
- Ajustes de Avaliação Patrimonial (saldo devedor).

5.8.1. Capital Social

Corresponde ao valor total de ações ou quotas subscritas na constituição da sociedade, o qual poderá ser alterado posteriormente. Desse total, à parte ainda não integralizada chamamos de Capital a Integralizar (ou a Realizar). À parte já realizada, em dinheiro ou quaisquer outros tipos de bens suscetíveis de avaliação em dinheiro, chamamos de Capital Integralizado (ou Realizado). Assim, suponhamos, por exemplo, que seja constituída uma companhia com a subscrição de 10.000 ações de valor nominal R$ 15 cada, sendo integralizadas no ato 20% em dinheiro depositado no banco e 10% em móveis e utensílios. Dessa forma, teríamos:

Capital Social

Subscrito .... R$ 150.000

a Realizar .... (R$ 105.000)

Realizado .... R$ 45.000

5.8.2. Reservas

De modo geral, as reservas representam valores acumulados no patrimônio líquido para uso posterior. Dependendo da forma como a reserva surgiu e de como será utilizada, temos dois grupos de reservas:

- Reservas de Capital;
- Reservas de Lucros.

5.8.2.1. Reservas de Capital

São constituídas por valores originários dos sócios ou de terceiros, os quais entram no patrimônio líquido da companhia, sem transitar por contas de resultado. Outrossim, podemos dizer que tais reservas têm o mesmo efeito sobre o patrimônio líquido que as receitas, mas, de forma diferente destas, não transitam pela DRE (Demonstração do Resultado do Exercício).

De acordo com o § 1º do art. 182 da Lei nº 6.404, são reservas de capital:

- Ágio na emissão de ações;
- Alienação de bônus de subscrição;
- Alienação de partes beneficiárias.

> **Obs. 1:** No caso das ações emitidas com valor nominal, o **ágio** corresponde ao excesso do valor de emissão (valor de venda) sobre o valor nominal da ação.
>
> No caso das ações sem valor nominal, o **ágio** é a parte do preço de emissão (preço de venda) que ultrapassar a importância destinada ao capital social, isto é, o ágio é a parcela do preço de venda da ação que não foi incorporada ao capital social.
>
> Assim, suponhamos, por exemplo, que uma companhia emitisse 3.000 ações de valor nominal R$ 12 por R$ 15 cada e 1.000 ações sem valor nominal por R$ 15 cada, sendo incorporados no capital social R$ 12 por ação. Desta forma, teríamos:
>
> Ações com valor nominal: Ágio = 3.000 × (R$ 15 – R$ 12) = R$ 9.000
>
> Ações sem valor nominal: Ágio = 1.000 × (R$ 15 – R$ 12) = R$ 3.000
>
> Ágio na emissão de ações = R$ 9.000 + R$ 3.000 = R$ 12.000
>
> *Contabilização:*
>
> D – Caixa/Bancos 60.000,00
>
> C – Capital Social 48.000,00
>
> C – Reservas de Capital 12.000,00

> **Obs. 2:** PARTES BENEFICIÁRIAS são títulos sem valor nominal emitidos por sociedades anônimas fechadas num prazo máximo de 10 anos, os quais dão a seus titulares o direito de participação nos lucros (máxima participação nos lucros = 10%) e, quando não resgatados no seu prazo de emissão, serão convertidos em ações da companhia.
>
> Assim, suponhamos, por exemplo, que uma companhia emitisse partes beneficiárias por R$ 14.800, no prazo de 6 anos. Desta forma, teríamos a seguinte contabilização:
>
> D – Caixa/Bancos 14.800,00
> C – Reservas de Capital 14.800,00

> **Obs. 3:** BÔNUS DE SUBSCRIÇÃO são títulos emitidos por companhias no limite do capital autorizado no estatuto, os quais, por ocasião da emissão de novas ações, darão aos seus titulares o direito de subscrição dessas ações, mediante a apresentação dos bônus e pagamento imediato das ações.
>
> A alienação de bônus de subscrição gera, para a companhia emissora, um débito em Disponibilidades (Caixa ou BCM) e um crédito em Reservas de Capital.

> **Obs. 4:** Para se aumentar o capital social de uma determinada sociedade anônima, entre outras coisas, é necessário que antes o seu estatuto seja alterado, mediante deliberação da assembleia geral.
>
> No entanto, algumas companhias autorizam em seus estatutos um limite máximo até o qual se poderá aumentar o capital, sem a necessidade da prévia alteração estatutária. Esse limite é denominado de <u>CAPITAL AUTORIZADO</u>.
>
> Dessa forma, quando uma determinada companhia emite bônus de subscrição, deverá fazê-lo no limite do capital autorizado no estatuto.
>
> Nesse caso, por exemplo, se o capital social subscrito de uma determinada companhia for de R$ 93.000 e no seu estatuto estiver autorizado um capital de R$ 120.000, a companhia poderá emitir bônus de subscrição, os quais darão aos seus proprietários (investidores), no máximo, o direito de subscrever R$ 27.000 em ações do capital social.

5.8.2.2. Reservas de Lucros

De acordo com o § 4º do art. 182 da Lei nº 6.404/1976, serão classificadas como RESERVAS DE LUCROS as contas constituídas pela apropriação de lucros da companhia.

De outro modo, as reservas de lucros representam uma das destinações do lucro líquido do exercício no processo de sua distribuição, devendo tal distribuição ser feita em referência à data do final de cada exercício social (normalmente em 31 de dezembro).

Desse modo, por exemplo, se numa sociedade anônima, em 31/12/X0, fosse destinada para reservas de lucros uma parte do lucro líquido do exercício de X0, a próxima destinação só se daria em 31/12/X1, onde seria destinada uma parte do lucro líquido do exercício de X1 para tais reservas.

Isso não significa que o contador da empresa deverá fazer as referidas destinações no dia 31 de dezembro, mesmo porque não haveria tempo hábil, além de ser uma data festiva, mas que ao fazer no ano seguinte a contabilização dessas destinações essas se refiram ao lucro (ou prejuízo) que a empresa incorreu até 31 de dezembro do exercício encerrado.

Obs.: Não devemos confundir APURAÇÃO do lucro líquido com DISTRIBUIÇÃO (ou DESTINAÇÕES) desse lucro.

A apuração pode ser entendida como o processo para se chegar ao lucro líquido de uma empresa ou qualquer outro tipo de entidade. Tal processo é indicado na DRE (Demonstração do Resultado do Exercício), a qual estudaremos ainda neste capítulo.

A distribuição é o processo de se "fatiar" o lucro líquido, isto é, é o modo de se determinar suas destinações. Essa distribuição é indicada na DLPA (Demonstração dos Lucros ou Prejuízos Acumulados) ou na DMPL (Demonstração das Mutações do Patrimônio Líquido).

As reservas de lucros descritas na Lei nº 6.404/1976 são as seguintes:

- Reserva Legal (art. 193);
- Reservas Estatutárias (art. 194);
- Reserva para Contingências (art. 195);
- Reserva de Incentivos Fiscais (art. 195 – A);
- Retenção de Lucros (art. 196);
- Reserva de Lucros a Realizar (art. 197);

Nota 1: Apesar da reserva legal ser uma das reservas de lucros, cabe mencionar que a expressão "reservas de lucros" na Lei nº 6.404/76 é utilizada apenas para as reservas mencionadas nos arts. 194 a 197, tendo em vista que a reserva legal é a única reserva de lucro de constituição **obrigatória**, ao passo que todas as demais reservas de lucros são opcionais.

Nota 2: Além das reservas de lucros mencionadas acima, ainda existe outra, a qual é constituída em caráter especial, razão pela qual não está indicada na relação acima, mas também é considerada uma reserva de lucro, dado que também representa uma das destinações do lucro líquido da companhia (Reserva Especial – Lei nº 6.404/76, art. 202, §§ 4º e 5º).

RESERVA LEGAL

É a única reserva de lucro de constituição obrigatória às sociedades por ações, daí a expressão "legal". Caso não haja prejuízos acumulados anteriores a compensar pelo lucro líquido do exercício atual, a reserva legal deverá ser a primeira destinação deste lucro no processo de suas destinações. A parcela a ser destinada à composição dessa reserva deve corresponder a 5% do lucro líquido de cada exercício, sendo que o seu saldo não poderá exceder a 20% do capital social realizado (limite obrigatório). Assim, suponhamos, por exemplo, que as seguintes informações foram obtidas no encerramento do exercício social de determinada sociedade anônima, em 31/12/X1:

Capital Social 40.000
Reserva Legal (saldo 31/12/X0) 7.400
Lucro Líquido (exercício de X1) 26.000

Desse modo, pergunta-se: Qual a parcela do lucro líquido a ser destinada à constituição da Reserva Legal?

(SOLUÇÃO)

- *Limite da reserva = 20% 40.000 = 8.000*
- *5% do Lucro Líquido = 5% 26.000 = 1.300*
- *Saldo anterior + 5% do Lucro Líquido = 8.700 (não pode, pois ultrapassou os 8.000, que é o limite obrigatório)*

Resposta: *Do Lucro Líquido de 26.000, serão destinados apenas 600 para Reserva Legal, ficando o saldo atual dessa conta no valor de 8.000, que é o seu limite máximo obrigatório.*

Obs. 1: Com base no art. 186 da Lei nº 6.404/1976, antes do lucro líquido do exercício ser efetivamente distribuído, este deverá ser integralmente transferido para a conta Lucros (ou Prejuízos) Acumulados. Após tal transferência é que poderão ser constituídas as reservas de lucros.

```
┌─────────┐     ┌─────────┐     ┌──────────────────┐
│ LUCRO   │ ──▶ │ LUCROS  │ ──▶ │    RESERVAS      │
│ LÍQUIDO │     │ACUMULADOS│    │   DE LUCROS      │
└─────────┘     └─────────┘     │(incluindo a Reserva Legal)│
                                └──────────────────┘
```

Desse modo, no exemplo acima, ao fim do exercício social, entre outras, seriam feitas as seguintes contabilizações:

Pela transferência do lucro líquido para Lucros Acumulados:
D – Resultado do Exercício 26.000
C – Lucros Acumulados 26.000

Pela constituição da Reserva Legal:
D – Lucros Acumulados 600
C – Reserva Legal 600

Do exposto anteriormente, concluímos que a conta "Lucros (ou Prejuízos) Acumulados" funciona contabilmente como uma espécie de "ponte" que liga o lucro líquido às reservas de lucros.

Também com base no art. 186 da Lei nº 6.404/1976, podemos inferir que as possíveis destinações do lucro líquido são as seguintes:

- 5% para reserva legal, observado o limite obrigatório;
- Parte para as demais reservas de lucros;
- Parte para os dividendos obrigatórios (Lei nº 6.404/76, art. 202);
- Parte para aumentar o capital social (raramente isto ocorre).

Após as destinações descritas acima, caso haja "sobra" do lucro líquido sem destinação específica, a parte remanescente desse lucro que ficar retida na conta "Lucros Acumulados" deverá ser destinada à distribuição de dividendos (Lei nº 6.404, art. 202, § 6º), ficando essa conta sempre com saldo zero ao final do exercício social e, portanto, não fazendo parte do PL no balanço patrimonial.

No entanto, no caso do resultado do exercício ser prejuízo líquido, obrigatoriamente este deverá absorver as reservas de lucros e a reserva legal nesta ordem (Lei nº 6.404/1976, art. 189, parágrafo único) e, opcionalmente, absorver as reservas de capital (art. 200), ficando o prejuízo remanescente na conta "Prejuízos Acumulados", a qual aparecerá no PL do balanço patrimonial.

Cabe ressaltar que a conta "Lucros Acumulados", apesar de existir (Lei nº 6.404, art. 186), nunca poderá aparecer como conta do PL no balanço patrimonial (Lei nº 6.404, art. 178, § 2º, d), pois sempre deverá ficar com saldo zero "na data do balanço". Porém, a conta Prejuízos Acumulados poderá aparecer no PL do balanço patrimonial (Lei nº 6.404, art. 178, § 2º, d).

Obs. 2: Em consonância com o § 1º do art. 193 da Lei nº 6.404/1976, a companhia poderá deixar de constituir a reserva legal no exercício em que o saldo dessa reserva, acrescido do montante das reservas de capital de que trata o § 1º do art. 182, exceder de 30% do capital social (limite facultativo). Assim, suponhamos no exemplo da observação 1 que além dos valores dados, ainda houvesse os seguintes:

Ágio na Emissão de Ações 3.430
Alienação de Partes Beneficiárias.. 800
Total.. 4.230

Assim:

- Limite facultativo da reserva = 30% de 40.000 = 12.000
- Saldo (31/12/X0) + Res. de capital = 7.400 + 4.230 = 11.630 < 12.000 (sem destinar os 600, não ultrapassa o limite facultativo)
- Saldo (31/12/X0) + Res. de capital + 600 = 12.230 > 12.000 (destinando os 600, ultrapassa o limite facultativo)

Por fim, concluímos que, até chegar ao limite facultativo (12.000), é obrigatória a constituição da reserva legal, isto é, dos 600 anteriormente calculados, no mínimo, a companhia deverá destinar 370.

A partir do limite facultativo a empresa poderá destinar dos 600 a outra parte, isto é, 230. Logo, a empresa deverá destinar algum valor para reserva legal entre 370 e 600.

Obs. 3: A reserva legal tem por fim assegurar a integridade do capital social (proteger o capital social) e somente poderá ser utilizada para compensar prejuízos ou aumentar o capital.

RESERVAS ESTATUTÁRIAS

O estatuto de uma companhia poderá criar reservas desde que, para cada uma:

- indique de modo preciso e completo a sua finalidade;
- fixe os critérios para determinar a parcela anual dos lucros líquidos que serão destinados à sua constituição; e
- estabeleça o limite máximo da reserva.

RESERVAS PARA CONTINGÊNCIAS

A assembleia geral poderá, por proposta dos órgãos da administração, destinar parte do lucro líquido à formação de reserva com a finalidade de compensar, em exercício futuro, a diminuição do lucro decorrente de perda julgada provável, cujo valor possa ser estimado. A proposta dos órgãos da administração deverá indicar a causa da perda prevista e justificar, com as razões de prudência que a recomendem a constituição da reserva.

Exemplo: Uma companhia, em 31/12/X1, ao apurar o seu lucro líquido de R$ 40.000,00, destinou R$ 12.000,00 à constituição de reservas para contingências, tendo em vista que para o exercício social de X2 é provável que haja uma perda em torno deste valor, em virtude de uma possível greve de funcionários. Desta forma, a contabilização se fará do seguinte modo:

Transferência do Lucro Líquido para Lucros Acumulados:

D – Resultado do Exercício 40.000,00
C – Lucros Acumulados 40.000,00

Formação da Reserva:

D – Lucros Acumulados 12.000,00
C – Reservas para Contingências 12.000,00

Nota: A reserva para contingências será revertida no exercício em que deixarem de existir as razões que justificarem a sua constituição ou em que ocorrer a perda prevista.

Assim, no exemplo dado, suponhamos que em abril de 2002 houvesse a greve de funcionários, ocasionando para a empresa uma perda efetiva de R$ 9.000,00. Dessa forma, em 31/12/2002, por ocasião do encerramento do exercício, a reversão da reserva se dará da seguinte forma:

D – Reservas para Contingências.. 12.000,00
C – Lucros Acumulados 12.000,00

RESERVA DE INCENTIVOS FISCAIS

A assembleia geral poderá, por proposta dos órgãos de administração, destinar para a reserva de incentivos fiscais a parcela do lucro líquido decorrente de doações ou subvenções governamentais para investimentos, que poderá ser excluída da base de cálculo do dividendo obrigatório.

Como exemplo, suponhamos que a Indústria ABC S/A recebesse em maio de X1 do Governo Federal a doação de um terreno avaliado em R$ 504.000,00, assumindo o compromisso de instalar nessa propriedade um parque fabril modular no valor de R$ 700.000,00, com vida útil estimada em 10 anos. Dessa forma, o registro contábil dessa subvenção seria feito do seguinte modo:

D – Terrenos 504.000,00
C – Receita Diferida de Doações (conta do passivo não circulante) 504.000,00

Obs. 1: A forma de contabilização acima tem por base legal o disposto nos itens "15" e "15A": do Pronunciamento Técnico **CPC 07 (R1) – Subvenção e Assistência Governamentais**, os quais reproduzimos abaixo (grifos nossos):

(Item 15) *O tratamento contábil da subvenção governamental como RECEITA deriva dos seguintes principais argumentos:*

(a) *uma vez que a subvenção governamental é recebida de uma fonte que não os acionistas e deriva de ato de gestão em benefício da entidade,* **não deve ser creditada diretamente no patrimônio líquido***, mas, sim, reconhecida* **como RECEITA nos períodos apropriados***;*

(b) *subvenção governamental raramente é gratuita. A entidade ganha efetivamente essa receita quando cumpre as regras das subvenções e cumpre determinadas obrigações. A subvenção, dessa forma,* **deve ser reconhecida como RECEITA na demonstração do resultado nos períodos ao longo dos quais a entidade reconhece os custos relacionados à subvenção que são objeto de compensação***;*

(c) *assim como os tributos são despesas reconhecidas na demonstração do resultado, é lógico registrar a subvenção governamental que é, em essência, uma extensão da política fiscal, como receita na demonstração do resultado.*

(Item 15A) Enquanto não atendidos os requisitos para reconhecimento da RECEITA com subvenção na demonstração do resultado, **a contrapartida da subvenção governamental registrada no ativo deve ser feita em conta específica do PASSIVO***.*

Supondo que o referido parque fabril modular tivesse começado a funcionar a partir de abril de X2, então a taxa de depreciação desse ano seria de 10% ÷ 12 × 9 = 7,5%, devendo a RECEITA DE DOAÇÕES reconhecida no **mesmo percentual utilizado para a despesa de depreciação** anual, isto é, 7,5% de R$ 504.000,00, ou seja, R$ 37.800,00, sendo apropriados R$ 4.200,00 (= R$ 37.800,00 ÷ 9) ao fim de cada mês da referida receita. Dessa forma, ao fim de cada mês, a contar de abril de X2, seria feita a seguinte contabilização:

D – Receita Diferida de Doações (conta do passivo não circulante) 4.200,00

C – Receita de Doações (Outras Receitas) 4.200,00

Nota 2: A base legal da contabilização acima está descrita no item 18 do CPC 07 (R1), o qual reproduzimos abaixo (grifos nossos):

*(Item 18) Subvenção relacionada a <u>ativo não depreciável</u> pode requerer o cumprimento de certas obrigações. O reconhecimento como RECEITA deve então acompanhar a apropriação das despesas necessárias ao cumprimento das obrigações. Exemplificando: uma subvenção que transfira a propriedade definitiva de um terreno pode ter como condição a construção de uma planta industrial e <u>**deve ser apropriada como RECEITA na MESMA PROPORÇÃO da DEPRECIAÇÃO dessa planta**</u>.*

Ao fim de X2, a conta "Receita de Doações" ficaria com saldo de R$ 37.800,00 e seria encerrada em contrapartida com a conta "Apuração do Resultado" da seguinte forma:

D – Receita de Doações 37.800,00

C – Apuração do Resultado 37.800,00

Em seguida, a conta "Apuração do Resultado" seria encerrada em contrapartida com a conta "Lucros (ou Prejuízos) Acumulados". Nesse caso, admitindo que o Lucro Líquido de X2 fosse, por exemplo, de R$ 140.000,00, lembrando que "dentro" deste valor estariam os R$ 37.800,00 de "Receita de Doações", teríamos o seguinte lançamento:

D – Apuração do Resultado 140.000,00

C – Lucros Acumulados 140.000,00

Supondo que nas destinações do resultado, 5% fossem para "Reserva Legal" e R$ 37.800,00 para "Reserva de Incentivos Fiscais", teríamos a seguinte contabilização:

D – Lucros Acumulados 44.800,00

C – Reserva Legal 7.000,00

C – Reserva de Incentivos Fiscais 37.800,00

> **Nota 3:** A base legal da contabilização acima está descrita no item "15B" do CPC 07 (R1), o qual reproduzimos abaixo (grifos nossos):
>
> *15B. Há situações em que é necessário que o valor da subvenção governamental não seja distribuído ou de qualquer forma repassado aos sócios ou acionistas, **fazendo-se necessária a retenção, após trânsito pela demonstração do resultado, em conta apropriada de patrimônio líquido**, para comprovação do atendimento dessa condição. Nessas situações, tal valor, após ter sido reconhecido na demonstração do resultado, pode ser creditado à reserva própria (RESERVA DE INCENTIVOS FISCAIS), a partir da conta de lucros ou prejuízos acumulados.*

RESERVA DE RETENÇÃO DE LUCROS (ou RESERVA ORÇAMENTÁRIA ou RESERVA PARA PLANOS DE INVESTIMENTOS)

A assembleia geral poderá, por proposta dos órgãos da administração, deliberar reter parcela do lucro líquido do exercício prevista em **orçamento de capital** por ela previamente aprovado. O orçamento, submetido pelos órgãos da administração com a justificativa da retenção de lucros proposta, deverá compreender todas as fontes de recursos e aplicações de capital, fixo ou circulante, e poderá ter duração de até cinco exercícios, salvo no caso de execução, por prazo maior, de projeto de investimento. O orçamento poderá ser aprovado pela assembleia geral ordinária que deliberar sobre o balanço do exercício e revisado anualmente, quando tiver duração superior a um exercício social.

Exemplo: Em 31/12/X1, por ocasião do encerramento do exercício social, ao apurar o lucro líquido do exercício de X1 no valor de R$ 58.000,00, uma companhia destinou parte desse lucro para a constituição de reserva em função da abertura de mais uma filial no exercício social de X2, onde, mediante orçamento, apurou-se para tal investimento um gasto no valor de R$ 11.000,00. Assim, tal fato será contabilizado da seguinte forma:

D – Lucros Acumulados 11.000,00
C – Reserva Orçamentária 11.000,00

RESERVAS DE LUCROS A REALIZAR (RLAR)

No exercício em que o montante do dividendo obrigatório, calculado nos termos do estatuto ou do art. 202 da Lei nº 6.404/1976, ultrapassar a parcela realizada do lucro líquido do exercício, a assembleia geral poderá, por proposta dos órgãos de administração, destinar o excesso à constituição de reserva de lucros a realizar. Desse modo, podemos calcular o valor da RLAR da seguinte forma:

> Destinação para RLAR = Dividendo obrigatório – Lucro líquido realizado

Obs. 1: Dado que a constituição de RLAR é facultativa, a forma de cálculo indicada acima dará o máximo valor que poderá ser destinado do lucro líquido à constituição da referida reserva.

Obs. 2: Caso, na constituição de RLAR, se opte pelo valor máximo, o valor do dividendo obrigatório reduzirá e será limitado ao montante do lucro líquido do exercício considerado realizado. Assim, por exemplo, se o dividendo obrigatório calculado nos termos do estatuto da companhia fosse de R$ 43.000,00, mas a parcela realizada do lucro líquido fosse de R$ 29.000,00, se a companhia quisesse constituir RLAR pelo seu máximo, o dividendo reduziria para R$ 29.000,00 e a parte do lucro líquido que seria destinada para RLAR seria de R$ 14.000,00.

Obs. 3: Com base no art. 197 da Lei nº 6.404/1976, considera-se realizada a parcela do lucro líquido do exercício que exceder da soma dos seguintes itens:

I – o resultado líquido positivo na equivalência patrimonial;

II – o lucro, rendimento ou ganho líquidos em operações ou contabilização de ativo e passivo pelo valor de mercado, cujo prazo de realização financeira ocorra após o término do exercício social seguinte.

Obs. 4: A reserva de lucros a realizar somente poderá ser utilizada para pagamento do dividendo obrigatório e, para efeito do inciso III do art. 202, serão considerados como integrantes da reserva os lucros a realizar de cada exercício que forem os primeiros a serem realizados em dinheiro.

A seguir, reproduzimos na íntegra o art. 202 da Lei nº 6.404/76:

Art. 202. Os acionistas têm direito de receber como dividendo obrigatório, em cada exercício, a parcela dos lucros estabelecida no estatuto ou, se este for omisso, a importância determinada de acordo com as seguintes normas:

I - metade do lucro líquido do exercício diminuído ou acrescido dos seguintes valores:

a) importância destinada à constituição da reserva legal (art. 193); e

b) importância destinada à formação da reserva para contingências (art. 195) e reversão da mesma reserva formada em exercícios anteriores;

II - o pagamento do dividendo determinado nos termos do inciso I poderá ser limitado ao montante do lucro líquido do exercício que tiver sido realizado, desde que a diferença seja registrada como reserva de lucros a realizar (art. 197);

III - os lucros registrados na reserva de lucros a realizar, quando realizados e se não tiverem sido absorvidos por prejuízos em exercícios subsequentes, deverão ser acrescidos ao primeiro dividendo declarado após a realização.

§ 1º. O estatuto poderá estabelecer o dividendo como porcentagem do lucro ou do capital social, ou fixar outros critérios para determiná-lo, desde que sejam regulados com precisão e minúcia e não sujeitem os acionistas minoritários ao arbítrio dos órgãos da administração ou da maioria.

§ 2º. Quando o estatuto for omisso e a assembleia geral deliberar alterá-lo para introduzir norma sobre a matéria, o dividendo obrigatório não poderá ser inferior a 25% (vinte e cinco por cento) do lucro líquido ajustado nos termos do inciso I deste artigo.

§ 3º. *A assembleia geral pode, desde que não haja oposição de qualquer acionista presente, deliberar a distribuição de dividendo inferior ao obrigatório, nos termos deste artigo, ou a retenção de todo o lucro líquido, nas seguintes sociedades:*

I - companhias abertas exclusivamente para a captação de recursos por debêntures não conversíveis em ações;

II - companhias fechadas, exceto nas controladas por companhias abertas que não se enquadrem na condição prevista no inciso I.

§ 4º. *O dividendo previsto neste artigo não será obrigatório no exercício social em que os órgãos da administração informarem à assembleia geral ordinária ser ele incompatível com a situação financeira da companhia. O Conselho Fiscal, se em funcionamento, deverá dar parecer sobre essa informação e, na companhia aberta, seus administradores encaminharão à Comissão de Valores Mobiliários, dentro de 5 (cinco) dias da realização da assembleia geral, exposição justificativa da informação transmitida à assembleia*

§ 5º. *Os lucros que deixarem de ser distribuídos nos termos do § 4º serão registrados como reserva especial e, se não absorvidos por prejuízos em exercícios subsequentes, deverão ser pagos como dividendo assim que o permitir a situação financeira da companhia.*

§ 6º. *Os lucros não destinados nos termos dos arts. 193 a 197 deverão ser distribuídos como dividendos.*

RESERVA ESPECIAL

É constituída em substituição ao dividendo obrigatório, no caso em que a companhia não dispõe de recursos financeiros favoráveis ao pagamento dos mesmos.

~~D – Lucros Acumulados~~
~~C – Dividendos a Pagar~~

⇨

D – Lucros Acumulados
C – Reserva Especial

5.8.3. Ações em Tesouraria

São as ações de emissão própria adquiridas por uma companhia, no limite do saldo de lucros acumulados e reservas, exceto a reserva legal (§ 1º do art. 30 da Lei nº 6.404/76), para revenda futura.

De acordo com o § 5º do art. 182 da Lei nº 6.404/76, as ações em tesouraria deverão ser destacadas no balanço como <u>DEDUÇÃO da conta do patrimônio líquido que registrar a origem dos recursos aplicados na sua aquisição</u>. Além disso, com base no artigo 30 da mesma lei, a companhia não pode negociar com as próprias ações, mas as ações em tesouraria são uma dessas exceções a essa restrição.

Assim, por exemplo, se uma companhia adquirisse parte de suas próprias ações por R$ 32.000,00 a contabilização se daria da seguinte forma:

D – Ações em Tesouraria 32.000,00
C – Bancos 32.000,00

O art. 442 do RIR/99 determina que, no caso da venda das ações em tesouraria com LUCRO, **sendo este contabilizado diretamente a crédito da conta de reserva de capital** (reserva de ágio na alienação de ações próprias), esse lucro não sofre tributação pelo Imposto de Renda. Ao mesmo tempo, segundo o mesmo dispositivo legal, em caso de venda com PREJUÍZO, este não é dedutível para fins do Imposto de Renda, devendo o mesmo ser debitado diretamente na reserva de capital que sustentou a aquisição das ações em tesouraria ou, não havendo mais essa reserva, debitado diretamente na conta Lucros ou Prejuízos Acumulados.

5.9. Exemplo de Balanço Patrimonial

Ativo	31/12/X2	31/12/X1
Circulante		
Disponível	8.900	10.800
Clientes	28.500	19.300
Mercadorias	9.600	7.500
Não Circulante		
Realizável a LP		
Clientes (LP)	11.000	24.500
Imobilizado		
Veículos	8.000	8.000
Depreciação Acumulada	(1.200)	(800)
Total do Ativo	**64.800**	**69.300**

Passivo	31/12/X2	31/12/X1
Circulante		
Fornecedores	16.800	26.100
ICMS a Recolher	2.200	1.900
IR a Pagar	6.000	5.300
Dividendos a Pagar	1.700	1.200
Não Circulante		
Financiamentos	5.000	6.100

Patrimônio Líquido		
Capital	31.000	27.600
Alienação/Bônus de Subscrição	100	-
Ajustes de Avaliação Patrimonial	100	-
Reserva Legal	500	200
Reserva de Contingências	1.400	900
Total do Passivo	**64.800**	**69.300**

6. DEMONSTRAÇÃO DO RESULTADO DO EXERCÍCIO (DRE)

6.1. Conceito

A DRE é a demonstração contábil que evidencia a apuração do lucro ou prejuízo líquido de uma empresa referente a dado período (normalmente, 1 ano).

6.2. Apresentação da DRE

O modelo genérico de DRE que apresentamos abaixo tem por base o item 82 do CPC 26 (R1) – Apresentação das Demonstrações Contábeis, o Exemplo 11 do Apêndice C do CPC 31 – Ativo Não Circulante Mantido para Venda e Operação Descontinuada, o CPC 41 – Resultado por Ação e o art. 187 da Lei das Sociedades por Ações (Lei nº 6.404/76) já alterada pelas Leis 11.638/07 e 11.941/09:

OPERAÇÕES CONTINUADAS

Receitas (*segundo o conceito do item 8 do CPC 30 (R1) – Receitas*)
(–) Custo dos Produtos, Mercadorias ou Serviços Vendidos (CMV, CPV ou CSV)
(=) **Resultado Bruto (Lucro ou Prejuízo Bruto)**
(–) Despesas com Vendas
(–) Despesas Administrativas
(–) Despesas gerais
(–) Outras Despesas
(+) Outras Receitas
(+) Receita de Equivalência Patrimonial
(–) Despesa de Equivalência Patrimonial
(=) **Resultado antes das Receitas e Despesas Financeiras**
(–) Despesas Financeiras
(+) Receitas Financeiras
(=) **Resultado antes do IR e CSL**
(–) Despesa com IR e CSL (*só das operações em continuidade*)
(=) **Resultado Líquido das Operações em Continuidade (= Lucro ou Prejuízo Líquido das Operações Continuadas)**

> **OPERAÇÕES DESCONTINUADAS**
> **(+) Resultado Líquido das Operações Descontinuadas (Lucro ou Prejuízo Líquido das Operações Descontinuadas)**
> (–) Participações Estatutárias sobre o Lucro (*Lei nº 6.404/76, art. 187*)
> **(=) Resultado Líquido do Exercício (lucro ou prejuízo líquido do exercício)**
> **Resultado Básico por Ação** (*Segundo o CPC 41 – Resultado por Ação*)
> **Resultado Diluído por Ação** (*Segundo o CPC 41 – Resultado por Ação*)

Embora a Lei das Sociedades por Ações esteja em vigor, o modelo de DRE apresentado pelo art. 187 dessa lei não é o recomendado, visto que não está adequadamente adaptado às normas internacionais de contabilidade.

Dessa forma, as principais fontes legais da estrutura de uma DRE nos padrões internacionais são os Pronunciamentos Técnicos do Comitê de Pronunciamentos Contábeis, principalmente o CPC 26 (R1) – Apresentação das Demonstrações Contábeis.

A própria Lei nº 6.404/76 nos §§ 3º e 5º do art. 177 enfatiza a priorização de observância das normas internacionais de contabilidade. Abaixo, reproduzimos esses parágrafos:

§ 3º As demonstrações financeiras das companhias abertas observarão, ainda, as normas expedidas pela Comissão de Valores Mobiliários e serão obrigatoriamente submetidas a auditoria por auditores independentes nela registrados.

§ 5º As normas expedidas pela Comissão de Valores Mobiliários a que se refere o § 3º deste artigo DEVERÃO ser elaboradas **em consonância com os padrões internacionais de contabilidade** *adotados nos principais mercados de valores mobiliários.*

Uma das principais diferenças entre o modelo de DRE proposto no "inadequado" art. 187 da Lei nº 6.404/76 e o modelo da mesma demonstração apresentado no CPC 26 (R1) é que na DRE apresentada segundo o referido artigo não há divisão na apuração de resultados de operações continuadas e de operações descontinuadas, ao passo que no modelo proposto pelo referido CPC há essa divisão. Outra diferença é que o item 82 do CPC 26 (R1) não prevê a existência de dois tipos de receitas (receita bruta e receita líquida), visto que o conceito de RECEITA é **único**, conforme estudaremos no próximo tópico, ao passo que o art. 187 da lei societária prevê os conceitos de receita bruta e receita líquida.

6.3. O Novo Conceito de Receita

Pelo "inadequado" art. 187 da Lei nº 6.404/76, o início da DRE até a apuração do Lucro (ou Prejuízo) Bruto se apresenta da seguinte forma:

> Receita Bruta
> (–) Deduções
> (=) Receita Líquida
> (–) CMV, CPV, CSP
> (=) Lucro Bruto

No entanto, pela obrigatoriedade da adoção das normas internacionais de contabilidade imposta nos Pronunciamentos Técnicos do CPC, não existem os conceitos de "Receita Bruta" e "Receita Líquida", visto a definição única de RECEITA, conforme o item 8 do Pronunciamento Técnico CPC 30 (R1) – Receitas, o qual reproduzimos abaixo (caixa alta e grifos nossos):

*30. Para fins de **divulgação na demonstração do resultado**, a RECEITA inclui somente os ingressos brutos de benefícios econômicos recebidos e a receber pela entidade quando originários de suas próprias atividades. As quantias cobradas por conta de terceiros – tais como **tributos sobre vendas** (ex. nosso: PIS e COFINS não recuperáveis), tributos sobre bens e serviços (ex. nosso: ISS) e tributos sobre valor adicionado (ex. nosso: ICMS, PIS e COFINS, todos recuperáveis) não são benefícios econômicos que fluam para a entidade e não resultam em aumento do patrimônio líquido. Portanto, são EXCLUÍDOS da receita.*

Nota: TRIBUTOS SOBRE VALOR ADICIONADO são os recuperáveis nas compras e incidentes nas vendas, como é o caso, por exemplo, do ICMS, o qual é recuperável nas compras e incide nas vendas, de forma que a DIFERENÇA entre o valor incidente nas vendas e o valor recuperável nas compras é o que chamamos de tributos sobre valor adicionado.

Dessa forma, suponhamos, por exemplo, que a comercial atacadista Delta Ltda., tributada pelo PIS e pela COFINS no regime cumulativo (não recupera esses tributos nas compras), ao longo do exercício social de X1 realizasse compras de mercadorias no total de R$ 80.000,00 com ICMS de 17% e no mesmo exercício revendesse essas mercadorias por R$ 100.000,00 com ICMS de 17%, PIS de 0,65% e COFINS de 3%. Desta forma, teríamos as seguintes contabilizações, supondo todas as compras e vendas a prazo:

Pelas compras:
D – Mercadorias (80.000,00 – 17% 80.000,00) 66.400,00
D – ICMS a Recuperar 13.600,00
C – Fornecedores 80.000,00

Pelas vendas:
D – Clientes 100.000,00
C – Vendas 100.000,00

D – ICMS sobre Vendas (17% 100.000,00) 17.000,00
C – ICMS a Recolher 17.000,00

D – PIS s/ Faturamento (0,65% 100.000,00) 650,00
C – PIS a Recolher 650,00

D – COFINS s/ Faturamento (3% 100.000,00) 3.000,00
C – PIS a Recolher 3.000,00

D – CMV 66.400,00
C – Mercadorias 66.400,00

Desse modo, o início da DRE até Lucro Bruto apresentado pelas "normas tradicionais" (art. 187 da Lei nº 6.404/76), ficaria da seguinte forma:

Receita Bruta	100.000,00
(–) ICMS s/ Vendas	(17.000,00)
(–) PIS s/ Vendas	(650,00)
(–) COFINS s/ Vendas	(3.000,00)
(=) Receita Líquida	79.350,00
(–) CMV	(66.400,00)
(=) Lucro Bruto	12.950,00

Porém, considerando o conceito de RECEITA apresentado pelo CPC 30 (R1), os tributos sobre vendas (PIS e COFINS não recuperáveis) e os tributos sobre valor adicionado (ICMS recuperável) devem ser **excluídos** da receita. Assim, o cálculo da RECEITA DE VENDAS se daria, em NOTAS EXPLICATIVAS às demonstrações contábeis, da seguinte forma:

Receita Bruta Tributável 100.000,00

(–) ICMS sobre Valor Adicionado [= 17% (100.000,00 – 80.000,00)].............(3.400,00)

(–) PIS s/ Vendas ....(650,00)

(–) COFINS s/ Vendas...(3.000,00)

(=) Receita de Vendas (Receita Contábil) 92.950,00

Esse procedimento é descrito nos **itens 8A e 8B do CPC 30 (R1),** os quais reproduzimos abaixo (grifo nosso):

> *Item 8A: A divulgação da receita na demonstração do resultado deve ser feita a partir das receitas conforme conceituadas neste Pronunciamento. A entidade deve fazer uso de outras contas de controle interno, como "Receita Bruta Tributável", para fins fiscais e outros.*
>
> *Item 8B: A conciliação entre os valores registrados conforme o item 8A para finalidades fiscais e os evidenciados como receita para fins de divulgação conforme item 8 **será evidenciada em nota explicativa às demonstrações contábeis**.*

Desta forma, o início da DRE até Lucro Bruto apresentado pelas novas regras contábeis ficaria do seguinte modo:

Receita de Vendas	92.950,00
(–) CMV	(80.000,00)
(=) Lucro Bruto	12.950,00

Observemos que o "CMV" (Custo das Mercadorias Vendidas) apresentado na DRE (R$ 80.000,00) **não é o mesmo** que foi escriturado e apresentado na DRE conforme o art. 187 da Lei 6.404/76 (R$ 66.400,00), visto que pelas regras internacionais os tributos recuperáveis "não devem" ser abatidos do CMV, dado que os tributos sobre valor adicionado é que são abatidos da RECEITA e não das compras. Em outras palavras, o CMV "contabilizado" não é o mesmo que deve ser "apresentado" na DRE pelas novas regras.

Uma solução proposta para resolver esse impasse é ajustar "extracontabilmente" o CMV a ser apresentado diretamente na DRE, mantendo o seu valor contabilizado pelas regras antigas.

Outra solução seria utilizar os mesmos lançamentos contábeis anteriormente descritos e **complementá-los** com outros lançamentos que fizessem o CMV contábil coincidir com o CMV apresentado pelas novas regras.

Assim, caso haja opção pela contabilização COMPLETA, consoante as novas regras contábeis e não apenas pelo ajuste "extracontábil" do CMV, a forma "tradicional" de contabilização acima (antes das normas do CPC) **poderia ser perfeitamente mantida** até o lançamento do CMV pelo valor de R$ 66.400,00 (lançamento "6" abaixo). A partir daí, bastaria ajustarmos "CONTABILMENTE" o valor do CVM já apurado pelas regras tradicionais, acrescentando a nova conta "ICMS s/ V.A." (V.A. = Valor Adicionado), de forma que esta seria debitada em contrapartida com "ICMS s/ Vendas" (lançamento "7" abaixo) e, por fim, creditada em contrapartida com o CMV (lançamento "8" abaixo).

Clientes		Fornecedores		Mercadorias		Vendas	
(2) 100.000			80.000 (1)	(1) 66.400	66.400 (6)		100.000 (2)

ICMS s/ Vendas		PIS s/ Vendas		COFINS s/ Vendas		CMV	
(3) 17.000	**17.000 (7)**	(4) 650		(5) 3.000		(6) 66.400	
						(8) 13.600	
						80.000	

ICMS a Recuperar		ICMS a Recolher	
(1) 13.600			17.000 (3)

ICMS s/ V.A.		PIS a Recolher		COFINS a Recolher	
(7) 17.000	13.600 (8)		650 (4)		3.000 (5)
3.400					

Por fim, cabe ainda mencionar que, independentemente da sistemática de contabilização a ser adotada, o valor dos ESTOQUES a ser apresentado no balanço patrimonial deverá estar "líquido" dos tributos recuperáveis.

Nesse último exemplo, antes das vendas, os estoques seriam apresentados no balanço patrimonial por R$ 66.400,00 e não por R$ 80.000,00. Isso pode ser confirmado pelo disposto no item 11 do Pronunciamento Técnico **CPC 16 (R1) – Estoques**, o qual reproduzimos abaixo (grifo nosso):

> *Item 11: O custo de aquisição dos estoques compreende o preço de compra, os impostos de importação e outros tributos (**EXCETO os recuperáveis junto ao fisco**), bem como os custos de transporte, seguro, manuseio e outros diretamente atribuíveis à aquisição de produtos acabados, materiais e serviços. Descontos comerciais, abatimentos e outros itens semelhantes devem ser deduzidos na determinação do custo de aquisição.*

Infelizmente, em vista da morosidade do processo jurídico brasileiro e da dificuldade de adaptação prática das empresas em geral às novas regras contábeis, a legislação do Imposto de Renda ainda não se adequou satisfatoriamente às normas internacionais de contabilidade, sendo muito provável que diversas questões vindouras de concursos públicos ainda abordem os conceitos inadequados de receita (receita bruta e receita líquida) e ainda apresentem a DRE consoante o "inapropriado" art. 187 da Lei nº 6.404/76, o qual já comentamos antes que não foi corretamente adaptado às novas regras, embora isso não devesse acontecer, visto que a adoção das normas internacionais de contabilidade se tornou obrigatória pela própria legislação, conforme já comentado no tópico 6.2 do presente capítulo.

Por essa razão, diversos exercícios apresentados na presente obra ainda abordarão os conceitos "tradicionais" de receita, mesmo porque a grande maioria desses exercícios são questões extraídas de concursos públicos mais recentes.

Por fim, lamentavelmente, teremos que ter "certa tolerância" com as inadequações ainda propagadas por muitos, a fim de resolvermos grande parte das questões de concursos públicos mais recentes pela forma "tradicional", embora esta obra já esteja atualizada pelas novas regras contábeis.

6.4. Operações Continuadas e Operações Descontinuadas

As OPERAÇÕES CONTINUADAS, também chamadas de operações em continuidade, são aquelas que a empresa pretende realizar para o presente e para o futuro, pois têm o potencial de gerar receitas e atrair a atenção dos consumidores por prazo indeterminado.

Já, no caso das OPERAÇÕES DESCONTINUADAS (*descontinuing operations*), também chamadas de operações em descontinuidade, essas são todas as operações que a empresa apoiou no passado, mas não irá dar continuidade no futuro, tendo como consequência a venda ou abandono de operações que representem linhas principais e separadas de negócios da empresa e das quais os ativos, resultados líquidos e atividades possam ser operacionalmente e fisicamente distinguidos.

Como exemplo prático, podemos citar o caso das empresas que no século passado fabricavam e vendiam máquinas de escrever manuais e elétricas, as quais, na virada do século, foram "gradativamente" sendo substituídas por computadores, isto é, essas empresas foram "aos poucos" abandonando a produção das antigas máquinas e investindo ascendentemente na fabricação e venda de computadores.

Nesse caso, houve uma determinada época de transição em que essas entidades apresentavam em suas demonstrações do resultado, simultaneamente, os resultados das operações continuadas (resultado das vendas de computadores) e os resultados das operações descontinuadas (resultado das vendas das antigas máquinas), até o dia em que suas demonstrações do resultado só apresentavam os resultados das vendas dos computadores, não havendo mais a apresentação dos resultados das operações descontinuadas.

O Pronunciamento Técnico **CPC 31 – Ativo Não Circulante Mantido para Venda e Operação Descontinuada**, no seu item 32, dá o seguinte conceito para operação descontinuada: Uma operação DESCONTINUADA é um componente da entidade que foi baixado ou está classificado como mantido para venda e: (a) representa uma importante linha separada de negócios ou área geográfica de operações; (b) é parte integrante de um único plano coordenado para a venda de uma importante linha separada de negócios ou área geográfica de operações; ou (c) é uma controlada adquirida exclusivamente com o objetivo da revenda.

Exemplo prático: A Indústria Copas S/A, a qual fabrica dois tipos de produtos ("P1" e "P2"), é composta por duas fábricas ("F1" e "F2"), onde a fábrica "F1" fabrica o produto "P1" e a fábrica "F2" fabrica o produto "P2". A administração da empresa decidiu que no exercício social de X1, não seria mais fabricado o produto "P2", de forma que a fábrica "F2" seria desativada em setembro de X1. Ao final do exercício social de X1, as seguintes informações foram obtidas para a elaboração da Demonstração do Resultado do Exercício (DRE) de 31/12/X1:

	Fábrica F1	Fábrica F2
Receita de Vendas	45.000	41.000
CMV	13.000	30.000
Despesas c/ Vendas	2.800	1.200
Despesas Administrativas	11.700	5.300

Supondo a alíquota conjunta do IR e CSL de 24%, podemos montar a seguinte DRE da Indústria Copas S/A, em 31/12/X1 (os resultados da fábrica "F1" irão compor as operações em continuidade e os resultados da fábrica "F2" irão compor as operações descontinuadas):

OPERAÇÕES CONTINUADAS	
Receita de Vendas	45.000
(–) Custo dos Produtos Vendidos	(13.000)
(=) Lucro Bruto	32.000
(–) Despesas c/ Vendas	(2.800)
(–) Despesas Administrativas	(11.700)
(=) Lucro antes do IR e CSLL	17.500
(–) IR e CSLL (24%)	(4.200)
(=) Lucro Líquido das Operações Continuadas	13.300

OPERAÇÕES DESCONTINUADAS	
(+) Lucro Líquido das Operações Descontinuadas	3.420
(=) Lucro Líquido do Exercício	16.720

Em NOTAS EXPLICATIVAS, seria apresentada a apuração completa dos resultados decorrentes das **operações descontinuadas** da seguinte forma:

OPERAÇÕES DESCONTINUADAS	
Receita de Vendas	41.000
(–) CMV	(30.000)
(=) Lucro Bruto	11.000
(–) Despesas c/ Vendas	(1.200)
(–) Despesas Administrativas	(5.300)
(=) Lucro antes do IR e CSLL	4.500
(–) IR e CSLL (24%)	(1.080)
(=) Lucro Líquido das Operações Descontinuadas	3.420

No entanto, com base no **item 33 do CPC 31**, apesar de não ser o mais usado, nada impede que na mesma DRE sejam apresentadas as apurações completas dos resultados das operações continuadas e das operações descontinuadas, dispensando assim a apresentação separada da apresentação dos resultados em notas explicativas. Abaixo, reproduzimos parte do referido item (grifo nosso):

A análise (das operações descontinuadas) ***pode ser apresentada nas notas explicativas ou na demonstração do resultado****. Se for na demonstração do resultado, deve ser apresentada em seção identificada e que esteja relacionada com as operações descontinuadas, isto é, separadamente das operações em continuidade.*

A DRE apresentada pelo "inadequado" art. 187 da Lei nº 6.404/76 seria a seguinte (nesse caso não haveria divisão entre operações continuadas e descontinuadas, de forma que seriam somados os resultados das duas fábricas):

Receita de Vendas	86.000
(–) CMV	(43.000)
(=) Lucro Bruto	**43.000**
(–) Despesas c/ Vendas	(4.000)
(–) Despesas Administrativas	(17.000)
(=) Lucro antes do IR e CSLL	**22.000**
(–) IR e CSLL (24%)	(5.280)
(=) Lucro Líquido	**16.720**

Observemos que o Lucro Líquido do Exercício nos dois modelos de DRE é o mesmo, ou seja, R$ 16.720,00. Observemos também que a Despesa com IR e CSLL nesta última DRE (R$ 5.280,00) é exatamente o somatório da referida despesa na apuração dos resultados das operações continuadas (R$ 4.200,00) com aquele apurado em notas explicativas referentes às operações descontinuadas (R$ 1.080,00).

Cabe ressaltar que, para efeitos de cálculo de índices (ou quocientes) de análise das demonstrações contábeis que envolvam itens da DRE, **DEVE-SE UTILIZAR SOMENTE OS COMPONENTES DAS OPERAÇÕES CONTINUADAS**, os quais mostram a verdadeira capacidade da empresa de gerar resultados, dado que as operações descontinuadas não mais serão a realidade da empresa objeto de análise.

Dessa forma, por exemplo, estudaremos nesta obra que existe um índice denominado de "Margem Bruta", o qual pode ser obtido pelo quociente entre o Lucro Bruto e a Receita de Vendas (mais precisamente, Receita Líquida de Vendas, pelos conceitos já ultrapassados). No caso da Indústria Copas S/A, se considerarmos a DRE "tradicional", ou seja, aquela onde não há divisão entre operações continuadas e operações descontinuadas, o valor desse índice seria de 43.000 ÷ 86.000 = 50%, induzindo o analista contábil a concluir que esta seria a margem de lucro da empresa nas vendas de seus produtos. Todavia, considerando apenas as operações continuadas, esse índice seria de 32.000 ÷ 45.000 = 71%, valor este que retrata a VERDADEIRA margem de lucro nas vendas, visto que se trata das vendas que a empresa irá dar continuidade, ao passo que 50% seria um índice "enganoso", pois foi influenciado pela baixa margem de lucro que a empresa obteve ao vender o seu produto que não mais será fabricado.

Por outro lado, conforme já mencionado, ainda persistem os inadequados conceitos de DRE nas questões de concursos públicos em geral e, até mesmo, na prática da contabilidade empresarial, de modo que os índices de análise que requerem itens da DRE são aqueles normalmente baseados no modelo de DRE tradicionalmente utilizado no Brasil antes dos pronunciamentos técnicos do CPC (sem a divisão em operações continuadas e descontinuadas), de forma que muitos desses itens podem não corresponder à verdadeira realidade econômica da empresa objeto da análise.

7. Demonstração dos Lucros ou Prejuízos Acumulados (DLPA)

7.1. Objetivo

Ao passo que a DRE (Demonstração do Resultado do Exercício) visa à evidenciação da apuração do resultado (apuração do lucro ou prejuízo), a DLPA visa às DESTINAÇÕES desse resultado.

O ponto de partida das destinações do resultado (lucro ou prejuízo) é a conta "Lucros (ou Prejuízos) Acumulados". Essa conta funciona como uma espécie de "ponte" que liga a DRE à DLPA, através da seguinte contabilização, admitindo que o resultado do exercício fosse lucro:

D – Apuração do Resultado

C – Lucros Acumulados

No entanto, caso o resultado fosse prejuízo, a contabilização da transferência se daria da seguinte forma:

D – Prejuízos Acumulados

C – Apuração do Resultado

Assim, por exemplo, se o lucro líquido de determinada empresa fosse de R$ 120.000,00, esse resultado poderia ser distribuído da seguinte forma:
- R$ 6.000,00 para Reserva Legal;
- R$ 13.000,00 para Reserva de Contingências;
- R$ 47.000,00 para Dividendos a Pagar aos acionistas;
- R$ 54.000,00 para aumento do Capital Social.

As contabilizações desses valores poderiam ser feitas da seguinte forma

Destinação do resultado para Lucros Acumulados:

D – Apuração do Resultado..120.000,00

C – Lucros Acumulados 120.000,00

Distribuição do resultado "a partir" da conta "Lucros Acumulados para reservas":

D – Lucros Acumulados..120.000,00

C – Reserva Legal...6.000,00

C – Reserva de Contingências 13.000,00

Distribuição de dividendos, os quais serão pagos no exercício seguinte:

D – Lucros Acumulados..47.000,00

C – Dividendos a Pagar...47.000,00

Distribuição do resultado para aumento do Capital Social:

D – Lucros Acumulados..54.000,00

C – Capital Social 54.000,00

Observemos que, ao final das destinações do resultado, a conta "Lucros Acumulados" deve ficar com saldo **zero**, visto que o § 6º do art. 202 da Lei nº 6.404/76 determina que os lucros não destinados nos termos dos arts. 193 a 197 **deverão** ser distribuídos como dividendos. Em outras palavras, isto significa que, após todas as destinações para reservas, o saldo remanescente em "Lucros Acumulados" deverá ser distribuído para os dividendos.

Nota: Os arts. 193 a 197 se referem a todas as reservas de lucros, incluindo a reserva legal, a qual é definida no art. 193.

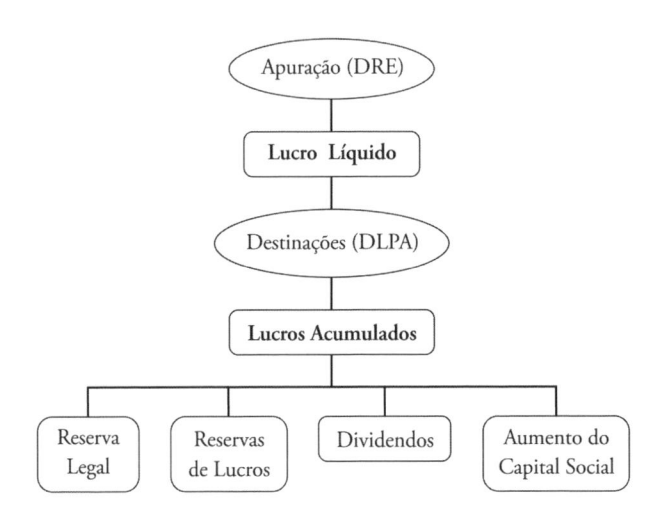

```
          Apuração (DRE)
                │
          Lucro Líquido
                │
          Destinações (DLPA)
                │
          Lucros Acumulados
      ┌─────────┼─────────┬──────────────┐
   Reserva   Reservas  Dividendos   Aumento do
   Legal    de Lucros              Capital Social
```

Obs. 1: Embora a RESERVA LEGAL também seja uma das RESERVAS DE LUCROS, visto que, da mesma forma que as demais reservas de lucros, também tem origem no lucro líquido da empresa, em geral, a expressão "reservas de lucros" na Lei nº 6.404/76 não inclui a reserva legal, visto que esta reserva é a única de constituição obrigatória às sociedades por ações. Desse modo, as demais reservas de lucros são facultativas, dado que a companhia tem a opção de destinar ou não parte do lucro líquido para tais reservas. Caso, após a destinação de parte do lucro para reserva legal, a parcela remanescente não seja destinada às demais reservas de lucros, a companhia **deverá** distribuir essa parcela como dividendos, conforme determina o § 6º do art. 202 da referida lei, de forma que a conta "Lucros Acumulados" fique sempre com saldo zero. No entanto, no caso de o resultado ser de prejuízo líquido ao invés de lucro, não há problema algum a presença da conta "Prejuízos Acumulados" no balanço com saldo diferente de zero, desde que as reservas de lucros formadas em exercícios anteriores, incluindo a reserva legal, sejam absorvidas pelo prejuízo líquido do exercício (Parágrafo único do art. 189 da Lei nº 6.404/76: *"o prejuízo do exercício será <u>obrigatoriamente</u> absorvido pelos lucros acumulados, pelas reservas de lucros e pela reserva legal, nessa ordem"*). Assim, é <u>incompatível</u> a coexistência no mesmo balanço de "prejuízos acumulados" e "reservas de lucros" (incluindo a reserva legal), visto que para que haja no balanço tais prejuízos é necessário que antes todas as reservas de lucros, incluindo a reserva legal, sejam absorvidas, conforme determina o parágrafo único do art. 189 descrito acima.

Obs. 2: Existe uma sequência de procedimentos contábeis para que se possa fazer as referidas destinações do lucro (ou prejuízo) líquido:

1º Transfere-se todo o lucro (ou prejuízo) líquido, o qual foi apurado na DRE, para a conta Lucros (ou Prejuízos) Acumulados.

2º Admitindo que o resultado seja lucro líquido e já estando esse lucro na conta "Lucros Acumulados", o próximo passo é transferir uma de suas parcelas para Reserva Legal e demais Reservas de Lucros. A outra parte desse lucro será destinada ao pagamento de dividendos aos acionistas (preferenciais e ordinários). Por fim, opcionalmente, pode-se ainda utilizar uma parcela desse lucro para aumento do Capital Social.

O saldo remanescente após essa distribuição ficará, em princípio, retido na conta "Lucros Acumulados". Porém, de acordo com o § 6º do art. 202 da Lei nº 6.404, os lucros não destinados nos termos dos arts. 193 a 197, isto é, os lucros não destinados à reserva legal e demais reservas de lucros (Reservas Estatutárias, Reserva para Contingências, Reserva de Incentivos Fiscais, Reserva de Retenção de Lucros e Reserva de Lucros a Realizar) **deverão** ser distribuídos como dividendos, implicando que a conta "Lucros Acumulados" fique com saldo ZERO.

Obs. 3: Caso, ao invés de lucro líquido, o resultado final apurado na DRE fosse prejuízo líquido, com base no disposto no parágrafo único do art. 189 da Lei nº 6.404, a prioridade, antes de qualquer outra destinação, é absorver tal prejuízo utilizando os lucros acumulados e as reservas de lucros e a reserva legal, nesta ordem.

Após tal absorção, havendo ainda prejuízo remanescente, o mesmo ficará retido na conta "Prejuízos Acumulados" ou, opcionalmente, poderá absorver parte ou a totalidade das Reservas de Capital (art. 200, Lei nº 6.404).

Persistindo ainda o prejuízo após esta última absorção, ficará finalmente retido na conta "Prejuízos Acumulados", aparecendo no balanço de encerramento do exercício social.

Obs. 4: Caso o resultado do exercício seja lucro líquido e haja no balanço saldo em "Prejuízos Acumulados", a prioridade é eliminar esses prejuízos, utilizando o lucro líquido do exercício, os quais também reduzirão a base de cálculo do dividendo obrigatório descrito no art. 202 da Lei nº 6.404/76, da reserva legal e de qualquer reserva de lucro que seja fixada como percentagem do lucro líquido.

Consequentemente, é incompatível a coexistência de Prejuízos Acumulados e Reservas de Lucros no mesmo balanço (interpretação doutrinária do parágrafo único do art. 189 da Lei nº 6.404).

Assim, por exemplo, suponhamos que a Cia. Silvestre apresentasse ao final do exercício social de X1 saldo em Prejuízos Acumulados de R$ 12.000,00 antes da incorporação do lucro líquido de X1 no valor de R$ 80.000,00. Admitindo exclusivamente a constituição de reserva legal (5%) e que o estatuto da companhia fixasse o dividendo mínimo obrigatório em 30% do lucro líquido após a constituição da reserva legal, teríamos:

Lucro Líquido (após absorção de Prejuízos Acumulados) = 80.000 – 12.000 = 68.000

Reserva Legal = 5% 68.000 = 3.400

Dividendo Obrigatório = 30% × (68.000 – 3.400) = 19.380

O lucro remanescente seria de 80.000 – 12.000 – 3.400 – 19.380 = 45.220. Esse lucro não pode ficar retido em Lucros Acumulados, devendo ser distribuído como dividendos (§ 6º do art. 202 da Lei nº 6.404), visto que não houve constituição de nenhuma outra reserva de lucros. Por fim, teríamos:

Dividendos a Pagar = Dividendo Obrigatório + saldo remanescente em Lucros Acumulados
= 19.380 + 45.220 = 64.600

Caso, no entanto, o saldo remanescente de 45.220 fosse utilizado, por exemplo, para aumento do Capital Social da Cia. Silvestre, o valor dos dividendos a pagar coincidiria com o dividendo mínimo obrigatório de 19.380.

7.2. Apresentação da DLPA

Com base no padrão de DLPA apresentado no art. 186 da Lei nº 6.404, essa demonstração pode ser apresentada na seguinte sequência:

Lucros (ou Prejuízos) Acumulados (saldo em 31/12/X1)
(±) Ajustes de Exercícios anteriores (art. 186, §1º)
(+) Reversões de Reservas de Lucros
(+) Lucro Líquido [ou (–) Prejuízo Líquido]
(–) Destinações para Reserva Legal
(–) Outras Reservas de Lucros
(–) Dividendos Distribuídos (a pagar ou já pagos)
(–) Parcela do lucro para aumento do Capital Social
(=) Lucros (ou Prejuízos) Acumulados (saldo em 31/12/X2)

No exemplo da Cia. Silvestre do tópico 7.1, e admitindo que o saldo remanescente em Lucros Acumulados após as devidas destinações fosse utilizado para aumento do Capital Social da empresa, teríamos:

Prejuízos Acumulados (saldo em 31/12/X0)	(12.000)
(+) Lucro Líquido	80.000
(–) Reserva Legal	(3.400)
(–) Dividendos Distribuídos	(19.380)
(–) Parcela incorporada ao Capital Social	(45.220)
(=) Lucros Acumulados (saldo em 31/12/X1)	0

8. DEMONSTRAÇÃO DAS MUTAÇÕES DO PATRIMÔNIO LÍQUIDO (DMPL)

Como já visto no tópico anterior, a DLPA (Demonstração dos Lucros ou Prejuízos Acumulados) evidencia somente as alterações na conta "Lucros ou Prejuízos Acumulados". No entanto, sabemos que o patrimônio líquido possui outras partes não referenciadas na DLPA, tais como Capital Social, Reservas de Capital, Reserva Legal, Reserva Estatutária, Ajustes de Avaliação Patrimonial etc. Por essa razão, o Pronunciamento Técnico CPC 26

(R1) não elenca a DLPA como componente do conjunto completo das demonstrações contábeis, visto que a DMPL substitui a DLPA, além de evidenciar todas as demais contas do PL.

Considerando ainda o exemplo anterior da Cia. Silvestre, suponhamos que, além das informações já mencionadas, foram colhidas as seguintes informações para a elaboração da DMPL:

Composição do PL em 31/12/X0:

Capital Social 380.000
Reservas de Capital..47.000
Prejuízos Acumulados..(12.000)
Ações em Tesouraria ....(10.000)
TOTAL..405.000

Fatos ocorridos em X1 que alteraram qualitativa e/ou quantitativamente o PL da Cia. Silvestre:

- Integralização de Capital Social com a emissão de 50.000 novas ações a R$ 1,00 cada, sendo que os gastos com a emissão dessas ações importaram em R$ 1.700,00.
- Após a venda de todas as ações em tesouraria existentes no balanço de X0 por R$ 11.400,00, a Cia. Silvestre adquiriu novamente parte de suas próprias ações no total de R$ 18.000,00, as quais foram mantidas em tesouraria para revenda futura. O lucro na venda das antigas ações em tesouraria foi contabilizado como reservas de capital.
- Alienação de bônus de subscrição no total de R$ 13.100,00.
- A Cia. Silvestre mantinha em seu ativo ações de outras empresas adquiridas em X1 por R$ 8.000,00, as quais foram consideradas ativos financeiros disponíveis para venda. Em 31/12/X1, o valor justo (= valor de mercado) dessas ações foi estimado em R$ 11.000,00, de sorte que o ajuste a valor justo foi feito da seguinte forma:

    D – Ativos Financeiros Disponíveis para Venda.......................... 3.000,00
    C – Ajustes de Avaliação Patrimonial... 3.000,00

    Nota: *Os "Ajustes de Avaliação Patrimonial" são considerados um dos tipos de "Outros Resultados Abrangentes".*

- Utilização de Reservas de Capital no valor de R$ 9.000,00 para aumento do Capital Social.

Assim, em 31/12/X1, a DMPL da Cia. Silvestre pode ser apresentada da seguinte forma:

	Capital Social Int.	Reservas de Capital; Gastos c/ Emissão de Ações; Ações em Tesouraria	Reserva de Lucros	Lucros ou Prejuízos Acumulados	Outros Resultados Abrangentes	Total
Saldos Iniciais (31/12/X0)	380.000	37.000	-	(12.000)	-	405.000
• Aumento de Capital						
– Com integralização	50.000	-	-	-	-	50.000
– Com reservas	9.000	(9.000)	-	-	-	-
– Com lucros	45.220	-	-	(45.220)	-	-
• Gastos c/ Emissão de Ações	-	(1.700)	-	-	-	(1.700)
• Ações em Tesouraria Adquiridas	-	(18.000)	-	-	-	(18.000)
• Ações em Tesouraria Vendidas	-	10.000	-	-	-	10.000
• Reservas de Capital	-	14.500	-	-	-	14.500
• Reserva Legal	-	-	3.400	(3.400)	-	-
• Dividendos	-	-	-	(19.380)	-	(19.380)
• Lucro Líquido (X1)	-	-	-	80.000	-	80.000
• Ajustes de Avaliação Pat..	-	-	-	-	3.000	3.000
Saldos Finais (31/12/X1)	484.220	32.800	3.400	0	3.000	523.420

Nota: Observemos que a soma da última linha (523.420) é exatamente igual à soma da última coluna (523.420), que é a "prova real" da DMPL.

EXERCÍCIO RESOLVIDO 1: (Auditor do Tesouro Municipal/RN – Esaf – Adaptada) Abaixo estão relacionadas as trinta e uma contas movimentadas pela Cia. de Comércio Beta, conforme Razão Geral de 31/12/20x0:

01. Ações de Coligadas — R$ 1.200,00
02. Ações em Tesouraria — R$ 300,00
03. Aluguéis Ativos — R$ 200,00
04. Aluguéis Passivos — R$ 550,00
05. Bancos c/ Aplicação — R$ 1.100,00
06. Caixa — R$ 1.200,00
07. Capital a Integralizar — R$ 3.000,00
08. Capital Social — R$ 10.000,00
09. Custo da Mercadoria Vendida — R$ 3.800,00
10. Despesas a Pagar — R$ 160,00
11. Despesas a Vencer — R$ 280,00
12. Duplicatas a Pagar — R$ 3.000,00
13. Duplicatas a Receber — R$ 1.000,00
14. Perdas Estimadas em Créditos de Liquidação Duvidosa — R$ 800,00
15. Fornecedores — R$ 4.000,00

16. Edificações	R$ 5.000,00
17. Impostos	R$ 650,00
18. Impostos a Recolher	R$ 500,00
19. Matéria-Prima	R$ 1.300,00
20. Mercadorias	R$ 2.500,00
21. Móveis e Utensílios	R$ 3.500,00
22. Participações Acionárias	R$ 800,00
23. Participações de Empregados	R$ 320,00
24. Perdas Estimadas em Estoques	R$ 150,00
25. Imposto de Renda a Pagar	R$ 700,00
26. Receitas a Receber	R$ 600,00
27. Receitas a Vencer	R$ 250,00
28. Receita Bruta de Vendas	R$ 6.000,00
29. Reservas de Capital	R$ 350,00
30. Reservas de Lucros	R$ 400,00
31. Lucros ou Prejuízos Acumulados com saldo igual à diferença entre devedores e credores	

Considerando-se, exclusivamente, a relação, podemos afirmar que a empresa demonstra um Patrimônio Bruto de:

a) R$ 10.750,00;
b) R$ 17.530,00;
c) R$ 17.940,00;
d) R$ 18.290,00;
e) R$ 18.480,00.

(SOLUÇÃO)
PATRIMÔNIO BRUTO = ATIVO
TIVO CIRCULANTE:

Caixa	*R$ 1.200,00*
Bancos c/ Aplicação	*R$ 1.100,00*
Participações Acionárias	*R$ 800,00*
Despesas a Vencer	*R$ 280,00*
Duplicatas a Receber	*R$ 1.000,00*
Perdas Estimadas em Créditos de Liquidação Duvidosa	*(R$ 800,00)*
Matéria-Prima	*R$ 1.300,00*

Mercadorias	R$ 2.500,00
Perdas Estimadas em Estoques	(R$ 150,00)
Receitas a Receber	R$ 600,00
Total	R$ 7.830,00

ATIVO NÃO CIRCULANTE:

Ações de Coligadas	R$ 1.200,00
Edificações	R$ 5.000,00
Móveis e Utensílios	R$ 3.500,00
Total	R$ 9.700,00

TOTAL DO ATIVO = R$ 7.830,00 + R$ 9.700,00 = R$ 17.530,00

(Resposta: opção b)

EXERCÍCIO RESOLVIDO 2: (Enunciado comum às questões 1 e 2) As seguintes informações foram obtidas por uma empresa, as quais são referentes ao exercício social encerrado em 31/12/X2 (valores em R$ 1,00):

Lucro líquido	48.000
Lucro em vendas a prazo cujas duplicatas serão recebidas em X4	21.000
Receita de equivalência patrimonial (REP)	14.000
Destinações para reservas:	
Reserva legal	2.400
Reserva estatutária	1.700
Reserva p/ contingências	3.600
Reserva orçamentária	2.300
Reserva de lucros a realizar	?
Reversão de reservas para contingências	1.000

Sabe-se que o estatuto da empresa é omisso com relação aos dividendos e que foi constituída a reserva de lucros a realizar.

1. **O saldo final de Dividendos a Pagar e o valor destinado à RLAR (Reserva de Lucros a Realizar) foram, respectivamente, de:**
   a) R$ 13.000,00 e R$ 8.500,00;
   b) R$ 29.500,00 e R$ 8.500,00;
   c) R$ 30.500,00 e R$ 8.500,00;
   d) R$ 21.500,00 e R$ 8.500,00;
   e) R$ 13.500,00 e R$ 8.000,00.

(SOLUÇÃO)

Lucros a Realizar (Lucros Não Realizados) = Lucros a Longo Prazo + REP

Lucros a Realizar = 21.000 + 14.000 = 35.000

Lucro Realizado = Lucro Líquido − Lucros a Realizar = 48.000 − 35.000 = 13.000

Dividendo obrigatório (estatuto omisso) = 50% (Lucro Líquido − Reserva Legal ± Reserva de Contingências)

− (menos): valor destinado à reserva

+ (mais): reversão da reserva

Dividendo = 50% (48.000 − 2.400 − 3.600 + 1.000) = 21.500 − caso não se formasse RLAR. No entanto, o valor destinado à formação dessa reserva será o excesso do dividendo obrigatório sobre os lucros realizados, isto é:

RLAR = 21.500 − 13.000 = 8.500

Desta forma, os 13.000 realizados irão compor o saldo de Dividendos a Pagar, além da parte do lucro remanescente após a distribuição para as reservas de lucros (legal, estatutária, contingência, orçamentária e lucros a realizar), pois, de acordo com o § 6º do art. 202 da Lei nº 6.404/1976, os lucros não destinados nos termos dos arts. 193 a 197 (Res. Legal até RLAR) <u>deverão</u> ser distribuídos como dividendo. Assim, a parte remanescente será calculada da seguinte forma:

48.000 − 2.400 − 1.700 − 3.600 − 2.300 − 8.500 − 13.000 = 16.500

Assim, teremos: Dividendos a Pagar = 13.000 + 16.500 = 29.500

No entanto, o valor acima não é definitivo, pois a conta Lucros Acumulados deverá ficar com saldo ZERO. Logo, a reversão das reservas para contingências deverá ser transferida de Lucros Acumulados para Dividendos a Pagar, ficando esta conta com o saldo definitivo de R$ 29.500 + R$ 1.000, isto é, R$ 30.500.

(Resposta: opção c)

2. **Supondo que, em vez da receita de equivalência patrimonial ser de R$ 14.000, o saldo desta fosse nulo, o saldo de Dividendos a Pagar seria de:**
a) R$ 13.000,00;
b) R$ 21.500,00;
c) R$ 38.000,00;
d) R$ 8.500,00;
e) R$ 39.000,00.

(SOLUÇÃO)

Lucros a Realizar (Lucros Não Realizados) = Lucros a Longo Prazo = 21.000

Lucro Realizado = Lucro Líquido – Lucros a Realizar = 48.000 – 21.000 = 27.000

Dividendo obrigatório = 50% (48.000 – 2.400 – 3.600 + 1.000) = 21.500 < 27.000

Assim, visto que o dividendo (mínimo) obrigatório no valor de 21.500 é menor do que a parcela realizada do Lucro Líquido (27.000), não haverá formação de RLAR. No entanto, o valor acima ($ 21.500) não é definitivo, pois não poderá haver saldo remanescente em Lucros Acumulados. Desta forma, após as destinações já calculadas, o remanescente será:

48.000 + 1.000 – 2.400 – 1.700 – 3.600 – 2.300 – 21.500 = 17.500

Finalmente, a conta "Dividendos a Pagar" ficará com saldo de $ 21.500 + $ 17.500, isto é, $ 39.000.

(Resposta: opção e)

EXERCÍCIO RESOLVIDO 3: A Cia. Delta, no encerramento do exercício de 20x1, na Demonstração do Resultado do Exercício, em 31 de dezembro de 20x1, apurou, depois das Participações, um Lucro Líquido de R$ 600.000,00.

Informações adicionais apresentadas pela companhia.

– Patrimônio Líquido em 31 de dezembro de 20x0:

Capital Social	R$ 663.200,00
(–) Prejuízo Acumulado	(R$ 200.000,00)

Elementos inclusos no Resultado do Exercício em 31 de dezembro de 20x1:

– Ganho pelo método da equivalência patrimonial	R$ 320.000,00
– Duplicatas a Receber – vencimento em 20x2	R$ 40.000,00
– Duplicatas a Receber – vencimento em 20x3	R$ 200.000,00

Outras informações
– Dividendos omissos no estatuto da companhia
– Reservas já propostas pela Administração:

• Reserva para Contingências	R$ 80.000,00
• Reserva Estatutária	R$ 60.000,00

A companhia adotou como política ter a menor descapitalização possível. Para tal, tornou-se necessário fazer a distribuição menor possível dos dividendos obrigatórios, ao abrigo da lei, por meio da constituição da Reserva de Lucros a Realizar.

Considerando-se exclusivamente as informações recebidas e as determinações da legislação social, o valor da Reserva de Lucros a Realizar (RLR) máxima, em reais, é:

a) 245.000,00;
b) 205.000,00;
c) 110.000,00;
d) 80.000,00;
e) 70.000,00.

(SOLUÇÃO)

Para determinarmos o valor da RLR, o primeiro passo é apurarmos o valor dos dividendos, visto que a RLR é a <u>única</u> reserva de lucro cujo cálculo depende do valor dos dividendos.

No caso do estatuto OMISSO, com base no art. 202 da Lei nº 6.404/76, em princípio, os dividendos mínimos a serem pagos aos acionistas são determinados pela seguinte fórmula, onde RL é a Reserva Legal e RC a Reserva de Contingências:

$$\frac{Lucro\ Líquido - Destinação\ p/\ RL - Destinação\ p/\ RC + Reversão\ de\ RC}{2}$$

O valor a ser destinado à Reserva Legal (RL), "em princípio", é de 5% do Lucro Líquido, observado o limite obrigatório (20% do Capital Social). No entanto, **havendo saldo em Prejuízos Acumulados** *originários do exercício anterior, a PRIORIDADE, com base no art. 189 da Lei 6.404/76, é retirar tais prejuízos do balanço, antes de QUAISQUER destinações, inclusive a Reserva Legal. Abaixo, reproduzimos o referido artigo:*

> **Art. 189:** *Do resultado do exercício serão deduzidos,* **<u>antes de qualquer participação</u>**, *os prejuízos acumulados e a provisão para o Imposto sobre a Renda.*
>
> **Parágrafo único:** *o prejuízo do exercício será obrigatoriamente absorvido pelos lucros acumulados, pelas reservas de lucros e pela reserva legal, nessa ordem.*

Assim, o "novo" Lucro Líquido que servirá de base não será de R$ 600.000,00 e sim de R$ 600.000,00 – R$ 200.000,00, ou seja, R$ 400.000,00. Desse modo, os dividendos mínimos, em princípio, seriam obtidos mediante o seguinte cálculo:

$$\frac{R\$\ 400.000,00 - 5\%\ R\$\ 400.000,00 - R\$\ 80.000,00}{2} = R\$\ 150.000,00$$

Comentário: *Não só porque está determinado na lei, mas também por uma questão de lógica e bom senso, ou seja, haver reservas de lucros e prejuízos acumulados <u>num mesmo balanço</u> seria equivalente a dizer que a empresa teve "ao mesmo tempo" lucro e prejuízo, o que seria uma inconsistência contábil. Além disso, não seria coerente distribuir dividendos como participação dos acionistas sobre lucros da empresa se esta tem prejuízo pendente (prejuízos acumulados).*

O próximo passo é determinarmos a parcela REALIZADA do Lucro Líquido, a qual é a diferença entre o Lucro Líquido original (R$ 600.000,00, pois neste caso NÃO abatemos os Prejuízos Acumulados, visto que não há base na Lei 6.404/76 para tal procedimento) e a soma do resultado positivo na equivalência patrimonial (R$ 320.000,00) com os lucros em vendas para recebimento após o exercício seguinte (R$ 200.000,00). Assim, a parcela realizada do Lucro Líquido será de R$ 600.000,00 – R$ 320.000,00 – R$ 200.000,00 = R$ 80.000,00.

Por fim, o MÁXIMO a ser destinado à RLR será a diferença entre o valor dos dividendos mínimos e a parcela realizada do Lucro Líquido, ou seja, R$ 150.000,00 – R$ 80.000,00 = R$ 70.000,00.
(Opção e)

Comentário extra: *Se não houvesse saldo em Prejuízos Acumulados originários do exercício anterior, os dividendos mínimos pela omissão estatutária da companhia em questão teriam sido obtidos pelo seguinte cálculo:*

$$\frac{R\$\ 600.000,00 - 5\%\ R\$\ 600.000,00 - R\$\ 80.000,00}{2} = R\$\ 245.000,00$$

EXERCÍCIO RESOLVIDO 4: A Cia. Estrela Azul, ao final do exercício social de 20X1, apresentou na sua DRE (Demonstração do Resultado do Exercício) e em notas explicativas às suas demonstrações os seguintes resultados:

- Lucro antes do IR e CSL das operações continuadas .... R$ 48.000,00
- Lucro antes do IR e CSL das operações em descontinuidade .... R$ 12.000,00

Admitindo o IR (Imposto de Renda) e a CSL (Contribuição Social sobre o Lucro) com alíquota conjunta de 24% incidente sobre o lucro contábil e que o estatuto determina o pagamento de participação de 10% do lucro a administradores, determine o Lucro Líquido do Exercício de 20X1 a ser apresentado ao final da DRE.

(SOLUÇÃO)
Lucro antes do IR e CSL = 48.000,00 + 12.000,00 = 60.000,00
IR e CSL = 24% 60.000,00 = 14.400,00
Participação de Administradores = 10% (60.000,00 – 14.400,00) = 4.560,00
Lucro Líquido do Exercício de 20X1 = 60.000,00 – 14.400,00 – 4.560,00 = 41.040,00

Exercícios de Fixação

1. **(Auditor do Tesouro Municipal/RN – Esaf – Adaptada)** A firma Amoreiras S.A. tem um plano de contas corretamente implantado com uma classificação adequada à elaboração das demonstrações financeiras. Quando a investidora comprou, com a intenção de logo revender, um lote de 0,5% das ações do Banco do Brasil e outro lote de 11% das ações dos Supermercados do Sol S.A., o contador precisou criar os títulos "Ativos Financeiros Destinados à Negociação – Ações Banco do Brasil" e "Ações de Coligadas – Supermercados do Sol". Assinale a classificação correta para as citadas contas "Ativos Financeiros Destinados à Negociação – Ações Banco do Brasil" e "Ações de Coligadas – Supermercados do Sol", respectivamente:
    a) Ativo Circulante e Ativo Realizável a Longo Prazo;
    b) Ativo Investimentos e Ativo Investimentos;
    c) Ativo Realizável a Longo Prazo e Ativo Investimentos;
    d) Ativo Investimentos e Ativo Circulante;
    e) Ativo Circulante e Ativo Investimentos.

2. **(MPU/UnB)** De acordo com o art. 179, inciso I, da Lei das S.A., no Ativo Circulante serão classificadas as disponibilidades, os direitos realizáveis no curso do exercício social subsequente e:
    a) as contas a receber de sócios e acionistas de negócios não usuais;
    b) as aplicações de recursos em despesas do exercício seguinte;
    c) os estoques;
    d) as contas a receber de clientes;
    e) as aplicações no Ativo Diferido.

3. **(MPU/UnB)** A demonstração dos lucros ou prejuízos acumulados discriminará, entre outros itens:
    a) as reversões de disponibilidades;
    b) as reversões de reservas;
    c) os acréscimos nos dividendos por ação;
    d) as destinações do lucro operacional;
    e) as formações de novos itens monetários.

4. **Marque a opção que indica a demonstração contábil obrigatória somente às companhias abertas:**
    a) Balanço Patrimonial;
    b) Demonstração do Valor Adicionado;
    c) Demonstração dos Fluxos de Caixa;
    d) Demonstração dos Lucros ou Prejuízos Acumulados;
    e) Demonstração do Resultado do Exercício.

5. (Técnico de Finanças e Controle – Esaf – Adaptada) No demonstrativo abaixo estão relacionadas, com os respectivos saldos, todas as contas que compuseram o balanço patrimonial de uma sociedade anônima nos exercícios de X5 e X6, com exceção das contas integrantes do patrimônio líquido.

Contas	X5	X6
Caixa e Bancos	1.000	1.500
Duplicatas a Receber (até 120 dias)	5.000	6.000
Duplicatas a Pagar (até 90 dias)	3.000	3.000
Duplicatas Descontadas	1.500	2.000
Notas Fiscais a Faturar	2.000	3.000
Férias a Pagar	4.000	5.000
Receita Antecipada de Produtos em Fabricação	-	2.000
Fornecedores	6.000	5.000
Empréstimos de Instituições Financeiras	10.000	12.000
Custos Atribuídos a Produtos em Fabricação	-	1.500
Estoques de Mercadorias	8.000	7.000
Adiantamentos a Empregados	1.500	-
Móveis e Utensílios	3.000	5.000
Veículos	8.000	10.000
Imóveis	15.000	15.000
Depreciações Acumuladas	2.000	3.000

O demonstrativo nos assegura que o patrimônio líquido da sociedade no exercício de X6, em relação ao de X5:
a) manteve o seu valor;
b) aumentou em 2.000;
c) aumentou em 5.000;
d) aumentou em 9.000;
e) reduziu em 1.500.

6. (Controladoria Geral do Município/RJ – Fundação João Goulart) Uma empresa comercial concede um empréstimo a um de seus sócios no valor de R$ 26.000,00 com um vencimento fixado para 90 dias. Tal transação movimentará os seguintes grupos de contas:
a) D – ARLP e C – AC.
b) D – AC e C – PL.
c) D – AC e C – PC.
d) D – AC e C – AC.

7. (PETROBRAS – LIQUIGÁS – Ciências Contábeis – Fundação Cesgranrio) Uma companhia comercial, constituída sob a forma jurídica de sociedade anônima de capital fechado, que elabora suas demonstrações contábeis em 31 de dezembro, antes de fechar o balanço de 20X0, apresentou as seguintes informações parciais retiradas de seus registros contábeis:

Ocorrência	Valor	Vencimento
Adiantamento de salários	8.000,00	28/fev./20X1
Adiantamento de clientes	14.000,00	20/abril/20X1
Empréstimos a diretores	26.000,00	30/jan./20X1
Empréstimo a empregados	10.000,00	30/jun./20X1

Considerando exclusivamente as ocorrências e os valores informados acima, no balanço da companhia, em 31 de dezembro de 20X0, o total do Ativo Circulante, em reais, é:
a) 18.000,00;
b) 22.000,00;
c) 36.000,00;
d) 44.000,00;
e) 58.000,00.

8. No início do exercício social de 20X0, a Cia. Três Rios incorporou todas as reservas de capital ao capital social e, no final desse mesmo exercício social, apurou um lucro líquido maior que a soma das reservas incorporadas.

Na demonstração das mutações do patrimônio líquido, foi evidenciado que o lucro não destinado foi integralmente distribuído como dividendo, nos termos da Lei nº 6.404/76.

Assim, no que tange à distribuição do resultado, na comparação com o Patrimônio Líquido anterior, o Patrimônio Líquido apurado no balanço de 20X0:
a) reduziu em valor igual à soma das reservas incorporadas e o lucro não distribuído;
b) reduziu em valor igual à diferença entre o lucro não distribuído e as reservas incorporadas;
c) manteve o mesmo valor, uma vez que o lucro apurado foi totalmente distribuído;
d) aumentou em valor igual ao do lucro apurado no exercício;
e) aumentou em valor igual ao da reserva legal constituída.

9. (PETROBRAS – LIQUIGÁS – Ciências Contábeis – Fundação Cesgranrio) Por ocasião do encerramento do exercício social/20X0, para realizar os registros contábeis da distribuição do resultado do exercício, o contador da sociedade anônima de grande porte, de capital fechado, fez as seguintes anotações em seus papéis de trabalho:

Exercício social de 20X0
- Prejuízos Acumulados, no Balanço Patrimonial = R$ 200,00

Exercício social de 20X1
- Lucro Líquido do Exercício = R$ 1.000,00
- Dividendos: omissos no estatuto
- Administração: elaborou o orçamento de capital para reter os lucros não destinados, na forma da lei societária, previamente aprovado pela assembleia geral.

Considerando as anotações do contador, a boa técnica contábil e as determinações da lei das sociedades por ações referentes à distribuição do resultado do exercício, o valor do dividendo mínimo obrigatório, em reais, é:

a) 200,00;
b) 250,00;
c) 380,00;
d) 400,00;
e) 500,00.

10. **(PETROBRAS – LIQUIGÁS – Ciências Contábeis/ Fundação Cesgranrio)** Em dezembro de 20X1, a Nora S/A, de grande porte, atuando no ramo comercial, realizou as transações a seguir:
    - Venda de imobilizado a prazo para uma coligada por R$ 30.000,00, vencimento 5 de março de 20X2.
    - Venda de mercadorias a prazo para empregados por R$ 50.000,00, vencimento 5 de março de 20X2.
    - Empréstimo de R$ 20.000,00 a empresa detentora de debêntures emitidas pela Nora, vencimento 5 de março de 20X2.

    Considerando exclusivamente as transações realizadas, a boa técnica contábil e as determinações da Lei nº 6.404/76, com a redação devidamente atualizada, a classificação dos direitos decorrentes dessas mesmas transações, no Balanço de 31/12/20X1, em reais, é:
    a) AC = 100.000,00 e ARLP = 0,00 (zero);
    b) AC = 80.000,00 e ARLP = 20.000,00;
    c) AC = 70.000,00 e ARLP = 30.000,00;
    d) AC = 50.000,00 e ARLP = 50.000,00;
    e) AC = 30.000,00 e ARLP = 70.000,00.

11. **(PETROBRAS – LIQUIGÁS – Ciências Contábeis/ Fundação Cesgranrio)** As Notas Explicativas não são uma demonstração contábil, mas são consideradas como parte integrante delas e têm que ser publicadas em conjunto com as mesmas.
    Nesse contexto, a Lei nº 6.404/1976, conhecida como Lei das Sociedades Anônimas, estabelece que, ao final de cada exercício social, a companhia deve elaborar as demonstrações contábeis com fundamento na sua escrituração mercantil estabelecendo, ainda, que elas deverão ser complementadas por Notas Explicativas e outros quadros analíticos ou demonstrações contábeis.
    As determinações legais sobre as Notas Explicativas visam ao esclarecimento da situação:
    a) econômica e financeira;
    b) econômica e patrimonial;
    c) econômica e do resultado do exercício;
    d) financeira e do resultado do exercício;
    e) patrimonial e do resultado do exercício.

(UNESP – Contador/ Vunesp) Analise as informações a seguir.
O Balancete de Verificação de uma determinada companhia, levantado em 31.12.20X0, apresentou o seguinte elenco de contas e saldos:

Contas	Saldos Finais (R$)
Disponibilidades	2.000
Capital Social	8.000
Custo das Vendas	4.000
Despesas Operacionais	1.000
Clientes	5.000
Fornecedores	2.500
Impostos a Recolher	1.000
Tributos sobre Vendas	1.500
Estoque de Mercadorias	6.500
Receita Bruta	8.500

Após o encerramento das contas de resultado, preparado o Balanço Patrimonial e a Demonstração do Resultado do Exercício, responda às questões de números 12 a 16.

12. O valor do Ativo Circulante é representado pela importância de:
    a) R$ 2.000;
    b) R$ 5.000;
    c) R$ 6.500;
    d) R$ 7.000;
    e) R$ 13.500.

13. O valor do Passivo Circulante é representado pela importância de:
    a) R$ 1.000;
    b) R$ 2.500;
    c) R$ 3.500;
    d) R$ 5.500;
    e) R$ 8.500.

14. O valor do Lucro Bruto é representado pelo valor de:
    a) R$ 1.500;
    b) R$ 3.000;
    c) R$ 4.500;
    d) R$ 7.000;
    e) R$ 8.500.

15. O valor do Lucro Líquido é representado pelo valor de (desconsidere a existência de tributos sobre o lucro):
    a) R$ 2.000;
    b) R$ 3.000;
    c) R$ 4.000;
    d) R$ 1.000;
    e) R$ 5.000.

16. O valor do Patrimônio Líquido está adequadamente representado pelo seguinte valor:
    a) R$ 2.000;
    b) R$ 8.000;
    c) R$ 10.000;
    d) R$ 11.000;
    e) R$ 12.500.

17. A demonstração contábil que evidencia, entre outras coisas, o aumento do capital social de uma companhia com a utilização de reservas é:
    a) Balanço Patrimonial;
    b) Demonstração dos Lucros ou Prejuízos Acumulados;
    c) Demonstração do Valor Adicionado;
    d) Demonstração do Resultado do Exercício;
    e) Demonstração das Mutações do Patrimônio Líquido.

18. É item que pode estar presente numa DRE:
    a) Salários a Pagar.
    b) Aluguéis a Vencer.
    c) Juros Passivos.
    d) Aluguéis Recebidos Antecipadamente.
    e) Provisão para Contingências Fiscais.

(Tribunal de Justiça de SP – Contador – Vunesp – Adaptada) Utilize o balancete de verificação da Empresa Certinha, de 30/11/20X7, e os dados complementares a seguir, para responder às questões de números 19 e 20.

Contas	R$
Caixa	12.000
Bancos	21.000
Duplicatas a Receber	36.000
Mercadorias em Estoque (saldo inicial)	6.000
Equipamentos	15.000
Fornecedores	12.000
Contas a Pagar	6.000
Capital	49.500
Lucros Acumulados	18.000
Compras	93.000
Receita de Vendas	96.000
Receita de Juros	3.300
Receita com Descontos	1.200
Despesas de Juros	2.400
Despesas com Descontos	600

As transações de dezembro de 20X7 e outras informações são:
(1) Compra de mercadorias à vista por R$ 21.000, com devolução de compras, após 15 dias, de R$ 2.100, a ser reposta em mercadoria.
(2) Venda de mercadorias à vista por R$ 45.000 com pagamento em carteira, com devolução de vendas, após 15 dias, de R$ 4.500, cuja margem é de 100% sobre o custo, a ser reposta em mercadoria.
(3) Depósito em dinheiro efetuado na conta bancos de R$ 12.000.
(4) Recebimento de duplicatas no valor de R$ 12.000 mais juros por atraso de R$ 1.200.
(5) Pagamento a fornecedor no valor de R$ 12.000 menos o desconto de R$ 1.200, em cheque.
(6) Distribuição de lucro no valor de R$ 8.000.
(7) Alíquota para cálculo do imposto de renda de 30%.
(8) Saldo final de Estoques em 31/12/20X7 no valor de R$ 30.000.
(9) Depreciação de equipamentos de 10% no exercício considerado.
(10) Compra de mesas para uso a prazo no valor de R$ 4.500.
(11) Cálculos de centavos, arredondar para a próxima unidade monetária.

19. O encerramento das contas de despesas e receitas revela o Lucro Líquido do Exercício, em 31/12/X7, no montante em R$, de:
    a) 15.300;
    b) 25.800;
    c) 35.700;
    d) 49.500;
    e) 50.200.

20. O Ativo Total e Passivo Circulante somam, respectivamente:
    a) 95.200 e 13.500;
    b) 121.000 e 25.800;
    c) 107.500 e 95.200;
    d) 132.400 e 13.500;
    e) 116.800 e 35.800.

21. (TRF – 1ª Região – Analista Judiciário – FCC) A distribuição do lucro líquido é evidenciada:
    a) no Patrimônio Líquido e no Fluxo de Caixa;
    b) na Demonstração dos Lucros/Prejuízos Acumulados;
    c) no Balanço Patrimonial;
    d) na Demonstração do Fluxo de Caixa;
    e) nas Demonstrações do Fluxo de Caixa e do Resultado Abrangente.

Gabarito

1. e	6. a	11. e	16. c	21. b
2. b	7. a	12. e	17. e	
3. b	8. e	13. c	18. c	
4. b	9. c	14. b	19. c	
5. a	10. d	15. a	20. b	

Soluções dos Exercícios de Fixação

Exercício 1

As ações de outras empresas adquiridas com a intenção de venda são consideradas "Ativos Financeiros Destinados à Negociação" e devem ser classificadas, no caso de intenção de venda a curto prazo, no ativo circulante. Em relação às ações de coligadas, estas são consideradas participações permanentes no capital de outras sociedades, sendo classificadas no ativo não circulante investimentos.

Exercício 2

Se uma companhia, por exemplo, paga antecipadamente em dezembro de 2002 o aluguel de janeiro de 2003, em consonância com o regime de competência, a despesa só será contabilizada em janeiro de 2003. Em dezembro de 2002 o referido aluguel ficará registrado na conta "Aluguéis a Vencer", sendo esta uma conta do ativo circulante, pois representa aplicações de recursos em despesas do exercício seguinte.

Exercício 3

De acordo com o art. 186 da Lei nº 6.404/1976, a demonstração dos lucros ou prejuízos acumulados discriminará:

I. o saldo do início do período, os ajustes de exercícios anteriores e a correção monetária do saldo inicial;
II. as reversões de reservas e o lucro líquido do exercício;
III. as transferências para reservas, os dividendos, a parcela dos lucros incorporada ao capital e o saldo ao fim do período.

Exercício 4

Com base no art. 176 da Lei nº 6.404/1976, a Demonstração do Valor Adicionado é obrigatória somente às companhias abertas.

Exercício 5

ATIVO	X5	X6
Caixa e Bancos	1.000	1.500
Duplicatas a Receber (até 120 dias)	5.000	6.000
Notas Fiscais a Faturar	2.000	3.000

Estoques de Mercadorias	8.000	7.000
Adiantamentos a Empregados	1.500	-
Móveis e Utensílios	3.000	5.000
Veículos	8.000	10.000
Imóveis	15.000	15.000
Depreciações Acumuladas	(2.000)	(3.000)
	41.500	44.500
PASSIVO		
Duplicatas Descontadas	1.500	2.000
Duplicatas a Pagar	3.000	3.000
Férias a Pagar	4.000	5.000
Receita Antecipada de Produtos em Fabricação	-	2.000
Custos Atribuídos a Produtos em Fabricação	-	(1.500)
Fornecedores	6.000	5.000
Empréstimos de Instituições Financeiras	10.000	12.000
	24.500	27.500

PL (em X5) = 41.500 − 24.500 = 17.000

PL (em X6) = 44.500 − 27.500 = 17.000

Nota: Antes das normas do CPC (Comitê de Pronunciamentos Contábeis), a conta "Duplicatas Descontadas" era considerada retificadora da conta "Duplicatas a Receber" no ativo. Atualmente, pelas novas regras, principalmente com base no Pronunciamento Técnico CPC 38 – Instrumentos Financeiros: Reconhecimento e Mensuração, o desconto de duplicatas é equivalente a um empréstimo bancário, de modo que a conta "Duplicatas Descontadas" deve ser classificada no passivo circulante ou não circulante.

Exercício 6

D – Empréstimos a Sócios (ARLP)

C – Caixa/Bancos (AC)

Independentemente do prazo, qualquer crédito não operacional, isto é, crédito não relacionado a negócios usuais na exploração do objeto da companhia, será classificado no ARLP (Ativo Realizável a Longo Prazo) – Art. 179, II.

Exercício 7

De acordo com o inciso II do art. 179 da Lei nº 6.404/76, serão classificados no ATIVO REALIZÁVEL A LONGO PRAZO os direitos realizáveis após o término do exercício seguinte, **assim como os derivados de vendas, adiantamentos ou empréstimos a sociedades coligadas ou controladas (art. 243), diretores, acionistas ou participantes no lucro da companhia, que não constituírem negócios usuais na exploração do objeto da companhia**. Assim, independentemente do prazo, os EMPRÉSTIMOS A DIRETORES são classificados no ativo realizável a longo prazo. No caso de ADIANTAMENTO DE CLIENTES, esta é uma conta do PASSIVO e não do ativo. Por fim, no ativo circulante da companhia em questão, teremos somente:

Adiantamento de salários..8.000,00
Empréstimo a empregados..10.000,00
TOTAL..18.000,00

Exercício 8

Em primeiro lugar devemos atentar para o fato de que a utilização de reservas para aumento do capital social não altera o VALOR do patrimônio líquido.

Em segundo lugar, devemos lembrar o disposto no art. 193 da Lei nº 6.404/76 (lei societária): *Do lucro líquido do exercício, 5% (cinco por cento) serão aplicados,* ***antes de qualquer outra destinação****, na constituição da reserva legal, que não excederá de 20% (vinte por cento) do capital social.*

Assim, com base no referido artigo, podemos denotar que a RESERVA LEGAL é de constituição obrigatória e calculada **antes** da distribuição dos dividendos, isto é, essa reserva reduz a base de cálculo dos dividendos, caso os mesmos sejam fixados como percentagem do lucro líquido ajustado nos termos do art. 202 da lei societária. Logo, o lucro não destinado para outras reservas será distribuído como dividendos, de sorte que o único aumento que o patrimônio líquido terá na companhia em questão será exatamente igual à reserva legal constituída.

Exercício 9

Com base na Lei nº 6.404/76 e na boa doutrina contábil, ao final do exercício social, havendo saldo anterior em "Prejuízos Acumulados", a PRIORIDADE é absorver esses prejuízos antes de efetuar quaisquer distribuições do lucro líquido. Assim, teremos:

Lucro Líquido (após absorção de Prejuízos Acumulados) = 1.000,00 – 200,00 = 800,00

- -

A partir de agora, toda distribuição do lucro líquido estará baseada nos R$ 800,00 e não mais nos R$ 1.000,00. Assim, teremos:

Reserva Legal = 5% × 800,00 = 40,00

- -

Antes de calcularmos o DIVIDENDO MÍNIMO OBRIGATÓRIO, abaixo reproduziremos parte do art. 202 da referida lei, o qual regula esse tema (grifos nossos):

> Art. 202. Os acionistas têm direito de receber como **dividendo obrigatório**, em cada exercício, a parcela dos lucros estabelecida no estatuto ou, **se este for omisso**, a importância determinada de acordo com as seguintes normas:
> I - metade do lucro líquido do exercício diminuído ou acrescido dos seguintes valores:
> a) importância destinada à constituição da reserva legal (art. 193); e
> b) importância destinada à formação da reserva para contingências (art. 195) e reversão da mesma reserva formada em exercícios anteriores;

Assim, com base no disposto acima, podemos montar as seguintes fórmulas:

> **Lucro Líquido Ajustado (art. 202)** = Lucro Líquido (já líquido dos Prejuízos Acumulados) – Valor destinado à Reserva Legal – Valor destinado à Reserva de Contingências + Valor revertido da Reserva de Contingências
>
> **Dividendo Obrigatório (quando estatuto omisso)** = $\dfrac{\text{Lucro Líquido Ajustado (art. 202)}}{2}$

Por fim, teremos:

Dividendo Obrigatório = $\dfrac{800,00 - 40,00}{2}$ = 380,00

Exercício 10

Pelas mesmas razões já expostas no exercício 7, teremos:

AC = 50.000,00

ARLP = 30.000,00 + 20.000,00 = 50.000,00

Exercício 11

Segundo o § 4º do art. 176 da Lei nº 6.404/76, as demonstrações serão complementadas por notas explicativas e outros quadros analíticos ou demonstrações contábeis necessários para esclarecimento da **situação patrimonial e dos resultados do exercício**.

Exercício 12

ATIVO CIRCULANTE

Disponibilidades 2.000
Clientes 5.000
Estoques de Mercadorias 6.500
TOTAL 13.500

Exercício 13

PASSIVO CIRCULANTE

Fornecedores	2.500
Impostos a recolher	1.000
TOTAL	3.500

Exercício 14

Receita Bruta	8.500
(–) Tributos sobre Vendas	(1.500)
(–) Custo das Vendas	(4.000)
(=) LUCRO BRUTO	3.000

Exercício 15

Lucro Bruto	3.000
(–) Despesas Operacionais	(1.000)
(–) Tributos sobre o Lucro (IR e CSL)	ZERO
(=) LUCRO LÍQUIDO	2.000

Exercício 16

PATRIMÔNIO LÍQUIDO (PL)

Capital Social	8.000
(+) Lucro Líquido	2.000
(=) TOTAL DO PL	10.000

Comentário extra: Uma outra forma de calcularmos o valor do PL é pela diferença entre o ATIVO (13.500) e o PASSIVO (3.500), isto é, PL = 13.500 – 3.500 = 10.000.

Exercício 17

O aumento do capital social de uma companhia com a utilização de reservas é uma MUTAÇÃO QUALITATIVA ocorrida dentro do PL. Desta forma, a demonstração que evidencia esse fato é a DMPL.

Exercício 18

a) Salários a Pagar – Conta do passivo circulante no balanço patrimonial
b) Aluguéis a Vencer – Conta do ativo circulante no balanço patrimonial

c) Juros Passivos – Conta de despesa financeira na DRE
d) Aluguéis Recebidos Antecipadamente – Conta do passivo circulante no balanço
e) Provisão para Contingências Fiscais – Conta do passivo circulante no balanço

Exercício 19

CMV (Custo das Mercadorias Vendidas) = EI + (Compras – Devoluções) – EF = 6.000 + (93.000 + 21.000 – 2.100) – 30.000 = 87.900

Receita de Vendas [96.000 + 45.000 – 4.500]	136.500
(–) CMV	(87.900)
(=) Lucro Bruto	48.600
(+) Receita de Juros [3.300 + 1.200]	4.500
(+) Receita com Descontos [1.200 + 1.200]	2.400
(–) Despesa de Juros	(2.400)
(–) Despesa com Descontos	(600)
(–) Depreciação [10% 15.000]	(1.500)
(=) Lucro antes do IR	51.000
(–) IR [30% 48.600]	(15.300)
(=) Lucro Líquido	35.700

Exercício 20

ATIVO	
Caixa [= 12.000 – (21.000 – 2.100) + (45.000 – 4.500) – 12.000 + (12.000 + 1.200) – 8.000]	26.800
Bancos [21.000 + 12.000 – (12.000 – 1.200)]	22.200
Duplicatas a Receber [36.000 – 12.000]	24.000
Mercadorias (saldo final)	30.000
Equipamentos	15.000
Depreciação Acumulada	(1.500)
Móveis e Utensílios	4.500
TOTAL DO ATIVO	**121.000**
PASSIVO	
Fornecedores [= 12.000 – 12.000 + 4.500]	4.500
Contas a Pagar	6.000

IR a Pagar	15.300
	25.800
PATRIMÔNIO LÍQUIDO	
Capital Social	49.500
Lucros Acumulados [= 18.000 + 35.700 − 8.000]	45.700
	95.200
TOTAL DO PASSIVO E PL	**121.000**

Exercício 21

A demonstração contábil que evidencia a APURAÇÃO do lucro líquido é a DRE. Após apurado esse lucro no final do exercício social, o mesmo é transferido para a conta "Lucros ou Prejuízos Acumulados", conta esta que funcionará como uma espécie de "centro de distribuição" desse lucro líquido, dando origem à Demonstração dos Lucros ou Prejuízos Acumulados (DLPA), a qual poderá será dispensada pela elaboração da Demonstração das Mutações do Patrimônio Líquido (DMPL), sendo que esta incluirá a DLPA, de modo que seria uma redundância elaborar a DLPA e a DMPL ao mesmo tempo.

Capítulo 2

Análise das Demonstrações Contábeis

1. Conceito

Também chamada de *Análise das Demonstrações Financeiras*, ou ainda, *Análise de Balanços*, a Análise das Demonstrações Contábeis é a técnica de obtenção, comparação e interpretação de indicadores que se apresentam sob forma de coeficientes, números índices ou quocientes calculados a partir de itens extraídos das demonstrações contábeis, a fim de que se possa diagnosticar a situação econômica, financeira, patrimonial e de desempenho operacional da entidade à qual se referem as demonstrações objeto da análise.

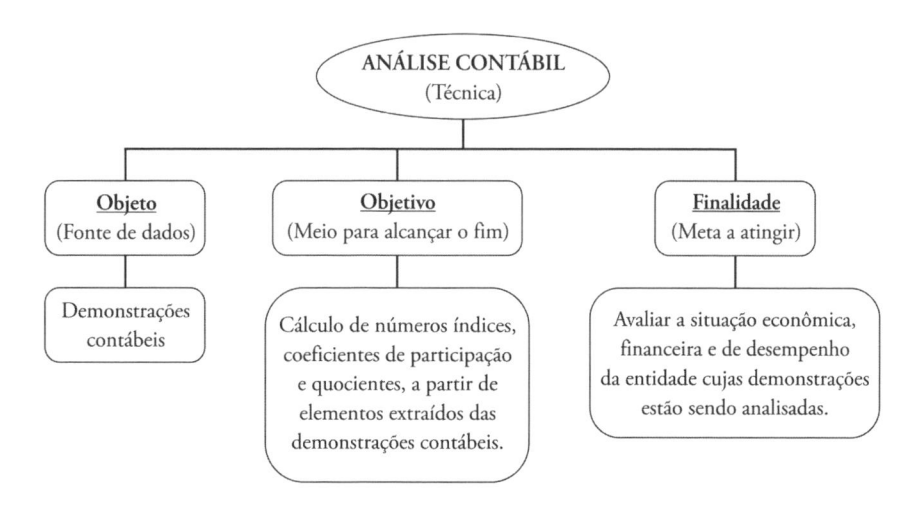

```
                    ANÁLISE CONTÁBIL
                       (Técnica)
    ┌──────────────────────┼──────────────────────┐
  Objeto                Objetivo              Finalidade
(Fonte de dados)   (Meio para alcançar o fim)  (Meta a atingir)
    │                     │                      │
Demonstrações      Cálculo de números índices,   Avaliar a situação econômica,
contábeis          coeficientes de participação  financeira e de desempenho
                   e quocientes, a partir de     da entidade cujas demonstrações
                   elementos extraídos das       estão sendo analisadas.
                   demonstrações contábeis.
```

2. Pequeno Histórico

A análise das demonstrações contábeis é tão antiga quanto a contabilidade, embora a análise propriamente dita surgisse no final do século XIX, na época em que os grandes banqueiros americanos passaram a exigir das empresas que necessitavam de empréstimos e financiamentos a apresentação de seus balanços, originando assim a denominação "análise de balanços", expressão esta ainda muito utilizada, tendo em vista que, além da demonstração do patrimônio de uma entidade em dado momento ser chamada de "balanço patrimonial", a "demonstração do resultado do exercício" também pode ser chamada de "balanço econômico" e a demonstração dos fluxos de caixa também pode ser chamada de "balanço financeiro".

3. Necessidade

Mesmo não sendo exigida por lei, a análise das demonstrações é essencial para que se possa ter uma visão da real situação econômica, financeira e patrimonial de uma entidade, tanto em termos estáticos (= situação atual), quanto em termos dinâmicos (= variações ao longo do tempo).

Entre outros usuários das informações fornecidas pela análise contábil, estão os administradores da entidade. Estes, através dessas informações, podem avaliar a situação real do patrimônio, como também os resultados econômicos auferidos nas operações sociais, a fim de que possam direcionar suas decisões no sentido da otimização do desempenho operacional da entidade como um todo.

4. Interpretação dos Indicadores Obtidos

Apesar da análise das demonstrações basear-se em indicadores obtidos através de cálculos matemáticos, essa técnica não é uma ciência exata, pois não há forma científica comprovada de relacionar tais indicadores de maneira a se dar um diagnóstico irrefutável do perfil econômico, financeiro e de desempenho da entidade portadora das demonstrações analisadas. Dessa forma, a análise pode ser interpretada como a técnica de obtenção de dados úteis fornecidos pelas demonstrações contábeis para o propósito que se deseja alcançar.

Assim, com o mesmo conjunto de indicadores obtidos a partir de dados extraídos das demonstrações contábeis, vários analistas podem chegar a conclusões próximas, mas nunca exatamente iguais ou totalmente distintas.

No caso da análise e interpretação de DADOS ISOLADOS, é bem mais provável que os diversos analistas cheguem a pareceres semelhantes sobre as demonstrações de determinada empresa. Todavia, na interpretação CONJUNTA de vários índices ou quocientes referentes às demonstrações de uma mesma empresa, há maior grau de subjetividade, implicando conclusões com maior grau de divergência.

5. Usuários das Informações da Análise

Conforme já comentado, originalmente os primeiros usuários da análise das demonstrações contábeis propriamente dita foram os banqueiros americanos no final do século XIX. Atualmente, podemos exemplificar, entre outros, os seguintes usuários:

- BANCOS – Sobretudo, estes precisam conhecer o risco de seus créditos concedidos às empresas em geral, principalmente com o uso dos índices de liquidez e endividamento.
- ADMINISTRADORES – Sempre visando à otimização da tomada de decisões, estes precisam dos resultados da análise, com os quais poderão avaliar o desempenho da empresa ao longo do tempo, principalmente na análise dos índices de rentabilidade e estrutura de capitais, determinando os pontos que precisam ser aprimorados.
- SÓCIOS – Através dos índices de rentabilidade, sobretudo, tal como a rentabilidade de capitais próprios, esses avaliam os retornos financeiros e econômicos de seus investimentos na empresa.
- GOVERNO – Este, nas três esferas, pode utilizar a análise como ferramenta auxiliar na auditoria fiscal das empresas. Além disso, a análise pode ser utilizada pelo Governo nos processos de concorrência pública, quando há necessidade da melhor decisão da contratação de fornecedores de bens ou serviços, a fim de evitar prejuízos em função desses não honrarem seus contratos, dada a possível fragilidade econômica e financeira desses fornecedores.

6. Principais Processos de Análise

São três os processos de análise mais utilizados:
- Análise vertical;
- Análise horizontal;
- Análise por quocientes.

7. Análise Vertical

Também chamada de ANÁLISE DE ESTRUTURA, essa análise objetiva o estudo da estrutura das demonstrações contábeis, através do cálculo de COEFICIENTES DE PARTICIPAÇÃO, os quais são obtidos pela comparação entre itens homogêneos (ativo com ativo, passivo com passivo, receita com receita etc.) extraídos das demonstrações contábeis com totais referentes às mesmas.

Em outras palavras, a análise vertical se limita à comparação das partes com o todo. Tal comparação consiste na determinação dos resultados obtidos pela operação matemática de divisão entre os valores das partes componentes das demonstrações e totais de mesma natureza referentes às respectivas demonstrações.

Assim, por exemplo, se quisermos saber a participação dos estoques no ativo circulante, procedemos à divisão do valor daqueles pelo valor deste. Se quisermos saber a participação do ativo circulante no ativo total, procedemos à divisão do valor daquele pelo valor deste. Se quisermos saber a participação do lucro operacional na receita líquida, procedemos à divisão do valor daquele pelo valor desta. Desta forma, operando cálculos semelhantes a esses, estamos fazendo análise vertical, também chamada de análise de estrutura.

Exemplo prático 1: Suponhamos os seguintes valores obtidos do balanço patrimonial de uma empresa:

ATIVO	R$	%
Circulante	25.000	12,5
Realizável a Longo Prazo	15.000	7,5
Imobilizado	160.000	80
TOTAL	**200.000**	**100**
PASSIVO		
Circulante	70.000	35
Não Circulante	20.000	10
Patrimônio Líquido	110.000	55
TOTAL	**200.000**	**100**

- Entre os outros **coeficientes de participação**, o do patrimônio líquido foi obtido dividindo-se o seu valor pelo total do passivo, ou seja, R$ 110.000 ÷ R$ 200.000 = 55%, indicando tratar-se de uma empresa intensiva em capital, isto é, uma empresa em que mais de 50% das origens de seus recursos patrimoniais se concentram no seu capital próprio.
- Podemos observar no ativo que o grupo com maior participação é o imobilizado, correspondendo este a 80% do total do ativo. Podemos também observar, entre outras coisas, que apenas 12,5% dos recursos aplicados no patrimônio constituem aplicações a curto prazo (ativo circulante), indicando que a empresa tem baixo capital de giro, ao passo que os recursos correntes (passivo circulante) representam 35% das origens dos recursos patrimoniais, tornando-se evidentes indícios de uma má situação financeira da empresa, pois há uma grande tendência de insolvência a curto prazo, ou seja, há uma grande possibilidade de a empresa ter sérias dificuldades para pagar suas dívidas a curto prazo. Porém, para que se possa precisar melhor a real situação financeira da empresa, não basta apenas a análise vertical de seu balanço. Teríamos que também fazer outro tipo de análise (análise por quocientes), a fim de que pudéssemos definir um quadro mais completo da empresa, conforme veremos no Capítulo 3 desta obra.
- Supondo, no exemplo, que o ativo circulante tenha a seguinte composição:
  Disponibilidades   R$ 9.000
  Clientes   R$ 11.000
  Estoques   R$ 5.000

Calculando, por exemplo, o **coeficiente de participação** dos estoques, teremos:
1) Em relação ao ativo circulante: R$ 5.000 ÷ R$ 25.000 = 0,20 = 20%
2) Em relação ao ativo total: R$ 5.000 ÷ R$ 200.000 = 0,025 = 2,5%

Exemplo prático 2: DRE (Demonstração do Resultado do Exercício) da Cia. Alfa em 31/12/X1, a qual não possui operações em descontinuidade:

Itens	R$	%
Receita de Vendas	400.000	100
(–) CMV	(220.000)	(55)
(=) Lucro Bruto	**180.000**	**45**
(–) Despesas Comerciais	(40.000)	(10)
(–) Despesas Administrativas	(80.000)	(20)
(–) Outras Despesas (baixa em imobilizados)	(10.000)	(2,5)
(=) Lucro antes das Despesas e Receitas Financeiras	**50.000**	**12,5**
(–) Despesas Financeiras	(20.000)	(5)
(=) Lucro antes do IR e CSL	**30.000**	**(7,5)**
(–) Despesa com IR e CSL	(8.000)	(2)
(=) Lucro Líquido	**22.000**	**(5,5)**

A análise vertical da DRE, em geral, deve ter como ponto de partida a Receita de Vendas.

No exemplo, entre outras conclusões, podemos tirar as seguintes:

1) Sendo a participação do Lucro Bruto de 45%, concluímos que a margem bruta de lucro é de 45%, isto é, 55% da Receita de Vendas foram consumidos por custos operacionais, no caso, o CMV (Custo das Mercadorias Vendidas).

2) Sendo a participação do Lucro antes do IR e CSL de 10%, coincidindo este com o Lucro Operacional, visto que pelas regras contábeis determinadas pelos pronunciamentos técnicos do CPC (Comitê de Pronunciamentos Contábeis) todas as despesas e receitas são consideradas operacionais (não mais existe no Brasil o conceito de despesas e receitas não operacionais), concluímos que a **margem operacional** de lucro é de 7,5%, ou seja, 92,5% da Receita de Vendas foram consumidos por custos e despesas operacionais.

3) Sendo a participação do Lucro Líquido de 5,5%, concluímos que a **margem líquida** de lucro é de 5,5%, isto é, 94,5% da Receita de Vendas foram consumidos por custos operacionais, despesas e tributos.

8. ANÁLISE HORIZONTAL

Visa ao estudo da evolução dos elementos componentes das demonstrações contábeis ao longo dos exercícios sociais, através do cálculo de **números índices**, sendo estes obtidos a partir de um exercício social tomado como base, onde todos os itens componentes das demonstrações nesse exercício são fixados em 1 ou 100% e, a partir daí, são determinados os demais índices referentes às demonstrações dos outros exercícios sociais, normalmente subsequentes ao exercício tomado como base.

Desse modo, por exemplo, se o ativo circulante de uma empresa no balanço de 31/12/20x0 fosse de R$ 50.000,00; no balanço de 31/12/20x1, de R$ 80.000,00; e, no balanço de

31/12/20x2, de R$ 90.000,00, desconsiderando os efeitos da inflação e tomando o exercício de 20x0 como base fixa, poderíamos determinar os índices da seguinte forma:

20x0: Índice = R$ 50.000,00 ÷ R$ 50.000,00 = **1** ou **100%**

20x1: Índice = R$ 80.000,00 ÷ R$ 50.000,00 = **1,6** ou **160%**

20x2: Índice = R$ 90.000,00 ÷ R$ 50.000,00 = **1,8** ou **180%**

Daí, a conclusão imediata que se poderia tirar dos resultados acima é que o ativo circulante nos exercícios de 20x1 e 20x2 cresceu, respectivamente, de 60% e 80%, em relação ao exercício de 20x0.

> **Nota:** Por questões de praticidade, é muito comum na apresentação dos índices a omissão do símbolo de percentagem (%), de modo que no exemplo acima poderíamos dizer que os índices do ativo circulante nos exercícios de 20x0, 20x1 e 20x2 foram, respectivamente, de 100, 160 e 180.

Com relação às formas de se efetuar a análise horizontal, existem duas possibilidades:

- Análise Horizontal de Evolução Nominal
- Análise Horizontal de Evolução Real

A diferença entre as formas acima reside no fato de que na análise de evolução nominal não são considerados os efeitos da variação do poder aquisitivo da moeda (inflação ou deflação), ao passo que na análise de evolução real, são considerados tais efeitos.

Assim, suponhamos, por exemplo, que a Receita de Vendas de determinada empresa tivesse a seguinte evolução nos exercícios sociais de 20x0 a 20x3:

Receita de Vendas	20x0	20x1	20x2	20x3
R$	50.000,00	70.000,00	40.000,00	90.000,00

Desse modo, tomando como base o exercício social de 20x0, teremos os seguintes índices de evolução nominal:

2000: 50.000 ÷ 50.000 = 100%

20x1: 70.000 ÷ 50.000 = 140% (crescimento nominal de 40%)

20x2: 40.000 ÷ 50.000 = 80% (decrescimento nominal de 20%)

20x3: 90.000 ÷ 50.000 = 180% (crescimento nominal de 80%)

Admitindo agora que as inflações dos exercícios sociais de 20x1 a 20x3 fossem, respectivamente, de 8%, 12%, e 9%, os índices de correção monetária seriam, respectivamente, de 1,08, 1,12 e 1,09, e, inflacionando a época base, teríamos os seguintes índices de evolução real:

20x0: 50.000 ÷ 50.000 = 100% (o mesmo de antes, pois é base)

20x1: 70.000 ÷ (50.000 × 1,08) = 1,30 (crescimento real de 30%)

20x2: 40.000 ÷ (50.000 × 1,08 × 1,12) = 0,66 (decresc. real de 34%)

20x3: 90.000 ÷ (50.000 × 1,08 × 1,12 × 1,09) = 1,37 (cresc. real de 37%)

Uma outra forma de calcularmos os índices acima é **deflacionarmos** as outras épocas, ao invés de inflacionarmos.

Dessa forma, por exemplo, deflacionando o exercício de 20x3, teríamos:

Valor deflacionado = 90.000 ÷ (1,08 × 1,12 × 1,09) = 68.261,25

Índice = 68.261,25 ÷ 50.000 = 1,37

9. ANÁLISE POR QUOCIENTES

Sendo o processo de análise mais completo e, portanto, o mais utilizado, visa o conhecimento da situação patrimonial, econômica, financeira e de desempenho da entidade, através do cálculo de quocientes, também chamados de índices, os quais podem ser obtidos pela comparação simples ou complexa entre itens, normalmente heterogêneos, de uma mesma demonstração contábil, ou entre itens de demonstrações contábeis distintas, porém, na maioria dos casos, referentes a um mesmo exercício social. Difere, pois, da análise vertical ou horizontal, pelo fato de que nessas a comparação é entre elementos homogêneos.

Assim, ao fazermos a análise vertical do balanço de uma empresa, estaríamos, por exemplo, comparando o ativo circulante com o total do ativo, isto é, ativo com ativo. Ao fazermos a análise horizontal, por exemplo, do ativo circulante, estaríamos também comparando ativo com ativo.

No caso da análise por quocientes, poderíamos estar, por exemplo, comparando o valor da receita de vendas com o valor do ativo, a fim de medir o retorno que aquela deu sobre este investimento. Nesse caso, estaríamos comparando elementos heterogêneos de demonstrações distintas, visto que ativo é item do balanço e receita de vendas é item da demonstração do resultado.

Também poderíamos, por exemplo, estar comparando, mediante operação matemática de divisão, o valor do ativo circulante com o valor do passivo circulante de um mesmo balanço, a fim de medir a capacidade de a empresa pagar suas dívidas a curto prazo, utilizando os recursos aplicados no ativo circulante. Neste caso, estaríamos procedendo à comparação entre itens heterogêneos de uma mesma demonstração contábil, visto que ativo circulante é parte das aplicações de recursos no patrimônio, e passivo circulante, parte das origens dos recursos patrimoniais.

Em geral, a comparação entre itens heterogêneos do balanço dá origem aos quocientes patrimoniais (ou estáticos), tal como seria o valor do quociente do ativo não circulante (exceto o realizável a longo prazo) pelo patrimônio líquido, a fim de medir o grau de imobilização do capital próprio; a comparação entre itens da DRE dá origem aos quocientes operacionais (ou dinâmicos), como, por exemplo, o quociente entre o lucro operacional (pelas novas regras contábeis, este lucro coincide com o lucro antes do IR e da CSL, visto que não há mais as receitas e despesas não operacionais) e a receita de vendas, quando se deseja saber a margem operacional de lucro; a comparação entre itens da DRE e do balanço dá origem aos quocientes de velocidade (ou de giro), tal como a comparação entre o valor das vendas a prazo e o saldo médio (ou final) das duplicatas a receber, quando queremos determinar a velocidade de recebimento das vendas a prazo.

Cabe ainda mencionar que há uma ponte de ligação entre a análise vertical da DRE (Demonstração do Resultado do Exercício) e a análise por quocientes dinâmicos, pois, em ambos os casos, pode-se perfeitamente determinar as margens brutas, operacionais e líquidas de lucro.

EXERCÍCIO RESOLVIDO 1: Na análise vertical do balanço da Cia. Aurora, onde não havia ativo investimentos e ativo intangível, os coeficientes de participação do ativo circulante e do ativo imobilizado foram, respectivamente, de 0,42 e 0,28. Considerando também que no referido balanço as realizações a longo prazo totalizaram R$ 48.000,00 e que a participação dos recursos não correntes foi de 0,75, pode-se afirmar que nesse balanço o Capital de Giro Líquido (CGL) importou em:

a) R$ 25.600,00;
b) R$ 27.200,00;
c) R$ 28.000,00;
d) R$ 29.200,00;
e) R$ 30.000,00.

(SOLUÇÃO)

Coeficiente do ARLP = 1 − 0,42 − 0,28 = 0,3

Ativo (total) = Valor do ARLP ÷ Coeficiente do ARLP = 48.000 ÷ 0,3 = 160.000

Ativo Circulante (AC) = 0,42 × 160.000 = 67.200

Lembrando que os recursos não correntes correspondem a todo o passivo (exigível e não exigível), exceto o PC (Passivo Circulante), teremos:

Coeficiente do PC = 1 − 0,75 = 0,25

Lembrando também que em todo balanço o total do ativo é sempre igual ao do passivo, teremos:
PC = 0,25 × 160.000 = 40.000

Finalmente: CGL = AC − PC = 67.200 − 40.000 = 27.200

(Resposta: opção b)

EXERCÍCIO RESOLVIDO 2: Os coeficientes de participação do passivo não circulante e dos financiamentos a longo prazo no balanço de uma empresa são, respectivamente, de 0,16 e 0,05. Desta forma, o coeficiente de participação dos referidos financiamentos em relação ao grupo a que pertencem vale:

a) 0,11;
b) 0,21;
c) 0,008;
d) 0,3125;
e) 0,105.

(SOLUÇÃO)

Coeficiente = 0,05 ÷ 0,16 = 0,3125

(Resposta: opção d)

EXERCÍCIO RESOLVIDO 3: Ao se fazer a análise vertical da DRE da Comercial 3M S.A., a qual não apresenta operações em descontinuidade, constatou-se que a margem operacional da empresa era de 23% e que o coeficiente das despesas operacionais era de 0,32. Constatou-se ainda que na referida demonstração o lucro bruto foi de R$ 165.000,00. Desta forma, pode-se afirmar, supondo a inexistência de qualquer outra receita operacional além da receita de vendas, que o valor desta era de:

a) R$ 285.000,00;
b) R$ 290.000,00;
c) R$ 292.000,00;
d) R$ 295.000,00;
e) R$ 300.000,00.

(SOLUÇÃO)

Margem Operacional = Margem Bruta – % Despesas Operacionais

23% = Margem Bruta – 32%

Margem Bruta = 23% + 32% = 55% = 0,55

Por fim, lembrando que "Margem Bruta = Lucro Bruto ÷ Receita de Vendas", ou seja, "Receita de Vendas = Lucro Bruto ÷ Margem Bruta", teremos:

Receita de Vendas = R$ 165.000,00 ÷ 0,55 = R$ 300.000,00

(Resposta: opção e)

EXERCÍCIO RESOLVIDO 4: O ativo imobilizado de uma empresa, na análise horizontal, forneceu nos exercícios sociais de X0 a X3, respectivamente, os seguintes índices nominais: 100, 125, 160 e 150. Assim, se o exercício social base mudasse para X1, o índice do exercício de X2 passaria a ser:

a) 122;
b) 125;
c) 128;
d) 131;
e) 135

(SOLUÇÃO)

Para acharmos o novo índice do exercício de X2, tomando como nova base o exercício de X1, basta dividirmos o antigo índice de X2 pelo antigo índice de X1, ou seja: 160 ÷ 125 = 1,28 ou 128%

(Resposta: opção c)

EXERCÍCIO RESOLVIDO 5: Na análise horizontal da demonstração do resultado de uma empresa, o índice de evolução nominal da receita de vendas do exercício de X3 foi de 160. Dessa forma, pode-se afirmar que a receita de vendas no exercício base foi .... inferior à receita de vendas do exercício de X3.

a) 37,5%;
b) 60%;
c) 62,5%;
d) 160%;
e) 40%.

(SOLUÇÃO)

Se mudarmos a base para o exercício de X3, todos os demais novos índices serão obtidos dividindo-se seus antigos valores pelo índice da nova base. Assim, o novo índice da antiga base será de 100 ÷ 160, ou seja, 0,625 = 62,5%. Este último resultado representa uma redução de 100% – 62,5%, isto é, 37,5%.

(Resposta: opção a)

EXERCÍCIO RESOLVIDO 6: O passivo exigível de uma empresa estava assim constituído:

	20x0	20x1
CIRCULANTE	1.250	2.400
NÃO CIRCULANTE	1.400	2.100

Tomando como base o exercício de 20x0, fazendo a análise horizontal, pode-se constatar que o crescimento nominal do passivo circulante foi ... superior ao do passivo não circulante.

a) 84%;
b) 28%;
c) 35%;
d) 42%;
e) 40%.

(SOLUÇÃO)

PC: *Índice de 20X1 = 2.400 ÷ 1.250 = 1,92 (crescimento de 92%)*
PNC: *Índice de 20X1 = 2.100 ÷ 1.400 = 1,50 (crescimento de 50%)*

92 ÷ 50 = 1,84 (84% superior)
(Resposta: opção a)

EXERCÍCIO RESOLVIDO 7: Examinada a série,

Ano	Receita de Vendas	Custos Operacionais	Lucro Bruto
1	8.320,00	3.200,00	5.120,00
2	10.700,00	4.280,00	6.420,00
3	12.384,00	5.160,00	7.224,00
4	13.524,00	5.880,00	7.644,00
5	14.592,00	6.080,00	8.512,00
6	19.396,00	7.460,00	11.936,00
7	25.781,00	8.890,00	16.891,00

Podemos afirmar, considerando os valores da inflação do ano 2 ao ano 7, respectivamente, de 8%, 9%, 11%, 9%, 10% e 13%, que o índice de crescimento:

a) dos custos tem tendência a ser inferior ao do crescimento da receita de vendas;
b) dos custos tem tendência a ser superior ao do crescimento da receita de vendas;
c) dos custos tem tendência a ser inferior ao do crescimento da receita de vendas até o ano 6;
d) da receita de vendas tem tendência a ser inferior ao do crescimento dos custos até o ano 4, mas a ser superior a partir do ano 5;
e) dos custos tem tendência a ser inferior ao do crescimento da receita de vendas até o ano 5, mas a ser superior a partir do ano 6.

(SOLUÇÃO)

Uma forma de resolvermos o problema é determinarmos os valores das margens brutas, isto é, o quociente entre os valores dos lucros e as receitas de vendas:

Ano 1: *5.120,00 ÷ 8.320,00 = 0,62*
Ano 2: *6.420,00 ÷ 10.700,00 = 0,60*
Ano 3: *7.224,00 ÷ 12.384,00 = 0,58*
Ano 4: *7.644,00 ÷ 13.524,00 = 0,57*
Ano 5: *8.512,00 ÷ 14.592,00 = 0,58*
Ano 6: *11.936,00 ÷ 19.396,00 = 0,62*
Ano 7: *16.891,00 ÷ 25.781,00 = 0,66*

Observemos que, até o ano 4, a margem bruta decresceu, significando que o crescimento da receita de vendas foi inferior ao crescimento dos custos. A partir do ano 5, a margem bruta apresentou um comportamento de crescimento, significando que o crescimento da receita foi superior ao crescimento dos custos.

(Resposta: opção d)

Comentário extra: *Notemos que a inflação não influenciou os resultados, pois as margens brutas são obtidas de forma vertical. Se quiséssemos, por exemplo, analisar o crescimento da receita de vendas, estaríamos fazendo análise horizontal, e neste caso, sim, as inflações teriam influência significativa nos resultados.*

EXERCÍCIO RESOLVIDO 8: (Auditor-Fiscal da Receita Federal – Esaf – Adaptada)

	20X7	20X8	20X9
Ativo Circulante			
Disponível	70	80	341
Duplicatas a receber	420	600	1.095
Estoques de mercadorias	560	800	2.000
Ativo Não Circulante			
Imóveis	1.190	1.785	2.856
Equipamentos	700	1.050	1.680
Depreciações	(140)	(315)	(672)
Ativo total	**2.800**	**4.000**	**7.300**
Correção monetária	100	150	240

Os dados indicam que:

a) o coeficiente da conta "Duplicatas a Receber" em relação ao "Ativo Circulante" é de 0,40 em todo o período;

b) a conta "Estoque" apresenta crescimento superior ao de correção monetária;

c) a participação do grupo "Ativo Circulante" apresentou crescimento nos balanços de 20X8 e 20X9;

d) o "Ativo Circulante" apresentou, no período, crescimento inferior ao índice de correção monetária;

e) o coeficiente da conta "Duplicatas a Receber" em relação ao "Ativo Total" permaneceu estável no período.

(SOLUÇÃO)

		20X7	20X8	20X9
a)	Duplicatas a Receber / Ativo Circulante	$\frac{420}{1.050} = 0,40$	$\frac{600}{1.480} = 0,405$	$\frac{1.095}{3.436} = 0,318$

Concluímos, da tabela acima, que o coeficiente de Duplicatas a Receber não é de 0,40 em todo o período. Logo, a opção a está incorreta.

		20X7	20X8	20X9
b)	Estoque	$\frac{560}{560} = 100\%$	$\frac{800}{560} = 143\%$	$\frac{2.000}{560} = 357\%$
	Correção monetária	100	150	240

Concluímos, da tabela anterior, que a conta estoque apresenta crescimento inferior ao da correção monetária no exercício de 20X8, mas superior no exercício de 20X9. Logo, a opção b está incorreta.

		20X7	20X8	20X9
c)	Ativo Circulante / Ativo Total	$\frac{1.050}{2.800} = 0,375$	$\frac{1.480}{4.000} = 0,37$	$\frac{3.436}{7.300} = 0,47$

Da tabela acima, concluímos que, no exercício social de 20X8, o coeficiente do Ativo Circulante apresentou decrescimento. No exercício social de 20X9, crescimento. Logo, a opção c está incorreta.

		20X7	20X8	20X9
d)	Ativo Circulante	$\frac{1.050}{1.050} = 100\%$	$\frac{1.480}{1.050} = 141\%$	$\frac{3.436}{1.050} = 327\%$
	Correção mon.	100	150	240

Da tabela acima, concluímos que, no exercício social de 20X8, o Ativo Circulante apresentou crescimento inferior ao da correção monetária. Porém, no exercício social de 20X9, apresentou crescimento superior. Logo, a opção d está incorreta.

		20X7	20X8	20X9
e)	Duplicatas a Receber / Ativo Total	$\frac{420}{2.800} = 0,15$	$\frac{600}{4.000} = 0,15$	$\frac{1.095}{7.300} = 0,15$

Da tabela anterior, concluímos que o coeficiente das Duplicatas a Receber foi de 0,15 em todo o período.

(Resposta: opção e)

EXERCÍCIO RESOLVIDO 9: (Fiscal de Tributos Estaduais – RS) Uma determinada empresa apresentou em seus Balanços Patrimoniais os seguintes valores de Patrimônio Líquido:

31/12/X1 = R$ 1.000.000,00

31/12/X2 = R$ 1.200.000,00

31/12/X3 = R$ 1.380.000,00

Considerando os índices de inflação de 20% em X1; 15% em X2; e 10% em X3, temos que:

a) os Patrimônios Líquidos dos três exercícios se equivalem;
b) o Patrimônio Líquido de 31/12/X2 é igual ao Patrimônio Líquido de 31/12/X3;
c) o Patrimônio Líquido de 31/12/X1 é igual ao Patrimônio Líquido de 31/12/X2;
d) o Patrimônio Líquido de 31/12/X3 é menor que o Patrimônio Líquido de 31/12/X2;
e) o Patrimônio Líquido de 31/12/X3 é maior que os demais.

(SOLUÇÃO)

Inflacionando X1 e X2 para X3, teremos:

PL (X1) = R$ 1.000.000 × 1,15 × 1,10 = R$ 1.265.000

PL (X2) = R$ 1.200.000 × 1,10 = R$ 1.320.000

PL (X3) = R$ 1.380.000

(Resposta: opção e)

EXERCÍCIO RESOLVIDO 10: Ao se fazer a auditoria do Balanço Patrimonial da Cia. Eficaz Indústria e Comércio, referente ao Exercício Social encerrado em 31/12/X2, foram detectados dois erros:

1º) No Exercício Social de X1, foram lançados R$ 24.000 a mais na conta Depreciação Acumulada.

2º) Em outubro de X2, foi realizado pagamento de uma dívida a curto prazo no valor de R$ 74.000, não sendo, porém, contabilizado tal fato.

Sabe-se, ainda, que :

- No balanço incorreto, 40% dos Recursos Totais Aplicados no Patrimônio eram financiados por capitais de terceiros.
- Após a retificação dos erros, no balanço ajustado, os coeficientes analíticos de participação (análise vertical) das Exigibilidades a Longo Prazo, do Capital Próprio e do Ativo Circulante passaram a ser, respectivamente, 0,12; 0,70 e 0,35.

Assim, no balanço ajustado, pode-se afirmar que o Capital Circulante Líquido passou a ser:

a) R$ 91.800;
b) R$ 108.800;
c) R$ 113.500;
d) não pode ter ocorrido tal fato, pois nessas condições o problema é impossível;
e) não há dados suficientes para a determinação do Capital Circulante Líquido.

(SOLUÇÃO)

*Supondo que no balanço **correto** Ativo (ou Recursos Totais Aplicados no Patrimônio) = A, Passivo Exigível = P e Patrimônio Líquido (ou Capital Próprio) = PL, teremos, no balanço **incorreto**, Ativo = A – 24.000 + 74.000 = A + 50.000 e Passivo Exigível (Capital de Terceiros) = P + 74.000. Dado que no balanço incorreto o Passivo Exigível equivale a 40% do Ativo, teremos:*

0,4 (A + 50.000) = P + 74.000, ou seja, 0,4 A – P = 54.000 (1)

Por outro lado, no balanço correto, A – P = PL. Além disso, nesse mesmo balanço, visto que o coeficiente do capital próprio é de 0,7, podemos concluir que A – P = 0,7 A, ou seja, P = 0.3A (2).

Substituindo (2) em (1), teremos:

0,4 A – 0,3 A = 54.000 ⇨ = 540.000.

Tendo em vista que o coeficiente das Exigibilidades a Longo Prazo, que equivale ao coeficiente do Passivo Não Circulante, é de 0,12 (ou 12%) e do Patrimônio Líquido é de 0,70 (ou 70%), então a participação do Passivo Circulante é de 100% – 12% – 70% = 18% ou 0,18.

Além disso, visto que o coeficiente do Ativo Circulante é de 0,35 (ou 35%), concluímos que o Capital Circulante Líquido (CCL), que é a diferença entre o Ativo Circulante e o Passivo Circulante, terá coeficiente de 0,35 – 0,18, isto é, 0,17 (ou 17%), de modo que o seu valor será de 17% do Ativo, ou seja, 17% de 540.000 = 91.800.

(Resposta: opção a)

Exercícios de Fixação

1. (Auditor-Fiscal da Receita Federal – Esaf) Na análise das demonstrações financeiras os processos mais utilizados são os seguintes:
    a) vertical, por comparação e por diferenças;
    b) vertical, médias móveis e por quocientes;
    c) horizontal, por comparação e vertical;
    d) vertical, horizontal e por quocientes;
    e) por quociente, horizontal e por projeção.

2. (Auditor-Fiscal da Receita Federal – Esaf) A finalidade principal da análise horizontal é verificar:
    a) a situação específica de uma empresa;
    b) a evolução dos elementos que formam as demonstrações financeiras;
    c) a participação percentual dos componentes das demonstrações financeiras;
    d) o quociente dos elementos formadores das demonstrações financeiras;
    e) se a empresa tem lucro satisfatório em relação às aplicações efetuadas.

3. (Auditor-Fiscal da Receita Federal – Esaf) A principal finalidade da análise por quociente é:
    a) verificar a participação de cada conta no valor do grupo a que pertença a conta;
    b) verificar a evolução, ano a ano, dos componentes das demonstrações financeiras;
    c) verificar a participação percentual de cada elemento, no total da demonstração financeira;
    d) estabelecer indicadores das participações dos grupos de contas no total da demonstração financeira;
    e) estabelecer indicadores de situações específicas referentes aos aspectos econômico e financeiro de uma empresa.

4. (Auditor-Fiscal da Receita Federal – Esaf – Adaptada) O ativo de uma empresa estava assim constituído em 20X3 e 20X4:

	20X3	20X4
ATIVO	**300**	**400**
CIRCULANTE	100	120
REALIZÁVEL A LONGO PRAZO	30	40
IMOBILIZADO	**170**	**240**

O índice de evolução nominal dos grupos de contas indica que o que mais cresceu de 20X3 para 20X4 foi o do:
a) Realizável a Longo Prazo;
b) Circulante;
c) Imobilizado e do Realizável a Longo Prazo, com a mesma evolução;
d) Circulante e do Imobilizado;
e) Imobilizado.

5. (Auditor-Fiscal da Receita Federal – Esaf – Adaptada) O Ativo Não Circulante de uma empresa apresentava os seguintes valores nos Balanços Patrimoniais de 20X0 a 20X3: 20X0 = $ 120.000; 20X1 = $ 150.000; 20X2 = $ 200.000 e 20X3 = $ 280.000 Tomando como base fixa o ano de 20X0, conclui-se que os índices de evolução nominal de 20X0 a 20X3 são:
a) 20X0 = 100; 20X1 = 125; 20X2 = 133,33 e 20X3 = 140;
b) 20X0 = 120; 20X1 = 125; 20X2 = 133,33 e 20X3 = 233,33;
c) 20X0 = 120; 20X1 = 125; 20X2 = 166,67 e 20X3 = 233,33;
d) 20X0 = 100; 20X1 = 125; 20X2 = 166,67 e 20X3 = 233,33;
e) 20X0 = 100; 20X1 = 140; 20X2 = 180,00 e 20X3 = 230.

6. (Auditor-Fiscal da Receita Federal – Esaf) O saldo da conta "Produtos Elaborados" representado no balanço patrimonial de uma determinada empresa era de R$ 300.000. Sabendo-se que neste mesmo balanço o ATIVO CIRCULANTE era de R$ 900.000 e que o total do ATIVO era de R$ 1.200.000, calcule o coeficiente analítico de participação da conta "Produtos Elaborados", em relação ao total do Ativo e ao total do grupo de contas, respectivamente.
a) 20,00 e 50,00.
b) 40,00 e 30,00.
c) 25,00 e 33,33.
d) 50,00 e 25,00.
e) 33,33 e 25,00.

7. (Auditor-Fiscal da Receita Federal – Esaf – Adaptada) Levando-se em conta os dados abaixo, podemos afirmar que, no balanço de 20X7, o coeficiente analítico de participação do ativo realizável a longo prazo é:

	20X5	20X6	20X7
Ativo circulante	150.000	250.000	400.000
Ativo real. a longo prazo	400.000	500.000	600.000
Ativo imobilizado	450.000	750.000	1.000.000
Passivo circulante	100.000	600.000	1.000.000
Patrimônio líquido	900.000	900.000	1.000.000

a) 0,15;
b) 0,30;
c) 0,40;
d) 0,60;
e) 1,20.

8. Considerando a questão anterior e tomando o exercício social de 20X5 como base, os índices de evolução nominal do ativo realizável a longo prazo foram nos exercícios de 20X5 a 20X7, respectivamente, de:
   a) 100; 125 e 150;
   b) 100; 120 e 125;
   c) 80; 100 e 120;
   d) 67; 83 e 100;
   e) 100; 120 e 125.

9. Considerando ainda a questão 7, se o ano base passar a ser 20X6, os índices de evolução nominal do ativo realizável a longo prazo serão, respectivamente, de:
   a) 100; 125 e 150;
   b) 100; 120 e 125;
   c) 80; 100 e 120;
   d) 67; 83 e 100;
   e) 100; 120 e 125.

10. (Auditor-Fiscal da Receita Federal – Esaf) Examinada a série:

	Vendas Líquidas	Custos	Lucro Bruto
Ano 1	2.625,00	1.050,00	1.575,00
Ano 2	2.782,00	1.144,00	1.638,00
Ano 3	2.949,00	1.247,00	1.702,00
Ano 4	3.126,00	1.359,00	1.767,00
Ano 5	3.314,00	1.481,00	1.833,00
Ano 6	3.513,00	1.614,00	1.899,00

Podemos afirmar, considerando que não houve inflação no período, que o índice de crescimento:
   a) dos custos tem tendência a ser inferior ao do crescimento das vendas líquidas até o ano 3, mas a ser superior a partir do ano 4;
   b) das vendas líquidas tem tendência a ser superior ao do crescimento dos custos;
   c) dos custos tem tendência a ser igual ao do crescimento das vendas líquidas;
   d) das vendas líquidas tem tendência a ser inferior ao do crescimento dos custos até o ano 3, mas superior a partir do ano 4;
   e) das vendas líquidas tem tendência a ser inferior ao crescimento dos custos.

11. Considere os dados referentes à evolução da Cia. X e à evolução do mercado:

	Ano 1	Ano 2	Ano 3
Cia. X	250	300	450
Mercado	400	450	600

Assim, podemos concluir que:
   a) a Cia. X apresentou o mesmo crescimento do mercado em todo o período;
   b) a Cia. X apresentou crescimento inferior ao mercado em todo o período;
   c) a Cia. X apresentou crescimento superior ao mercado em todo o período;
   d) na Cia. X, o crescimento do ano 1 para o ano 2 foi 20% superior ao crescimento do mercado;
   e) no Mercado, o crescimento do ano 2 para o ano 3 foi 20% inferior ao crescimento da Cia. X.

12. Do balanço de uma empresa foram extraídas as seguintes informações:
    Ativo Não Circulante   R$ 38.000,00
    Capital total à disposição da empresa   R$ 80.000,00
    Coeficiente das exigibilidades a curto prazo   0,40

    Assim, pode-se afirmar que nesse balanço o CAPITAL CIRCULANTE LÍQUIDO vale:
    a) R$ 10.000,00;
    b) R$ 11.000,00;
    c) R$ 12.000,00;
    d) R$ 13.000,00;
    e) R$ 14.000,00.

13. Na análise vertical do balanço da Cia. Mercury, contatou-se que os coeficientes de participação das exigibilidades a curto e longo prazos eram, respectivamente, 0,17 e 0,22. Imediatamente após, foi realizado o pagamento de uma duplicata de R$ 8.000,00. Feito isto, o coeficiente das <u>exigibilidades a longo prazo</u> (Passivo Não Circulante - PNC) passou a ser de 0,15. Desta forma, o Capital Próprio da empresa imediatamente antes do referido pagamento era de:
    a) R$ 270.200,00;
    b) R$ 208.000,00;
    c) R$ 207.400,00;
    d) R$ 219.500,00;
    e) R$ 216.600,00.

14. (Agência Nacional de Transportes Terrestres – Contador – NCE – UFRJ) O quadro a seguir demonstra, em parte, a evolução das receitas totais de uma empresa e sua respectiva análise horizontal, por meio de números índices:

	2002	2003	2004
Receitas (R$)	29.200	?	30.600
Índice	84	100	?

    Pode-se afirmar, então, que o valor da receita em 2003 e o número índice correspondente à receita de 2004 são, respectivamente:
    a) R$ 34.762; 88;
    b) R$ 34.762; 90;
    c) R$ 32.530; 90;
    d) R$ 32.530; 92;
    e) R$ 30.990; 92.

15. (Petrobras – Contador – Fundação Cesgranrio) Um analista interno da Empresa Céu Azul fez a análise vertical do Ativo apresentado no Balanço/2003, antes de o Contador realizar o ajuste da variação cambial de 15% em todas as contas do Ativo, que haviam sido convertidas em reais, naquele Balanço, pela cotação anterior do dólar.

    O analista, necessitando projetar os estoques para o ano seguinte, fundamentado no percentual de participação apresentado no Balanço em estudo, fez a conversão por um valor inferior ao que deveria. Tal fato afetará a projeção?

a) Com certeza, sim, pois a participação aumentará em 15%.
b) Evidentemente, sim, pois a participação reduzirá em 15%.
c) Provavelmente, sim, pois a participação aumentará em percentual não definido.
d) Definitivamente, sim, visto que a participação reduzirá em percentual não definido.
e) Absolutamente não, o percentual de participação não será alterado.

16. (Petrobras – Contador Pleno – Fundação Cesgranrio) A análise vertical do balanço patrimonial da Cia. Alfa apontou uma participação de 10% do Ativo Imobilizado no Ativo Total da empresa no ano 1. A análise horizontal diz que o crescimento do Ativo Imobilizado do ano 1 para o ano 2 atingiu 50% e que o aumento do Ativo Total atingiu 25% no mesmo período. Com base apenas nas informações apresentadas, a análise vertical do ano 2 aponta participação do imobilizado, no Ativo Total, de:
    a) 10%;
    b) 12%;
    c) 15%;
    d) 25%;
    e) 35%.

17. (Transpetro – Contador Júnior – Fundação Cesgranrio) A análise vertical tem como objetivo avaliar o(a):
    a) quociente entre elementos patrimoniais e de resultados;
    b) evolução real de cada uma das contas em relação ao período anterior;
    c) diferença absoluta entre os componentes patrimoniais e de resultados;
    d) diferença de cada conta em relação ao total de seu grupo, em termos absolutos;
    e) participação de cada conta em relação ao total de seu grupo em termos relativos.

18. (Transpetro – Contador Júnior – Fundação Cesgranrio) Na análise vertical, o percentual de cada conta mostra:
    a) a sua real importância no conjunto;
    b) a variação ocorrida no período em estudo;
    c) o caminho trilhado pela empresa;
    d) possíveis tendências da empresa;
    e) toda a evolução indicada pelo conjunto.

19. (Eletrobrás – Contador – NCE – UFRJ) Considere os dados da tabela a seguir:

ATIVO	20X0	20X1	20X2
Circulante	8.800	1.985	3.455
Imobilizado	6.750	9.400	10.000
Total do Ativo	15.550	11.385	13.455

    Ao proceder-se a uma análise horizontal nos valores do ativo total, pode-se afirmar que, tomando por base o valor referente ao ano de 20X0, o índice referente ao ano de 20X2 é:
    a) 23;
    b) 39;
    c) 48;
    d) 73;
    e) 87.

20. Nas análises vertical e horizontal dos balanços da Cia. Alagoas, referentes aos exercícios sociais de 20x0 e 20x1, foram obtidos os seguintes coeficientes e índices:

    Balanço de 20x0:
    – Coeficiente de participação do Passivo Circulante = 0,35
    – Coeficiente de participação do Passivo Não Circulante = 0,12

    Balanço de 20x1:
    – Índice de evolução nominal do Passivo Circulante = 0,80
    – Índice de evolução nominal do Passivo Não Circulante = 1,25
    – Índice de evolução nominal do Ativo Total = 1,50

    Pode-se afirmar, com base nas informações dadas, que o índice de evolução nominal do Patrimônio Líquido no balanço de 20x1 foi, aproximadamente, de:
    a) 1,56;
    b) 2,02;
    c) 1,75;
    d) 1,98;
    e) 2,15.

21. (Casa da Moeda do Brasil – Analista da CMB – Fundação Cesgranrio)

CONTAS	VALOR
Ativo	
Ativo Circulante	
Disponibilidades	R$ 70.000,00
Investimentos de Curto Prazo	R$ 110.000,00
Contas a Receber	R$ 54.000,00
Estoque	R$ 36.000,00
Total do Ativo Circulante	R$ 270.000,00
Ativo não Circulante	
Investimentos	R$ 90.000,00
Imobilizado	R$ 130.000,00
Intangíveis	R$ 10.000,00
Total do Ativo não Circulante	R$ 230.000,00
Total do Ativo	R$ 500.000,00

    De acordo com as informações do Balanço Patrimonial acima, qual o coeficiente de análise vertical dos Investimentos de Curto Prazo?
    a) 22%.
    b) 26%.
    c) 41%.
    d) 48%.
    e) 54%.

22. (TRT – 23ª Região – Analista Judiciário – FCC) Foram extraídas as seguintes informações do Balanço Patrimonial de 31-12-2010 da Cia. Hortênsias (em R$):

Patrimônio Líquido 488.000,00
Ativo Circulante 520.000,00
Ativo Não Circulante 680.000,00
Passivo Não Circulante 270.000,00

Calculando o valor do Passivo Circulante e efetuada a análise vertical e por indicadores do Balanço Patrimonial da companhia, esse grupo representou:
a) quase 37% do valor do Ativo Total da companhia;
b) 85% do valor do Ativo Não Circulante da companhia;
c) 65% do valor do Ativo Circulante da companhia;
d) Aproximadamente 75% do Passivo Não Circulante da companhia;
e) cerca de 110% do Patrimônio Líquido da companhia.

Gabarito

1. d	6. c	11. c	16. b	21. a
2. b	7. b	12. a	17. e	22. a
3. e	8. a	13. c	18. a	
4. e	9. a	14. a	19. e	
5. d	10. e	15. e	20. b	

Soluções dos Exercícios de Fixação

Exercício 1
Os processos de análise mais utilizados são:
Análise Vertical (ou Análise de Estrutura)
Análise Horizontal (ou Análise de Evolução)
Análise por Quocientes (ou Análise por Índices)

Exercício 2
A análise horizontal tem por objetivo verificar a evolução de itens das demonstrações contábeis ao longo do tempo.

Exercício 3
a) verificar a participação de cada conta no valor do grupo a que pertença a conta – ANÁLISE VERTICAL

b) verificar a evolução, ano a ano, dos componentes das demonstrações financeiras – ANÁLISE HORIZONTAL

c) verificar a participação percentual de cada elemento, no total da demonstração financeira – ANÁLISE VERTICAL

d) estabelecer indicadores das participações dos grupos de contas no total da demonstração financeira – ANÁLISE VERTICAL

e) estabelecer indicadores de situações específicas referentes aos aspectos econômico e financeiro de uma empresa – ANÁLISE POR QUOCIENTES

Exercício 4
CIRCULANTE: 120 ÷ 100 = 120%
REALIZÁVEL LP: 40 ÷ 30 = 133%
IMOBILIZADO: 240 ÷ 170 = 141%

Observando os resultados anteriores, constatamos que o grupo que mais cresceu foi o ativo imobilizado (crescimento de 41%).

Exercício 5
ÍNDICES:
20X0: $ 120.000 ÷ $ 120.000 = 1,0000 ou 100%
20X1: $ 150.000 ÷ $ 120.000 = 1,2500 ou 125%

20X2: $ 200.000 ÷ $ 120.000 = 1,6667 ou 166,67%
20X3: $ 280.000 ÷ $ 120.000 = 2,3333 ou 233,33%

Exercício 6

Coeficiente de Participação (total do ativo) = 300.000 ÷ 1.200.000 = 25%
Coeficiente de Participação (ativo circulante) = 300.000 ÷ 900.000 = 33,33%

Exercício 7

Em 20X7:

Ativo circulante	400.000
Ativo real. a longo prazo	600.000
Ativo imobilizado	1.000.000
Total do ativo	2.000.000

Coeficiente do ativo realizável a longo prazo = 600.000 ÷ 2.000.000 = 0,30

Exercício 8

	20X5	20X6	20X7
Ativo Realizável LP	$\dfrac{400.000}{400.000} = 100\%$	$\dfrac{500.000}{400.000} = 125\%$	$\dfrac{600.000}{400.000} = 150\%$

Exercício 9

	20X5	20X6	20X7
Ativo Realizável LP	$\dfrac{400.000}{500.000} = 80\%$	$\dfrac{500.000}{500.000} = 100\%$	$\dfrac{600.000}{500.000} = 120\%$

Exercício 10

Ano 1: 2.625,00 ÷ 1.050,00 = 2,50
Ano 2: 2.782,00 ÷ 1.144,00 = 2,43
Ano 3: 2.949,00 ÷ 1.247,00 = 2,36
Ano 4: 3.126,00 ÷ 1.359,00 = 2,30
Ano 5: 3.314,00 ÷ 1.481,00 = 2,24
Ano 6: 3.513,00 ÷ 1.614,00 = 2,18

Observamos que do ano 1 ao ano 6 o quociente entre a receita de vendas e o custo das vendas está decrescendo. Desta forma, concluímos que os custos estão cada vez mais próximos das vendas, isto é, o crescimento dos custos é maior do que o aumento das vendas do ano 1 ao 6.

Exercício 11

	Ano 1	Ano 2	Ano 3
Cia. Triunfo	250 ÷ 250 = 100%	300 ÷ 250 = 120%	450 ÷ 250 = 180%
Mercado	400 ÷ 400 = 100%	450 ÷ 400 = 112%	600 ÷ 400 = 150%

Exercício 12

CTo (Capital Total à Disposição da Empresa) = Passivo Total no balanço (PT)

Sabemos que no balanço AT (Ativo Total) = PT (Passivo Total). Logo, AT = 80.000. Consequentemente, AC = 80.000 − 38.000 = 42.000

Lembrando que "Exigibilidades a Curto Prazo (ELP)" é o mesmo que "Passivo Circulante", teremos:

Coeficiente das ELP = $\dfrac{PC}{PT}$ ⇨ $0{,}40 = \dfrac{PC}{80.000}$ ⇨ PC = 32.000

Finalmente:
CCL = AC − PC = 42.000 − 32.000 = 10.000

Exercício 13

Dizer que o coeficiente do Passivo Circulante (PC) é de 0,17 equivale a dizer que o mesmo corresponde a 17% do Passivo Total no balanço. Lembrando que em todo balanço o "Ativo Total" é igual ao "Passivo Total" (Passivo Exigível + PL), teremos:

$\dfrac{PC}{A} = 0{,}17$ ⇨ PC = 0,17A   **(1)**

Após o pagamento de uma duplicata de 8.000, o "novo Ativo" será (A − 8.000) e o "novo Passivo Circulante" será (PC − 8.000) e, dessa forma, teremos:

$\dfrac{PC - 8.000}{A - 8.000} = 0{,}15$ **(2)**

Substituindo *(1)* em *(2)*, teremos:

$$\frac{0{,}17A - 8.000}{A - 8.000} = 0{,}15$$

0,17 A – 8.000 = 0,15 A – 1.200

0,02 A = 6.800 ➪ A = 340.000

Coef. PC + Coef. PNC = 0,17 + 0,22 = 0,39 ➪ PC + PNC = 0,39 × 340.000 = 132.600

Finalmente, Capital Próprio = PL = A – P = 340.000 – 132.600 = 207.400

Exercício 14

Podemos montar as seguintes proporções:

$$\frac{29.200}{84} = \frac{\text{Receita em (2003)}}{100} \Rightarrow \text{Receita (em 2003)} = 34.762$$

$$\frac{29.200}{84} = \frac{30.600}{\text{Índice (em 2004)}} \Rightarrow \text{Índice (em 2004)} = 88\%$$

Exercício 15

Suponhamos que o total do ativo antes da correção cambial fosse de R$ 10.000,00 e o valor dos estoques R$ 4.000,00. Dessa forma, o coeficiente de participação dos estoques seria de 4.000 ÷ 10.000, ou seja, 40%.

Se fizéssemos a correção do ativo em 15%, o novo valor do ativo seria de R$ 11.500,00 e o novo valor dos estoques R$ 4.600,00. Assim, o coeficiente de participação dos estoques seria de R$ 4.600 ÷ 11.500, isto é, 40% (o mesmo que o anterior).

Finalmente, concluímos que na análise vertical é <u>indiferente</u> a correção do balanço, tendo em vista que os itens componentes do ativo são corrigidos na mesma proporção do ativo total.

Exercício 16

Admitindo que o Ativo Total da empresa no ano 1 vale "K", podemos montar a seguinte tabela:

	Ano 1	Ano 2
Ativo Imobilizado	0,1K	0,1K + 50%K = 0,15K
Ativo Total	K	K + 25%K = 1,25K

Assim, no **ano 2**, teremos:

$$\frac{\text{Ativo imobilizado}}{\text{Ativo total}} = \frac{0{,}15K}{1{,}25K} = \frac{15}{125} = 0{,}12 = 12\%$$

Exercício 17

a) Quociente entre elementos patrimoniais e de resultado = Análise por quocientes

b) Evolução real de cada uma das contas em relação ao período anterior = Análise horizontal

c) Diferença absoluta entre os componentes patrimoniais e de resultado = Não existe tal análise

d) Diferença de cada conta em relação ao total de seu grupo, em termos absolutos = Análise por diferenças absolutas (muito pouco utilizada na prática)

e) Participação de cada conta em relação ao total de seu grupo em termos relativos = Análise vertical

Exercício 18

Na análise VERTICAL, ao calcularmos quanto a parte representa em relação ao todo, estamos determinando a real importância da parte em relação ao todo.

Exercício 19

13.455 ÷ 15.550 = 0,86527 (aproximadamente, 0,87 ou 87%)

Exercício 20

Em 20x0:

PC = 0,35A e PNC = 0,12A e P = PC + PNC ⇨ PL = A − P ⇨ PL = A − PC − PNC ⇨ PL = A − 0,35A − 0,12A = 0,53A

Supondo: A − Ativo (em 20x0); PC − Passivo Circulante (em 20x0); PNC − Passivo Não Circulante (em 20x0); PL − Patrimônio Líquido (em 20x0); A' − Ativo (em 20x1); PC' − Passivo Circulante (em 20x1); PNC' − Passivo Não Circulante (em 20x1); e, PL' − Patrimônio Líquido (em 20x1), teremos:

$$\frac{PC'}{PC} = 0{,}8 \Rightarrow \frac{PC'}{0{,}35A} = 0{,}8 \Rightarrow PC' = 0{,}28A$$

$$\frac{PNC'}{PNC} = 1{,}25 \Rightarrow \frac{PNC'}{0{,}12A} = 1{,}25 \Rightarrow PNC' = 0{,}15A$$

$$\frac{PL'}{PL} = K \Rightarrow \frac{PL'}{0{,}53A} = K \Rightarrow PL' = 0{,}53AK$$

K = índice de evolução do patrimônio líquido em 20x1, tomando o ano de 20x0 como base

Considerando que A'/A = 1,5 e que no balanço de 20x1 o total do ativo é igual ao total do passivo, isto é, A' = PC' + PNC' + PL', podemos estabelecer a seguinte igualdade:

$$\frac{0,28A + 0,15A + 0,53AK}{A} = 1,5 \Rightarrow 0,28 + 0,15 + 0,53K = 1,5 \Rightarrow K = 2,02$$

Exercício 21

Coeficiente de $ICP = \frac{110.000,00}{500.000,00} = 0,25$ ou 22%

Exercício 22

AC + ANC = PC + PNC + PL

520.000 + 680.000 = PC + 270.000 + 488.000 $\Rightarrow$ PC = 442.000

$$\frac{PC}{\text{Ativo Total}} = \frac{442.000}{1.200.000} = 37\%$$

Capítulo 3

Análise por Quocientes

1. Introdução

Os indicadores da análise por quocientes, os quais são chamados de quocientes (ou índices), podem ser obtidos de forma simples ou complexa.

No presente capítulo, estudaremos os quocientes simples mais utilizados na análise contábil, inclusive a combinação de alguns desses quocientes, os quais combinados darão origem a outros indicadores mais complexos.

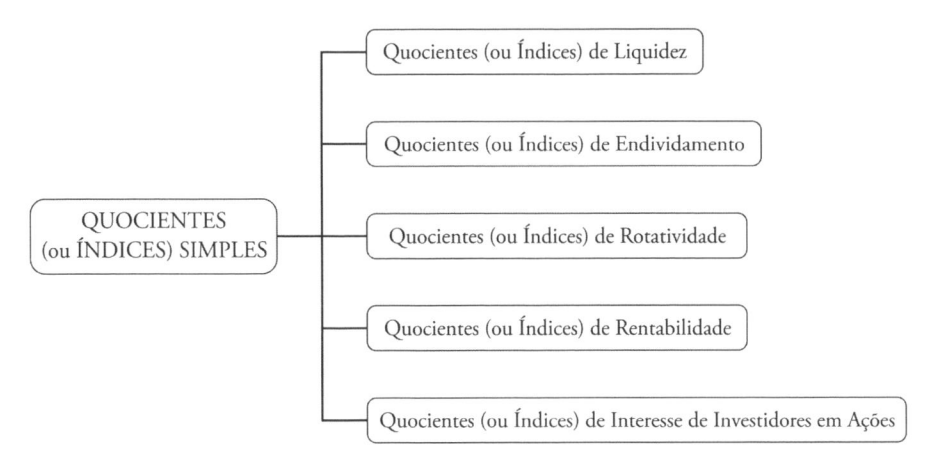

```
                        ┌── Quocientes (ou Índices) de Liquidez
                        │
                        ├── Quocientes (ou Índices) de Endividamento
                        │
QUOCIENTES ─────────────┼── Quocientes (ou Índices) de Rotatividade
(ou ÍNDICES) SIMPLES    │
                        ├── Quocientes (ou Índices) de Rentabilidade
                        │
                        └── Quocientes (ou Índices) de Interesse de Investidores em Ações
```

2. Quocientes de Liquidez

2.1. Objetivo

O objetivo geral desses quocientes é avaliar a situação FINANCEIRA da empresa, medindo, em geral, a capacidade de a empresa pagar suas dívidas a curto e/ou longo prazos, utilizando os recursos aplicados no ativo.

Entre outros interessados nos índices de liquidez, estão os credores da empresa, os quais têm interesse em avaliar o risco dos créditos já concedidos e o risco da concessão de novos créditos.

Regra geral, quanto maior for o valor dos índices de liquidez, maior será a capacidade de a empresa pagar suas dívidas, e, consequentemente, melhor sua situação financeira. No entanto, como exceção à regra, há a possibilidade de em alguns casos um elevado valor do índice não ser um bom resultado, tendo em vista que pode representar, entre outras coisas, excesso de créditos com prazo alongado para recebimento, ou ainda, excesso de dinheiro não aplicado em estoques ou no mercado financeiro quando há um alto índice de inflação.

Os índices de liquidez mais conhecidos são os seguintes:

- Liquidez Corrente;
- Liquidez Seca;
- Liquidez Imediata;
- Liquidez Geral;
- Solvência.

2.2. Liquidez Corrente (LC)

Também chamado de Liquidez Comum, esse índice mede a capacidade de a empresa pagar suas dívidas a curto prazo, utilizando os recursos aplicados no ativo circulante. Em geral, esse índice pode ser calculado da seguinte forma:

$$LC = \frac{\text{Ativo Circulante}}{\text{Passivo Circulante}}$$

No entanto, havendo despesas a apropriar no ativo circulante, tais como "Seguros a Vencer", "Aluguéis a Vencer" etc., essas devem ser <u>desconsideradas</u> no cálculo da LC, tendo em vista que o objetivo geral dos índices de liquidez é medir a capacidade de a empresa pagar suas dívidas utilizando recursos do ativo que se apresentam em forma de dinheiro ou que poderão ser convertidos em dinheiro, coisa esta que não acontece com as despesas a apropriar (ou despesas pagas antecipadamente), dado que essas despesas não se converterão em dinheiro e sim em despesas propriamente ditas, integrando desse modo o resultado. Assim, o cálculo mais real da LC é feito mediante o uso da seguinte fórmula:

$$LC = \frac{\text{Ativo Circulante} - \text{Despesas a Apropriar}}{\text{Passivo Circulante}}$$

A necessidade de um maior ou menor valor para tal índice está, sobretudo, associada ao ciclo operacional da empresa. Sendo assim, uma empresa comercial, regra geral, deve ter um índice de liquidez corrente maior do que uma empresa prestadora de serviços, visto que esta última tem um ciclo operacional menos alongado, em virtude de não possuir estoques, os quais, numa empresa comercial, ainda teriam de ser vendidos para que se transformassem em disponibilidades ou créditos. Pelo mesmo raciocínio, nas empresas industriais, há maior necessidade ainda de que seus índices de liquidez corrente sejam maiores do que os mesmos nas empresas comerciais, visto que naquelas os ciclos operacionais são os maiores possíveis, em razão de grande parte dos recursos do ativo circulante estar aplicada numa variedade maior de estoques (matérias-primas, produtos em fabricação e produtos prontos).

Dessa forma, no caso das empresas industriais, até que os recursos aplicados na matéria-prima possam sair do ativo circulante, teriam que primeiro se transformar em produtos em fabricação, para depois se transformar em produtos prontos, e, finalmente, em créditos ou disponibilidades.

Em geral, quanto maior for o ciclo operacional de uma empresa, maior será a necessidade de um elevado índice de liquidez corrente.

Exemplo: AC = R$ 40.000,00 e PC = R$ 25.000,00 ⇨ $LC = \frac{40.000}{25.000} = 1,60$

Interpretação: Para cada real de dívida a curto prazo, a empresa dispõe de R$ 1,60 de recursos aplicados no ativo circulante.

2.3. Liquidez Seca (LS)

Também chamado de Liquidez Ácida, este índice mede a capacidade de a empresa pagar suas dívidas a curto prazo, utilizando os recursos aplicados no ativo circulante, sem contar com seus estoques, visto que algumas empresas podem, em muitas ocasiões, ter dificuldades para realizar financeiramente seus estoques, tal como é o caso dos fabricantes de automóveis, os quais, em épocas de recessão econômica, lotam seus pátios, em função das baixas vendas. Assim, podemos calcular esse índice com o uso da seguinte fórmula:

$$LS = \frac{AC - Estoques}{PC}$$

AC: Ativo Circulante; PC: Passivo Circulante

Exemplo: AC = R$ 48.000; Estoque de Mercadorias = R$ 12.000; PC = R$ 15.000

$$LS = \frac{48.000 - 12.000}{15.000} = 2,40$$

Interpretação: Sem contar com seus estoques, para cada real de dívidas a curto prazo, a empresa dispõe de R$ 2,40 de recursos aplicados no ativo circulante.

Obs.: Da mesma forma que no cálculo da LC, no cálculo da LS, havendo despesas a apropriar, essas devem ser desconsideradas. Assim, a fórmula mais real no cálculo desse índice é a seguinte:

$$LS = \frac{AC - Estoque - Despesa\ a\ apropriar}{PC}$$

2.4. Liquidez Imediata (LI)

Mede a capacidade imediata de a empresa pagar suas obrigações a curtíssimo prazo. A necessidade de um maior ou menor valor para esse índice está intimamente relacionada ao ramo de atividades da empresa.

Regra geral, as empresas que realizam grande parte de suas operações à vista têm maior necessidade de elevados índices de liquidez imediata. Da mesma forma, as instituições financeiras também necessitam de elevados valores para tais índices.

Cabe salientar, no entanto, que nem sempre um elevado índice de liquidez imediata traduz uma situação favorável. Em países de elevados índices inflacionários, por exemplo, uma elevada liquidez imediata, em geral, pode representar dinheiro não aplicado no mercado financeiro ou em estoques, gerando prejuízos em função da perda do poder aquisitivo da moeda.

Podemos calcular o índice (ou quociente) de liquidez imediata, utilizando a seguinte fórmula:

$$LI = \frac{Disponibilidades}{PC}$$

Nota: DISPONIBILIDADES = Caixa + Bancos + Aplicações de Liquidez Imediata

Exemplo:

Caixa	R$ 13.000
Bancos Conta Movimento	R$ 23.000
Passivo Circulante	R$ 80.000

$$LI = \frac{13.000 + 23.000}{80.000} = 0,45$$

Interpretação: Para cada real de dívidas a curto prazo, a empresa dispõe de R$ 0,45 em dinheiro. Esse valor, por ser menor do que 1, não significa, necessariamente, um mau resultado. Como já comentado antes, dependerá, sobretudo, do ramo de atividades da empresa, podendo ser considerado bom ou não.

2.5. Liquidez Geral (LG)

Mede a capacidade de a empresa pagar suas dívidas a curto e longo prazos, utilizando os recursos aplicados no ativo circulante e no realizável a longo prazo.

Regra geral, para que seja considerada boa a situação financeira de uma empresa, é necessário que a liquidez geral seja superior a 1. Lembremos, no entanto, que todos os resultados na análise são relativos. Em alguns casos, é possível, por exemplo, que uma empresa que apresente liquidez geral inferior a 1 esteja melhor financeiramente que outra do mesmo ramo que apresente o mesmo índice superior a 1. A LG pode ser calculada utilizando a seguinte fórmula:

$$LG = \frac{AC + ARLP}{PC + PNC}$$

AC: Ativo Circulante; ARLP: Ativo Realizável a Longo Prazo; PC: Passivo Circulante; PNC: Passivo Não Circulante.

No entanto, pelas mesmas razões já expostas anteriormente, havendo despesas a apropriar no ativo circulante e/ou no ativo realizável a longo prazo, a fórmula adequada será a seguinte:

$$LG = \frac{AC + ARLP - \text{Despesas a Apropriar}}{PC + PNC}$$

2.6. Solvência (S)

Mede a capacidade de a empresa pagar suas dívidas a curto prazo (Passivo Circulante) e a longo prazo (Passivo Não Circulante), utilizando os recursos totais aplicados no patrimônio, isto é, utilizando <u>todo</u> o ativo (Ativo Circulante e Ativo Não Circulante). Assim, podemos calcular a solvência de uma empresa, utilizando a seguinte fórmula:

$$S = \frac{AC + ANC}{PC + PNC}$$

Da mesma forma que no cálculo dos índices anteriores, havendo despesas a apropriar a curto ou longo prazos, estas também devem ser desconsideradas no cálculo da solvência.

Exemplo:

Ativo Circulante (AC)	R$ 11.000
Ativo Não Circulante (ANC)	R$ 34.000
Passivo Circulante (PC)	R$ 18.000
Passivo Não Circulante (PNC)	R$ 42.000

$$S = \frac{11.000 + 34.000}{18.000 + 42.000} = 0{,}75 \text{ (ou 75\%)}$$

Interpretação: Para cada real de capitais de terceiros, a empresa dispõe de R$ 0,75 de recursos totais aplicados no ativo. Observemos no exemplo que o índice de solvência é menor do que

1, significando que a empresa se encontra numa situação de "passivo a descoberto", isto é, ativo total não cobre todo o passivo exigível, ficando este "a descoberto".

Obs. 1: Conforme já comentado, o objetivo dos índices de liquidez é medir a capacidade de uma empresa ou qualquer outra entidade "pagar" suas dívidas utilizando os recursos aplicados no ativo. Assim, devemos excluir no cálculo desses índices todos os itens do ativo que nunca se converterão em disponibilidades, tal como é o caso das despesas pagas antecipadamente, as quais, após apropriadas, se transformarão em despesas e não em disponibilidades. Da mesma forma, há a possibilidade da existência de "receitas a apropriar" no passivo exigível, as quais não representam dívidas a serem pagas, tal como os aluguéis recebidos antecipadamente, de forma que o valor dessas receitas também devem ser excluídos no cálculo do passivo exigível, visto que não representam dívidas a serem pagas e sim receitas "em potencial", isto é, em vez de serem pagas se converterão em receitas quando da ocorrência de seus respectivos fatos geradores, integrando assim o resultado da empresa. Desse modo, havendo despesas e receitas a apropriar, essas devem ser RECLASSIFICADAS, respectivamente, como redução e acréscimo do patrimônio líquido na determinação do valor de outros índices que utilizem o patrimônio líquido no seu cálculo. Cabe, no entanto, ressaltar que nem toda receita a apropriar deve ser excluída do passivo exigível no cálculo dos índices de liquidez. No caso, por exemplo, dos "adiantamentos de clientes" para entrega futura de mercadorias e produtos ou prestação de serviços, esses devem ser **mantidos como passivo exigível**, visto que há a possibilidade de a empresa ter que devolver aos clientes as quantias recebidas antecipadamente, caso, por alguma razão, não entreguem aos clientes as mercadorias, produtos ou serviços vendidos, de forma que essas receitas também podem ser consideradas dívidas "em potencial", embora sua apropriação regular dê origem a receitas.

Obs. 2: Pelas normas contábeis antigas, a conta "Duplicatas Descontadas" era considerada retificadora da conta "Duplicatas a Receber" no ativo circulante ou realizável a longo prazo. Desta forma, para efeitos de análise de balanços, aquela conta era reclassificada para o passivo circulante ou não circulante, dependendo do prazo. Atualmente, em conformidade com as novas normas contábeis impostas pelo CPC (Comitê de Pronunciamentos Contábeis), entendemos que o desconto bancário de duplicatas é equivalente a uma espécie de empréstimo, no qual as duplicatas são dadas em garantia. Sendo assim, a conta "Duplicas Descontadas" não deverá mais ser reclassificada para efeitos de análise das demonstrações contábeis, visto que já é naturalmente uma conta do passivo exigível. Havendo, porém, juros a apropriar retificando aquela conta, deverá ser reclassificado negativamente no PL.

EXERCÍCIO RESOLVIDO 1: Se somarmos 1 (um) ao quociente do CCL (Capital Circulante Líquido) pelas exigibilidades a curto prazo, obteremos o quociente de:

a) Liquidez Imediata (LI);
b) Liquidez Seca (LS);
c) Liquidez Corrente (LC);
d) Liquidez Geral (LG);
e) Solvência.

(SOLUÇÃO)

$$\frac{CCL}{PC}+1 = \frac{AC-PC}{PC}+1 = \frac{AC}{PC}-\frac{PC}{PC}+1 = \frac{AC}{PC}-1+1 = \frac{AC}{PC} = LC$$

(Resposta: opção c)

EXERCÍCIO RESOLVIDO 2: Do Balanço Patrimonial da Cia. Industrial Cougar, foram extraídos os seguintes saldos de contas integrais (valores R$ 1,00):

Imóveis	65.000
Duplicatas a Receber	41.000
Duplicatas a Receber (LP)	12.000
Duplicatas a Pagar	35.000
Matérias-Primas	8.000
Financiamentos (LP)	20.000
Adiantamentos de Clientes	9.000
Salários a Pagar	5.000
Caixa	11.000
Empréstimos a Coligadas	13.000
Ações de Coligadas	24.000
Bancos Conta Movimento	19.000
Produtos em Elaboração	18.000
Máquinas e Equipamentos	98.000
IR a pagar	7.000
Produtos Prontos	46.000
ICMS a Recolher	2.000
IPI a Recuperar	3.000
Depreciação Acumulada (Imóveis)	15.000
Depreciação Acumulada (Máquinas e Equipamentos)	12.000
Dividendos a Receber	4.000
Dividendos a Pagar	2.000

Assim, com base nas informações dadas, responda às questões de número 1 a 5.

1. A Liquidez Corrente (LC) é de:

a) 2,21;
b) 2,35;
c) 2,40;
d) 2,50;
e) 2,66.

(SOLUÇÃO)

ATIVO CIRCULANTE		PASSIVO CIRCULANTE	
Caixa	11.000	Salários a Pagar	5.000
Bancos c/ Movimento	19.000	ICMS a Recolher	2.000
Produtos Prontos	46.000	Dividendos a Pagar	2.000
Produtos em Elaboração	18.000	Duplicatas a Pagar	35.000
Matérias-Primas	8.000	Adiantamentos de Clientes	9.000
IPI a Recuperar	3.000	IR a Pagar	7.000
Dividendos a Receber	4.000	**TOTAL**	**60.000**
Duplicatas a Receber	41.000		
TOTAL	**150.000**		

$$LC = \frac{150.000}{60.000} = 2,50$$

(Resposta: opção d)

2. A Liquidez Geral (LG) é de:

a) 1,14;   d) 3,15;
b) 1,86;   e) 3,50.
c) 2,19;

(SOLUÇÃO)

REALIZÁVEL A LONGO PRAZO		PASSIVO NÃO CIRCULANTE	
Duplicatas a Receber (LP)	12.000	Financiamentos (LP)	10.000
Empréstimos a Coligadas	13.000	**TOTAL**	**20.000**
TOTAL	**25.000**		

$$LG = \frac{AC + ARLP}{PC + PNC} = \frac{150.000 + 25.000}{60.000 + 20.000} = 2,1875 \text{ (aproximadamente, 2,19)}$$

(Resposta: opção c)

3. A Liquidez Imediata (LI) é de:

a) 0,40;   d) 0,70;
b) 0,50;   e) 0,80.
c) 0,60;

(SOLUÇÃO)

$$LI = \frac{\text{Caixa + Bancos}}{PC} = \frac{11.000 + 19.000}{60.000} = 0,50$$

(Resposta: opção b)

4. A Liquidez Seca (LS) é de:

a) 1,30; d) 1,60;
b) 1,40; e) 1,70.
c) 1,50;

(SOLUÇÃO)

Produtos Prontos	*46.000*
Produtos em Elaboração	*18.000*
Matérias-Primas	*8.000*
Estoques	*72.000*

$$LS = \frac{AC - Estoques}{PC} = \frac{150.000 - 72.000}{60.000} = 1,30$$

(Resposta: opção a)

5. A SOLVÊNCIA é de:

a) 3,21; d) 4,05;
b) 3,65; e) 4,19.
c) 4,00;

(SOLUÇÃO)

ATIVO NÃO CIRCULANTE (ANC)

Duplicatas a Receber (LP)	*12.000*
Empréstimos a Coligadas	*13.000*
Ações de Coligadas	*24.000*
Imóveis	*65.000*
Depreciação Acumulada	*(15.000)*
Máquinas e Equipamentos	*98.000*
Depreciação Acumulada	*(12.000)*
TOTAL	*185.000*

$$S = \frac{AC + ANC}{PC + PNC} = \frac{150.000 + 185.000}{60.000 + 20.000} = 4,1875 \text{ (aproximadamente, 4,19)}$$

(Resposta: opção e)

EXERCÍCIO RESOLVIDO 3: Se o quociente entre o Ativo Realizável a Longo Prazo (ARLP) e o Ativo Circulante (AC) é igual ao quociente entre o Passivo Não Circulante (PNC) e o Passivo Circulante (PC), necessariamente:

a) ARLP = PNC = 0;
b) AC + ARLP = PC + PNC;
c) ARLP = AC = PC = PNC;
d) Liquidez corrente = Liquidez geral;
e) Nada se pode afirmar com certeza.

(SOLUÇÃO)

Admitindo que o quociente entre o ARLP e o AC, que é igual ao quociente entre o PNC e o PC, seja igual a "K", teremos:

$$\frac{ARLP}{AC} = \frac{PNC}{PC} = K \Rightarrow ARLP = K \times AC \text{ e } PNC = K \times PC$$

Lembrando que a Liquidez Geral (LG) = (AC + ARLP)/(PC + PNC) e substituindo as igualdades anteriores nesta fórmula, teremos:

$$LG = \frac{AC + ARLP}{PC + PNC} = \frac{AC + K \times AC}{PC + K \times PC}$$

Fatorando o numerador e o denominador desta última fração, pondo, respectivamente, AC e PC em evidência, teremos:

$$\frac{AC \times \cancel{(K+1)}}{PC \times \cancel{(K+1)}} = \frac{AC}{PC} = LC$$

Logo, a Liquidez Geral (LG) = Liquidez Corrente (LC)
(Resposta: opção d)

EXERCÍCIO RESOLVIDO 4: Um empréstimo de R$ 60.000,00, concedido pela controladora que atua no ramo industrial à controlada, no Balanço da controladora, irá implicar a:

I. redução do ativo circulante e o aumento do ativo realizável a longo prazo;
II. redução da liquidez corrente;
III. manutenção da liquidez geral;
IV. redução da solvência.

Assim, o número de afirmativas corretas é de:

a) uma;
b) duas;
c) três;
d) quatro;
e) nenhuma.

(SOLUÇÃO)

I. CORRETO. O referido fato acarretará uma redução no ativo circulante (saiu dinheiro) e um aumento no realizável a longo prazo (Empréstimos a Controladas).

II. CORRETO. A redução do ativo circulante implicará a redução da liquidez corrente.

III. CORRETO. A redução do ativo circulante e aumento do realizável a longo prazo do mesmo valor acarretará a manutenção da soma AC + ARLP e, consequentemente, da liquidez geral.

IV. INCORRETO. A redução do ativo circulante e aumento no realizável a longo prazo do mesmo valor não irá alterar o total do ativo. Consequentemente, a solvência, que é o quociente entre o ativo e o passivo exigível, não será alterada.

Três corretas

(Resposta: opção c)

EXERCÍCIO RESOLVIDO 5: (BNDES/Vunesp – Adaptada) A Cia. Gama apresentou o seguinte Balanço Patrimonial em 31/12/X0 (valores em R$):

ATIVO		PASSIVO	
AC	50.000	PC	35.000
ANC	50.000	PNC	18.000
		PL	47.000

Em X1, houve um aumento do Passivo Não Circulante (PNC) e no Patrimônio Líquido (PL), num total de R$ 24.000,00, e do Ativo Não Circulante (ANC), no valor total de R$ 30.000,00. Pode-se afirmar que, em 31/12/X1:

a) o valor do AC era de R$ 44.000,00;
b) a posição financeira de curto prazo da empresa melhorou;
c) o Capital Circulante Líquido (CCL) era de R$ 9.000,00;
d) as origens foram superiores às aplicações de recursos;
e) o índice de liquidez corrente era de 1,5.

(SOLUÇÃO)

No balanço, temos a seguinte equação:

AC + ANC = PC + PNC + PL, ou

AC – PC = PNC + PL – ANC = CCL

	31/12/X0	31/12/X1
PNC + PL	65.000	65.000 + 24.000
ANC	50.000	50.000 + 30.000
CCL = PNC + PL − ANC	15.000	9.000

(Resposta: opção c)

3. QUOCIENTES DE ENDIVIDAMENTO

3.1. Objetivo

Também chamados de quocientes de ESTRUTURA DE CAPITAIS, esses índices têm por objetivo geral a avaliação do grau de dependência de uma empresa em relação aos capitais de terceiros ou, em outras palavras, avaliam a política de obtenção de recursos. Assim, por exemplo, uma empresa que apresentasse no seu balanço um ativo total no valor de R$ 100.000,00, um passivo exigível (= capital de terceiros) no valor de R$ 40.000 e um patrimônio líquido (= capital próprio) no valor de R$ 60.000, no cálculo dos índices de endividamento, ficaria evidente, por exemplo, que 40% do investimento total no ativo da empresa são financiados por capitais de terceiros, ao passo que 60%, por capitais próprios.

Em geral, quanto mais uma empresa utiliza capitais de terceiros para financiar seus investimentos totais em ativos, mais endividada está, sendo pior para a empresa, principalmente no caso da assunção de dívidas onerosas.

No entanto, o fato de uma empresa aumentar seu endividamento, não deve ser visto, necessariamente, como algo negativo. Em muitas ocasiões, o aumento temporário do endividamento pode significar o aumento de investimentos em ativos produtivos para a empresa, como, por exemplo, indústrias que adquirem novas máquinas mediante financiamentos de longo prazo. Em geral, essas indústrias aumentariam seus lucros, os quais cobririam todas as suas dívidas assumidas. Por outro lado, tal aumento também pode significar algo negativo, como o caso de uma empresa adquirir novos empréstimos para quitar empréstimos mais antigos, fato este que pode levar a empresa a um ciclo vicioso de endividamento, o qual poderá ter como desfecho a sua falência.

3.2. Endividamento (E)

Existem duas versões:

3.2.1. Endividamento em relação ao CAPITAL PRÓPRIO

Também chamado de Índice de <u>Participação de Capitais de Terceiros</u>, avalia quanto foi utilizado de capital de terceiros para cada R$ 1,00 de capital próprio. Assim, quanto maior esse índice, mais a empresa estará endividada, visto que estaria utilizando mais capitais de terceiros para cada R$ 1,00 de capital próprio, tornando-a mais vulnerável a ficar insolvente. Seu cálculo pode ser feito mediante o uso da seguinte fórmula:

$$E = \frac{\text{Passivo Exigível}}{\text{PL}}$$

Exemplo 1:

Ativo	R$ 135.000,00
Passivo Circulante	R$ 12.000,00
Passivo Não Circulante	R$ 48.000,00
Patrimônio Líquido	R$ 75.000,00

$$E = \frac{\text{Passivo Exigível}}{\text{PL}} = \frac{12.000,00 + 48.000,00}{75.000,00} = 0,80$$

Interpretação: Para cada R$ 1,00 de capital próprio, a empresa utiliza R$ 0,80 de capitais de terceiros. Em geral, valores menores do que 1 (um) representam um bom endividamento. No entanto, em que grau esse endividamento é bom ou não dependerá do ramo de atividades da empresa, do seu porte, do teor desse endividamento e de diversos outros fatores. Lembremos que a interpretação de valores de índices de análise é dotada de grande grau de subjetividade, visto que o mesmo valor de determinado índice pode ser bom para uma empresa e ruim para outra do mesmo ramo. Daí, a interpretação de um único índice não revela a real situação da empresa, sendo necessário o cálculo de diversos outros índices.

Exemplo 2:

Ativo	R$ 150.000,00
Passivo Circulante	R$ 50.000,00
Passivo Não Circulante	R$ 40.000,00
Patrimônio Líquido	R$ 60.000,00

$$E = \frac{\text{Passivo Exigível}}{\text{PL}} = \frac{50.000,00 + 40.000,00}{60.000,00} = 1,50$$

Interpretação: Para cada R$ 1,00 de capital próprio, a empresa utiliza R$ 1,50 de capitais de terceiros, revelando um elevado grau de endividamento, isto é, os ativos da empresa estão muito mais vinculados a capitais de terceiros do que a capitais próprios, encontrando-se numa situação pior do que a empresa do exemplo 1, onde o endividamento foi menor do que 1 (0,80), tendo em vista que, ao contrário dos índices de liquidez, quanto maior o endividamento, pior para empresa.

3.2.2. Endividamento em relação ao ATIVO TOTAL

Visa avaliar a participação do capital de terceiros em relação ao ativo total, ou seja, a percentagem do ativo financiada por capitais de terceiros. Desse modo, esse índice pode ser obtido da seguinte forma:

$$E = \frac{\text{Passivo Exigível}}{\text{Ativo}}$$

No exemplo anterior (exemplo 2), teríamos:

$$E = \frac{\text{Passivo Exigível}}{\text{Ativo}} = \frac{50.000,00 + 40.000,00}{150.000,00} = 0,60 \text{ (ou 60\%)}$$

Interpretação: 60% do investimento total no ativo são financiados por capitais de terceiros e 40% por capitais próprios.

Obs.: Nas questões de concursos públicos quando se pede o cálculo do ENDIVIDAMENTO, as duas versões acima já foram muito utilizadas. As bancas Esaf (Escola de Administração Fazendária) e FCC (Fundação Carlos Chagas), por exemplo, já utilizaram em suas provas a 2ª versão, ou seja, Endividamento = P/A. No entanto, cabe ressaltar que ambas as versões de endividamento estão corretas, ou seja, não existe uma versão mais correta ou menos correta, apesar de uma se referir ao capital próprio e outra ao ativo total. Em geral, quando determinada questão de concurso público (ou privado) pede o cálculo do endividamento sem especificar se é em relação ao PL ou ao Ativo total, normalmente nas opções de múltipla escolha só há resposta para uma das versões, visto que se houver resposta para as duas versões isso pode gerar anulação da questão, dado que as duas versões são válidas.

EXERCÍCIO RESOLVIDO 6: (Fiscal de Tributos Estaduais – PA/Esaf) A Cia. Aurora, querendo expandir seus negócios, apresenta uma proposta de financiamento ao Banco ABC S.A. no valor de 1.200. Por decisão da diretoria de financiamento dessa instituição financeira, só serão concedidos empréstimos até o limite máximo de 80% de endividamento de seus clientes. A empresa não tem nenhuma possibilidade de alterar a sua riqueza própria, e seu patrimônio tem a seguinte composição:

Ativo	500	Passivo	300
		Patrimônio Líquido	200
Total	500	Total	500

Nestas condições, indique qual o valor máximo de empréstimo que a diretoria do Banco poderá conceder a esse cliente.

a) 100;
b) 300;
c) 500;
d) 700;
e) 1.000.

(SOLUÇÃO)

Suponhamos que o valor do empréstimo seja "x". Desta forma, o novo valor do Ativo será de "500 + x" e o novo valor Passivo (exigível) será de "300 + x".

Lembrando que o <u>endividamento</u> (no caso da banca "Esaf") é o quociente entre o Passivo e o Ativo, teremos a seguinte equação:

$$\frac{300+x}{500+x} = 0,80 \Rightarrow 300 + x = 400 + 0,8x \Rightarrow 0,2x = 100 \Rightarrow x = 500$$

(Resposta: opção c)

3.3. Composição do Endividamento (CE)

Mede a participação das dívidas de curto prazo (passivo circulante) em relação às dívidas totais (passivo exigível). Pode ser obtido da seguinte forma:

$$CE = \frac{PC}{PC + PNC}$$

No exemplo 1 do item 3.2., teríamos:

$$CE = \frac{12.000}{12.000 + 48.000} = 0,20 \text{ (ou 20\%)}$$

Interpretação: 20% do capital de terceiros são dívidas a curto prazo. Consequentemente, 80%, são dívidas a longo prazo.

3.4. Imobilização do Capital Próprio (ICP)

No caso de ser <u>menor</u> que 1, a ICP mede a parcela do capital próprio (patrimônio líquido) necessária para financiar todo o **ativo fixo**. Já, no caso de ser <u>maior</u> que 1, a ICP indica que há capitais de terceiros financiando parte do ativo fixo, visto que todo o patrimônio líquido não é suficiente para financiar os referidos recursos. De outro modo, a ICP também indica quanto foi investido no ativo fixo para cada R$ 1,00 pertencente aos sócios da empresa. Assim, temos a seguinte fórmula para o cálculo desse índice:

$$ICP = \frac{\text{Ativo Fixo}}{PL}$$

onde:

Ativo Fixo = Ativo Não Circulante − Ativo Realizável a Longo Prazo

ou

Ativo Fixo = Ativo Investimentos + Ativo Imobilizado + Ativo Intangível

Exemplo:

Ativo Não Circulante	R$ 82.000,00
Ativo Realizável a Longo Prazo	R$ 22.000,00
Patrimônio Líquido	R$ 75.000,00

$$ICP = \frac{82.000 - 22.000}{75.000} = 0,8 \text{ (ou 80\%)}$$

Interpretação: 80% do capital próprio (patrimônio líquido) financiam todo o ativo fixo. De outro modo, para cada R$ 1,00 pertencente aos sócios da empresa, foram investidos R$ 0,80 no ativo fixo. Graficamente, teríamos:

AC + ARLP	PC + PNC
Ativo Fixo	20% PL
	80% PL

Observemos na estrutura de capital acima que 20% do capital próprio estariam financiando parte do AC e do ARLP, sendo o restante do AC e ARLP financiados por capitais de terceiros.

3.5. Imobilização dos Recursos Não Correntes (IRNC)

Conforme já sabemos, no balanço patrimonial, o passivo "total" (lado direito do balanço) se divide em circulante, não circulante e patrimônio líquido. Esse passivo "total" também pode ser chamado de origens (ou fontes) dos recursos, as quais serão aplicadas no ativo total da empresa. Daí, o ativo total poder ser chamado de aplicações dos recursos.

Admitindo que o passivo são as origens dos recursos, podemos dividir tais recursos em correntes e não correntes.

Partindo do princípio que o passivo circulante corresponde ao conceito de recursos "correntes", inferimos assim que os recursos "não correntes" correspondem à soma do passivo não circulante com o patrimônio líquido. Daí, podemos estabelecer a seguinte fórmula para o cálculo da IRNC:

$$IRNC = \frac{\text{Ativo Fixo}}{PNC + PL}$$

Exemplo:

Ativo Não Circulante	R$ 82.000,00
Passivo Não Circulante	R$ 30.000,00
Ativo Realizável a Longo Prazo	R$ 22.000,00
Patrimônio Líquido	R$ 75.000,00

$$\text{IRNC} = \frac{82.000 - 22.000}{30.000 + 75.000} = 0{,}57 \text{ (ou 57\%)}$$

Interpretação: 57% dos recursos não correntes financiam todo o ativo fixo. Graficamente, teríamos:

AC + ARLP	PC
Ativo Fixo	43% (PNC + PL)
	57% (PNC + PL)

Observemos na estrutura de capital acima que não há dívidas a curto prazo (passivo circulante) financiando ativo fixo, sendo que tais dívidas só financiam parte do ativo circulante e do ativo realizável a longo prazo.

4. QUOCIENTES DE ROTATIVIDADE

4.1. Objetivo

Os quocientes de rotatividade, também chamados de índices de giro, têm por objetivo geral medir a velocidade de renovação de recursos.

4.2. Rotação (ou Giro) de Estoques

Mede o giro dos estoques, ou seja, a quantidade de vezes que os estoques se renovam dentro de determinado período (normalmente, dentro do exercício social = 1 ano). O cálculo desse índice pode ser feito mediante o uso da seguinte fórmula:

$$\boxed{\text{RE} = \frac{\text{CMV}}{\text{EM}}}$$

- RE = Rotação de Estoques
- CMV (Custo das Mercadorias Vendidas) = EI + C − EF
- EI = Estoque Inicial
- EF = Estoque Final
- C = Compras
- EM (Estoque Médio) = (EI + EF)/2

Obs.: Quando não há diferenças significativas entre o "Estoque Final" e o "Estoque Inicial", é comum, no cálculo da rotação de estoques, o uso apenas do Estoque Final, em vez do Estoque Médio, podendo ser utilizada a seguinte fórmula:

$$\boxed{\text{RE} = \frac{\text{CMV}}{\text{EM}}}$$

Exemplo: Dados extraídos dos registros contábeis da comercial Asa Branca Ltda.:

Estoque de Mercadorias (Balanço de 31/12/20X1) = R$ 45.000,00

Estoque de Mercadorias (Balanço de 31/12/20X2) = R$ 35.000,00

Compras (no exercício de 20X2) = R$ 230.000,00

$$RE = \frac{45.000,00 + 230.000,00 - 35.000}{\dfrac{45.000 + 35.000}{2}} = \frac{240.000}{40.000} = 6$$

Interpretação: Ao longo do exercício social de 20X2, a empresa renovou seus estoques 6 vezes em média, ou seja, comprou mercadorias e as revendeu por completo, em média, de 6 vezes.

4.3. Prazo Médio de Rotação (ou Renovação) de Estoques (PMRE)

Representa a quantidade média de dias dentro de um exercício social que a empresa demora para renovar todo o seu estoque. Desta forma, admitindo que o exercício social tenha 360 dias, sendo RE a rotação de estoques, podemos determinar esse quociente com o uso da seguinte fórmula:

$$\boxed{PMRE = \frac{360 \text{ dias}}{RE}}$$

Assim, no exemplo do item 4.2 teremos: $PMRE = \dfrac{360 \text{ dias}}{6} = 60 \text{ dias}$

Interpretação: A cada 60 dias, em média, a empresa renova todo o seu estoque, isto é, vende todo o seu estoque e adquire novamente mercadorias para revenda em média de 60 dias.

4.4. Rotação de Clientes (RC)

Representa a quantidade média de vezes que a empresa realiza dentro do exercício social vendas completas de seus estoques a prazo, ou seja, a quantidade média de vezes que a empresa recebe integralmente no prazo de 1 ano as vendas realizadas a prazo. O cálculo desse quociente pode ser feito com o uso da seguinte fórmula:

$$\boxed{RC = \frac{\text{Vendas a Prazo}}{\text{Média dos Clientes}}}$$

Onde:
- Média dos Clientes = (SIC + SFC)/2
- SIC = Saldo Inicial de Clientes (Saldo de Clientes no balanço anterior)
- SFC = Saldo Final de Clientes (Saldo de Clientes no balanço atual)

Exemplo: Considerando ainda o exemplo da comercial Asa Branca Ltda. do item 4.2, suponhamos as seguintes informações obtidas de seus registros contábeis:

Duplicatas a Receber (Saldo 31/12/20X1) = R$ 35.000,00

Duplicatas a Receber (Saldo 31/12/20X2) = R$ 25.000,00

Vendas a Prazo (Exercício social de 20X2) = R$ 90.000,00

$$RC = \frac{90.000}{\frac{35.000 + 25.000}{2}} = 3$$

Interpretação: Ao longo do exercício social de 20X2, a empresa realizou em média 3 vendas a prazo completas, isto é, vendeu a prazo e recebeu as respectivas vendas de seus clientes em média de 3 vezes no ano de 20X2.

Obs. 1: Quando não houver diferenças significativas entre o SIC e o SFC, pode-se, opcionalmente, utilizar a seguinte fórmula para o cálculo da Rotação de Clientes:

$$RC = \frac{\text{Vendas a prazo}}{\text{SFC}}$$

Em questões de concursos públicos, regra geral, quando o enunciado da questão fornece o SIC e o SFC, deve-se utilizar no denominador para o cálculo da rotação de clientes a "média dos clientes". No entanto, caso não seja fornecido no enunciado da questão o Saldo Inicial de Clientes (SIC), então deve-se calcular a rotação de clientes utilizando no denominador apenas o Saldo Final de Clientes (SFC).

Obs. 2: Havendo, em relação às vendas a prazo, devoluções, abatimentos e descontos incondicionais, deve-se, no cálculo da rotação de clientes, subtrair esses itens dessas vendas, visto que afetam o saldo de "Clientes". No entanto, no caso dos "Impostos e Contribuições sobre Vendas (ICMS, PIS, COFINS)", não se deve subtrair esses tributos das vendas a prazo, tendo em vista que não afetam o saldo de "Clientes". Assim, por exemplo, se uma empresa realizar num determinado ano vendas a prazo no total de R$ 10.000,00 com ICMS de 18% e dessas vendas houver devoluções de R$ 2.000,00, o valor das vendas líquidas dessas deduções será de R$ 10.000,00 – R$ 2.000,00 – 18% (R$ 10.000,00 – R$ 2.000,00) = R$ 6.560,00. Todavia, o valor a ser considerado como vendas a prazo no cálculo da rotação de clientes será de R$ 10.000,00 – R$ 2.000,00 = R$ 8.000,00, que é o valor das "Duplicatas a Receber".

Obs. 3: No caso do "novo" conceito de "Receita de Vendas" indicado no CPC 30 (R1) – Receitas, o qual já foi estudado no tópico 6.3 do Capítulo 1, o valor dessa receita já estaria líquido dos **tributos sobre vendas** e dos **tributos sobre valor adicionado**, conforme indicado no item 8 do referido CPC. Nesse caso, para que se pudesse calcular o valor das receitas de vendas a prazo a ser considerado no cálculo da rotação de clientes, seria necessário somar de volta os referidos tributos que foram subtraídos dessa receita. Assim, por exemplo, se numa DRE apresentada pelas novas regras contábeis com o novo conceito de "Receita de Vendas" (somente das operações continuadas), supondo que todas as vendas da empresa tivessem sido a prazo, e admitindo que o valor dessa receita fosse de R$ 120.000,00, que o ICMS sobre Valor Adicionado fosse de R$ 9.000,00 e o PIS e COFINS sobre Valor Acionado totalizassem R$ 2.000,00, então o valor das "Vendas a Prazo" a serem consideradas no cálculo da rotação de clientes seria de R$ 120.000,00 + R$ 9.000,00 + R$ 2.000,00, ou seja, R$ 131.000,00, valor este que deve ser utilizado no numerador da fração para o cálculo da rotação de clientes. Cabe, no entanto, ressaltar que essa realidade de cálculo ainda está MUITO LONGE dos concursos públicos em geral, visto que na "grande maioria" (ou, talvez, a "totalidade"!) das questões atuais dos diversos concursos ainda persistem os "tradicionais" (ou, mais precisamente, "ultrapassados") conceitos de "Vendas Brutas" (ou Receita Bruta) e "Vendas Líquidas" (ou Receita Líquida), com respaldo legal no "inadequado" art. 187 da Lei nº 6.404/76), o qual ainda apoia esses conceitos por tempo INDETERMINADO (pela nossa experiência com o processo jurídico brasileiro, pode até durar DÉCADAS para se adaptar integralmente aos padrões internacionais de contabilidade...!!).

4.5. Prazo Médio de Recebimento de Vendas (PMRV)

Também chamado de Prazo Médio de Rotação de Clientes (PMRC) ou Prazo Médio de Recebimento dos Clientes (PMRC), esse índice pode ser obtido da seguinte forma, supondo que o ano tenha 360 dias:

$$\boxed{PMRV = \frac{360 \text{ dias}}{RC}}$$

Assim, considerando ainda o exemplo da comercial Asa Branca Ltda., teremos:

$$PMRV = \frac{360 \text{ dias}}{3} = 120 \text{ dias}$$

Interpretação: A cada 120 dias, em média, a empresa realiza uma venda a prazo completa, isto é, vende a prazo e recebe de seus clientes essas vendas a prazo a cada 120 dias, em média.

4.6. Ciclo Operacional (COP)

No caso de uma empresa comercial, o COP representa o tempo que a empresa leva para vender todos os seus estoques adquiridos e receber as vendas desses estoques de seus clientes, ou seja, o tempo que a empresa leva desde a compra das mercadorias até o recebimento de suas vendas. Desta forma, temos a seguinte sequência, no caso de uma empresa que trabalha no ramo de revenda de mercadorias a prazo:

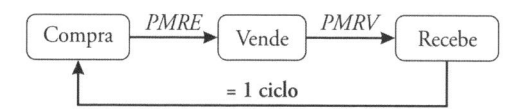

```
Compra --PMRE--> Vende --PMRV--> Recebe
   ^------------- = 1 ciclo -------------
```

O referido período, neste caso, pode ser calculado, com razoável aproximação, através da seguinte fórmula: COP = PMRE + PMRV. Assim, supondo ainda o exemplo da comercial Asa Branca Ltda., teríamos: COP = 60 dias + 120 dias = 180 dias.

Interpretação: A cada 180 dias, em média, a empresa fecha o seu ciclo operacional, ou seja, compra mercadorias para revenda, revende todo o estoque e recebe as vendas de seus clientes.

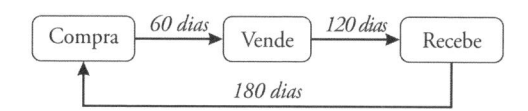

```
Compra --60 dias--> Vende --120 dias--> Recebe
   ^------------- 180 dias -------------
```

4.7. Rotação de Fornecedores (RF)

Representa a quantidade média de vezes que a empresa realiza dentro do exercício social compras a prazo completas de seus estoques, ou seja, a quantidade média de vezes que a empresa paga integralmente as compras realizadas a prazo no período de um ano. O cálculo desse quociente pode ser feito com o uso da seguinte fórmula:

$$RF = \frac{\text{Compras a Prazo}}{\text{Média dos Fornecedores}}$$

Onde:

- Média dos Fornecedores = (SIF + SFF)/2
- SIF = Saldo Inicial de "Fornecedores" (Saldo de "Fornecedores" no balanço anterior)
- SFF = Saldo Final de "Fornecedores" (Saldo de "Fornecedores" no balanço atual)

Exemplo: Considerando ainda o exemplo da comercial Asa Branca Ltda., suponhamos as seguintes informações obtidas de seus registros contábeis:

Duplicatas a Pagar (Saldo 31/12/20X1) = R$ 11.000,00

Duplicatas a Pagar (Saldo 31/12/20X2) = R$ 7.000,00

Compras a Prazo (Exercício social de 20X2) = R$ 36.000,00

$$RF = \frac{36.000}{\frac{11.000 + 7.000}{2}} = 4$$

Interpretação: Ao longo do exercício social de 20X2, a empresa realizou em média 4 compras a prazo completas, isto é, comprou a prazo e <u>pagou</u> as respectivas compras a seus fornecedores em média de 4 vezes no ano de 20X2.

Obs. 1: Quando não houver diferenças significativas entre o SIF e o SFF, pode-se, opcionalmente, utilizar a seguinte fórmula para o cálculo da Rotação de Fornecedores:

$$\boxed{RF = \frac{\text{Compras a prazo}}{\text{SFF}}}$$

Em questões de concursos públicos, regra geral, quando o enunciado da questão fornece o SIF e o SFF, deve-se utilizar no denominador para o cálculo da rotação de fornecedores a "média dos fornecedores". No entanto, caso não seja fornecido no enunciado da questão o Saldo Inicial de Fornecedores (SIF), então deve-se calcular a rotação de fornecedores utilizando no denominador apenas o Saldo Final de Fornecedores (SFF).

Obs. 2: Havendo, em relação às compras a prazo, <u>devoluções</u>, <u>abatimentos</u> e <u>descontos incondicionais</u>, deve-se, no cálculo da rotação de fornecedores, subtrair esses itens dessas compras, visto que afetam o saldo de "Fornecedores". No entanto, no caso dos "Impostos e Contribuições sobre Compras (ICMS, PIS, COFINS)", não se deve subtrair esses tributos das respectivas compras, tendo em vista que não afetam o saldo de "Fornecedores".

4.8. Prazo Médio de Pagamento de Compras (PMPC)

Também chamado de Prazo Médio de Rotação de Fornecedores (PMRF) ou Prazo Médio de Pagamento dos Fornecedores (PMPF), esse índice pode ser obtido da seguinte forma, supondo que o ano tenha 360 dias:

$$\boxed{PMPC = \frac{360 \text{ dias}}{RF}}$$

$$PMPC = \frac{360 \text{ dias}}{4} = 90 \text{ dias}$$

Interpretação: A cada 90 dias, em média, a empresa realiza uma compra a prazo completa, isto é, compra a prazo e <u>paga</u> seus fornecedores a cada 90 dias, em média.

EXERCÍCIO RESOLVIDO 7: (TRT – 23ª Região – Analista Judiciário/ FCC) Dados do Balanço Patrimonial e da Demonstração do Resultado da Cia. Crisântemo, relativos ao exercício findo em 31-12-2010 (Valores em reais):

Saldo da conta Fornecedores em 31-12-2009 .... 360.000
Custo das Mercadorias Vendidas... 930.000
Estoque de Mercadorias em 31-12-2010 .... 270.000
Saldo da conta Fornecedores em 31-12-2010 .... 400.000
Estoque de Mercadorias em 31-12-2009 .... 250.000

A companhia tem por política financeira efetuar somente compras a prazo. O prazo médio de pagamento a fornecedores da companhia em 2010 (considerando-se o ano comercial de 360 dias), em número de dias, foi:

a) 160;   b) 144;   c) 152;   d) 140;   e) 136.

(SOLUÇÃO)

CMV = EI + Compras – EF

- -

Compras = CMV – EI + EF = 930.000 – 250.000 + 270.000 = 950.000

- -

$$\text{Rotação de Fornecedores} = \frac{\text{Compras a Prazo}}{\text{Média dos Fornecedores}} = \frac{950.000}{\frac{360.000 + 400.000}{2}} = 2,5$$

- -

$$\text{Prazo Médio Pagamento a Fornecedores} = \frac{360 \text{ dias}}{2,5} = 144 \text{ dias}$$

(Resposta: opção b)

4.9. Ciclo Operacional de Empresa Industrial

O ciclo operacional de uma indústria é o maior de todos os outros tipos de empresas, tendo em vista que as matérias-primas, em geral, adquiridas de terceiros, integrarão os produtos em fabricação, os quais concluídos integrarão os estoques de produtos prontos, os quais serão vendidos, de forma que, se essas vendas forem a prazo, posteriormente serão recebidas. Nesse caso, temos a seguinte sequência:

```
        Compra de
      matérias-primas  ←─────┐
            │                │
         (1)PMRMP            │
            │                │
        Fabricação           │
    (Produtos em Fabricação) │
            │                │
         (2)PMRPF            │
            │                │  = 1 Ciclo Operacional (COP)
        Estocagem            │
     (Produtos Prontos)      │
            │                │
         (3)PMRPP            │
            │                │
          Venda              │
     (Produtos Prontos)      │
            │                │
         (4)PMRV             │
            │                │
       Recebimento  ─────────┘
       de Clientes
```

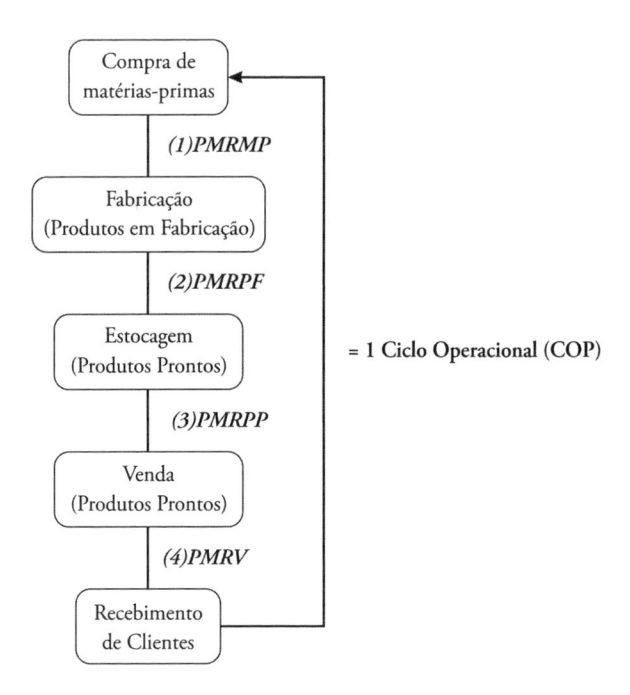

(1) Prazo Médio de Rotação de Matérias-Primas (PMRMP) – Representa o tempo médio que as matérias-primas compradas são integralmente utilizadas na produção. Admitindo que o exercício social tenha a duração de 360 dias, seu cálculo é feito mediante o uso da seguinte fórmula:

$$\text{PMRMP} = \frac{360 \text{ dias}}{\text{RMP}}$$

Onde:

$$\text{RMP} = \frac{\text{MPA}}{\text{Estoque Médio}}$$

$$\text{MPA} = \text{EIMP} + \text{CMP} - \text{EFMP}$$

$$\text{Estoque Médio} = \frac{\text{EIMP} + \text{EFMP}}{2}$$

RMP: *Rotação de Matérias-Primas*
EIMP: *Estoque Inicial de Matérias-Primas*
CMP: *Compras de Matérias-Primas*
EFMP: *Estoque Final de Matérias-Primas*

(2) Prazo Médio de Rotação de Produtos em Fabricação (PMRPF) – Representa o tempo médio que os produtos em fabricação demoram para ficar prontos, ou seja, o tempo médio para se fabricar os produtos. Admitindo que o exercício social tenha a duração de 360 dias, seu cálculo é feito mediante o uso da seguinte fórmula:

$$\text{PMRPF} = \frac{360 \text{ dias}}{\text{RPF}}$$

Onde:

$$\text{RPF} = \frac{\text{CPA}}{\text{Estoque Médio}}$$

$$\text{CPA} = \text{EIPF} + \text{CP} - \text{EFPF}$$

$$\text{CP} = \text{MPA} + \text{MOD} + \text{CIF}$$

$$\text{Estoque Médio} = \frac{\text{EIPF} + \text{EFPF}}{2}$$

RPF: Rotação de Produtos em Fabricação
CPA: Custo da Produção Acabada
EIPF: Estoque Inicial de Produtos em Fabricação
CP: Custo de Produção
EFPF: Estoque Final de Produtos em Fabricação
MPA: Matéria-Prima Aplicada
MOD: Mão de Obra Direta
CIF: Custos Indiretos de Fabricação

---

(3) Prazo Médio de Rotação de Produtos em Prontos (PMRPP) – Representa o tempo médio para esvaziar os estoques de produtos prontos, ou seja, o tempo médio para vender todo o estoque de produtos prontos. Admitindo que o exercício social tenha a duração de 360 dias, seu cálculo é feito mediante o uso da seguinte fórmula:

$$\text{PMRPP} = \frac{360 \text{ dias}}{\text{RPP}}$$

onde:

$$\text{RPP} = \frac{\text{CPV}}{\text{Estoque Médio}}$$

$$CPV = EIPP + CPA - EFPP$$

$$\text{Estoque Médio} = \frac{EIPF+EFPF}{2}$$

RPF: Rotação de Produtos em Fabricação
CPV: Custo dos Produtos Vendidos
EIPP: Estoque Inicial de Produtos Prontos
CPA: Custo da Produção Acabada (já indicado no item anterior)
EFPP: Estoque Final de Produtos Prontos

------

(4) Prazo Médio de Recebimento de Vendas (PMRV) – Já estudado no tópico 4.5.

Por fim, o CICLO OPERACIONAL de uma indústria, o qual é composto por todas as fases operacionais da empresa, isto é, as quais têm início na compra de matérias-primas e terminam no recebimento das vendas dos produtos prontos, pode ser calculado com razoável aproximação, mediante o uso da seguinte fórmula:

$$COP = PMRMP + PMRPF + PMRPP + PMRV$$

Obs.: CICLO ECONÔMICO (CE) de uma indústria é o tempo transcorrido desde a compra de matérias-primas até a venda dos produtos prontos, ou seja, esse tipo de ciclo está relacionado ao tempo transcorrido entre as transações de compra e venda, independentemente dos pagamentos ou recebimentos em dinheiro. Assim, podemos calcular esse ciclo da seguinte forma:

$$CE = PMRMP + PMRPF + PMRPP$$

Exemplo: As seguintes informações foram obtidas dos registros contábeis da indústria Metal Pesado S/A, as quais se referem ao exercício social de 20X1, sendo que essa empresa trabalha exclusivamente com vendas a prazo no atacado para empresas comerciais revendedoras de seu produto:

– Estoque de Matérias-Primas (balanço de 31/12/20X0) .... R$ 4.000,00;
– Estoque de Matérias-Primas (balanço de 31/12/20X1) .... R$ 6.000,00;
– Estoque de Produtos em Fabricação (balanço de 31/12/20X0) ...... R$ 6.000,00;
– Estoque de Produtos em Fabricação (balanço de 31/12/20X1) ...... R$ 9.000,00;
– Estoque de Produtos Prontos (balanço de 31/12/20X0) .... R$ 15.000,00;
– Estoque de Produtos Prontos (balanço de 31/12/20X1) .... R$ 17.000,00;
– Compras de Matérias-Primas (em 20X1) .... R$ 50.000,00;
– Mão de Obra Direta (em 20X1) .... R$ 10.000,00;
– Custos Indiretos de Fabricação (em 20X1) .... R$ 11.000,00;

- Duplicatas a Receber (balanço de 31/12/20X0)............................. R$ 60.000,00;
- Duplicatas a Receber (balanço de 31/12/20X1)............................. R$ 90.000,00;
- Vendas a Prazo (em 20X1) .... R$ 270.000,00.

Assim, teremos:

(1) Matéria-Prima Aplicada (MPA = EIMP + CMP − EFMP):

MPA = 4.000 + 50.000 − 6.000 = 48.000

---

(2) Rotação de Matérias-Primas (RMP = MPA/Estoque Médio de Matérias-Primas):

$$\text{RMP} = \frac{48.000}{\frac{4.000 + 6.000}{2}} = 9,6$$

---

(3) Prazo Médio de Rotação de Matérias-Primas (PMRMP = 360 dias/RMP):

$$\text{PMRMP} = \frac{360}{9,6} = 38 \text{ dias}$$

---

(4) Custo de Produção (CP = MPA + MOD + CIF):

CP = 45.000 + 10.000 + 11.000 = 66.000

---

(5) Custo da Produção Acabada (CPA = EIPF + CP − EFPF):

CPA = 6.000 + 66.000 − 9.000 = 63.000

---

(6) Rotação de Produtos em Fabricação (RPF = CPA/Estoque Médio de Produtos em Fabricação):

$$\text{RMP} = \frac{63.000}{\frac{6.000 + 9.000}{2}} = 8,4$$

---

(7) Prazo Médio de Rotação de Produtos em Fabricação (PMRPF = 360 dias/RPF):

$$\text{PMRPF} = \frac{360}{8,4} = 43 \text{ dias}$$

---

(8) Custo dos Produtos Vendidos (CPV = EIPP + CPA − EFPP):

CPV = 15.000 + 63.000 − 17.000 = 61.000

---

(9) Rotação de Produtos Prontos (RPP = CPV/Estoque Médio de Produtos Prontos):

$$\text{RMP} = \frac{61.000}{\dfrac{15.000 + 17.000}{2}} = 3,81$$

(10) Prazo Médio de Rotação de Produtos Prontos (PMRPP = 360 dias/RPP):

$$\text{RMP} = \frac{360 \text{ dias}}{3,81} = 94 \text{ dias}$$

(11) Rotação de Clientes [RC = (SIC + Vendas a Prazo − SFC)/Média dos Clientes]:

$$\text{RMP} = \frac{270.000}{\dfrac{60.000 + 90.000}{2}} = 3,6$$

(12) Prazo Médio de Recebimento de Vendas (PMRV = 360 dias/RC):

$$\text{PMRC} = \frac{360 \text{ dias}}{3,6} = 100 \text{ dias}$$

(13) Ciclo Operacional (COP = PMRMP + PMRPF + PMRPP + PMRC):

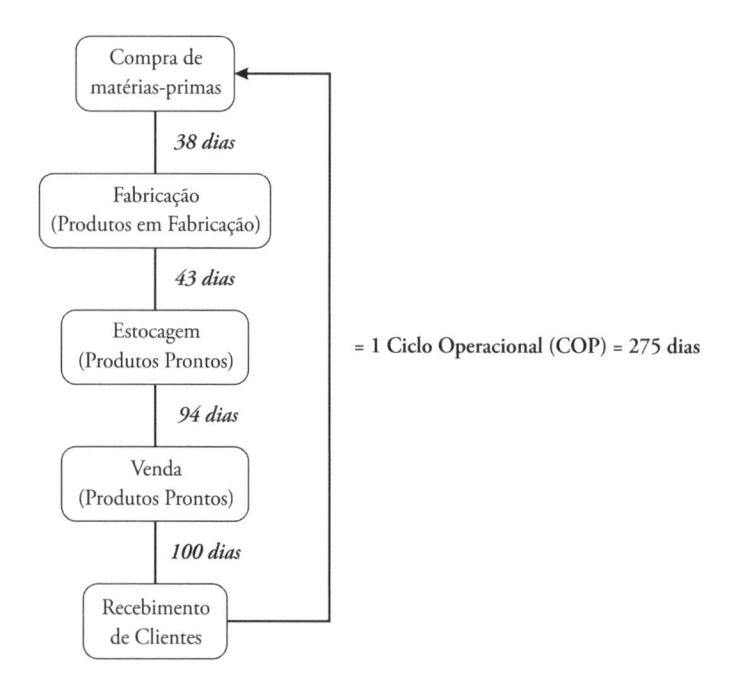

```
   ┌─────────────────┐
   │   Compra de     │◄──────────┐
   │ matérias-primas │           │
   └─────────────────┘           │
           │ 38 dias             │
   ┌─────────────────┐           │
   │    Fabricação   │           │
   │(Produtos em Fabricação)│    │
   └─────────────────┘           │
           │ 43 dias             │ = 1 Ciclo Operacional (COP) = 275 dias
   ┌─────────────────┐           │
   │    Estocagem    │           │
   │(Produtos Prontos)│          │
   └─────────────────┘           │
           │ 94 dias             │
   ┌─────────────────┐           │
   │     Venda       │           │
   │(Produtos Prontos)│          │
   └─────────────────┘           │
           │ 100 dias            │
   ┌─────────────────┐           │
   │  Recebimento    │───────────┘
   │  de Clientes    │
   └─────────────────┘
```

Visto que o ciclo operacional da indústria Metal Pesado S/A é menor do que o exercício social (menor do que 1 ano), ele é considerado NORMAL, dado que a maioria das empresas possuem ciclos operacionais não superiores ao exercício social. No entanto, algumas empresas possuem ciclo operacional MAIOR que o exercício social, tais como empresas de construção civil e estaleiros. Nesse caso, o ciclo operacional de tais empresas é considerado ANORMAL (maior que 1 ano).

4.10. Ciclo Financeiro – CF (ou Ciclo de Caixa – CC)

Temos dois casos:

4.10.1. Ciclo Financeiro Desfavorável

No caso do Prazo Médio de Rotação de Fornecedores (PMRF) ser MENOR que o Ciclo Operacional (COP), o valor do Ciclo Financeiro é sempre DESFAVORÁVEL, visto que o prazo da compra até o pagamento é MENOR do que o da compra até o recebimento, ou seja, a empresa tem que pagar a seus fornecedores antes de receber de seus clientes, obrigando a mesma a recorrer a capitais de terceiros para financiar parte de suas atividades e saldar seus compromissos.

Como exemplo, suponhamos os seguintes valores obtidos de uma empresa comercial:
- Prazo Médio de Rotação de Estoques (PMRE) .... 106 dias
- Prazo Médio de Recebimento de Vendas (PMRV) .... 52 dias
- Prazo Médio de Pagamento de Compras (PMPC) .... 128 dias

Assim, teremos:

Ciclo Operacional (COP) = PMRE + PMRV = 106 dias + 52 dias = 158 dias

- -

Ciclo Financeiro (CF) = COP – PMPC = = 158 dias – 128 dias = 30 dias

Graficamente, teremos:

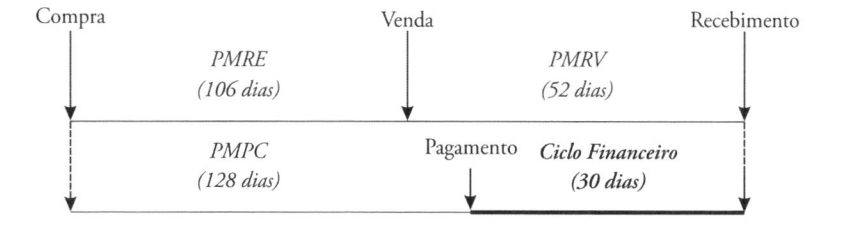

Observemos no esquema anterior que a empresa paga seus fornecedores em média 128 dias após as compras de suas mercadorias e só recebe 158 dias após essas mesmas compras, ou seja, tem 30 dias para recorrer ao mercado financeiro, a fim de obter recursos para saldar seus compromissos, traduzindo-se isso num Ciclo Financeiro DESFAVORÁVEL de 30 dias.

Observamos também no esquema anterior que o PMRF é superior ao PMRE, ou seja, os fornecedores estão financiando todo o tempo de estocagem da mercadoria e apenas parte das vendas.

Caso o PMRF fosse menor do que o PMRE, o Ciclo Financeiro aumentaria e a situação seria **pior** ainda, pois a empresa teria que obter financiamento para parte do tempo de estocagem da mercadoria e para todo o período de vendas, conforme podemos observar no esquema a seguir:

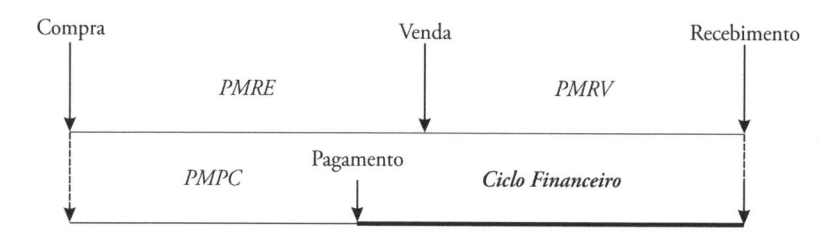

4.10.2. Ciclo Financeiro Favorável

No caso do Prazo Médio de Pagamento de Compras (PMPC) ser MAIOR que o ciclo operacional, o ciclo financeiro é sempre FAVORÁVEL, isto é, quanto MAIOR MELHOR, visto que o prazo da compra até o pagamento é MAIOR do que o da compra até o recebimento, isto é, a empresa recebe de seus clientes antes de pagar seus fornecedores, representando o ciclo financeiro o tempo em que a empresa dispõe de FOLGA DE CAIXA. Em outras palavras, é como se os fornecedores deixassem seu dinheiro com a empresa durante todo o ciclo financeiro, sem cobrar juros da mesma. Como exemplo, suponhamos os seguintes valores obtidos de uma empresa comercial:

- Prazo Médio de Rotação de Estoques (PMRE) .... 68 dias
- Prazo Médio de Recebimento de Vendas (PMRV) .... 52 dias
- Prazo Médio de Pagamento de Compras (PMPC) .... 180 dias

Assim, teremos:

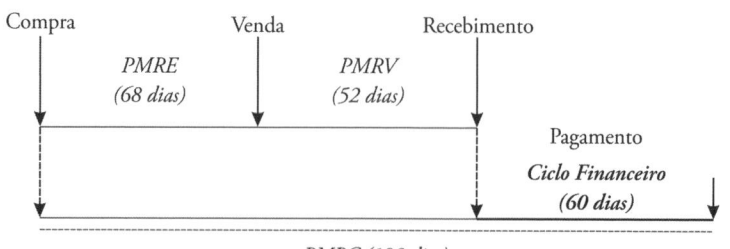

Observemos no esquema acima que a empresa recebe de seus clientes, em média, 60 dias antes de pagar seus fornecedores, ou seja, tem um ciclo financeiro FAVORÁVEL de 60 dias, traduzindo-se isso numa FOLGA DE CAIXA de 60 dias.

4.11. Giro de Caixa (GC)

Representa o número de vezes que uma empresa realiza seu ciclo financeiro ao longo do exercício social. Desse modo, supondo que o exercício social tenha 360 dias, seu cálculo pode ser feito com o uso da seguinte fórmula:

$$GC = \frac{360 \text{ dias}}{CF}$$

Assim, por exemplo, se o ciclo financeiro (ou ciclo de caixa) de determinada empresa fosse de 45 dias, seu giro de caixa seria de 360 dias/45 dias = 8. Nesse caso, a empresa teria efetivado seu ciclo financeiro 8 vezes ao longo do exercício social.

EXERCÍCIO RESOLVIDO 8: (Agência Nacional do Petróleo – Analista Administrativo/ Fundação Cesgranrio) A Indústria Califórnia, efetuando um estudo com relação ao seu ciclo financeiro, verificou que o prazo médio de estocagem de suas matérias-primas é de 45 dias, sendo que os fornecedores dão um prazo de 30 dias para pagamento das duplicatas. A produção demanda, normalmente, um prazo de 30 dias, permanecendo os produtos fabricados estocados durante 15 dias à espera de serem vendidos. A política de vendas da empresa é a de adotar um prazo de recebimento de 60 dias.

Com base nesses dados, de quantas vezes é o giro de caixa da empresa?

a) 3,43;
b) 3,00;
c) 2,57;
d) 2,40;
e) 2,00.

(SOLUÇÃO)

Sejam:
PMRMP: Prazo Médio de Rotação de Matérias-Primas
PMRPF: Prazo Médio de Rotação de Produtos em Fabricação
PMRPP: Prazo Médio de Rotação de Produtos Prontos
PMRV: Prazo Médio de Recebimento de Vendas
PMPC: Prazo Médio de Pagamento de Compras
COP: Ciclo Operacional
CF: Ciclo Financeiro
CG: Giro de Caixa

Assim:

PMRMP = 45 dias

PMRPF = 30 dias

PMRPP = 15 dias

PMRV = 60 dias

PMPC = 30 dias

COP = PMRMP + PMRPF + PMRPP + PMRV = 150 dias

CF = COP − PMPC = 150 dias − 30 dias = 120 dias

GC = 360 dias ÷ CF = 360 dias ÷ 120 dias = 3

(Resposta: opção b)

EXERCÍCIO RESOLVIDO 9: (Petrobras – Contador Pleno/Fundação Cesgranrio) Determinada empresa apresentou os seguintes prazos médios referentes ao ano de 20X4:

Prazo Médio de Renovação de Estoques – 24 dias

Prazo Médio de Recebimento de Vendas – 15 dias

Prazo Médio de Pagamento de Compras – 34 dias

É correto afirmar que esta empresa obteve, em 20X4, um ciclo financeiro:

a) positivo de cinco dias;
b) positivo de dezenove dias;
c) negativo de cinco dias;
d) negativo de dezenove dias;
e) negativo de quarenta e três dias.

(SOLUÇÃO)

Sejam:

PMRE: Prazo Médio de Renovação (ou Rotação) de Estoques

PMRV: Prazo Médio de Recebimento de Vendas

PMPC: Prazo Médio de Pagamento de Compras

COP: Ciclo Operacional

CF: Ciclo Financeiro

COP = PMRE + PMRV = 24 dias + 15 dias = 39 dias

CF = COP − PMPC = 39 dias − 34 dias = 5 dias (desfavorável ou negativo)

Sendo PMRE + PMRV > PMPC, temos a seguinte situação gráfica:

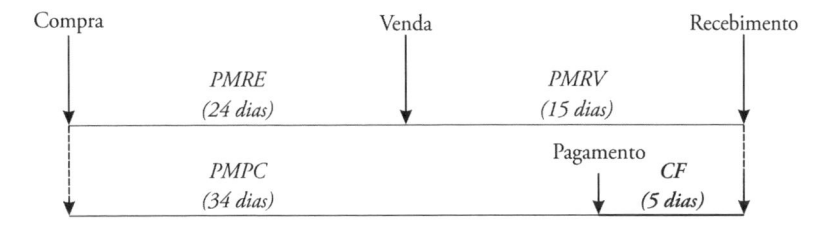

```
Compra                    Venda                   Recebimento
  │                         │                          │
  │      PMRE               │        PMRV              │
  │    (24 dias)            │      (15 dias)           │
  ▼                         ▼                          ▼
  ┌─────────────────────────────────────┐   Pagamento
  │         PMPC                        │      CF
  │       (34 dias)                     │   (5 dias)
  └─────────────────────────────────────┘
                                            ▼
```

Conclusão: Na situação em que o ciclo operacional é maior que o prazo médio de pagamento de compras, o ciclo financeiro é será sempre <u>desfavorável</u> (negativo), pois, quanto maior for o seu valor, menor prazo a empresa terá para pagar seus fornecedores. Assim, será negativo (desfavorável) de 5 dias.

(Resposta: opção c)

Comentário extra: *Se em vez de 34 dias o PMPC fosse, por exemplo, de 44 dias, o cálculo seria da seguinte forma:*

CF = PMPC – PMRE – PMRV = 44 dias – 24 dias – 15 dias = 5 dias (favorável ou positivo).

Assim, teríamos a seguinte situação gráfica:

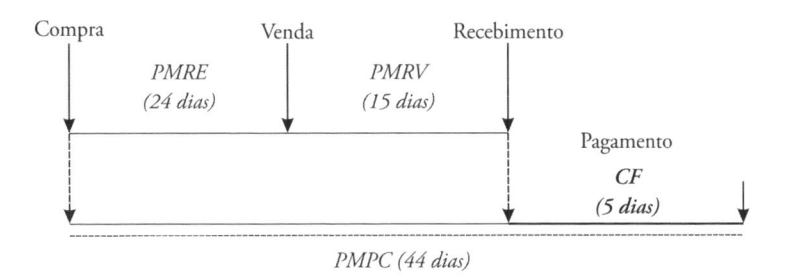

```
Compra           Venda          Recebimento
  │                │                │
  │    PMRE        │     PMRV       │
  │  (24 dias)     │   (15 dias)    │
  ▼                ▼                ▼
  ┌──────────────────────────────────┐  Pagamento
  │                                  │      CF
  │                                  │   (5 dias)
  └──────────────────────────────────┘      │
              PMPC (44 dias)                ▼
```

Conclusão: Nesta hipótese, o CF seria sempre favorável (positivo), pois quanto maior fosse o seu valor, maior seria o prazo para pagamento dos fornecedores. Se assim fosse nessa questão a resposta seria opção "a" e não "c". Cabe ressaltar que o fato de o CF ser taxado de "negativo" ou "positivo" não tem relação com sinal algébrico "–" (menos) ou "+" (mais) e sim com o fato de ser desfavorável ou favorável.

5. QUOCIENTES DE RENTABILIDADE (OU LUCRATIVIDADE)

5.1. Objetivo

O objetivo geral desses quocientes é avaliar a situação ECONÔMICA da empresa. Tais índices medem, em geral, os retornos de capitais através de lucros ou receitas. Dessa forma, a grande maioria desses índices relaciona elementos extraídos do balanço patrimonial com elementos da demonstração do resultado do exercício.

5.2. Giro do Ativo (GA)

Indica quanto a empresa obtém de receita de vendas para cada R$ 1,00 de investimento total no ativo.

$$GA = \frac{\text{Receita de Vendas}}{\text{Ativo}}$$

Obs. 1: No caso de uma DRE (Demonstração do Resultado do Exercício) apresentada pelo modelo "tradicional" indicado no art. 187 da Lei nº 6.404/76, a Receita de Vendas corresponde ao conceito de "Receita Líquida", isto é, Receita Bruta menos DEDUÇÕES, onde essas deduções são as seguintes:

- Devoluções de Vendas
- Abatimentos sobre Vendas
- Descontos Incondicionais Concedidos
- Impostos e Contribuições sobre Vendas (ICMS, PIS e COFINS)

Obs. 2: No caso de uma DRE apresentada pelas novas regras contábeis, as quais correspondem às normas internacionais de contabilidade, temos o modelo padrão dessa demonstração indicada no item 82 do Pronunciamento Técnico CPC 26 (R1) – Apresentação das Demonstrações Contábeis (já visto no tópico 6.2 do presente capítulo), onde a Receita de Vendas corresponde ao "novo conceito" indicado no item 8 do CPC 30 (R1) – Receitas, o qual já foi estudado no tópico 6.3 do Capítulo 1, ressaltando que a Receita de Vendas a ser considerada no cálculo do referido índice é <u>exclusivamente</u> aquela referente às operações CONTINUADAS, isto é, **não inclui** a Receita de Vendas das operações DESCONTINUADAS, tendo em vista as razões já expostas no tópico 6.4 do presente capítulo. Consequentemente, havendo operações em descontinuidade numa empresa e essas gerarem receitas de vendas, o giro do ativo obtido com base numa DRE elaborada nos moldes do art. 187 da referida lei terá um resultado diferente daquele calculado com base numa DRE segundo o item 82 do CPC 26 (R1). Assim, cabe às bancas elaboradoras de questões de concursos públicos deixarem claro que tipo de DRE servirá de base para o cálculo do referido índice, ou seja, deixarem claro se a DRE está ou não dividida em operações continuadas e descontinuadas.

Exemplo: A Comercial Lima S.A., a qual não possui operações em descontinuidade, apresentou as seguintes informações em 31/12/X1 (valores em R$):

Receita de Vendas	156.000
(–) Custo das Mercadorias Vendidas	(82.000)
(=) Lucro Bruto	74.000
(–) Despesas de Vendas	(11.000)
(–) Despesas Administrativas	(40.000)
(+) Outras Receitas	12.000
(–) Outras Despesas	(5.000)
(=) Lucro antes das Despesas e Receitas Financeiras	30.000
(+) Receitas Financeiras	19.000
(–) Despesas Financeiras	(4.000)
(=) Lucro antes do IR e CSL	45.000
(–) IR e CSL	(10.800)
(=) Lucro Líquido	34.200
Ativo Circulante	35.000
Ativo Realizável a Longo Prazo	16.000
Ativo Investimentos	12.000
Ativo Imobilizado	26.000
Ativo Intangível	7.000
Passivo Circulante	57.000
Passivo Não Circulante	15.000
Patrimônio Líquido	24.000

Assim:

$$\text{Giro de Ativo} = \frac{\text{Receita de Vendas}}{\text{Ativo}} = \frac{156.000}{96.000} = 1,63$$

Interpretação: Para cada R$ 1,00 investido no ativo total da empresa, esta obtém uma receita de vendas de R$ 1,63.

Comentário extra: Alguns analistas utilizam a seguinte fórmula para o cálculo do Giro do Ativo: Receita de Vendas/Ativo Médio, onde o Ativo Médio é a média aritmética entre o valor do ativo total no balanço de encerramento do exercício anterior e no balanço de encerramento do exercício atual. Se, no exemplo da Comercial Lima S.A., o ativo total no balanço de 31/12/X0 fosse, por exemplo, de R$ 80.000, o Ativo Médio seria de (80.000 + 96.000)/2 = 88.000 e o Giro do Ativo passaria a ser de 156.000/88.000 = 1,77.

Regra geral, em questões de concursos públicos, quando no enunciado são fornecidos dois balanços (anterior e atual), deve-se usar o ativo médio para o cálculo do giro do ativo.

5.3. Giro do Ativo Operacional (GAOP)

Indica quanto a empresa obtém de receita de vendas para cada R$ 1,00 de investimento no seu ativo operacional.

$$GAO = \frac{\text{Receita de Vendas}}{\text{Ativo Operacional}}$$

Obs. 1: Ativo Operacional = Ativo Circulante + Ativo Imobilizado + Ativo Intangível

Obs. 2: O Ativo Realizável a Longo Prazo e o Ativo Investimentos são, em geral, considerados não operacionais, pois o primeiro representa os créditos da empresa que só se converterão em dinheiro a longo prazo. O segundo representa os bens da empresa não destinados na manutenção de suas atividades e os investimentos permanentes no capital de outras sociedades. Em outras palavras, os ativos não operacionais não são necessários para que a empresa possa operar em sua atividade-fim.

No exemplo anterior da Comercial Lima S.A., teríamos:

$$GAOP = \frac{156.000}{35.000 + 26.000 + 7.000} = 2,29$$

Interpretação: Para cada R$ 1,00 de investimento no ativo operacional, a empresa obtém R$ 2,29 de receitas de vendas.

5.4. Margem Bruta (MB)

Também chamada de <u>Lucratividade Bruta</u>, indica a margem de lucro de uma empresa nas vendas de seus produtos. Em outras palavras, esse índice indica a capacidade da empresa transformar as receitas de vendas em lucro bruto. Seu cálculo pode ser feito mediante o uso da seguinte fórmula:

$$MB = \frac{\text{Lucro Bruto}}{\text{Receita de Vendas}}$$

Obs.: No caso de uma DRE apresentada pelo modelo "tradicional" segundo o art. 187 da Lei nº 6.404/76, a Receita de Vendas corresponde ao conceito de "**<u>Receita Líquida</u>**". Já no caso de uma DRE apresentada nos moldes do item 82 do CPC 26 (R1), a Receita de Vendas é exclusivamente aquela referente às operações continuadas, dado que a Receita de Vendas das operações em descontinuidade não representa a realidade operacional da entidade objeto de análise.

No exemplo da Comercial Lima S.A., teríamos:

$$MB = \frac{74.000}{156.000} = 0,4744 \text{ (aproximadamente, 47\%)}$$

Interpretação: Nas operações de vendas de mercadorias, a empresa tem uma margem de lucro de 47%, isto é, o lucro nas vendas corresponde a 47% da Receita de Vendas.

5.5. Margem Operacional (MOP)

Também chamado de <u>Lucratividade Operacional</u>, esse índice indica a capacidade de a empresa transformar as receitas de vendas em lucro operacional. Desse modo, seu cálculo pode ser feito mediante o uso da seguinte fórmula:

$$\boxed{MOP = \frac{\text{Lucro Operacional}}{\text{Receita de Vendas}}}$$

Obs. 1: Pelas "antigas" regras contábeis, havia as chamadas receitas e despesas "não operacionais". Atualmente, pelas novas regras contábeis impostas pelo CPC (Comitê de Pronunciamentos Contábeis), as quais alinham as normas brasileiras de contabilidade às normas internacionais, não mais existe esses tipos de despesas e receitas, de sorte que TODAS as despesas e receitas numa empresa estão relacionadas às suas operações, isto é, todas as despesas e receitas são OPERACIONAIS, mesmo aquelas não recorrentes, tais como resultados na venda de bens imobilizados, os quais, antes das novas regras contábeis, eram considerados "não operacionais". Abaixo, reproduzimos os itens 136 e 137 da Orientação Técnica do Comitê de Pronunciamentos Contábeis **OCPC 02 – Esclarecimentos sobre as Demonstrações Contábeis de 2008** (grifos nossos):

Eliminação de receitas e despesas não operacionais

> *136. A Medida Provisória nº 449/08 acatou mais essa regra existente nas normas internacionais: <u>**a não segregação dos resultados em operacionais e não operacionais**</u>. Assim, no âmbito do processo de convergência com as normas internacionais (leitura sistemática das normas e orientações), as entidades deverão apresentar as <u>**"outras receitas/despesas" no grupo operacional e não após a linha do "resultado operacional"**</u>.*

> *137. A classificação nessas normas é a divisão dos resultados em resultados das atividades <u>**continuadas**</u> e resultado das atividades <u>**não continuadas**</u>. Isso facilita, enormemente, a capacidade de o usuário prospectar com relação ao futuro da entidade. O CFC emitirá em 2009, para validade em 2010, Norma a respeito da matéria, mas por enquanto apenas salienta a <u>**não existência**</u>, já a partir de 2008, dessa figura das <u>**receitas e despesas não operacionais**</u>.*

Obs. 2: Em decorrência da extinção das receitas e despesas não operacionais, o LUCRO OPERACIONAL (LOP) numa DRE apresentada pelas novas regras contábeis **coincide** com o LUCRO ANTES DO IR E CSL. Assim, no exemplo anterior da Comercial Lima S.A., teremos:

LOP = Lucro antes do IR e CSL = 45.000

Finalmente, na Comercial Lima S.A., teremos:

$$\text{MOP} = \frac{45.000}{156.000} = 0,2885 \text{ (aproximadamente, 29\%)}$$

Interpretação: 29% da receita de vendas se transformam em lucro operacional.

5.6. Margem Líquida (ML)

Também chamada de <u>Lucratividade Líquida</u>, esse índice indica a capacidade da empresa transformar as receitas de vendas em lucro líquido. Seu cálculo pode ser feito mediante o uso da seguinte fórmula:

$$\boxed{\text{ML} = \frac{\text{Lucro Líquido}}{\text{Receita de Vendas}}}$$

No exemplo da Comercial Lima S.A., teremos:

$$\text{ML} = \frac{34.200}{156.000} = 0,2192 \text{ (aproximadamente, 22\%)}$$

Interpretação: 22% da receita de vendas se transformam em lucro líquido.

5.7. Retorno (ou Rentabilidade ou Lucratividade) do Ativo (RA)

Também chamado de "Rentabilidade (ou Lucratividade) sobre o Investimento Total", esse índice indica quanto a empresa obtém de lucro líquido para cada R$ 1,00 de investimento total no ativo. Seu cálculo pode ser feito mediante o uso da seguinte relação:

$$\boxed{\text{RA} = \frac{\text{Lucro Líquido}}{\text{Ativo}}}$$

No exemplo da Comercial Lima S.A., teremos: $\text{RA} = \dfrac{34.200}{96.000} = 0,36 \text{ (ou 36\%)}$

Interpretação: Para cada R$ 1,00 de investimento total do ativo, a empresa obtém R$ 0,36 de lucro líquido. De outro modo, o lucro líquido da empresa deu um retorno de 36% sobre seu investimento total no ativo.

Obs.: O Retorno sobre o Ativo (RA = LL/A) pode ser DECOMPOSTO no produto de dois índices: a Margem Líquida (ML), que é o quociente entre Lucro Líquido (LL) e a Receita de Vendas (V), isto é, ML = LL/V, e o Giro do Ativo (GA), que é o quociente entre o valor da Receita de Vendas (V) e o Ativo (A) da empresa, ou seja, GA = V/A. Em outras palavras se multiplicarmos LL/V por V/A, obteremos LL/A. Assim, teremos:

RA = Margem Líquida × Giro do Ativo

Essa expressão decomposta é comumente denominada de fórmula "Du Pont". Sua utilidade é ampla, dado que mostra a composição da rentabilidade sobre o investimento total no ativo. Nesse caso, empresas com a mesma rentabilidade sobre o ativo, podem ter razões diferentes para isso, ou seja, empresas com altas margens de lucro e baixos giros podem ter o mesmo retorno que empresas com baixas margens de lucro e altos giros. Em geral, empresas que comercializam joias, vestidos de noiva, automóveis, móveis planejados, transportes aéreos etc. são aquelas que ganham na margem de lucro e não no giro. Por outro lado, empresas do tipo supermercados, restaurantes, pizzarias, *fast food*, lava-jatos, editoras de jornais e revistas etc. tendem a ganhar no giro (na quantidade vendida), mantendo uma menor margem de lucro.

Assim, utilizando a fórmula "Du Pont" no exemplo da Comercial Lima S/A, teremos: RA = 22% × 1,63 = 0,36 (ou 36%)

5.8. *Pay-Back* (PB)

Como já comentado, o retorno sobre o investimento total de 36% calculado no tópico anterior indicou que, em 1 ano, o lucro líquido de X1 deu um retorno nesse percentual sobre tudo que foi aplicado no ativo. Dessa forma, concluímos que em 2,78 anos = 2 anos e 9 meses (= 100% ÷ 36%) haverá o retorno integral sobre o investimento total no ativo. A este período chamamos de *pay-back* e podemos estabelecer a seguinte relação:

PB = Ativo/Lucro Líquido ou PB = 1/RA

5.9. Retorno (ou Rentabilidade) Operacional do Ativo (ROA)

Indica quanto a empresa obtém de lucro operacional para cada R$ 1,00 de investimento total no ativo. Seu cálculo pode ser feito mediante o uso da seguinte relação:

ROA = Margem Operacional × Giro do Ativo

No exemplo anterior da Comercial Lima S.A., teremos:

ROA = 29% × 1,63 = 0,47 (ou 47%)

Interpretação: Para cada R$ 1,00 investido no ativo total, a empresa obtém um lucro operacional de R$ 0,47. De outro modo, o lucro operacional deu um retorno de 47% sobre o investimento total no ativo.

Obs.: Lembrando que Margem Operacional = Lucro Operacional (LOP)/Receita de Vendas (V) e Giro do Ativo = Receita de Vendas (V)/Ativo (A), teremos:

$$\text{ROA} = \frac{\text{LOP}}{\text{V}} \times \frac{\text{V}}{\text{A}} = \frac{\text{LOP}}{\text{A}}$$

Assim, podemos obter o Retorno Operacional do Ativo, simplesmente dividindo o valor do lucro operacional pelo valor do ativo total. No exemplo da Comercial Lima S.A., teremos:

$$\text{ROA} = \frac{45.000}{96.000} = 0,47$$

EXERCÍCIO RESOLVIDO 10: (Auditor-Fiscal da Receita Federal – Esaf) Das demonstrações financeiras das empresas Alfa e Beta foram extraídas as seguintes informações:

	Alfa	Beta
Margem Operacional	0,40	0,57
Rotação de Estoques	120 dias	171 dias
Taxa de Retorno sobre Investimento Total	20%	19%
Ativo Total	R$ 4.000,00	R$ 6.000,00

Analisando os dados acima, podemos afirmar que as vendas líquidas da empresa Alfa:

a) são menores que as vendas líquidas da empresa Beta, porque o seu quociente de margem operacional é menor;
b) são iguais às vendas líquidas da empresa Beta;
c) são maiores que as vendas líquidas da empresa Beta;
d) são menores que as vendas líquidas da empresa Beta, porque seus estoques têm quociente de rotação menor;
e) não podem ser comparadas com as vendas líquidas da empresa Beta, por falta de informações.

(SOLUÇÃO)

Visto que o enunciado da questão fornece a Margem Operacional (MOP) e não a Margem Líquida, presumimos que a taxa de retorno sobre o investimento total se refere ao retorno do investimento no Ativo Total da empresa através do Lucro Operacional (LOP). Assim:

(1) Retorno (Operacional) do Investimento no Ativo = LOP/Ativo. Assim:

Na empresa Alfa: $\dfrac{\text{LOP}}{4.000} = 0,20 \Rightarrow \text{LOP} = 800$

Na empresa Beta: $\dfrac{\text{LOP}}{6.000} = 0,19 \Rightarrow \text{LOP} = 1.140$

(2) Margem Operacional = LOP/Receita de Vendas (V). Assim:

Na empresa Alfa: $\dfrac{800}{V} = 0,40 \Rightarrow V = 2.000$

Na empresa Beta: $\dfrac{1.140}{V} = 0,57 \Rightarrow V = 2.000$

(Resposta: opção b)

Comentário extra: *Observemos que as opções da questão utilizam a expressão "vendas líquidas", as quais correspondem ao conceito de "receita líquida", conceito este **já** <u>ultrapassado</u> pela adoção das normas internacionais de contabilidade impostas pelos Pronunciamentos Técnicos do CPC. No entanto, conforme já comentado, dado que o "inadequado" art. 187 da Lei nº 6.404/76 ainda utiliza a referida expressão e essa lei está em vigor e pode ficar inalterada por tempo <u>indeterminado</u> (pode durar anos ou até décadas! ... torçamos para que não seja assim!), ainda é muito provável que diversas questões de concursos **públicos** vindouros se reportem a essa "inapropriada" expressão. Infelizmente, teremos que ter por tempo indeterminado "certa tolerância" com essas e outras inadequações diante das novas regras contábeis, dada a morosidade e diversas contradições entre as normas jurídicas brasileiras vigentes.*

5.10. Retorno (ou Rentabilidade) do Ativo Operacional (RAOP)

Esse índice indica quanto a empresa obtém de lucro operacional para cada R$ 1,00 de investimento no seu ativo operacional. Seu cálculo pode ser feito mediante o uso da seguinte relação:

> RAOP = Margem Operacional × Giro do Ativo Operacional

Lembrando que Margem Operacional = Lucro Operacional (LOP)/Receita de Vendas (V) e Giro do Ativo Operacional = Receita de Vendas (V)/Ativo Operacional (AOP) teremos:

$$\text{RAOP} = \frac{\text{LOP}}{V} \times \frac{V}{\text{AOP}} = \frac{\text{LOP}}{\text{AOP}}$$

Assim, também podemos obter o RAOP simplesmente dividindo o lucro operacional pelo ativo operacional, lembrando que este último é a soma do ativo circulante com o ativo imobilizado com o ativo intangível.

EXERCÍCIO RESOLVIDO 11: (CFC – teste de suficiência) Sendo a lucratividade operacional de 8%, o valor da receita líquida $ 5.000 e o ativo operacional de $ 2.000, pode-se afirmar que o lucro operacional, a rotação do ativo operacional e o retorno do investimento foram, respectivamente, de:

a) $ 400; 2,5 e 20%;
b) $ 400; 4,0 e 25%;
c) $ 250; 4,0 e 20%;
d) $ 160; 2,5 e 20%;
e) $ 400; 2,5 e 40%.

(SOLUÇÃO)

A Lucratividade Operacional (ou Margem Operacional) é igual ao quociente entre o Lucro Operacional (LOP) e a Receita Líquida (RL). Assim:

$$\frac{LOP}{5.000} = 0,08 \Rightarrow LOP = 400$$

Rotação (ou Giro) do Ativo Operacional $= \dfrac{Receita\ Líquida}{Ativo\ Operacional} = \dfrac{5.000}{2.000} = 2,5$

O Retorno do Investimento, pelo contexto da questão, será o quociente entre o Lucro Operacional e o Ativo Operacional, isto é, 400/2.000 = 20%.

(Resposta: opção a)

Comentário extra: *Outra forma de calcularmos o retorno do investimento, o qual pelo contexto da questão entendemos que é a rentabilidade do ativo operacional, é utilizando a fórmula apresentada no item 5.10: Margem Operacional × Giro do Ativo Operacional = 8% × 2,5 = 20%.*

5.11. Retorno (ou Rentabilidade) do Capital Próprio (RCP)

Indica o lucro líquido que os sócios obtiveram para cada R$ 1,00 que investiram no capital próprio da empresa. De outro modo, representa o retorno percentual que o lucro líquido de determinado exercício social dá sobre o investimento dos sócios da empresa. Desse modo, podemos calcular esse quociente utilizando a seguinte fórmula:

$$RCP = \frac{Lucro\ Líquido}{Patrimônio\ Líquido}$$

EXERCÍCIO RESOLVIDO 12: (Petrobras – Contador Júnior/Fundação Cesgranrio) A Cia. Minesso S/A, realizando análise de investimentos em capital de giro, está estudando duas alternativas, conforme se observa abaixo:

ITENS	Investimento ZZ em Capital de Giro	Investimento YY em Capital de Giro
Ativo Circulante	950.000	1.900.000
Ativo Imobilizado	3.000.000	3.000.000
TOTAL DO ATIVO	3.950.000	4.900.000
Passivo Circulante	900.000	650.000
Passivo não Circulante	550.000	1.750.000
Patrimônio Líquido	2.500.000	2.500.000
TOTAL DO PASSIVO	3.950.000	4.900.000

Além disso, sabe-se que:
- O custo capital de curto prazo atinge 25%, e o de longo prazo atinge 35%.
- A empresa apresenta um lucro operacional bruto de R$ 800.000,00.
- A alíquota do IR é de 25%.

Considerando exclusivamente as informações acima, o retorno, em percentual, sobre o Patrimônio Líquido dos investimentos ZZ e YY, respectivamente, foi:

a) 13,45% e 1,25%;
b) 12,72% e 1,18%;
c) 11,48% e 0,75%;
d) 11,22% e 0,71%;
e) 11,10% e 0,65%.

(SOLUÇÃO)

INVESTIMENTO ZZ

Despesas Financeiras = 25% 900.000 + 35% 550.000 = 417.500

Lucro antes do IR = 800.000 – 417.500 = 382.500

Lucro Líquido = 382.500 – 25% 382.500 = 286.875

Retorno do Capital Próprio (RCP) $= \dfrac{Lucro\ Líquido}{PL} = \dfrac{286.875}{2.500.000} = \mathbf{11{,}48\%}$

INVESTIMENTO YY

Despesas Financeiras = 25% 650.000 + 35% 1.750.000 = 775.000

Lucro antes do IR = 800.000 – 775.000 = 25.000

Lucro Líquido = 25.000 – 25% 25.000 = 18.750

Retorno do Capital Próprio (RCP) $= \dfrac{Lucro\ Líquido}{PL} = \dfrac{18.750}{2.500.000} = \mathbf{0{,}75\%}$

(Resposta: opção c)

5.12. Rentabilidade (ou Rendimento) do Capital Aplicado em Estoques (RCAE)

Indica quanto de lucro líquido a empresa obteve para cada R$ 1,00 investido em estoques. Assim, podemos calcular esse índice utilizando a seguinte fórmula:

$$RCAE = \frac{\text{Lucro Líquido}}{\text{Estoque Médio}}$$

Exemplo:

Estoque Inicial de Mercadorias .... R$ 8.000,00
Estoque Final de Mercadorias .... R$ 12.000,00
Compras de Mercadorias .... R$ 36.000,00
Lucro Líquido .... R$ 30.000,00

$$RCAE = \frac{30.000}{\frac{8.000 + 12.000}{2}} = \frac{30.000}{10.000} = 3,00$$

Interpretação: Para cada R$ 1,00 investido no estoque médio, a empresa obteve R$ 3,00 de lucro líquido.

Obs.: O cálculo da RCAE pode ser decomposto no produto da Margem de Lucro Líquido (MLL) dos estoques pela Rotação de Estoques (RE), onde MLL = Lucro Líquido/CMV e RE = CMV/Estoque Médio. Assim, no exemplo acima, teríamos:

- CMV = 8.000 + 36.000 − 12.000 = 32.000

- $MLL = \frac{30.000}{32.000} = 0,9375$

- $RE = \frac{32.000}{10.000} = 3,2$

- RCAE = 0,9375 × 3,2 = 3

EXERCÍCIO RESOLVIDO 13: (Auditor-Fiscal da Receita Federal – Esaf) Considerando-se que os quocientes de rotação de estoques e de rentabilidade líquida do capital investido em estoques (lucro líquido sobre vendas/custos de vendas) eram, respectivamente, de 10,5 e 12%, podemos afirmar que o rendimento do capital aplicado em estoque foi de:

a)   1,14%;
b)   0,875%;
c)   126%;
d)   22,5%;
e)   1,5%.

(SOLUÇÃO)

Se a margem de lucro (lucratividade) de cada renovação do estoque é de 12% e o número de renovações (giros) é de 10,5, então o rendimento total será de 12% × 10,5, ou seja, 126%.

(Resposta: opção c)

6. Quocientes de Interesse de Investidores em Ações

6.1. Valor Patrimonial da Ação (VPA)

Indica quanto caberia a cada acionista por cada ação que possuísse no caso de extinção de uma companhia. Seu cálculo pode ser feito mediante o uso da seguinte fórmula:

$$VPA = \frac{\text{Patrimônio Líquido}}{\text{Total de Ações do Capital Social}}$$

Exemplo:

Capital Social (6.000 ações ordinárias e 2.000 preferenciais).................. R$ 36.000
Reservas de Capital.. R$ 11.000
Reservas de Lucros.. R$ 13.000
TOTAL.. R$ 60.000

$$VPA = \frac{R\$\ 60.000,00}{8.000} = R\$\ 7,50$$

Interpretação: Em caso de extinção da companhia, cada acionista teria direito a R$ 7,50 por cada ação que possuísse.

6.2. Prazo de Retorno Econômico da Ação (PRE)

Mede o prazo de retorno <u>potencial</u> do investimento numa ação, isto é, o retorno pelo lucro da empresa, independentemente de quaisquer recebimentos em dinheiro. Esse quociente pode ser obtido através da seguinte fórmula:

$$PRE = \frac{\text{Valor de Mercado da Ação}}{\text{Lucro Líquido por Ação}}$$

Exemplo:

Valor de mercado de uma ação da Cia. Estrela = R$ 12,00

Lucro líquido por ação apurado na DRE = R$ 2,00

$$PRE = \frac{R\$ \ 12,00}{R\$ \ 2,00} = 6 \text{ anos}$$

Interpretação: Em 6 anos, o investidor terá um retorno <u>econômico</u> (não leva em consideração o recebimento através de dividendos) integral de seu investimento em ações da Cia. Estrela.

6.3. Prazo de Retorno Financeiro da Ação (PRF)

Mede o prazo de retorno <u>em dinheiro</u> do investimento numa ação. Pode ser obtido mediante o uso da seguinte fórmula:

$$PRF = \frac{\text{Valor de Mercado da Ação}}{\text{Dividendo por Ação}}$$

Exemplo:

Valor de mercado de uma ação da Cia. Estrela = R$ 12

Dividendo por ação apurado na DLPA = R$ 0,50

$$PRF = \frac{R\$ \ 12,00}{R\$ \ 0,50} = 24 \text{ anos}$$

Interpretação: Em 24 anos, o investidor terá um retorno financeiro integral de seu investimento em ações da Cia. Estrela.

6.4. Dividendo por Ação

De acordo com o art. 202 da Lei nº 6.404/1976, os dividendos poderão ser fixados no estatuto como um percentual do lucro líquido, um percentual do capital social, ou ainda outros critérios, desde que estes sejam esclarecidos com detalhes e não sujeitem os acionistas minoritários ao arbítrio dos órgãos da administração ou da maioria. Dessa forma, tendo em vista a grande diversidade de critérios existentes no cálculo dos dividendos, não é possível estabelecer uma única fórmula geral para o cálculo dos mesmos. Assim, daremos aqui o seguinte exemplo: O Capital Social da Cia. Azul era composto por 450.000 ações ordinárias e 350.000 ações preferenciais com dividendos fixos de R$ 0,60 por ação. O lucro líquido do exercício social de 20X4 foi de R$ 390.000,00, dos quais foram retidos R$ 120.000,00 para a constituição de reservas. Assim, teremos:

- Dividendo total = R$ 390.000,00 – R$ 120.000,00 = R$ 270.000,00
- Dividendo preferencial (total) = R$ 0,60 × 350.000 = R$ 210.000,00
- Dividendo ordinário (total) = R$ 270.000,00 – R$ 210.000,00 = R$ 60.000,00

Dividendo por ação ordinária = R$ 60.000,00 ÷ 450.000 = R$ 0,13

Obs. 1: Caso o dividendo preferencial total ultrapassasse os R$ 270.000,00, haveria ainda a possibilidade de distribuí-los, pois, de acordo com o art. 201 da Lei nº 6.404/1976, o valor dos dividendos pode ser pago à conta do lucro líquido do exercício, dos lucros acumulados, das reservas de lucros e, no caso específico das ações preferenciais, ainda se poderia utilizar reservas de capital. Caso ainda todos esses recursos se esgotassem, seria distribuído às ações preferenciais o máximo que se pudesse, não sobrando nada para as ações ordinárias.

Obs. 2: As ações preferenciais podem ser:
- De dividendos fixos;
- De dividendos mínimos;
- De dividendos não fixos e não mínimos.

As ações preferenciais também podem ter dividendos cumulativos ou não, isto é, no caso de serem cumulativos, e no exercício a empresa não apresentar lucro, os portadores das ações preferenciais de dividendos cumulativos receberão os dividendos atrasados no exercício em que a situação da empresa permitir.

As ações preferenciais de dividendos mínimos participam dos lucros distribuídos em igualdade de condições com as ordinárias, depois de assegurado o valor mínimo àquelas.

Exemplo: O Capital Social da Cia. Estrela é formado por 120.000 ações ordinárias e 80.000 ações preferenciais de dividendo mínimo de R$ 0,60 por ação. Supondo que os dividendos totais a serem distribuídos sejam de R$ 148.000,00, então teríamos:

Dividendo por ação ordinária e preferencial = (R$ 148.000,00) ÷ (120.000 + 80.000) = R$ 0,74

No entanto, se os dividendos totais a serem distribuídos fossem, por exemplo, de R$ 110.000,00, em vez de R$ 148.000,00, então teríamos:

Dividendo por ação ordinária e preferencial = (R$ 110.000,00) ÷ (120.000 + 80.000) = R$ 0,55: Não poderia ser este valor, pois o dividendo mínimo das ações preferenciais é de R$ 0,60. Neste caso seria pago o mínimo às ações preferenciais, isto é, R$ 0,60, e o dividendo por ação ordinária seria calculado da seguinte forma: R$ 110.000 – (R$ 0,60 × 80.000) ÷ 120.000 = R$ 0,5167

EXERCÍCIO RESOLVIDO 14: O Capital Social da Industrial SOS S/A é formado por 540.000 ações ordinárias e 200.000 ações preferenciais. Não há ações preferenciais de dividendos fixos ou mínimos. O lucro líquido referente ao exercício social do ano de 20X4 foi de R$ 460.000, dos quais R$ 380.000 foram destinados ao pagamento de dividendos.

Assim, sabendo-se que o dividendo a ser pago às ações preferencias é 10% superior ao das ações ordinárias, podemos afirmar que o dividendo por ação ordinária será igual a:

a) R$ 0,50;
b) R$ 0,60;
c) R$ 0,70;
d) R$ 0,80;
e) R$ 0,90.

(SOLUÇÃO)

Dividendo por ação ordinária = d ⇨ Dividendo ordinário total = 540.000 d

Dividendo por ação preferencial = 1,1d ⇨ Divid. pref. total = 200.000 × 1,1 d

---

Assim, podemos montar a seguinte equação:

540.000 d + 220.000 d = 380.000 ⇨ d = 0,50 **(Resposta: opção a)**

6.5. Resultado por Ação
6.5.1. Introdução e Conceitos Básicos

O capital social de uma sociedade anônima pode ser composto por ações ordinárias e por ações preferenciais, sendo o máximo percentual destas últimas na composição do capital social permitido pela Lei nº 6.404/76 de 50% do total.

Consequentemente, o percentual MÍNIMO de ações ordinárias na composição do capital social é de 50%, de sorte que 100% do capital pode ser composto somente por ações ordinárias.

Assim, por exemplo, se o capital social de determinada companhia fosse composto por 17.000 ações, a quantidade máxima de ações preferenciais seria de 8.500 e, consequentemente, a quantidade mínima de ações ordinárias seria de 8.500 ações, nada impedindo que todas as 17.000 ações fossem ordinárias.

Basicamente, a diferença entre as ações ordinárias e as ações preferenciais é que estas dão preferências com relação aos dividendos, ou seja, caso o lucro da companhia seja insuficiente para o pagamento de dividendos a todos os acionistas, os acionistas preferenciais teriam a prioridade sobre esses dividendos, de modo que os acionistas ordinários só receberiam o remanescente do lucro após a distribuição aos preferenciais; por outro lado, as ações ordinárias dão direito de voto amplo (sem restrições) nas assembleias de acionistas, ao passo que as ações preferenciais, na maioria dos casos, não conferem esse direito, embora exista também a possibilidade do direito de voto em alguns casos específicos. Abaixo, reproduzimos alguns conceitos extraídos do Pronunciamento Técnico **CPC 41 – Resultado por Ação**:

- AÇÕES ORDINÁRIAS são ações de emissão obrigatória que conferem aos seus acionistas titulares os direitos que a lei reserva ao acionista comum. Os titulares de ações ordinárias deliberam (em assembleia dos acionistas), por exemplo, sobre a atividade da companhia, votam na aprovação das contas patrimoniais, na destinação

dos lucros, na eleição dos administradores e nas alterações estatutárias de interesse da companhia.
- AÇÕES PREFERENCIAIS são ações que conferem aos seus titulares um conjunto complexo de direitos diferenciados, como a **prioridade** na distribuição de dividendos (fixo ou mínimo) ou no reembolso do capital (com ou sem prêmio), etc. As ações preferenciais podem, ou não, conferir direito de voto a seus titulares. Ações nominativas circulam mediante registro no livro próprio da sociedade.
- INSTRUMENTOS CONVERSÍVEIS EM AÇÕES são valores mobiliários de qualquer natureza que conferem a seus titulares o direito de conversão do direito de crédito em ações da companhia conforme condições definidas contratualmente. (ex.: bônus de subscrição, opções de compra de ações, debêntures etc.)
- OPÇÃO, BÔNUS DE SUBSCRIÇÃO e seus equivalentes são instrumentos financeiros que dão ao seu titular o direito de adquirir ações.

Obs. 1: Segundo o item 4 do Apêndice A2 do CPC 41, os BÔNUS DE SUBSCRIÇÃO conferem a seus titulares o direito de subscrever ações da companhia emissora, quando do futuro aumento de capital social desta.

Complementando e corroborando as principais características dos bônus de subscrição, abaixo reproduzimos os artigos 75 a 77 da Lei nº 6.404/76, os quais tratam de bônus de subscrição, e também o artigo 168, o qual dá a definição de capital social autorizado:

Art. 75. A companhia poderá emitir, dentro do limite de aumento de capital autorizado no estatuto (artigo 168), títulos negociáveis denominados "Bônus de Subscrição".

Parágrafo único. Os bônus de subscrição conferirão aos seus titulares, nas condições constantes do certificado, direito de subscrever ações do capital social, que será exercido mediante apresentação do título à companhia e pagamento do preço de emissão das ações.

Competência

Art. 76. A deliberação sobre emissão de bônus de subscrição compete à assembleia geral, se o estatuto não a atribuir ao conselho de administração.

Emissão

Art. 77. Os bônus de subscrição serão alienados pela companhia ou por ela atribuídos, como vantagem adicional, aos subscritos de emissões de suas ações ou debêntures.

Parágrafo único. Os acionistas da companhia gozarão, nos termos dos artigos 171 e 172, de preferência para subscrever a emissão de bônus.

Art. 168. O estatuto pode conter autorização para aumento do capital social independentemente de reforma estatutária.

§ 1º A autorização deverá especificar:

a) o limite de aumento, em valor do capital ou em número de ações, e as espécies e classes das ações que poderão ser emitidas;

b) o órgão competente para deliberar sobre as emissões, que poderá ser a assembleia geral ou o conselho de administração;

c) as condições a que estiverem sujeitas as emissões;

d) os casos ou as condições em que os acionistas terão direito de preferência para subscrição, ou de inexistência desse direito (artigo 172).

§ 2º O limite de autorização, quando fixado em valor do capital social, será anualmente corrigido pela assembleia geral ordinária, com base nos mesmos índices adotados na correção do capital social.

§ 3º O estatuto pode prever que a companhia, dentro do limite de capital autorizado, e de acordo com plano aprovado pela assembleia geral, outorgue opção de compra de ações a seus administradores ou empregados, ou a pessoas naturais que prestem serviços à companhia ou a sociedade sob seu controle.

Obs. 2: A OPÇÃO DE AÇÕES é um contrato que dá ao seu titular (investidor que adquiriu as opções por meio desse contrato) a opção de exercer ou não o seu direito de comprar ações (opções de compra = opções *calls*) ou vender ações (opções de venda = opções *puts*). Num contrato de opções, podemos identificar os seguintes agentes:

- LANÇADOR DA OPÇÃO (de compra ou de venda) - É o VENDEDOR da opção, o qual tem a **obrigação** (e não a faculdade) de vender para o titular as ações objeto das opções ou comprar do titular as ações objetos das opções.

- TITULAR DA OPÇÃO (de compra ou de venda) – É o COMPRADOR da opção, o qual tem o **direito** (e não a obrigação) de comprar do lançador as ações objeto das opções de compra (opções *calls*) ou de vender para o lançador as ações objeto das opções de venda (opções *puts*).

Desse modo, mediante o exposto acima, existem 4 (quatro) possibilidades de agentes:

- COMPRADOR (ou TITULAR) DE OPÇÃO *CALL*, o qual tem o **direito** de COMPRAR as ações pelo *strike price* (preço de exercício).

- VENDEDOR (ou LANÇADOR) DE OPÇÃO *CALL*, o qual tem a **obrigação** de VENDER as ações pelo preço de exercício.

- COMPRADOR (ou TITULAR) DE OPÇÃO *PUT*, o qual tem o **direito** de VENDER as ações pelo preço de exercício.

- VENDEDOR (ou LANÇADOR) DE OPÇÃO *PUT*, o qual tem a **obrigação** de COMPRAR as ações pelo preço de exercício.

Como exemplo prático, suponhamos que determinado investidor adquirisse na bolsa de valores 10.000 opções de ações *call* de determinada companhia, as quais darão direito de "comprar" ações dessa companhia em determinada data ao preço de exercício indicado no contrato de R$ 40,00. Caso na data do exercício da opção o valor de cada ação fosse, por exemplo, de R$ 48,00, seria vantagem para o referido investidor exercer o direito das opções adquirindo as 10.000 ações as quais ele tem direito, visto que estaria pagando somente R$ 40,00 por ação, quando o seu preço de mercado é de R$ 48,00, confirmando a lógica do disposto no item 62 do CPC 41, onde a opção *call* seria exercida apenas se o preço de exercício fosse inferior ao preço de mercado. Se, ao invés de ter adquirido 10.000 opções *call*, tivesse adquirido 10.000 opções *put*, a lógica seria inversa, ou seja, só seria vantagem o investidor vender as ações objeto de suas opções *put* para o lançador das ações (este seria obrigado a comprar essas ações) apenas se o preço de exercício fosse superior ao preço de mercado, visto que venderia as ações mais caras que o mercado para o lançador, o qual seria obrigado a comprá-las, mesmo levando prejuízo.

6.5.2. Tipos de Resultado por Ação

Antes da adoção das normas internacionais de contabilidade, o cálculo do resultado por ação (lucro ou prejuízo líquido por ação) no Brasil era feito de forma simplória, de modo que esse indicador não tinha grande utilidade aos investidores em geral. Nesse caso, por exemplo, se o capital social de determinada sociedade anônima fosse composto por 16.000 ações ordinárias e 4.000 ações preferenciais e, ao final de determinado exercício social, o lucro líquido apurado ao final da DRE fosse de R$ 800.000,00, o resultado por ação, ou seja, o lucro líquido por ação poderia ser calculado da seguinte forma: R$ 800.000,00 ÷ (16.000 + 4.000) = R$ 40,00 por ação. Atualmente, em vista da adoção das normas internacionais de contabilidade, esse indicador ganhou sofisticação no seu cálculo, de forma que poderá a ser de grande utilidade para investidores e analistas de mercado em geral. Em vista disso, com base no CPC 41 – Resultado por Ação, temos quatro possibilidades de resultado por ação:

- Resultado Básico por Ação Ordinária
- Resultado Básico por Ação Preferencial
- Resultado Diluído por Ação Ordinária
- Resultado Diluído por Ação Preferencial

Apesar de a Lei nº 6.404/76 e o próprio CPC 41 fazerem distinção entre ações ordinárias e ações preferenciais, o item 3A desse CPC determina que tudo o que nesse Pronunciamento se aplicar ao CÁLCULO e à DIVULGAÇÃO do resultado por **ação ordinária** básico e diluído aplica-se, no que couber, ao cálculo e à divulgação por **ação preferencial** básico e diluído, por classe, independentemente da classificação como instrumento patrimonial ou de dívida, se essas ações estiverem em negociação ou em processo de virem a ser negociadas em mercados organizados.

Com relação à obrigatoriedade de apresentação dos diferentes tipos de resultado por ação na DRE, o item 7 do Apêndice A2 do CPC 41 determina que na FACE DA DEMONSTRAÇÃO DO RESULTADO deve ser divulgado o resultado por ação para todos os períodos indicados nas demonstrações contábeis e para CADA CLASSE E ESPÉCIE DE AÇÃO (ação ordinária e preferencial e instrumentos conversíveis, entre outros, quando utilizados no cálculo do resultado por ação) com características específicas, mesmo que essas informações estejam divulgadas em nota explicativa própria. Observa-se que é **INCORRETA** a não apresentação pela entidade de tal detalhamento na face da Demonstração do Resultado.

6.5.3. Número Médio Ponderado de Ações Ordinárias (ou Preferenciais)

O número médio ponderado de ações ordinárias totais em poder dos acionistas (em circulação) durante o período é o número de ações ordinárias totais com os acionistas no início do período, ajustado pelo número de ações ordinárias readquiridas ou emitidas durante o período, ajustado pelo número de ações ordinárias readquiridas ou emitidas durante o período multiplicado por fator ponderador de tempo. O FATOR PONDERADOR DE TEMPO é o número de dias que as ações totais, exceto as em tesouraria, estão com os acionistas como proporção do número total de dias do período; uma aproximação razoável da média ponderada é adequada em muitas circunstâncias.

Exemplo: A Cia. Esmeralda, cujo capital social é formado exclusivamente por ações ordinárias, apresentou a seguinte situação dessas ações no exercício social de X1:

		Ações emitidas	Ações em tesouraria	Ações em poder dos acionistas
1º de janeiro de X1	Saldo no início do ano	10.000	1.500	8.500
30 de abril de X1	Emissão de novas ações em dinheiro	4.000	-	12.500
1º de novembro de X1	Compra de ações em tesouraria por caixa	-	1.000	11.500
31 de dezembro de X1	Saldo no final do ano	14.000	2.500	11.500

Assim, o cálculo do número médio ponderado das ações ordinárias pode ser feito de duas formas opcionais:

$(8.500 \times 4/12) + (12.500 \times 6/12) + (11.500 \times 2/12) = 11.000$ ações ou

$(8.500 \times 12/12) + (4.000 \times 8/12) - (1.000 \times 2/12) = 11.000$ ações

6.5.4. Resultado Básico por Ação

O resultado BÁSICO por ação deve ser calculado dividindo-se o lucro ou prejuízo atribuível aos titulares de ações ordinárias (ou preferenciais) da companhia (o numerador) pelo número médio ponderado de ações ordinárias (ou preferenciais) em poder dos acionistas (excluídas as mantidas em tesouraria) (o denominador) durante o período. Assim, considerando ainda o exemplo anterior da Cia. Esmeralda, onde o número médio ponderado das ações ordinárias em poder dos acionistas no exercício social de X1 foi de 11.000 e admitindo que o lucro líquido obtido da DRE dessa companhia em 31/12/X1 fosse, por exemplo, de R$ 495.000,00 (vamos admitir que não há operações descontinuadas na Cia. Esmeralda), então o Resultado Básico por Ação (RBA) a ser indicado na referida DRE seria de R$ 495.000,00 ÷ 11.000 = R$ 45,00.

Nota : O resultado por ação deve ser computado tanto nos casos de apuração do LUCRO quanto nos casos em que a companhia apresente PREJUÍZO no período.

6.5.5. Resultado Diluído por Ação

No cálculo do resultado BÁSICO por ação, só é levada em consideração a existência efetiva das ações ordinárias ou preferenciais em poder dos acionistas ao longo do período. Todavia, existem as chamadas ações ordinárias POTENCIAIS, isto é, instrumentos financeiros ou outros contratos que, apesar de não serem efetivamente as próprias ações, darão aos seus titulares em prazo determinado ou não o direito a ações ordinárias, tais como passivos financeiros ou instrumentos patrimoniais, incluindo ações preferenciais ou debêntures conversíveis em ações ordinárias, opções de compra de ações, bônus de subscrição, ações ordinárias que sejam emissíveis após o cumprimento de condições resultantes de instrumentos contratuais, tais como a aquisição de empresa ou de outros ativos etc., de forma que no cálculo do "Resultado Diluído por Ação" (RDA) também é levada em consideração (no denominador) a existência dessas "potenciais" ações (não são ações ainda, mas um dia serão).

Nota: Com base no item 3A do CPC 41, todo o exposto acima também é válido para as ações PREFERENCIAIS, ou seja, podemos também considerar que existem as chamadas ações preferenciais POTENCIAIS, instrumentos financeiros ou outros contratos que darão a seus titulares no futuro o direito a ações preferenciais.

Em vista disso tudo, antes da definição de "Resultado Diluído por Ação", é importante apresentarmos o conceito dado no item 5 do CPC 41, o qual estabelece que DILUIÇÃO é a redução no lucro por ação ou o aumento no prejuízo por ação resultante do pressuposto de que os instrumentos conversíveis sejam convertidos, de que as opções ou bônus de subscrição sejam exercidos ou de que sejam emitidas ações após satisfação das condições especificadas.

O item 19 do Apêndice A2 do CPC 41 determina que o cômputo das potenciais ações na apuração do resultado por ação pode ter efeito diluidor (quando a potencial conversão em ações diminuir o resultado por ação ou aumentar a perda por ação) ou "ANTIDILUIDOR" (quando a sua conversão em ações aumentar o resultado por ação ou diminuir a perda por ação). Corroborando isso, o item 5 do CPC 41 define que ANTIDILUIÇÃO é o aumento no lucro por ação ou a redução no prejuízo por ação resultante do pressuposto de que os instrumentos conversíveis sejam convertidos, de que as opções ou bônus de subscrição sejam exercidos ou de que sejam emitidas ações após satisfação das condições especificadas.

A companhia deve usar o lucro ou o prejuízo das operações **continuadas** atribuível à companhia como número de controle para estabelecer se as ações potenciais são diluidoras ou "ANTIDILUIDORAS".

No entanto, em vista da possibilidade do efeito "antidiluidor" na conversão de ações potenciais, o item 43 do CPC 41 determina que o cálculo do resultado DILUÍDO por ação <u>NÃO PRESUME</u> a conversão, o exercício ou outra emissão de ações ordinárias potenciais que teria efeito "antidiluidor" sobre o resultado por ação. Desse modo, entendemos que as ações potenciais com efeito "antidiluidor" devem ser **desconsideradas** no cálculo do resultado DILUÍDO por ação (como o próprio nome já sugere: resultado "diluído" e não "antidiluído" por ação). Ainda, reforçando essa ideia, abaixo reproduzimos o item 62 do CPC 41 (grifo nosso):

> **Item 62:** *Os contratos como opções "put" compradas e opções "call" compradas (ou seja, opções da companhia sobre as suas próprias ações ordinárias)* **não devem ser incluídos no cálculo** *do resultado DILUÍDO por ação porque a sua inclusão seria ANTIDILUIDORA. A opção "put" seria exercida apenas se o preço de exercício fosse superior ao preço de mercado e a opção "call" seria exercida apenas se o preço de exercício fosse inferior ao preço de mercado.*

Nos itens 17 e 18 do Apêndice A2 do CPC 41, encontramos a definição e a forma geral de cálculo do "Resultado DILUÍDO por Ação". Abaixo, reproduzimos esses itens:

> *__Item 17:__ O resultado diluído por ação refere-se ao resultado por ação ajustado por todos os efeitos de todas as POTENCIAIS conversões de instrumentos (debêntures ou outros instrumentos de dívida) ou direitos (opções de ações emitidas para empregados como parte de sua remuneração) em ações que possam alterar a remuneração por ação dos detentores de capital próprio da companhia.*

> *__Item 18:__ Para o cálculo do resultado diluído por ação, devem ser ajustadas todas as receitas ou despesas (dividendos, juros e outros – líquidos dos efeitos tributários) computadas no resultado atribuível ao acionista (numerador), bem como a quantidade de instrumentos decorrentes da conversão computados na média ponderada de ações em poder dos acionistas durante o período (denominador).*

EXEMPLO 1 (Efeito de OPÇÃO DE AÇÃO no cálculo do Lucro Diluído por Ação – Base: itens 45 a 47 do CPC 41):

- Resultado atribuível aos detentores de ações ordinárias da controladora para o ano de 20X1 = R$ 1.920.000,00
- Número médio ponderado de ações ordinárias em poder dos acionistas durante o ano de 20X1 = 400.000 ações
- Preço médio de mercado da ação ordinária durante o ano de 20X1 = R$ 16,00
- Número médio ponderado de ações sujeitas a opção durante o ano de 20X1 = 50.000 ações
- Preço de exercício para as ações sujeitas a opção durante o ano de 20X1 = R$ 12,00
- Número médio ponderado de ações que teriam sido emitidas ao preço médio de mercado = (50.000 × R$ 12,00) ÷ R$ 16,00 = 37.500 ações

Nota: Esse último resultado pode ser interpretado da seguinte forma: 50.000 ações ordinárias POTENCIAIS a R$ 12,00 cada, para efeitos de determinação do lucro diluído por ação, é equivalente a 37.500 ações ordinárias a R$ 16,00 cada (tem efeito nulo, isto é, não são diluidoras nem antidiluidoras, por isso não entrarão no cálculo do lucro diluído por ação, conforme letra "a" do item 46 do CPC 41) e 12.500 ações ordinárias emitidas a ZERO real cada (essas são DILUIDORAS, conforme letra "b" do item 46 do CPC 41).

Abaixo, reproduzimos os itens 45 a 47 do CPC 41, os quais regulam, no caso desse exemplo, como se dá o cálculo da transformação de ações ordinárias potenciais sob a forma de "opções de ações" em "equivalentes" ações ordinárias (grifos nossos):

> *__Item 45:__ Para calcular o RESULTADO DILUÍDO POR AÇÃO, a companhia deve presumir o exercício de opções, bônus de subscrição e semelhantes diluidores da companhia. Os valores presumidos provenientes desses instrumentos devem ser considerados como tendo sido recebidos da emissão de ações ordinárias ao preço médio de mercado das ações ordinárias durante o período. A diferença entre o número de ações ordinárias emitidas e o número de ações ordinárias que teriam sido emitidas ao preço médio de mercado das ações ordinárias durante o período deve ser tratada como emissão de ações ordinárias sem qualquer contrapartida.*

> ***Item 46:*** *As <u>opções</u> e os <u>bônus de subscrição</u> são DILUIDORES quando podem resultar na emissão de ações ordinárias por MENOS do que o preço médio de mercado das ações ordinárias durante o período. O valor da diluição é o preço médio de mercado das ações ordinárias durante o período menos o preço de emissão. Desse modo, para calcular o resultado diluído por ação, as ações ordinárias potenciais devem ser tratadas como consistindo nas duas situações seguintes:*
>
> *(a) Um contrato para emitir certo número de ações ordinárias pelo seu preço médio de mercado durante o período. Pressupõe-se que essas ações ordinárias têm preço justo e não são diluidoras nem antidiluidoras. Devem ser IGNORADAS no cálculo de resultado diluído por ação.*
>
> *(b) Um contrato para emitir ações ordinárias remanescentes SEM QUALQUER CONTRAPARTIDA. Tais ações ordinárias não geram ingressos e não têm efeitos no lucro ou prejuízo atribuível às ações ordinárias totais com os investidores. Por isso, tais ações SÃO DILUIDORAS e **<u>devem ser adicionadas ao número de ações ordinárias totais</u>** (comentário nosso: no exemplo dado, essa soma será de 500.000 ações + 25.000 ações = 525.000 ações) com os acionistas no cálculo do resultado diluído por ação.*

> ***Item 47:*** *Opções e bônus de subscrição só têm efeito DILUIDOR quando o preço médio de mercado das ações ordinárias durante o período exceder o preço de exercício das opções e dos bônus.*

Lucro Básico por Ação (LBA)

LBA = R$ 1.920.000,00 ÷ 400.000 = R$ 4,80

Lucro Diluído por Ação (LDA)

LDA = R$ 1.920.000,00 ÷ (400.000 + 12.500) = R$ 4,65

adicionalmente ao exposto acima, abaixo reproduzimos o item 31 do CPC 41:

> ***Item 31:*** *Para a finalidade de calcular o resultado diluído por ação, a companhia deve AJUSTAR o lucro ou prejuízo atribuível aos titulares de ações ordinárias (capital próprio ordinário) da companhia, bem como o número médio ponderado de ações totais em poder dos acionistas (em circulação), para refletir os efeitos de todas as ações ordinárias potenciais diluidoras.*

Obs. 1: De acordo com o item 38 do CPC 41, as ações ordinárias potenciais que são convertidas em ações ordinárias durante o período devem ser incluídas no cálculo do resultado diluído por ação, desde o começo do período até a data da conversão. A PARTIR DA DATA DA CONVERSÃO, **as ações ordinárias resultantes devem ser incluídas tanto no cálculo do resultado básico por ação como no resultado diluído por ação**.

Obs. 2: Conforme o item 8 do Apêndice A2 do CPC 41, se os resultados básico e diluído por ação forem IGUAIS, pode ser feita a apresentação em apenas uma linha na face da Demonstração do Resultado, desde que claramente indicado, como: "Resultado Básico e Diluído por Ação". Isso acontece quando <u>não há</u> ações potenciais, que seria a única coisa que causaria diferença entre os dois tipos de resultado (básico e diluído).

Assim, considerando esta última obs., suponhamos, por exemplo, que o Capital Social da Cia. Copas seja composto por 60.000 ações ordinárias e 40.000 ações preferenciais.

Suponhamos também que as ações preferenciais não têm direito de voto, porém recebem dividendos 10% maiores que as ordinárias. Vamos admitir que não há ações potenciais, de forma que os resultados básico e diluído por ação sejam iguais, sendo o lucro líquido do exercício de R$ 291.200,00.

Supondo que na Cia. Copas só há operações em continuidade, ou seja, não há operações descontinuadas, na última linha da DRE dessa empresa teríamos:

Resultado Básico e Diluído por Ação
Preferencial...3,08
Ordinária 2,80

Os cálculos são indicados na tabela seguinte:

	Ordinárias	Preferenciais	Total
Número de ações	60.000	40.000	100.000
Número de ações equivalentes de ação ordinária	60.000	40.000 + 10% 40.000 = 44.000	104.000
Lucro por ação	R$ 291.200,00 ÷ 104.000 = R$ 2,80	R$ 2,80 + 10% R$ 2,80 = R$ 3,08	Não aplicável
Lucro atribuível	R$ 2,80 × 60.000 = R$ 168.000,00	R$ 3,08 × 40.000 = R$ 123.200,00	R$ 291.200,00

EXEMPLO 2 (Base: itens 45 a 47 desse CPC): A Cia. Ouros apurou lucro líquido no exercício de 20X1 no montante de R$ 43.968.000,00. O capital subscrito e integralizado da companhia, em 31 de dezembro de 20X1, é dividido em 7.000.000 de ações ordinárias e 2.000.000 de ações preferenciais.

Para as ações preferenciais, é assegurado o recebimento de dividendos, em dinheiro, 8% maiores que o pago para as ações ordinárias, e a prioridade no reembolso, em caso de liquidação da companhia, sem prêmio, pelo valor patrimonial.

A companhia lançou opções de compra de 4.000.000 de ações ordinárias (emissão de novas ações) ao preço de exercício de R$ 9,00 por ação. O preço médio de mercado (valor justo) de uma ação ordinária durante o ano de 20X1 é de R$ 12,50.

	Ações Ordinárias	Ações Preferenciais	TOTAL
Número de ações	7.000.000	2.000.000	9.000.000
Número de ações "equivalentes" a ações ordinárias para efeitos de cálculo do lucro **básico** por ação	7.000.000	2.000.000 + 8% 2.000.000 = 2.160.000	9.160.000

LUCRO BÁSICO POR AÇÃO	R$ 43.968.000,00 ÷ 9.160.000 = R$ 4,80	R$ 4,80 + 8% R$ 4,80 = R$ 5,184	Não aplicável
Lucro atribuível para o cálculo do Lucro Básico por Ação	R$ 4,80 × 7.000.000 = R$ 33.600.000,00	R$ 5,184 × 2.000.000 = R$ 10.368.000,00	R$ 43.968.000,00
Ajuste de ações potenciais (*)	4.000.000 − 4.000.000 × R$ 9,00 ÷ R$ 12,50 = 1.120.000	ZERO	Não aplicável
Número médio de ações após o ajuste	7.000.000 + 1.120.000 = 8.120.000	2.160.000	10.280.000
LUCRO DILUÍDO POR AÇÃO	R$ 43.968.000,00 ÷ 10.280.000 = R$ 4,27704280155	R$ 4,27704280155 + 8% R$ 4,27704280155 = R$ 4,61920622567	Não aplicável
Lucro atribuível para o cálculo do Lucro Diluído por Ação	R$ 4,27704280155 × 8.120.000 = R$ 34.729.587,55	R$ 4,61920622567 × 2.000.000 = R$ 9.238.412,45	R$ 43.968.000,00

(*) O AJUSTE de ações <u>potenciais</u> pode ser interpretado da seguinte forma: 4.000.000 de opções de ações ordinárias ao preço de exercício de R$ 9,00 cada, sendo o preço médio de mercado das ações ordinárias R$ 12,50 cada, para efeitos de determinação do lucro diluído por ação, é equivalente a 4.000.000 × R$ 9,00 ÷ R$ 12,50 = 2.880.000 ações ordinárias a R$ 12,50,00 cada (tem efeito <u>nulo</u>, isto é, não são diluidoras nem antidiluidoras, razão pela qual <u>não</u> entrarão no cálculo do lucro diluído por ação, conforme letra "a" do item 46 do CPC 41) e 1.120.000.000 de ações ordinárias emitidas a <u>ZERO</u> real cada (essas são DILUIDORAS, conforme letra "b" do item 46 do CPC 41, sendo somadas no denominador ao total de ações ordinárias emitidas para o cálculo do lucro diluído por ação).

Complementando o item 46 do CPC 41, abaixo reproduzimos o item 36 desse CPC:

> *Item 36: Para calcular o RESULTADO DILUÍDO POR AÇÃO, o número de ações ordinárias deve ser o número médio ponderado de ações ordinárias, calculado de acordo com os itens 19 e 26, mais o número médio ponderado de ações ordinárias que seriam emitidas na conversão de todas as ações ordinárias potenciais diluidoras em ações ordinárias. As ações ordinárias potenciais diluidoras devem ser consideradas como tendo sido convertidas em ações ordinárias no início do período ou, se mais tarde, na data de emissão das ações ordinárias potenciais.*

A seguir iremos "simular" um exemplo de DRE sem operações em descontinuidade, ou seja, só com operações continuadas para a Cia. Ouros, de forma que o lucro líquido ao final da

DRE seja de R$ 43.968.000,00, onde será feita a DIVULGAÇÃO do resultado por ação na própria DRE, conforme determinado no CPC 41:

	R$
Receita de Vendas	354.123.051
Custo das Mercadorias Vendidas	(247.955.109)
Lucro Bruto	106.167.942
Despesas Comerciais	(10.332.804)
Despesas Administrativas	(28.772.111)
Outras Despesas (prejuízo na venda de veículos)	(123.611)
Lucro antes das Receitas e Despesas Financeiras	66.939.416
Despesas Financeiras	(321.234)
Lucro antes do IR e CSL	66.618.182
IR e CSL (supondo alíquota conjunta de 34%)	(22.650.182)
Lucro Líquido do Exercício	43.968.000
Lucro Básico por Ação	
Ação preferencial	5,184
Ação ordinária	4,800
Lucro Diluído por Ação	
Ação preferencial	4,6192
Ação ordinária	4,2770

Em <u>NOTAS EXPLICATIVAS</u>, seriam feitas as seguintes DIVULGAÇÕES:

Nota "x" – Resultado por ação

A tabela a seguir estabelece o cálculo de lucros por ação para o exercício findo em 31 de dezembro de 20X1:

Lucro básico por ação (R$)	
Numerador	
Lucro líquido do exercício atribuído aos acionistas da companhia	
Lucro disponível aos acionistas preferenciais	10.368.000
Lucro disponível aos acionistas ordinários	33.600.000
Denominador	
Média ponderada do número de ações preferenciais	2.000.000
Média ponderada do número de ações ordinárias	7.000.000

Lucro básico por ação	
Ação preferencial	5,184
Ação ordinária	4,800
Lucro diluído por ação (R$)	
Numerador	
Lucro líquido do exercício atribuído aos acionistas da companhia	
Lucro disponível aos acionistas preferenciais	9.238.412,45
Lucro disponível aos acionistas ordinários	34.729.587,55
Denominador	
Média ponderada do número de ações preferenciais	2.000.000
Média ponderada do número de ações ordinárias	8.120.000
Lucro diluído por ação	
Ação preferencial	4,61920622567
Ação ordinária	4,27704280155

7. QUOCIENTES COMBINADOS

7.1. Termômetro de Kanitz

Um dos modelos mais conhecidos de quocientes (ou índices) combinados foi elaborado no Brasil por Stephen Charles Kanitz, o qual em 1974 foi um dos precursores de análise de risco e crédito com seu artigo "Como Prever Falências" na revista Exame publicada em dezembro de 1974. Daí surgiu o chamado "Termômetro de Kanitz", modelo este até os dias de hoje usado por muitos analistas para prever falências, o qual foi desenvolvido estatisticamente utilizando dados de diversas empresas que realmente faliram.

O Termômetro de Kanitz não se limita apenas à análise do risco de falências, mas também possibilita a avaliação de uma empresa, atribuindo a esta uma nota que varia de "– 7" (menos 7) a "+ 7" (mais sete), nota esta denominada de FATOR DE INSOLVÊNCIA (FI).

No caso do FI variar de "zero" a "+ 7", pode-se afirmar que existe um equilíbrio entre a situação econômica, financeira e de estrutura de capital (endividamento) da empresa, de forma que quanto mais próximo de "+ 7", melhor será a situação da empresa, ou seja, menos provável será a sua falência. Se o FI se situar entre "zero" e "– 3", a empresa estaria numa situação de indefinição (situação de penumbra), podendo falir ou não. Caso o FI esteja abaixo de "– 3", até "– 7", a falência é muito provável.

O cálculo do Fator de Insolvência (FI) é feito mediante a seguinte fórmula:

$$FI = X_1 + X_2 + X_3 - X_4 - X_5$$

Onde:

X_1 = Rentabilidade do Capital Próprio × 0,05
X_2 = Liquidez Geral × 1,65
X_3 = Liquidez Seca × 3,55
X_4 = Liquidez Corrente × 1,06
X_5 = Endividamento × 0,33

Lembrando que:

- Rentabilidade do Capital Próprio = Lucro Líquido/PL
- Liquidez Geral = (AC + ARLP)/(PC + PNC)
- Liquidez Seca = (AC − Estoques)/PC
- Liquidez Corrente = AC/PC
- Endividamento = (PC + PNC)/PL

Exemplo de cálculo do FI: As seguintes informações foram obtidas das demonstrações contábeis de uma empresa comercial:

Ativo Circulante ....R$ 86.000,00
Ativo Realizável a Longo Prazo ....R$ 24.000,00
Passivo Circulante ....R$ 37.000,00
Passivo Não Circulante ....R$ 43.000,00
Patrimônio Líquido ....R$ 39.000,00
Estoque de Mercadorias ....R$ 11.000,00
Lucro Líquido ....R$ 12.000,00

$$X_1 = \frac{12.000}{39.000} \times 0,05 = 0,0154$$

$$X_2 = \frac{86.000 + 24.000}{37.000 + 43.000} \times 1,65 = 2,2688$$

$$X_3 = \frac{86.000 - 11.000}{37.000} \times 3,55 = 7,1959$$

$$X_4 = \frac{86.000}{37.000} \times 1,06 = 2,4638$$

$$X_5 = \frac{37.000 + 43.000}{39.000} \times 0,33 = 0,6769$$

FI = 0,0154 + 2,2688 + 7,1959 − 2,4638 − 0,6769 = + 6,34

Conclusão: A empresa tem pouquíssimas chances de falir, visto que o FI está muito próximo de + 7, que a nota máxima.

Com relação às LIMITAÇÕES do Termômetro de Kanitz, deve-se tomar alguns cuidados:

- Esse modelo foi desenvolvido visando exclusivamente empresas comerciais e industriais, não se aplicando, por exemplo, a empresas prestadoras de serviços, instituições financeiras, empresas de construção civil etc.
- Mesmo utilizado adequadamente numa empresa comercial ou industrial, o modelo não deve ser considerado como "definitivo" para análise da empresa, de modo que para uma análise completa é necessário a determinação de diversos outros indicadores.
- Para se ter mais segurança das conclusões dos resultados obtidos, é recomendável que se faça o cálculo do Fator de Insolvência de mais de um ano (normalmente, os três últimos anos). Como exemplo, analisaremos três empresas com base no gráfico a seguir:

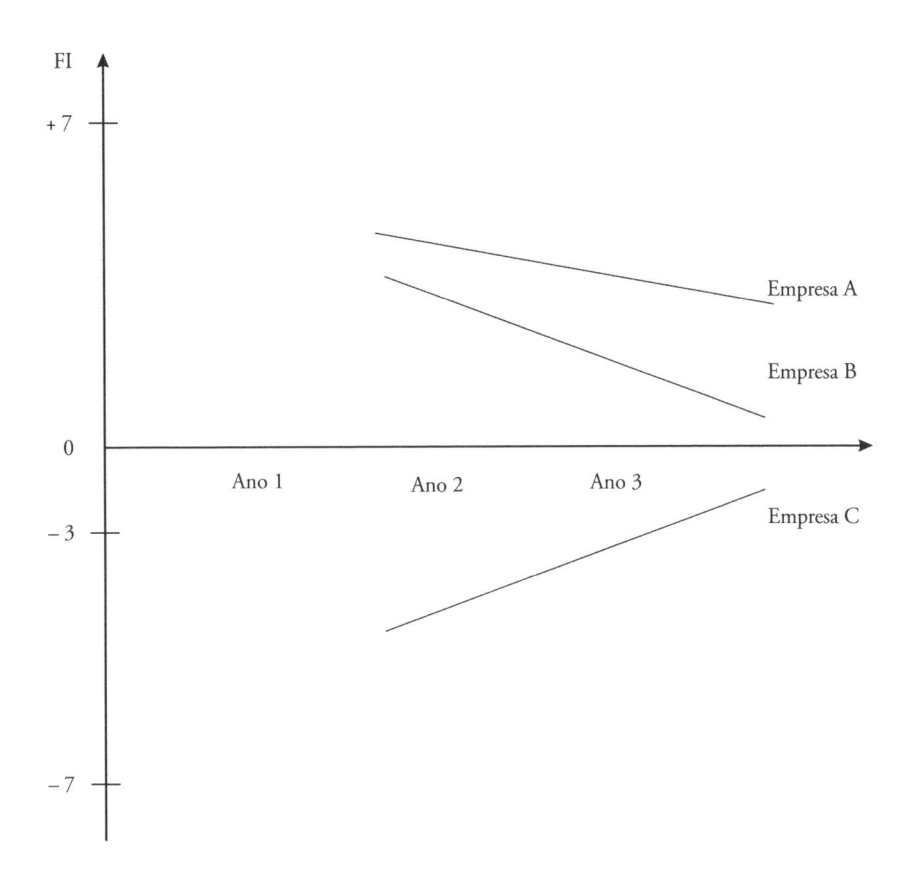

Conclusões:

(1) Apesar da Empresa A estar caindo do 1º ao 3º ano, sua queda é leve, podendo ser considerada reversível. Deve-se, no entanto, identicar as razões da queda, para que o problema gerador não se agrave, a ponto de se tornar irreversível.

(2) Embora a Empresa B esteja numa situação positiva nos três anos, observa-se uma forte tendência a cair na região negativa, de modo que, em geral, essa empresa está em pior situação que a Empresa C, visto que esta, apesar de estar na região negativa nos três anos, está se recuperando e há grande chance de acançar a região positiva.

7.2. Custo Médio Ponderado de Capital – CMPC *(Weighted Average Cost of Capital – WACC)*

O CMPC representa a taxa única que mede a remuneração de capitais de terceiros e de capitais próprios. O fator de ponderação de cada taxa de remuneração individual é o coeficiente analítico de participação (análise vertical) do respectivo capital próprio ou de terceiros. Assim, por exemplo, suponhamos que as origens de recursos no patrimônio da Cia. Siavanac apresentasse os seguintes valores no balanço referente ao exercício social encerrado em 31/12/X1:

Passivo Exigível (Capital de Terceiros)	R$	Custo Anual	Coeficiente Analítico de Participação
Empréstimos Bancários	70.000,00	20%	28%
Financiamentos no Exterior	80.000,00	30%	32%
Patrimônio Líquido (Capital Próprio)			
Capital Ordinário	60.000,00	22%	24%
Capital Preferencial	40.000,00	25%	16%
Total	**250.000,00**	-	**100%**

CMPC = (**20%** × 28%) + (**30%** × 32%) + (**22%** × 24%) + (**25%** ×16%) = 5,6% + 9,6% + 5,28% + 4% = 24,48%

Obs.: Caso sejam considerados os efeitos dos tributos sobre o lucro (IR e CSL), a percentagem desses tributos irá afetar somente a taxa de remuneração de capitais de "terceiros", visto que somente essa remuneração afeta a despesa com IR e CSL na DRE, diminuindo o lucro tributável. No caso da remuneração de capitais próprios, que pode se manifestar em forma de dividendos ou juros sobre capital próprio, esses não afetam o lucro tributável. Assim, no exemplo acima, admitindo que a taxa conjunta do IR e CSL seja de 34%, teríamos:

CMPC = [**20%** × (**1 – 0,34**) × 28%] + [(**30%** × (**1 – 0,34**) × 32%) + (**22%** × 24%) + (**25%** ×16%) = 3,696% + 6,336% + 5,28% + 4% = 19,31%

EXERCÍCIO RESOLVIDO 15: (Transpetro – Contador Júnior/Fundação Cesgranrio) Uma empresa possui a seguinte composição de passivos, com os respectivos custos:

Fontes de Financiamento	Montante em R$	Custo Anual
Capital Ordinário	120.000.000,00	25,00%
Capital Preferencial	130.000.000,00	26,50%
Debêntures	50.000.000,00	28,00%
Financiamento em moeda nacional	100.000.000,00	32,00%
Financiamento em moeda estrangeira	100.000.000,00	12,00%
Total	500.000.000,00	-

Informação adicional: a empresa tem 12.000.000 de ações ordinárias e 6.500.000 ações preferenciais emitidas.

Com base exclusivamente nas informações acima, o Custo Médio Ponderado de Capital (CMPC) da empresa, considerando-se o valor contábil, monta em:

a) 22,00%;
b) 22,56%;
c) 23,12%;
d) 24,16%;
e) 24,49%.

(SOLUÇÃO)

Fontes de Financiamento	Coeficiente Analítico de Participação (CAP)	Custo Anual (CA)	CAP × CA
Capital Ordinário	$\dfrac{120.000.000,00}{500.000.000,00} = 0,24$	25,00%	6,00%
Capital Preferencial	$\dfrac{130.000.000,00}{500.000.000,00} = 0,26$	26,50%	6,89%
Debêntures	$\dfrac{50.000.000,00}{500.000.000,00} = 0,10$	28,00%	2,80%
Financiamento em moeda nacional	$\dfrac{100.000.000,00}{500.000.000,00} = 0,20$	32,00%	6,40%
Financiamento em moeda estrangeira	$\dfrac{100.000.000,00}{500.000.000,00} = 0,20$	12,00%	2,40%
Total	**500.000.000,00**	**100%**	**24,49%**

CMPC = 24,49%

(Resposta: opção e)

7.3. Valor Econômico Agregado – EVA *(Economic Value Added)*

Também chamado de Valor Econômico Adicionado, quando indicado em termos percentuais, é um índice que mede a percentagem adicionada a determinado investimento, coincidindo este, na maior parte dos casos, com o ativo total de determinada empresa. Caso seu valor percentual seja multiplicado pelo valor do investimento total no ativo de uma empresa, o EVA irá indicar, em moeda, o valor da riqueza criada pela empresa, ou seja, o valor agregado da empresa.

O principal objetivo EVA é demonstrar se a empresa (ou qualquer outro investimento que não seja necessariamente uma empresa) está efetivamente criando riqueza para seus sócios ou proprietários. Em outras palavras, o EVA é um indicador que permite aos acionistas, executivos e investidores avaliarem se o capital aplicado no ativo de uma empresa ou em qualquer outro tipo de investimento está sendo bem remunerado. Seu cálculo, em moeda, é feito com o uso da seguinte fórmula:

$$\boxed{EVA = (MOP - CMPC) \times Investimento}$$

Onde:

MOP (Margem Operacional) = Lucro Operacional/Investimento

CMPC: Custo Médio Ponderado de Capital

Nota: Em geral, o valor do investimento coincide com o <u>ativo total</u> de determinada empresa, ressaltando que nem sempre todo investimento deve se formador de uma empresa, ou seja, é possível calcular o EVA num determinado investimento que não seja uma pessoa jurídica.

Assim, considerando ainda o exemplo da Cia. Siavanac do item 7.2, e supondo que o Lucro Operacional (LOP), o qual coincide com o Lucro antes do IR e CSL na DRE de 31/12/X1, fosse de R$ 90.000,00, teríamos:

$$MOP = \frac{90.000}{250.000} = 36\%$$

EVA = (36% – 24,48%) × R$ 250.000,00 = R$ 28.800,00

EXERCÍCIO RESOLVIDO 16: (LIQUIGÁS – Contador Júnior/Fundação Cesgranrio) Uma sociedade anônima apresentou as seguintes informações parciais extraídas de suas demonstrações contábeis elaboradas em 31 de dezembro de 2011:

Ativo		Passivo	
Circulante e Não Circulante	6.000,00	Circulante e Não Circulante	1.200,00
		Patrimônio Líquido	4.800,00
Total	6.000,00	Total	6.000,00

Outras informações:

- Lucro operacional líquido   1.080,00
- Custo do capital de terceiros   16%
- Expectativa de retorno dos acionistas   11%

Considerando única e exclusivamente as informações recebidas, o valor econômico agregado da sociedade, apurado em 2011, em reais, é:

a) 192,00;
b) 291,60;
c) 360,00;
d) 528,00;
e) 552,00.

(SOLUÇÃO)

$$MOP = \frac{Lucro\ Operacional}{Ativo} = \frac{1.080,00}{6.000,00} = 0,18\ (ou\ 18\%)$$

Coeficientes Analíticos de Participação (análise vertical);

- Do passivo exigível = 1.200/6.000 = 0,20
- Do patrimônio líquido = 4.800/6.000 = 0,80

CMPC (Custo Médio Ponderado de Capital) = 0,20 × 16% + 0,80 × 11% = 12%

EVA = (MOP − CMPC) × Ativo = (18% − 12%) × 6.000,00 = 360,00

(Resposta: opção c)

EXERCÍCIO RESOLVIDO 17: (Petrobras – Contador Júnior/Fundação Cesgranrio) Os dados abaixo foram extraídos da contabilidade da Cia. Lântida S/A.

Anos	2009	2010
Custo de Oportunidade	8%	10%
Lucro Líquido	1.500.000,00	2.500.000,00
Ativo Operacional	8.500.000,00	9.800.000,00
Patrimônio Líquido	10.000.000,00	12.000.000,00

Considerando o indicador EVA (Economic Value Added) ou VEA (Valor Econômico Agregado), o resultado do EVA em 2009 e 2010, respectivamente, foi, em reais, de:

a) 920.000,00 e 1.450.000,00;
b) 800.000,00 e 1.200.000,00;
c) 700.000,00 e 1.300.000,00;
d) 680.000,00 e 980.000,00;
e) 120.000,00 e 250.000,00.

(SOLUÇÃO)

Existe uma "***outra versão***" de cálculo do EVA, a qual é referendada, não ao investimento no ativo total da empresa, que é o caso já comentado anteriormente, e sim ao investimento feito pelos "sócios" na empresa, o qual é representado pelo valor do "Patrimônio Líquido" (PL).

Neste caso, o que está sendo calculado é o valor agregado à riqueza dos "sócios" e não da empresa, o qual pode ser obtido pela seguinte fórmula:

$$EVA = (RsPL - Custo\ de\ Oportunidade) \times PL$$

Onde:

- $RsPL\ (Retorno\ sobre\ o\ PL) = \dfrac{Lucro\ Líquido}{PL}$

- Custo de Oportunidade = rendimento (no caso, em "percentagem") que os sócios deixaram de auferir por investirem seus capitais no PL da empresa em vez de aplicarem seus capitais no mercado financeiro. Comparativamente ao método anterior de cálculo do EVA, esse custo estaria fazendo o mesmo papel que o Custo Médio Ponderado de Capital, o qual, em essência, estaria representando o custo de oportunidade "médio" de capitais próprios e de capitais de terceiros.

Assim, no caso da Cia. Lântida, teremos:

Em 2009:

$$EVA = \frac{(1.500.000 - 8\%)}{10.000,00} \times 10.000.000 = \left(\frac{15}{100} - \frac{8}{100}\right) \times 10.000.000 = \mathbf{700.000}$$

Em 2010:

$$EVA = \frac{(2.500.000 - 10\%)}{12.000.000} \times 12.000.000 =$$

$$= \left(\frac{25}{120} - \frac{10}{100}\right) \times 12.000.000 = \frac{1.300}{1.200} \times 12.000.000 = 1.300 \times 1.000 = \mathbf{1.300.000}$$

(Resposta: opção c)

RESOLUÇÃO DA PROVA PARA FISCAL DE TRIBUTOS ESTADUAIS DO RIO GRANDE DO SUL (Adaptada)

Enunciado para as **Questões de Números 1 a 4:** De posse das informações abaixo, constantes do Balanço Patrimonial e Demonstração do Resultado do Exercício da empresa "Pai & Filho Ltda.", referente ao exercício findo em 31/12/XY, responda às questões de números 1 a 4.

Bancos conta Movimento	170.000,00
Caixa	177.000,00
Capital Social	500.000,00
Clientes (curto prazo)	320.000,00
Contribuições Sociais a Recolher	20.000,00
Custo das Mercadorias Vendidas	864.000,00
Depreciação Acumulada do Imobilizado	50.000,00
Despesas Operacionais	100.000,00
Empréstimos a Sócios	34.000,00
Financiamentos Obtidos (longo prazo)	110.000,00
Fornecedores	315.000,00
Imóveis	200.000,00
Impostos a Recolher	50.000,00
Impostos a Recuperar	40.000,00
Impostos sobre Vendas 436.000,00	
Investimentos em Empresas Controladas	119.000,00
Reservas de Lucros	115.000,00
Máquinas e Equipamentos	100.000,00
Mercadorias em Estoque	120.000,00
IR a Pagar (sobre o lucro)	120.000,00
Vendas Brutas (somente a prazo)	1.800.000,00

1. A rentabilidade dos capitais próprios é:

a) 96,53%;   d) 44,69%;
b) 65,04%;   e) 31,28%.
c) 45,52%;

(SOLUÇÃO)

Receita de Vendas	1.364.000
(–) CMV	(864.000)
(=) Lucro Bruto	500.000

(–) Despesas Operacionais (100.000)
(=) Lucro Operacional 400.000
(–) IR (120.000)
(=) Lucro Líquido 280.000

- -

Visto que não se trata de valores extraídos de um balancete, pois, de acordo com o enunciado, os valores foram obtidos do Balanço e da DRE, o Patrimônio Líquido pode ser obtido diretamente da seguinte forma:

Capital Social 500.000
Reservas de Lucros 115.000
615.000

Assim, a Rentabilidade dos Capitais Próprios (RCP) pode ser obtida da seguinte forma:

$$RCP = \frac{Lucro\ Líquido}{PL} = \frac{280.000}{615.000} = 0,455284 = 45,53\%$$

(Resposta: opção c)

2. O prazo médio de renovação dos estoques é de:

a) 154 dias; d) 50 dias;
b) 116 dias; e) 31 dias.
c) 108 dias;

(SOLUÇÃO)

Sabemos que uma das fórmulas mais usadas para a apuração da Rotação de Estoques (RE) é o quociente entre o CMV e o Estoque "Médio". No entanto, a banca elaboradora dessa prova considerou o quociente entre o CMV e o Estoque Final, que também é uma fórmula muito usada, visto que não forneceu no enunciado da questão o Estoque Inicial. Assim, teremos:

$$RE = \frac{864.000}{120.000} = 7,2 \Rightarrow PMRE = \frac{360\ dias}{7,2} = 50\ dias$$

(Resposta: opção d)

3. O prazo médio de recebimento de clientes é de:

a) 105 dias; d) 64 dias;
b) 84 dias; e) 56 dias.
c) 80 dias;

(SOLUÇÃO)

Uma das fórmulas mais usadas para o cálculo da Rotação de Clientes (RC) é o quociente entre as Vendas a Prazo e a Média dos Clientes. No entanto, a banca elaboradora dessa prova considerou o quociente entre as Vendas a Prazo e o Saldo Final de Clientes, que também é uma fórmula muito utilizada. Assim, teremos:

$$RC = \frac{1.800.000}{320.000} = 5,625 \quad PMRC = \frac{360 \text{ dias}}{5,625} = 64 \text{ dias}$$

(Resposta: opção d)

4. O índice de liquidez geral e o índice de liquidez seca (ácida) são, respectivamente:

a) 1,6 e 1,4; d) 1,7 e 1,4;
b) 1,4 e 1,4; e) 1,4 e 1,6.
c) 1,7 e 1,6;

(SOLUÇÃO)

ATIVO CIRCULANTE (AC)

Caixa	177.000
Bancos Conta Movimento	170.000
Clientes	320.000
Impostos a Recuperar	40.000
Mercadorias	120.000
	827.000

REALIZÁVEL A LONGO PRAZO (ARLP)

Empréstimos a Sócios	34.000

PASSIVO CIRCULANTE (PC)

Contribuições Sociais a Recolher	20.000
Fornecedores	315.000
Impostos a Recolher	50.000
IR a Pagar	120.000
	505.000

PASSIVO NÃO CIRCULANTE (PNC)

Financiamentos Obtidos	110.000

$$LG = \frac{827.000 + 34.000}{505.000 + 110.000} = 1,4$$

$$LS = \frac{827.000 - 120.000}{505.000} = 1,4$$

(Resposta: opção b)

5. Uma determinada empresa comercial apresentou, ao final de três exercícios consecutivos, os seguintes índices de rotação de valores a receber de clientes: 2; 3 e 4. Pela análise destes índices, conclui-se que:

a) o prazo médio de recebimento dos valores a receber está diminuindo;

b) a empresa está diminuindo o volume de vendas;

c) a empresa está concedendo aos clientes prazos mais dilatados de pagamento;

d) os fornecedores da empresa estão concedendo prazos mais dilatados de pagamento;

e) a empresa está investindo mais em ativos permanentes.

(SOLUÇÃO)

Lembrando que Prazo Médio de Rotação de Clientes = 360/Rotação, concluímos que as referidas grandezas são inversamente proporcionais. Desta forma, se a Rotação está aumentando, o Prazo Médio está diminuindo.

(Resposta: opção a)

6. $\dfrac{\text{Ativo Circulante} - \text{Estoques}}{\text{Passivo Circulante}} = 0{,}71;\ 0{,}87;\ 1{,}02$

$\dfrac{\text{Clientes a Receber}}{\text{Receita Operacional}} = 0{,}51;\ 0{,}48;\ 0{,}34$

Considerando o conjunto de índices acima, apresentados por uma empresa comercial ao final de três exercícios consecutivos, conclui-se que:

a) houve um superinvestimento em estoques;

b) houve aumento no prazo médio de recebimento dos clientes;

c) houve maior participação de vendas a prazo na receita operacional;

d) a empresa obteve financiamentos a longo prazo aplicados em estoques;

e) houve aumento de vendas à vista, provocando incremento na receita operacional.

(SOLUÇÃO)

a) *INCORRETO. Se, ao longo dos exercícios, a compra de estoques à vista estivesse aumentando, o numerador da primeira fração estaria diminuindo e, consequentemente, a fração estaria diminuindo também. Se a compra dos estoques fosse a prazo, o numerador também estaria diminuindo e o denominador estaria aumentando, acarretando também a redução da fração.*

b) INCORRETO. O prazo médio do recebimento de vendas é o quociente entre 360 e a rotação das vendas a prazo. A rotação das vendas a prazo, no caso da banca elaboradora desta prova, é o quociente entre as vendas a prazo e o saldo final de Clientes (ou Duplicatas a Receber). Desta forma, quanto menor a relação entre Clientes e Receita de Vendas, maior será a rotação dos clientes e, consequentemente, menor será o prazo médio.

c) INCORRETO. Se as vendas a prazo estivessem aumentando, o numerador da segunda fração também estaria, acarretando o aumento da fração e não a redução.

d) INCORRETO. Se os estoques estivessem sendo adquiridos para pagamento a longo prazo, o numerador da fração estaria diminuindo e o denominador estaria estável. Porém, a fração também estaria diminuindo.

e) CORRETO. Se as vendas à vista aumentam, a Receita Operacional de Vendas também aumenta, aumentando o denominador da fração, sem alterar o numerador. Desta forma, a segunda fração diminui, como nós podemos observar.

(Resposta: opção e)

7. $\dfrac{AC - Estoques}{PC} = 0{,}30;\ 0{,}45;\ 0{,}75$

$\dfrac{AC + ARLP}{PC + PNC} = 0{,}45;\ 0{,}35;\ 0{,}27$

$\dfrac{CMV}{Estoques} = 4{,}51;\ 5{,}02;\ 7{,}50$

$\dfrac{CT}{AT} = 0{,}50;\ 0{,}53;\ 0{,}63$

Legenda:
AC = Ativo Circulante
PC = Passivo Circulante
ARLP = Ativo Realizável a Longo Prazo
PNC = Passivo Não Circulante
CMV = Custo das Mercadorias Vendidas
CT = Capital de Terceiros
AT = Ativo Total

Considerando o conjunto de índices acima, apresentados por uma empresa comercial ao final de três exercícios consecutivos, conclui-se que:

a) houve aumento do capital social, integralizado em moeda corrente;
b) não houve reposição dos estoques e os financiamentos obtidos a longo prazo foram aplicados no Ativo Não Circulante (exceto o Ativo Realizável a Longo Prazo);

c) houve aumento da margem operacional;

d) houve aumento dos estoques em decorrência de compras a prazo, vencíveis a longo prazo;

e) as compras foram efetuadas somente à vista, a fim de não aumentar as obrigações com fornecedores.

(SOLUÇÃO)

a) INCORRETO. Se houvesse aumento do Capital Social em dinheiro, o AT estaria aumentando e o CT não. Consequentemente, a fração CT/AT estaria diminuindo, o que não observamos.

b) CORRETO. Não havendo reposição de estoques, o numerador da primeira fração estaria aumentando e a fração também, como podemos observar. Se o Passivo Não Circulante estivesse aumentando em contrapartida com o Ativo Não Circulante (exceto o Realizável a Longo Prazo), o denominador da segunda fração estaria aumentando e o numerador não. Consequentemente a fração diminui, como podemos observar.

c) INCORRETO. A Margem Operacional é a relação entre o Lucro Operacional e a Receita Líquida de Vendas. Nenhuma das frações dadas oferece elementos suficientes para chegarmos a alguma conclusão sobre essa margem.

d) INCORRETO. Se houvesse aumento dos estoques em contrapartida com o Passivo Não Circulante, o numerador da primeira fração estaria diminuindo, ao passo que o denominador estaria constante. Consequentemente, a fração também estaria diminuindo, o que não se observa.

e) INCORRETO. Se as compras de estoques fossem exclusivamente à vista, o numerador da primeira fração estaria diminuindo e a fração também.

(Resposta: opção b)

8. $\dfrac{PC + PNC}{AT} = 0{,}84;\ 1{,}0;\ 1{,}1$

Considerando os índices acima, apresentados por uma empresa comercial ao final de três exercícios consecutivos, conclui-se que:

a) o resultado apurado nos dois últimos exercícios foi de prejuízo;

b) a garantia oferecida aos capitais de terceiros é maior a cada exercício;

c) existe Passivo a Descoberto nos três exercícios;

d) a proporção dos capitais de terceiros em relação ao Patrimônio Líquido é menor a cada exercício;

e) há uma clara indicação de aumento dos capitais próprios.

(SOLUÇÃO)

a) CORRETO. No primeiro exercício, apenas 80% do Ativo Total são financiados por capitais de terceiros (PC e PNC) e 20% são financiados por capitais próprios (Patrimônio Líquido). No segundo exercício, 100% do Ativo Total são financiados por capitais de terceiros, ou seja, não há capitais próprios financiando o AT. Provavelmente, o prejuízo do segundo exercício absorveu os 20% de capitais próprios. No terceiro exercício, o capital de terceiros é 10% superior ao AT, uma situação de passivo a descoberto, este provavelmente gerado por um prejuízo na ordem de 10% sobre o AT.

b) INCORRETO. Observamos justamente o contrário, visto que, cada vez mais, o capital próprio reduz.

c) INCORRETO. Só há passivo a descoberto no terceiro exercício, em função do Passivo Exigível ser superior ao Ativo Total.

d) INCORRETO. Acontece exatamente o oposto, como já comentado na opção b.

e) INCORRETO. Idem ao anterior.

(Resposta: opção a)

9. Pode-se afirmar que uma empresa é insolvente, segundo o fator de insolvência de Kanitz, quando for:

a) maior que menos três;
b) igual a zero;
c) maior que zero;
d) maior que mais três;
e) menor que menos três.

(SOLUÇÃO)

No Brasil, o contabilista Stephen C. Kanitz, da Faculdade de Economia e Administração da USP, desenvolveu uma metodologia de se prever a falência de empresas. Tal metodologia é conhecida como "termômetro da insolvência", a qual utiliza o chamado "fator de insolvência de Kanitz", estabelecendo a seguinte relação matemática para o seu cálculo:

FI (Fator de Insolvência) = $X1 + X2 + X3 - X4 - X5$, onde:

$X1$ = 5% da Rentabilidade do Patrimônio Líquido, isto é, $0{,}05 \times LL/PL$

$X2$ = 165% da Liquidez Geral, isto é, $1{,}65 \times (AC + ARLP)/(PC + PELP)$

$X3$ = 355% da Liquidez Seca, isto é, $3{,}55 \times (AC - E)/PC$

$X4$ = 106% da Liquidez Corrente, isto é, $1{,}06 \times AC/PC$

$X5$ = 33% do Grau de Endividamento, isto é, $0{,}33 \times (PC + PELP)/PL$

Se FI estiver entre 0 e + 7, a empresa está na faixa de solvência

Se FI estiver entre 0 e – 3, a empresa estará na zona de penumbra

Se FI estiver entre – 3 e – 7, a empresa estará na faixa de insolvência

Kanitz não revelou como achou a referida fórmula, mas certamente não há demonstração matemática, pois foi através de empirismo estatístico.

(Resposta: opção e)

10. Um quociente de independência financeira (Patrimônio Líquido/Ativo Total) igual a 70%, significa que:

a) 70% do ativo são financiados por capitais próprios e 30% por capitais de terceiros;

b) 70% dos capitais de terceiros são exigíveis a longo prazo;

c) 70% dos investimentos são financiados por capitais de terceiros e 30% por capitais próprios;

d) 70% dos capitais de terceiros são exigíveis a curto prazo;

e) o passivo total representado por 70% de capitais de terceiros e 30% de capitais próprios.

(SOLUÇÃO)

Se 70% do Ativo são financiados por capitais próprios (PL), 30% são financiados por capitais de terceiros (PC + PNC).

(Resposta: opção a)

11. Considerando as afirmações:

I. As notas explicativas das demonstrações contábeis, publicadas pelas empresas, podem conter dados relevantes para a análise econômico-financeira.

II. A modificação de métodos ou critérios contábeis deve ser considerada para efeitos da análise de balanços.

III. A análise de balanço objetiva extrair informações das demonstrações financeiras para a tomada de decisões.

A(s) afirmativa(s) correta(s) é(são):

a) somente a I;   d) a I, a II e a III;

b) somente a II;   e) a I e a III.

c) somente a III;

(SOLUÇÃO)

I. *Entre outras coisas, os ajustes de exercícios anteriores (Lei nº 6.404/1976, art. 186, § 1º) pode conter informações úteis à análise de balanços.*

II. *Se uma empresa, por exemplo, contabilizava suas operações pelo regime de caixa, e agora contabiliza pelo regime de competência, tal fato deverá ser considerado na análise das demonstrações elaboradas imediatamente após a referida mudança.*

III. *Não é o único objetivo, mas um deles.*

(Resposta: opção d)

12. Considerando as afirmações:

I. A toda origem de recursos corresponde uma equivalente aplicação.

II. Atingindo o Ponto de Equilíbrio, a empresa gerará resultado positivo em valor igual ao das vendas que realizar.

III. Quando o quociente de imobilização dos capitais próprios, ou seja (Ativo Investimentos + Ativo Imobilizado + Ativo Intangível) ÷ Patrimônio Líquido é menor que a unidade, significa que existem capitais de terceiros no financiamento do Ativo Não Circulante (exceto o Realizável a Longo Prazo).

A(s) afirmativa(s) correta(s) é(são):

a) a I e a II;
b) a II e a III;
c) somente a I;
d) somente a II;
e) somente a III.

(SOLUÇÃO)

I. CORRETO. Considerando o princípio das partidas dobradas, para todo débito (aplicação) sempre há pelo menos um crédito (origem).

II. INCORRETO. Na Contabilidade Gerencial, existe o conceito de Ponto de Equilíbrio Contábil. Tal ponto pode ser representado pela quantidade mínima que uma empresa, normalmente industrial, deve produzir e vender para não ter prejuízo. Consequentemente, nesse ponto também não haverá lucro, isto é, não haverá resultado positivo.

III. INCORRETO. Se a fração (Ativo Investimentos + Ativo Imobilizado + Ativo Intangível)/ Patrimônio Líquido for menor que 1, significa que o denominador é maior que o numerador, ou seja, o PL é suficiente para cobrir todo o Ativo Não Circulante (com exceção do Realizável a Longo Prazo), isto é, não há capitais de terceiros financiando a soma Ativo Investimentos + Ativo Imobilizado + Ativo Intangível, sendo tal soma equivalente ao Ativo Não Circulante excluído do Realizável a Longo Prazo, ou seja, ANC – ARLP. Cabe ressaltar que esse tipo de conclusão é só para efeitos de análise de endividamento no balanço. Nada impede, por exemplo, que na realidade, mesmo sendo o referido quociente menor que 1, seja possível que a empresa possa ter adquirido, por exemplo, bens do ativo imobilizado através de financiamentos a curto e longo prazos.

(Resposta: opção c)

13. Considere as afirmações:

I. Quanto menor for a rentabilidade sobre os capitais próprios, tanto maior será, proporcionalmente, a rentabilidade sobre o patrimônio líquido.

II. O grau de alavancagem financeira tem por finalidade medir a eficiência na aplicação dos recursos obtidos de terceiros e seus reflexos na melhoria do retorno dos capitais próprios.

III. A análise horizontal permite a comparação entre os valores de uma mesma conta ou grupo de conta, em diferentes exercícios sociais.

A(s) afirmativa(s) correta(s) é(são):

a) a I, a II e a III;
b) a II e a III;
c) a I e a III;
d) a I e a II;
e) somente a II.

(SOLUÇÃO)

I. INCORRETO. *Não há nenhuma diferença entre rentabilidade sobre capitais próprios e rentabilidade sobre o patrimônio líquido, visto que capital próprio é o mesmo que patrimônio líquido.*

II. CORRETO. *No Capítulo 4 estudaremos que a alavancagem financeira é utilizada para se determinar a vantagem ou desvantagem na utilização de capitais de terceiros para financiamento de ativos em termos de rentabilidade de capitais próprios.*

III. CORRETO. *A análise horizontal tem por objetivo a medição do aumento ou redução de itens das demonstrações ao longo do tempo.*

(Resposta: opção b)

14. Considerando as afirmações:

I. **Na preparação das demonstrações financeiras para análise é necessário proceder-se a ajustes sempre que estas contiverem valores que representam créditos incobráveis classificados no Ativo Circulante.**

II. **Na preparação das demonstrações financeiras para análise é necessário proceder a ajustes sempre que estas contiverem contas que o analista externo não consiga esclarecer convenientemente.**

III. **Na preparação das demonstrações financeiras para análise é necessário proceder-se a ajustes sempre que estas contiverem valores de mercadorias obsoletas, retiradas de comercialização, constantes da conta "Mercadorias em Estoques".**

A(s) afirmativa(s) correta(s) é(são):

a) a I e a II;
b) a I e a III;
c) a II e a III;
d) a I, a II e a III;
e) somente a III.

(SOLUÇÃO)

I. CORRETO. *Certamente, se, por exemplo, for constatada a existência de duplicatas a receber consideradas incobráveis, essas não deverão integrar o ativo como itens de análise de liquidez.*

II. CORRETO. *A análise das demonstrações contábeis deve atender tanto ao analista interno, quanto ao externo.*

III. CORRETO. *Havendo mercadorias consideradas de difícil comercialização, é conveniente que as mesmas sejam desconsideradas como itens do ativo para efeitos de análise.*

(Resposta: opção d)

15. O método da análise de balanços, denominado de método das diferenças absolutas, consiste:

a) na comparação entre dois balanços de cada vez, estabelecendo diferenças percentuais entre os diversos grupos de contas;

b) em estabelecer o melhor nível de estoques;

c) em estabelecer diferenças monetárias entre os valores das diversas contas ou grupos de contas pertencentes a dois balanços;

d) na comparação intertemporal, estabelecendo um quociente entre dois ou mais valores absolutos;

e) em estabelecer o valor mínimo de disponibilidades exigidas para o pleno desenvolvimento das atividades operacionais.

(SOLUÇÃO)

Como o próprio nome já sugere, "diferenças absolutas" se referem a diferenças monetárias entre valores, e nunca diferenças percentuais ou entre quaisquer tipos de quocientes, as quais expressariam diferenças relativas.

(Resposta: opção c)

16. O fator de insolvência de Kanitz é resultado de uma ponderação estatística de cinco índices.

Dentre as opções abaixo, indique a que contém os respectivos índices.

a) Índice de rentabilidade do capital próprio, índice de liquidez geral, índice de liquidez seca (ácida), índice de liquidez imediata e índice de imobilização do capital próprio.

b) Índice de liquidez geral, índice de liquidez seca (ácida), índice de liquidez corrente (comum), índice de liquidez imediata e índice de rentabilidade do capital próprio.

c) Índice de liquidez geral, índice de liquidez seca (ácida), índice de liquidez corrente (comum), índice de liquidez imediata e índice de rentabilidade do capital próprio.

d) Índice de rentabilidade operacional, índice de endividamento total, índice de liquidez corrente (comum), índice de liquidez seca (ácida) e índice de rentabilidade do capital próprio.

e) Índice de rentabilidade do capital próprio, índice de liquidez geral, índice de liquidez seca (ácida), índice de liquidez corrente (comum) e índice de endividamento total.

(SOLUÇÃO)

Conforme já visto na solução da questão 10, são os seguintes os índices a serem considerados no cálculo do referido fator de insolvência:

- Índice de rentabilidade do capital próprio;
- Índice de liquidez geral;
- Índice de liquidez seca (ácida);
- Índice de liquidez corrente (comum);
- Índice de endividamento.

Nota: Este último índice a banca considerou como endividamento total, a relação entre o passivo exigível e o patrimônio líquido. A banca Esaf (Escola de Administração Fazendária) tem considerado como endividamento a relação entre o passivo exigível e o ativo total.

(Resposta: opção e)

17. O ciclo operacional de uma empresa comercial é igual à:

a) soma dos prazos médios de renovação dos estoques e de recebimento das vendas;

b) soma dos prazos médios de renovação dos estoques e de pagamento das compras;

c) soma dos prazos médios de recebimento das vendas e de pagamento das compras;

d) soma dos prazos médios de renovação dos estoques, de pagamento das compras e de recebimento das vendas;

e) soma dos prazos médios de pagamento das compras de recebimento das vendas, menos o prazo médio de renovação dos estoques.

(SOLUÇÃO)

Conforme já visto no presente capítulo, o ciclo operacional de um empresa comercial pode ser obtido da seguinte forma: PMRE (Prazo Médio de Rotação de Estoques) + PMRV (Prazo Médio de Recebimento de Vendas).

(Resposta: opção a)

18. Indique a medida, dentre as abaixo, que permite a uma empresa aumentar o seu índice de liquidez seca (ácida).

a) Reduzir o volume de compras à vista.

b) Captar recursos de terceiros exigíveis num prazo máximo de 360 dias.

c) Aumentar o capital próprio, aplicando os recursos, assim originados na liquidação de obrigações a longo prazo.

d) Oferecer aos clientes descontos mais atrativos para o resgate antecipado de débitos vincendos a curto prazo.

e) Reduzir os estoques, ainda que a venda seja inferior ao preço de custo.

(SOLUÇÃO)

a) INCORRETO. Reduzir o volume de compras à vista implica aumentar o volume de compras a prazo. Desta forma, o denominador aumentará em função do aumento da dívida com fornecedores. Logo, a fração diminuirá, isto é, a liquidez seca diminuirá.

b) INCORRETO. Se, por exemplo, uma empresa contrair um empréstimo bancário para pagamento a curto prazo, o numerador da fração aumentará do mesmo valor que o denominador. No entanto, poderá haver aumento ou redução da fração. Aumento, se antes da alteração da fração o numerador era menor que o denominador. Redução, se antes da alteração da fração o numerador era maior que o denominador.

c) INCORRETO. Aumentar o capital próprio (patrimônio líquido), aplicando os recursos **na liquidação de obrigações a longo prazo**, não afeta em nada o ativo circulante nem o passivo circulante, não afetando, portanto, a liquidez seca de obrigação.

d) INCORRETO. Ao oferecer aos clientes descontos maiores nas duplicatas a receber, o ativo circulante diminuirá, tendo em vista que entrará valor menor em caixa ou bancos do que a duplicata a receber que está saindo.

e) CORRETO. Se, por exemplo, uma empresa vender mercadorias à vista no total de R$ 12.000 ao custo de R$ 15.000, o ativo circulante terá uma redução de R$ 3.000. Ao mesmo tempo, os estoques reduzirão em R$ 15.000. Desta forma, o numerador da fração ficará: $AC - 3.000 - (E - 15.000) = A - E + 12.000$, isto é, 12.000 a mais do que antes, aumentando a fração.

(Resposta: opção e)

19. Determinada empresa apresenta índice de liquidez seca (ácida) igual a 1,5, estoques no valor de R$ 50.000,00 e Passivo Circulante igual a R$ 200.000,00.

Qual o índice de liquidez corrente (comum)?

a) 1,25.
b) 1,50.
c) 1,75.
d) 2,00.
e) 2,25.

(SOLUÇÃO)

$$\frac{AC - 50.000}{PC} = 1,5 \Rightarrow \frac{AC}{200.000} - \frac{50.000}{200.000} = 1,5$$

$$\frac{AC}{PC} - 0,25 = 1,5 \Rightarrow \frac{AC}{PC} = 1,75$$

(Resposta: opção c)

20. Determinada empresa obteve uma taxa de retorno operacional sobre os investimentos igual a 20%. Sabendo-se que neste período as receitas operacionais totalizaram R$ 3.500,00 e que o índice operacional (Custo Operacional/Receita Operacional) foi de 0,75, em quanto importaram os investimentos?

a) R$ 17.500,00.
b) R$ 13.125,00.
c) R$ 8.750,00.
d) R$ 4.375,00.
e) R$ 700,00.

(SOLUÇÃO)

Considerando:

COP = Custo Operacional
ROP = Receita Operacional
LOP = Lucro Operacional
I = Investimentos

$$\frac{COP}{3.500} = 0,75 \Rightarrow COP = 2.625$$

$LOP = ROP - COP = 3.500 - 2.625 = 875$

Por fim, sendo "TROI" a Taxa de Retorno Operacional sobre Investimentos, teremos:

$$TROI = \frac{LOP}{I} = \frac{875}{I} = 0,20 \Rightarrow I = \frac{875}{0,20} = 4.375,00$$

(Resposta: opção d)

ENUNCIADO COMUM ÀS QUESTÕES DE NÚMEROS 21 E 22.

De posse das informações abaixo, extraídas da demonstração do resultado do exercício de uma empresa comercial, responda às questões de números 23 e 24.

Custo das Mercadorias Vendidas	R$ 320.000,00
Imposto de Renda (IR) e Contribuição Social (CS)	R$ 89.000,00
Receita de Vendas	R$ 700.000,00
Despesas Operacionais (de vendas e administrativas)	R$ 67.000,00

21. Quais são, respectivamente, as taxas de lucratividade operacional e líquida?

a) 36,82% e 26,35%.
b) 44,71% e 32,00%.
c) 36,82% e 37,64%.
d) 44,71% e 45,71%.
e) 36,82% e 32,00%.

(SOLUÇÃO)

Lucro Operacional (LOP) = 700.000 – 320.000 – 67.000 = 313.000

Lucro Líquido (LL) = LOP – IR e CS = 313.000 – 89.000 = 224.000

Nota: *Pelas novas regras contábeis, **não mais existem** as chamadas "Receitas e Despesas Não Operacionais", de modo que o Lucro Operacional SEMPRE coincidirá com o Lucro Líquido.*

Lucratividade Op. (ou Margem Operacional) $= \dfrac{\text{Lucro Operacional}}{\text{Receita de Vendas}} = \dfrac{313.000}{700.000} = 44,71\%$

Lucratividade Líquida (ou Margem Líquida) $= \dfrac{\text{Lucro Líquido}}{\text{Receita de Vendas}} = \dfrac{224.000}{700.000} = 32\%$

(Resposta: opção b)

22. Sabendo-se que o prazo médio de renovação dos estoques é de 135 dias, o valor dos estoques é igual a:

a) R$ 120.000,00;   d) R$ 320.000,00;
b) R$ 180.000,00;   e) R$ 400.000,00.
c) R$ 200.000,00;

(SOLUÇÃO)

Sabemos que umas das fórmulas para o cálculo da Rotação de Estoques (RE) é igual ao quociente do CMV (Custo das Mercadorias Vendidas) e o Estoque Médio (média aritmética entre o Estoque Inicial e o Estoque Final). No entanto, a banca elaboradora desta prova considerou a rotação de estoques como o quociente entre o CMV e o Estoque Final (EF). Desta forma, teremos:

$RE = \dfrac{360 \text{ dias}}{135 \text{ dias}} = \dfrac{8}{3}$

$\dfrac{320.000}{EF} = \dfrac{8}{3} \Rightarrow EF = \dfrac{3}{8} \times 320 = 120.000$

(Resposta: opção a)

Exercícios de Fixação

1. (Fiscal de Tributos Estaduais – PA/Esaf) O índice que mede a capacidade da empresa de saldar todos os seus compromissos é denominado:
    a) liquidez geral;
    b) rentabilidade operacional;
    c) alavancagem financeira;
    d) retorno do passivo;
    e) nível de endividamento.

2. (SERGAS – Contador/FCC) O patrimônio de uma empresa possui a seguinte formação (valores em reais):

Ativo Circulante	820.000
Ativo Não Circulante	2.180.000
Passivo Circulante	800.000
Passivo Não Circulante	1.200.000
Patrimônio Líquido	1.000.000

    O quociente de endividamento é de:
    a) 0,20;
    b) 0,33;
    c) 0,47;
    d) 0,58;
    e) 0,67.

3. (TRF – 1ª Região – Analista Judiciário/FCC) Na análise vertical da Demonstração do Resultado de Exercício, o valor resultante da relação lucro após deduções, impostos e contribuições sobre as vendas é denominado:
    a) retorno sobre investimento;
    b) margem líquida;
    c) retorno operacional;
    d) margem operacional;
    e) retorno financeiro.

4. A empresa Rio Negro S.A. demonstra seu patrimônio em apenas quatro grupos: Ativo Circulante, Ativo Imobilizado, Passivo Circulante e Patrimônio Líquido.
    O seu Capital Próprio, no valor de R$ 22.000,00, está formado do Capital registrado na Junta Comercial e de reservas já contabilizadas na ordem de 40% do capital social.
    O grau de endividamento em relação ao ativo total dessa empresa foi calculado em 45%.

Assim, com base exclusivamente nas informações acima, o Passivo Circulante da empresa importa em:
a) R$ 14.000,00;
b) R$ 15.000,00;
c) R$ 16.000,00;
d) R$ 17.000,00;
e) R$ 18.000,00.

5. (Auditor-Fiscal da Previdência Social/Esaf – Adaptada) A empresa Rotetok Ltda. ostenta, orgulhosamente, demonstrações financeiras com os seguintes dados:

Contas	Saldos
Disponibilidades	R$ 1.000,00
Créditos	R$ 6.000,00
Estoques	R$ 3.000,00
Fornecedores	R$ 1.500,00
Duplicatas a Pagar	R$ 2.500,00
Passivo Não Circulante	R$ 1.000,00
Realizável a Longo Prazo	R$ 1.000,00
Imobilizado	R$ 1.000,00
Capital Social	R$ 10.000,00
Reservas de Capital	R$ 1.000,00
Reservas de Lucros	R$ 2.000,00
Receitas de Vendas	R$ 18.000,00
Custo da Mercadoria Vendida	R$ 12.000,00
Despesas Operacionais	R$ 4.000,00

O estoque inicial de mercadorias era de R$ 3.000,00. Analisando os elementos que compõem a demonstração acima, pode-se dizer, em relação a essa empresa, que:
a) o estoque tem rotação no prazo médio de 90 dias;
b) o coeficiente de rotação dos estoques é de 5,00;
c) a liquidez seca não chega a 3/5 da liquidez corrente;
d) o quociente de imobilização de capitais equivale a 50%;
e) o rendimento do capital nominal chega a 30%.

6. (Susep – Analista Técnico/Esaf – Adaptada) A empresa Comercial Sociedade Anônima, que nos foi dada a analisar, apresenta a seguinte série de Demonstrações Financeiras, aqui devidamente simplificadas:

Títulos	20x0	20x1	20x2
Ativo Circulante			
Caixa	100	110	80
Bancos c/Movimento	408	510	220
Estoques de Mercadorias	2.000	2.510	1.280
Clientes	4.020	4.400	1.640

Ativo Não Circulante

Imóveis	1.000	1.200	2.200
Veículos	1.800	1.900	2.500
Intangível	200	250	260

Passivo Circulante

Fornecedores	1.800	1.950	300
Títulos a Pagar	-	-	500
Impostos a Pagar	308	250	100

Patrimônio Líquido

Capital	3.000	6.000	6.000
Reservas de Lucros	4.420	2.680	1.280
Receita de Vendas	**13.530**	**14.640**	**16.150**
Lucro Bruto	**5.960**	**7.110**	**7.480**
Lucro Líquido	**1.760**	**2.100**	**990**

Ao completar a análise de balanços solicitada, o Analista vai chegar à conclusão de que a(o):

a) liquidez seca cresceu acima de 5% de 20x0 para 20x1, quase dobrando em 20x2;
b) rotação de estoques no ano 20x1 alcançou índice de 3,3;
c) liquidez imediata superou os 20% nos dois primeiros anos, caindo em 20x2;
d) custo da mercadoria vendida em 20x2 alcançou o valor absoluto de R$ 7.530,00;
e) rentabilidade do patrimônio líquido alcançou 26% em 20x2.

(Fiscal de Tributos Estaduais – PA/Esaf – Adaptada) Com os saldos finais das contas da Cia. Tocantins referentes aos exercícios de 20x0 a 20x2, responder às questões de números 7 a 13.

Saldos Finais	20x0	20x1	20x2
Amortizações Acumuladas	3.000	4.000	5.000
Aplicações Financeiras Temporárias	18.000	23.000	16.000
Caixa e Bancos	5.000	8.000	10.000
Capital Social	50.000	50.000	60.000
Clientes	10.000	17.000	13.000
Contas a Pagar	14.000	25.000	15.000
Créditos de Coligadas	10.300	28.570	29.870
Custo das Mercadorias Vendidas	430.000	741.000	850.000
Depreciações Acumuladas	7.000	16.000	27.300
Despesas de Amortizações	1.000	1.000	1.000
Despesas de Variação Cambial	0	20.000	3.000
Despesas Administrativas	260.000	312.000	521.000
Despesas c/ Devedores Duvidosos	300	570	630
Despesas de Depreciação	7.000	9.000	11.300
Despesas de Juros	8.000	28.000	10.000

Despesas de Vendas	150.700	168.430	324.070
Dividendos a Pagar	2.000	3.500	2.500
Edificações	20.000	20.000	25.000
Empréstimos de Longo Prazo	25.000	52.000	55.000
Estoques	16.000	13.000	28.060
Fornecedores	23.000	18.500	28.500
Benfeitorias em Imóveis de Terceiros	6.000	6.000	6.000
Instalações	4.000	6.000	8.000
IR/CS	2.000	5.500	2.500
Juros a Pagar	4.000	11.500	8.000
Participações Societárias	10.000	30.000	29.000
Perdas Estimadas c/ Devedores Duv.	300	570	630
Despesa com IR/CS	2.000	5.500	2.500
Receita de Juros	15.000	22.000	2.000
Reserva de Lucro	4.000	17.000	12.000
Ajustes de Avaliação Patrimonial	0	5.000	5.000
Resultado de Equivalência Patrim.	0	10.000	1.000
Terrenos	35.000	40.000	45.000
Títulos a Pagar de Curto Prazo	20.000	15.000	28.500
Veículos	20.000	32.000	40.000
Vendas	850.000	1.270.000	1.730.000

Outras Informações:
I. Imposto de Renda e Contribuição Social calculados pela alíquota de 25%
II. Os Lucros Líquidos apurados nos períodos explicitados são, respectivamente:

20x0	20x1	20x2
6.000	16.500	7.500

7. **O valor do Capital Circulante Líquido do exercício de 20x2 é:**
   a) menor que o de 20x0;
   b) 10% maior que o de 20x1;
   c) de valor idêntico ao de 20x0;
   d) igual ao apurado em 20x1;
   e) menor que o apurado em 20x1.

8. **O valor do índice de Liquidez Seca para os períodos em análise é:**

	20x0	20x1	20x2
a)	0,45	0,65	0,40
b)	0,50	0,60	0,45
c)	0,55	0,55	0,50
d)	0,60	0,50	0,55
e)	0,65	0,45	0,60

9. Tomando como base os valores relativos ao índice de participação do Capital de Terceiros em cada um dos períodos, pode-se afirmar que:
   a) o valor deste índice no ano de 20x1 é 30% maior que o apurado em 20x2;
   b) o maior valor apurado neste índice é o relativo ao ano de 20x0;
   c) o índice do ano de 20x2 é 50% maior que o do ano 20x1;
   d) o menor valor apurado neste índice foi no ano de 20x2;
   e) o valor apurado neste índice em 20x2 é igual ao do ano anterior.

10. O valor da Margem Líquida apurada em 20x2 é:
    a) inferior ao apurado em 20x0;
    b) o maior dos três períodos;
    c) 10% maior que o do ano 20x1;
    d) igual ao apurado no ano de 20x0;
    e) superior em 30% ao de 20x2.

11. Se, em 20x0, a quantidade de ações emitidas pela empresa fosse de 100.000 ações, o valor do lucro por ação seria:
    a) 0,080;
    b) 0,075;
    c) 0,070;
    d) 0,065;
    e) 0,060.

12. Se, no ano anterior a 20X0, o total do ativo fosse 95.000 e os valores dos ativos médios no período analisado fossem:

20x0	20x1	20x2
119.500	173.500	210.000

    os totais dos ativos de cada um dos anos seriam:

	20x0	20x1	20x2
a)	119.500	173.500	210.000
b)	123.500	191.000	211.000
c)	144.000	203.000	217.000
d)	173.500	210.000	221.000
e)	191.000	217.000	224.000

13. A rentabilidade do investimento total para os anos de 20x1 e 20x2 é:

	20x1	20x2
a)	9,5%	3,2%
b)	8,1%	3,5%
c)	7,2%	4,2%
d)	7,1%	4,8%
e)	4,2%	7,1%

14. (Auditor-Fiscal da Receita Federal/Esaf – Adaptada) Dos balanços patrimoniais de determinada empresa foram extraídos os seguintes dados:

	20X2	20X3	20X4
Ativo Circulante	100	160	240
Ativo Não Circulante	250	400	600
Passivo Circulante	75	100	160

    Calculando-se a liquidez corrente dos três exercícios, verifica-se que ela está melhor em:
    a) 20X2, com quociente de 4,67;
    b) 20X3, com quociente de 5,60;
    c) 20X3, com quociente de 1,60;
    d) 20X4, com quociente de 5,25;
    e) 20X4, com quociente de 1,50.

15. (Controladoria Geral do Município – RJ/FJG) O indicador de análise econômico-financeira que revela a política de obtenção de recursos da empresa é o de:
    a) prazos;
    b) liquidez;
    c) estrutura;
    d) rentabilidade.

16. (Auditor-Fiscal da Receita Federal/Esaf – Adaptada) Em 31 de dezembro de 20X1, a firma Leo, Lea & Cia. tinha um patrimônio composto dos seguintes elementos, com respectivos valores, em milhares de reais:

Disponibilidades	150
Fornecedores	120
Clientes	250
Duplicatas a Pagar	220
Estoques de Mercadorias	300
Títulos a Pagar	60
Duplicatas a Receber LP	200
Duplicatas a Pagar LP	300
Títulos a Pagar LP	100
Investimentos	80
Capital Social	400
Imobilizado	260
Reservas de Capital	140
Ativo Intangível	160
Reservas de Lucros	60

    O balanço decorrente do patrimônio acima foi submetido ao programa de análise contábil da empresa, tendo revelado, em termos percentuais, os seguintes quocientes de liquidez:
    a) Liquidez Geral 175%;
    b) Liquidez Corrente 150%;
    c) Liquidez Comum 112,5%;
    d) Liquidez Seca 100%;
    e) Liquidez Imediata 44,12%.

17. Associe: (1) quocientes de liquidez; (2) quocientes de endividamento; (3) quocientes de rentabilidade; (A) revelam a política de obtenção de recursos; (B) medem o retorno de capitais; (C) medem o potencial de a empresa saldar seus compromissos.
    a) 1 A, 2 B, 3 C.
    b) 1 C, 2 A, 3 B.
    c) 1 B, 2 C, 3 A.
    d) 1 C, 2 B, 3 A.
    e) 1A, 2 C, 3 B.

18. (Auditor da Receita Federal/Esaf) De uma determinada empresa conseguiram-se os seguintes dados e informações inerentes aos exercícios sociais encerrados em 20x3 e 20x4, respectivamente (em $):

	20x3	20x4
Estoques	35.900	64.100
Custo das Mercadorias Vendidas	zero	360.000
Duplicatas a Receber	25.000	35.000
Vendas a Prazo	zero	240.000
Fornecedores	77.000	103.000
Compras a Prazo	zero	540.000

    Com os dados acima, pede-se indicar o prazo médio da rotação de estoques, do recebimento de clientes e de pagamento a fornecedores.
    a) 50, 45 e 60 dias, respectivamente.
    b) 100, 90 e 120 dias, respectivamente.
    c) 60, 45 e 50 dias, respectivamente.
    d) 120, 90 e 100 dias, respectivamente.
    e) 45, 50 e 60 dias, respectivamente.

19. (Contador/RN/Esaf) A fórmula Imobilizado/Patrimônio Líquido tem por função analisar:
    a) as relações de paralisação ou estagnação do giro financeiro do capital próprio;
    b) a rentabilidade do Patrimônio Líquido da empresa em relação ao Ativo Imobilizado;
    c) a excessiva imobilização, comprometendo a liquidez da empresa;
    d) a repercussão dos capitais de terceiros que, imobilizados, propiciaram maior rentabilidade à empresa;
    e) o grau de liquidez seca que a imobilização propiciou à empresa.

20. (Auditor-Fiscal da Receita Federal/Esaf) A relação Preço/Lucro nos dá um quociente de análise de comportamento de determinada ação no mercado. Esse quociente indica:
    a) o rendimento nominal da ação, isto é, o valor esperado dos lucros, excetuada a correção monetária;
    b) o rendimento real da ação, isto é, o valor esperado dos lucros futuros;
    c) a rentabilidade da ação, isto é, o lucro esperado na aquisição da ação;
    d) o ganho esperado na alienação da ação;
    e) o prazo de retorno do capital investido.

21. (Auditor-Fiscal da Receita Federal/Esaf) O quociente que indica o número de dias necessários para a rotação de créditos a receber é obtido mediante uso da seguinte fórmula:

a) $\dfrac{\text{Contas a receber (média mensal)}}{\text{Vendas a prazo (média diária)}} \times 360$

b) $\dfrac{360}{\dfrac{\text{Contas a receber (total)}}{\text{Vendas a prazo (total)}}}$

c) $\dfrac{360}{\dfrac{\text{Contas a receber (média mensal)}}{\text{Vendas a prazo (média diária)}}}$

d) $\dfrac{\text{Vendas médias diárias a prazo}}{\text{Contas a receber (média mensal)}} \times 360$

e) $\dfrac{360}{\dfrac{\text{Vendas a prazo total}}{\text{Contas a receber (média mensal)}}}$

22. (Auditor-Fiscal da Receita Federal/Esaf – Adaptada) Considerando os dados abaixo:

ATIVO	20X1	20X2
Circulante	126.000	186.000
Realizável a Longo Prazo	14.000	64.000
Imobilizado	60.000	150.000
Totais		400.000
PASSIVO	20X1	20X2
Circulante	50.000	90.000
Não Circulante	20.000	10.000
PATRIMÔNIO LÍQUIDO	130.000	300.000
Totais	200.000	400.000

Podemos afirmar que os quocientes de endividamento, em 20X1 e 20X2, foram, respectivamente, de:
a) 0,40 e 0,50;
b) 2,00 e 2,50;
c) 2,86 e 4,00;
d) 0,35 e 0,25;
e) 0,50 e 0,40.

23. (Auditor-Fiscal da Receita Federal/Esaf – Adaptada) Os seguintes dados foram obtidos nos balanços de 31/12/X1 e 31/12/X2:

ATIVO	31/12/X1	31/12/X2
Circulante	14.000	18.000
Realizável a Longo Prazo	700	3.000
Investimentos, Imobilizado e Intangível	28.300	37.000
Totais	43.000	58.000

PASSIVO EXIGÍVEL		
Circulante	20.000	24.000
Não Circulante	1.000	-
PATRIMÔNIO LÍQUIDO		
Capital	22.000	34.000
Totais	43.000	58.000

Considerando-se que no período de 01/01/X2 a 31/12/X2 registrou-se um índice de inflação de 20%, podemos afirmar que o quociente de liquidez geral:
a) em X1 era maior que em X2;
b) em X2 era menor que o quociente de liquidez corrente;
c) em X1 era igual ao quociente de liquidez corrente;
d) indica que não houve alteração na situação da empresa;
e) indica que a situação da empresa em 31/12/X1 era mais favorável que em 31/12/X2.

24. Se a liquidez corrente de uma empresa é 25% melhor do que a liquidez geral, e as realizações a longo prazo igual a ZERO, pode-se afirmar que a composição do endividamento da empresa vale:
a) 80%;
b) 75%;
c) 60%;
d) 50%;
e) Nada se pode afirmar.

25. (Auditor-Fiscal da Receita Federal/Esaf – Adaptada) Balancete em 31/12/X1:

	Devedores	Credores
Adiantamentos de Clientes		1.500
Capital Social		20.000
Custo das Mercadorias Vendidas	15.400	
Depreciações Acumuladas		2.900
Despesas	5.600	
Disponibilidades	300	
Duplicatas a Pagar		4.200
Duplicatas a Receber	5.400	
Equipamentos	5.000	
Estoques de Mercadorias	9.800	
Financiamentos		9.400
Imóveis de Uso	15.000	
Importações em Andamento	3.600	
Impostos a Pagar		1.700
Juros a Vencer	1.300	
Prejuízos Acumulados	1.000	
Receitas de Vendas		21.600
Reservas de Capital		4.700
Reserva Legal		1.000

Salários a Pagar		2.200
Seguros a Vencer	800	
Veículos	**6.000**	
	69.200	69.200

Sabendo-se que:
- o Capital Social estava dividido em 20.000 ações;
- o valor dos estoques de mercadorias, em 31/12/X0, era de 5.400;
- o saldo da conta Duplicatas a Receber, em 31/12/X0, era de 9.000;
- todas as vendas foram feitas para pagamento a prazo;
- não é devido imposto de renda;

Podemos afirmar que o quociente de rotação de duplicatas a receber, o quociente de imobilização de capitais próprios e o valor patrimonial das ações, no balanço de encerramento levantado em 31/12/X1, são, nessa ordem, de:
a) 0,25; 1,028 e 1,285;
b) 3,00; 0,935 e 1,235;
c) 3,50; 0,913 e 1,265;
d) 3,00; 0,913 e 1,265;
e) 4,00; 1,012 e 1,285.

26. (Auditor-Fiscal da Receita Federal/Esaf – Adaptada) A empresa Secret S.A. demonstra seu patrimônio em apenas quatro grupos: Ativo Circulante, Ativo Imobilizado, Passivo Circulante e Patrimônio Líquido. O seu Capital Próprio, no valor de R$ 1.300,00, está formado do Capital registrado na Junta Comercial e de reservas já contabilizadas na ordem de 30% do Capital Social. O grau de endividamento em relação ao ativo total foi calculado em 35%. O quociente de liquidez corrente foi medido em 1,2. A partir das informações trazidas nesta questão, podemos afirmar que o Balanço Patrimonial da empresa Secret S.A. apresentará:
a) Ativo Imobilizado de R$ 840,00;
b) Patrimônio Líquido de R$ 1.350,00;
c) Ativo Circulante de R$ 1.160,00;
d) Patrimônio Bruto de R$ 2.000,00;
e) Passivo Circulante de R$ 845,00.

27. (Auditor-Fiscal da Receita Federal/Esaf – Adaptada) A empresa Simplificada, para conhecimento do mercado, publicou as seguintes informações sobre seu patrimônio:
– não há recursos realizáveis a longo prazo;
– o quociente de solvência é 2,5 mas apenas R$ 10.000,00 são exigibilidades de longo prazo;
– estas, as exigibilidades Não Circulantes, contidas no Grupo Patrimonial chamado "Passivo Não Circulante", têm um coeficiente de estrutura patrimonial (Análise Vertical) igual a 0,05;
– 60% dos recursos aplicados estão financiados com capital próprio;
– o quociente de liquidez corrente é de 1,4, enquanto que a liquidez imediata alcança apenas o índice 0,4.

Considerando que os cálculos da análise acima indicados estão absolutamente corretos, não havendo nenhuma outra informação a ser utilizada, podemos afirmar que, no Balanço Patrimonial, o valor:

a) do Patrimônio Líquido é: R$ 200.000,00;
b) do Ativo Circulante é: R$ 120.000,00;
c) do Ativo Não Circulante é: R$ 88.000,00;
d) do Passivo Circulante é: R$ 80.000,00;
e) das Disponibilidades é: R$ 28.000,00.

28. **Se liquidez corrente = 0,4 e liquidez seca = 0,3, pode-se afirmar que:**
    a) o valor dos estoques é 10% superior ao valor do passivo circulante;
    b) o valor dos estoques é 10% inferior ao valor do passivo circulante;
    c) o valor dos estoques é 10% do valor do passivo circulante;
    d) o valor dos estoques é 10% superior ao valor do ativo circulante;
    e) o valor dos estoques é 10% inferior ao valor do ativo circulante.

(Fiscal de Tributos Estaduais – MG/UFMG – Adaptada) As questões de números 29 a 33 referem-se ao balancete de verificação abaixo.

Balancete de Verificação da Empresa Madeiras e Portas

	Em X1	Em X2	Em X3
Coligadas/Controladas	184.000	342.000	726.000
Salários a Pagar	85.000	138.420	
Capital Social	350.000	350.000	350.000
Financiamento de Longo Prazo	209.200	540.000	1.120.000
Reservas de Lucros	52.880		
Aplicação de Liquidez Imediata	250.000	180.000	
Concessões Obtidas		103.000	241.000
Créditos de Controladas	48.000	320.000	680.000
Mercadorias	70.000	135.000	170.000
Clientes	110.000	85.480	138.760
Fornecedores	120.000	163.000	238.000
Amortização Acumulada		17.200	55.000
Material de Consumo	22.500	11.850	14.450
Perdas Estimadas em Créditos de Liq. Duvidosa	5.710		
Reservas de Capital	104.000	152.000	152.000
Veículos		90.000	
Bancos c/ Movimento	59.000	20.000	62.000
Títulos a Pagar	64.620	146.826	176.000
Depreciação Acumulada	12.000	41.000	12.000
Caixa	60.290	21.600	
Máquinas	72.000	126.000	54.000
Prejuízos Acumulados		41.000	31.420
Contribuição Social a Recolher	22.380	27.684	64.630
Capital a Integralizar	150.000	100.000	50.000

29. O índice de liquidez corrente da Madeiras e Portas no exercício social X1 foi:
    a) 1,12;
    b) 1,26;
    c) 1,62;
    d) 1,94;
    e) 2,10.

30. O índice de endividamento total dessa empresa no exercício social X3 foi:
    a) 0,19;
    b) 1,13;
    c) 1,26;
    d) 2,66;
    e) 3,80.

31. O grau de imobilização do capital próprio da Madeira e Portas no exercício social X2 foi:
    a) 43%;
    b) 59%;
    c) 125%;
    d) 167%;
    e) 255%.

32. O nível de imobilizações em relação ao ativo total da empresa, no exercício social X1, foi:
    a) 21%;
    b) 28%;
    c) 31%;
    d) 43%;
    e) 47%.

33. O índice de liquidez geral da empresa no exercício social X3 foi:
    a) 0,24;
    b) 0,67;
    c) 0,80;
    d) 0,95;
    e) 2,22.

(Fiscal de Tributos Estaduais – MG/UFMG – Adaptada) As questões de números 34 a 38 referem-se ao balancete de verificação abaixo.

Demonstração do Resultado da Empresa Beta:

	X1	X2
Receita de Vendas	438.110	1.077.690
Custo das Mercadorias Vendidas	(184.720)	(634.510)
Lucro Bruto	253.390	443.180
Despesas de Vendas	(48.670)	(143.670)
Despesas Administrativas	(96.340)	(187.230)
Receitas Financeiras Líquidas	214.790	137.725
Lucro antes do IR e CSLL	323.170	250.005
IR e CSLL	(115.950)	(93.858)
Resultado Líquido do Exercício	207.220	156.147

Informações adicionais:		
Estoque médio	92.500	184.450
Patrimônio Líquido	362.545	420.580
Ativo médio	576.720	648.945

34. A rotação dos estoques da Beta nos dois exercícios sociais foi, respectivamente:
    a) 0,42 vezes e 0,58 vezes;
    b) 0,50 vezes e 0,29 vezes;
    c) 0,57 vezes e 2,53 vezes;
    d) 0,89 vezes e 4,06 vezes;
    e) 1,99 vezes e 3,44 vezes.

35. Nos dois exercícios sociais, as rotações dos ativos totais, foram, respectivamente:
    a) 0,76 vezes e 1,66 vezes;
    b) 0,84 vezes e 0,75 vezes;
    c) 0,84 vezes e 2,21 vezes;
    d) 1,66 vezes e 2,21 vezes;
    e) 2,21 vezes e 0,84 vezes.

36. A margem líquida da Beta no exercício de X2 foi:
    a) 14,49%;
    b) 22,29%;
    c) 23,20%;
    d) 35,23%;
    e) 47,30%.

37. A margem operacional da Beta no exercício social X1 foi:
    a) 47,30%;
    b) 57,84%;
    c) 66,39%;
    d) 72,76%;
    e) 73,76%.

38. O quociente de retorno sobre o Patrimônio Líquido no exercício social X1 foi:
    a) 0,57;
    b) 0,69;
    c) 1,74;
    d) 0,81;
    e) 0,89.

39. Das demonstrações contábeis da Cia. Cintra Azul, foram obtidos os seguintes valores:

    Imobilização do Capital Próprio = 0,64

    Liquidez corrente = 1,2

    Liquidez geral = 1,6

    Exigibilidades a longo prazo = R$ 500

    Realizações a longo prazo = R$ 1.800

    Desta forma, no balanço da referida empresa o CAPITAL PRÓPRIO importou em:
    a) R$ 3.000;
    b) R$ 4.000;
    c) R$ 5.000;
    d) R$ 6.000;
    e) R$ 8.000.

40. Os seguintes coeficientes de análise vertical foram obtidos do balanço de uma empresa:

    Ativo circulante = 42%

    Realizável a longo prazo = 18%

    Passivo circulante = 28%

    Passivo não circulante = 52%

    Patrimônio Líquido = 20%

    A liquidez geral é inferior à liquidez corrente em:
    a) 10%;
    b) 20%;
    c) 30%;
    d) 40%;
    e) 50%.

41. Considerando a questão anterior, se o total do ativo fixo é de R$ 25.000,00, o capital de giro líquido importa em:
    a) R$ 16.800,00;
    b) R$ 16.500,00;
    c) R$ 8.750,00;
    d) R$ 18.000,00;
    e) R$ 15.200,00.

42. As seguintes informações foram extraídas do balanço de uma empresa:
    - Liquidez Corrente = Liquidez Geral = 3
    - Capital Circulante Líquido = $ 600
    - Passivo Circulante = 25 % do Capital de Terceiros

    Após a situação anterior, a empresa adquiriu à vista um bem de uso no valor de $ 400. Desta forma, em vista do ocorrido, o quociente de liquidez geral passou a ser:
    a) 30% superior ao de liquidez corrente;
    b) 40% superior ao de liquidez corrente;
    c) 50% superior ao de liquidez corrente;
    d) 60% superior ao de liquidez corrente;
    e) 25% inferior ao de liquidez corrente.

43. (Petrobras – Contador Júnior/Fundação Cesgranrio) Os saldos das contas a receber de clientes nos últimos 3 anos foram: ano 1 = R$ 120.000,00; ano 2 = R$ 150.000,00; ano 3 = R$ 180.000,00. Se considerarmos que em cada um destes 3 anos a receita gerada foi exatamente igual, pode-se justificar o crescimento do saldo das contas a receber de duas formas. Quais são elas?
    a) Redução de prazos e aumento de custos.
    b) Dilatação de prazos e inadimplência.
    c) Dilatação de prazos e aumento dos custos.
    d) Inflação e aumento dos custos.
    e) Inflação e inadimplência.

44. (Petrobras – Contador Júnior/Fundação Cesgranrio) Na análise da liquidez de certa empresa, o analista apurou os seguintes índices: Liquidez Corrente = 1,26 e Liquidez Seca = 1,01. As fórmulas para o cálculo de tais índices foram:

    $$ILC = \frac{AC}{PC}$$

$$ILS = \frac{AC - E}{PC}$$

No mesmo balanço da apuração acima o estoque foi evidenciado em R$ 1.250.000,00. Então, o Ativo Circulante da empresa, em reais, é:
a) R$ 1.262.500,00;
b) R$ 1.575.000,00;
c) R$ 1.590.750,00;
d) R$ 5.000.000,00;
e) R$ 6.300.000,00.

45. (Auditor Júnior – Petrobras/Fundação Cesgranrio) Um especialista, ao avaliar a capacidade de pagamento de curto prazo da empresa ZYX, utilizou o método de análise do índice de liquidez corrente desta empresa.

Balanço da Empresa ZYX em 31/12/2009 (em reais)	
ATIVO	PASSIVO
Caixa 150.000	Fornecedores 250.000
Contas a Receber 350.000	
Imóveis 100.000	Patrimônio Líquido 350.000
TOTAL 600.000	TOTAL 600.000

Considerando os dados do Balanço da Empresa ZYX e de acordo com a análise do índice de liquidez corrente, o especialista chegou à conclusão de que:
a) para cada R$ 1,00 do patrimônio líquido, a empresa possui R$ 3,50 em imóveis, inviabilizando as obrigações de curto prazo;
b) para cada R$ 1,00 de obrigações no curto prazo, existe R$ 0,50 de direitos a receber, demonstrando a incapacidade da empresa em honrar suas obrigações;
c) para cada R$ 1,00 de obrigações no curto prazo, a empresa possui R$ 2,00 para a cobertura desta dívida, demonstrando plena capacidade de honrar todos os compromissos de curto prazo;
d) o ativo total da empresa tem capacidade suficiente para cobrir as despesas com fornecedores, com uma sobra de R$ 350.000,00 que poderá ser revertida para o patrimônio líquido;
e) o patrimônio líquido é menor que o ativo circulante total, demonstrando um risco de liquidez no curto prazo.

(Fiscal de ISS – SP/Fundação Carlos Chagas – Adaptada) Para responder às questões de números 46 a 49 considere o enunciado abaixo.

ATIVO		PASSIVO	
Circulante		Circulante	
Disponibilidades	1.200	Fornecedores	5.200
Duplicatas a receber	5.400	Contas a pagar	1.200

Provisão p/ dev. duvidosos	(162)	Salários a pagar	800
Estoques	10.800	I.R. a pagar	350
	17.238		**7.550**

Não Circulante		**Não Circulante**	
Realizável a longo prazo		**Financiamentos**	**5.200**
Duplicatas a receber	1.480		
		Patrimônio líquido	
Imobilizado		Capital	**8.100**
Terrenos	4.500	Reservas	3.200
Imóveis	3.900	Reservas de Lucro	1.868
Depreciação	(1.200)		**13.168**
	7.200		
Total do ativo	**25.918**	**Total do passivo**	**25.918**

Demonstração do resultado do exercício
Vendas 60.800
Custo das mercadorias vendidas .... (37.680)
Lucro bruto 23.120

Despesas operacionais
Vendas 2.200
Administrativas 3.450
Outras despesas operacionais 7.890
Despesas financeiras 9.200
Receitas financeiras 630
Lucro antes do Imposto de Renda 1.010
Imposto de renda 404
Lucro líquido 606

Considerando que a empresa utiliza ano com 360 dias para o cálculo dos seus índices, pede-se indicar:

46. **O prazo médio de rotação de estoques é:**
    a) 88 dias;
    b) 95 dias;
    c) 101 dias;
    d) 103 dias;
    e) 174 dias.

47. **O índice de retorno sobre o Ativo é:**
    a) 4,33%;
    b) 3,22%;
    c) 2,34%;
    d) 2,01%;
    e) 1,88%.

48. O prazo médio de recebimento de vendas é:
    a) 32 dias;
    b) 37 dias;
    c) 45 dias;
    d) 66 dias;
    e) 67 dias.

49. O índice de participação de capitais de terceiros sobre recursos totais é:
    a) 35%;
    b) 49%;
    c) 55%;
    d) 67%;
    e) 100%.

50. (Auditor-Fiscal da Receita Federal/Esaf) Ao promover a análise de balanços da Cia. Argentum, o Contador-analista apurou a "Margem de Garantia" de 2,30. Quando essa empresa comprou equipamentos a prazo por R$ 400,00, vendeu mercadorias a prazo por R$ 500,00, ganhando R$ 200,00 e pagou R$ 100,00 de despesas administrativas, esse quociente foi drasticamente alterado.

    A referida alteração ocorreu com o aumento de:
    a) R$ 900,00 no numerador e de R$ 500,00 no denominador;
    b) R$ 500,00 no numerador e de R$ 400,00 no denominador;
    c) R$ 500,00 no numerador e de R$ 300,00 no denominador;
    d) R$ 200,00 no numerador e de R$ 100,00 no denominador;
    e) R$ 100,00 no numerador e de R$ 400,00 no denominador.

51. (BNDES/Vunesp) Observe os dados abaixo, relativos a 31/12/X0, da Companhia América.
    1º) Índices:
    • Liquidez Corrente 1,80
    • Liquidez Geral 1,60
    • Solvência Geral... 3,00
    2º) Valor do:
    • Ativo Circulante .... R$ 360.000,00
    • Passivo Exigível .... R$ 300.000,00

    Com base nos dados acima, pode-se afirmar que o valor do passivo circulante da companhia é:
    a) R$ 360.000,00;
    b) R$ 300.000,00;
    c) R$ 225.000,00;
    d) R$ 200.000,00;
    e) R$ 180.000,00.

52. Considerando ainda a questão anterior, podemos afirmar que o ativo fixo da Companhia América vale:
    a) R$ 420.000,00;
    b) R$ 380.000,00;
    c) R$ 360.000,00;
    d) R$ 300.000,00;
    e) R$ 250.000,00.

53. **(BNDES/Vunesp)** O modelo desenvolvido por Stephen C. Kanitz, utilizando a metodologia de análise discriminante para mensurar a solvência de uma empresa é constituído pela seguinte fórmula:

FI = 0,05X1 + 1,65X2 + 3,55X3 – 1,06X4 – 0,33X5, onde:

FI = fator de insolvência

X1 = lucro líquido/patrimônio líquido

X2 = (ativo circulante + realizável a longo prazo)/passivo exigível

X3 = (ativo circulante – estoques)/passivo circulante

X4 = ativo circulante/passivo circulante

X5 = exigível total/patrimônio líquido

No modelo, quanto maior o valor de FI, mais solvente é a empresa. Logo, pode-se afirmar que a empresa será mais solvente, segundo esse modelo:

a) quanto menor for seu retorno sobre o patrimônio líquido;
b) quanto maior for seu índice de liquidez corrente;
c) quanto maior for seu índice de participação de capital de terceiros;
d) quanto maior for seu índice de liquidez seca;
e) quanto menor for seu índice de liquidez geral.

54. **(Petrobras – Contador/Fundação Cesgranrio)** A Companhia Neves S.A. apresentou as seguintes informações, extraídas de um Balanço, em reais:

Capital Circulante Líquido	450,00
Capital de Terceiros	1.000,00

Sabendo que na análise desse mesmo Balanço a composição do endividamento é de 75%, o índice de liquidez corrente, apurado, também, nesse Balanço, é:

a) 2,22;
b) 1,60;
c) 1,25;
d) 0,55;
e) 0,45.

55. **(Petrobras – Contador/Fundação Cesgranrio)** A Empresa Mercar Ltda. calcula sua liquidez seca pela seguinte fórmula:

Na análise do Balanço de 2002, apurou os seguintes indicadores:

(A) Liquidez corrente = 1,35;

(B) Liquidez seca = 1,05;

(C) Liquidez geral = 1,25

No mesmo Balanço, foram apuradas as seguintes situações:

(1) Mercadorias em estoque: R$ 150.000,00

(2) Ativos realizáveis de longo prazo: R$ 80.000,00

Considerando, exclusivamente, as informações apresentadas, o Capital de Terceiros de curto prazo (Circulante), no mesmo Balanço, em reais, é:

a) 500.000,00;
b) 471.875,00;
c) 283.125,00;
d) 230.000,00;
e) 70.000,00.

56. (Cursos de Formação de Oficiais do QC – Contador/Escola de Administração do Exército) Corresponde ao conceito de Índice de Giro do Ativo:
   a) quanto a empresa possui do Ativo Diferido para o Passivo Circulante;
   b) o Ativo Ponderado dividido pelo total do Patrimônio Líquido;
   c) quanto a empresa possui de Ativo para o total do Passivo Real;
   d) quanto a empresa possui do Ativo Circulante para cada Passivo Circulante;
   e) quanto a empresa comercializou para cada unidade monetária de Ativo Total.

57. (Auditor-Fiscal da Receita Estadual/MG – Esaf – Adaptada) As demonstrações financeiras da Cia. Abaptiste Comercial foram elaboradas com base nas contas e saldos abaixo:

Caixa e Bancos	R$ 200,00
Mercadorias	R$ 620,00
Clientes	R$ 400,00
Móveis e Máquinas	R$ 2.000,00
Depreciação Acumulada	R$ 180,00
Títulos a Receber a LP	R$ 200,00
Fornecedores	R$ 1.150,00
Contas a Pagar	R$ 250,00
Empréstimos a Longo Prazo	R$ 430,00
Capital Social	R$ 1.400,00
Reservas de Lucros	R$ 100,00
Vendas de Mercadorias	R$ 5.120,00
Compras de Mercadorias	R$ 3.160,00
Despesas Administrativas	R$ 1.370,00
Despesas Financeiras	R$ 500,00
Encargos de Depreciação	R$ 180,00

   Observações:
   1) Desconsiderar quaisquer implicações fiscais ou tributárias.
   2) O estoque final de mercadorias está avaliado em R$ 780,00.

   Promovendo-se a análise das demonstrações financeiras elaboradas com base nas informações supra, certamente, encontraremos um quociente percentual de Liquidez Corrente ou Comum equivalente a:
   a) 43%;
   b) 70%;
   c) 86%;
   d) 87%;
   e) 99%.

58. (Auditor-Fiscal da Receita Estadual/MG – Esaf) A empresa Anna Alisée S.A. iniciou o exercício com estoque de mercadorias avaliadas em R$ 12.000,00 e contabilizou, durante o período, um custo de vendas no valor de R$ 81.000,00.
   Sabendo-se que o prazo médio de rotação dos estoques alcançou oitenta dias, podemos afirmar que:

a) o giro do estoque teve quociente igual a quatro;
b) o estoque inicial foi um terço do estoque médio;
c) o estoque médio foi avaliado em R$ 24.000,00;
d) o estoque que vai a balanço é o dobro do estoque inicial;
e) não há dados suficientes para efetuar os cálculos.

59. (Petrobras – Contador Pleno/Fundação Cesgranrio) A Cia. Tamoio fez um lançamento contábil transferindo um bem do ativo imobilizado para o grupo do ativo realizável a longo prazo, para ser posto à venda. Este lançamento:
    a) não afeta os índices de liquidez geral e imobilização, pois apenas ocorre a troca entre grupos de ativo;
    b) piora os índices de imobilização e liquidez geral;
    c) melhora os índices de imobilização e liquidez geral;
    d) melhora o índice de imobilização e piora o índice de liquidez;
    e) melhora o índice de liquidez geral e piora o índice de imobilização.

60. (Petrobras – Contador Pleno/Fundação Cesgranrio – Adaptada) A Demonstração do Resultado do Exercício da Empresa Óleos & Lubrificantes apresenta as seguintes contas e saldos, em reais:

Receita Bruta de Vendas	45.000,00
ICMS s/ Vendas	7.500,00
Devolução de Vendas	1.100,00
Despesas com Vendas	2.800,00
Resultado Negativo de Equivalência Patrimonial	1.500,00
Imposto de Renda	2.250,00
Despesas Financeiras	1.700,00
Custo das Mercadorias Vendidas	12.200,00

    Com base nos dados apresentados, a Margem Operacional Líquida da empresa será, em reais, de:
    a) 0,35;
    b) 0,40;
    c) 0,50;
    d) 0,70;
    e) 0,75.

61. A Cia. XYZ apresentou as seguintes contas patrimoniais, em reais, ao final do ano de 20X4:

• **Capital**	500,00
• **Bancos**	100,00
• **Estoques**	100,00
• **Duplicatas a Receber**	900,00
• **Perdas Estimadas em Créditos de Liquidação Duvidosa**	50,00
• **Duplicatas Descontadas**	200,00
• **Fornecedores**	200,00

- Financiamentos (50% do saldo vencem em 2005) 200,00
- Adiantamento de Clientes 100,00
- Terrenos 150,00

Com base apenas nas informações apresentadas, e considerando as novas regras contábeis reguladas pelo CPC (Comitê de Pronunciamentos Contábeis), o índice de liquidez corrente da Cia. XYZ será:
a) 1,500;
b) 1,692;
c) 1,750;
d) 2,125;
e) 2,300.

62. (Petrobras – Contador Pleno/Fundação Cesgranrio) Considere os dados abaixo, com valores em reais, extraídos da contabilidade da Cia. Gama, referentes ao exercício de 20X4:
 - Estoque inicial de mercadorias 10.600,00
 - Estoque final de mercadorias 9.400,00
 - Compra de mercadorias 70.800,00

Considerando que o ano comercial tem 360 dias, o prazo médio de rotação dos estoques da Cia. Gama, no exercício de 20X4, em dias, é:
a) 25;
b) 50;
c) 75;
d) 100;
e) 125.

63. (Petrobras – Contador Pleno/Fundação Cesgranrio – Adaptada) Analise as afirmações a seguir, em relação à análise das demonstrações financeiras.

I. O EBITDA revela, em essência, a genuína capacidade operacional de geração de caixa de uma empresa. A relação entre o EBITDA e as despesas financeiras de competência de determinado período é consagrada pelos analistas financeiros como índice de cobertura de juros.

II. Uma empresa com Capital Circulante Líquido Positivo apresentará melhora (aumento) no índice de liquidez corrente, se efetuar o pagamento de fornecedores.

III. A margem líquida é normalmente obtida dividindo-se o Lucro Líquido do período pela Receita de Vendas no mesmo período, considerando o novo conceito de Receitas determinado pelo Pronunciamento Técnico CPC 30 (R1) – Receitas.

Está(ão) correta(s) a(s) afirmação(ões):
a) I, apenas;
b) II, apenas;
c) III, apenas;
d) II e III apenas;
e) I, II e III.

64. (Petrobras – Contador Júnior/Fundação Cesgranrio) Foram extraídos, da análise de demonstrações contábeis da Cia. Brasília, os seguintes dados:

Índices	20X4	20X5
Liquidez Geral	1,18	0,88
Liquidez Corrente	1,46	1,61

Com base exclusivamente nessas informações, pode-se afirmar que a Empresa está:
a) melhorando o perfil de Liquidez Geral entre 20X4 e 20X5;
b) dependendo de geração futura de recursos para liquidar suas dívidas totais, em 20X5;
c) dependendo de geração futura de recursos para liquidar suas dívidas de curto prazo, em 20X5;
d) comprometida com dívidas, destinando metade do capital total da empresa para liquidar suas dívidas, em 20X5;
e) impossibilitada de pagar suas dívidas de curto ou de longo prazo, em 20X5, sem utilizar empréstimos de curto prazo.

65. (Petrobras – Contador Júnior/Fundação Cesgranrio) Obtiveram-se da Cia. Mega S.A. as seguintes informações, considerando o ano de 360 dias:
- **Rotação de duplicatas a receber: 12 vezes**
- **Rotação de fornecedores: 24 vezes**
- **Rotação de estoques: 8 vezes**

Com base nesses dados, o ciclo de caixa da empresa, em dias, é de:
a) 44;
b) 45;
c) 60;
d) 75;
e) 90.

66. (Petrobras – Contador Júnior/Fundação Cesgranrio – Adaptada) A Cia. Serra Ltda. apresentou o Balanço Patrimonial abaixo em 31 de dezembro de 20X8:

ATIVO		PASSIVO	
Circulante	450,00	Circulante	300,00
Disponível	200,00	Fornecedores	200,00
Valores a Receber	150,00	Contas a Pagar	100,00
Estoques	100,00	Não Circulante	
Não Circulante	750,00	Patrimônio Líquido	700,00
Realizável a Longo Prazo	50,00	Capital	500,00
Investimentos	150,00	Reservas	200,00
Imobilizado	350,00		
Intangível	200,00		
Total do Ativo	1.200,00	Total do Passivo	1.200,00

Com base nos dados acima, pode-se afirmar que o índice de imobilização do capital próprio, em reais, foi de:
a) 0,50;
b) 0,75;
c) 1,00;
d) 1,25;
e) 2,00.

67. (Petrobras – Contador Júnior/Fundação Cesgranrio) A Cia. Mares Verdes Ltda. possui 5 filiais situadas em cidades nordestinas. Observe os dados dessas filiais, referentes a junho de 20X5.

Filiais	2ª margem de contribuição por Filial ou Lucro por Filial (em reais)	Investimento identificado por Filial (em reais)
Fortaleza	200.000,00	2.105.260,00
Natal	220.000,00	2.588.235,00
Recife	230.000,00	2.555.555,00
Maceió	180.000,00	1.800.000,00
Salvador	250.000,00	2.380.000,00

A filial que apresenta a maior Taxa de Retorno sobre o Investimento (TRI) é:
a) Fortaleza;
b) Natal;
c) Recife;
d) Maceió;
e) Salvador.

68. (Susep – Analista Técnico/Esaf – Adaptada) A empresa Orizonina Metais S.A. elaborou seu balanço com os seguintes dados contábeis, referentes ao exercício de 20X8, cujos valores são aqui apresentados:

Caixa	260
Capital Social	3.000
Custo das Mercadorias Vendidas	6.000
Depreciação	200
Depreciação Acumulada	360
Despesas Administrativas	1.300
Despesas Financeiras	500
Empréstimos Bancários	2.500
Fornecedores	700
Mercadorias	1.500
Móveis e Utensílios	4.800
Receitas de Vendas	9.000
Reservas de Lucro	500
Títulos a Pagar a Longo Prazo	400
Títulos a Receber	500
Títulos a Receber a Longo Prazo	600

Finalizada sua elaboração, as demonstrações financeiras foram submetidas ao processo de análise contábil possibilitando de sua leitura a conclusão de que:

a) a liquidez geral da empresa demonstra capacidade de pagamento de 71% das dívidas já assumidas;
b) a liquidez corrente não alcança a cobertura de metade das dívidas de curto prazo;
c) a rentabilidade líquida alcançada no período foi, exatamente, um terço da rentabilidade bruta;
d) o capital de giro líquido, em 31 de dezembro, é positivo em 29% das obrigações a pagar, no exercício seguinte ao balanço;
e) o grau de imobilização do capital alcança 70% do patrimônio bruto.

69. **(Analista de Controle Externo/Esaf – Adaptada)** A empresa Mentescapo S.A. apresentou os seguintes dados componentes de seu balanço patrimonial e demonstração de resultados do exercício de 20x2 para elaboração das Demonstrações e efetivação de análise contábil (em milhares de reais):

Contas	20x1	20x2
Caixa e Bancos	274	242
Capital Social	3.000	3.000
Compras de Mercadorias	6.300	10.296
Depreciação Acumulada	360	840
Despesas Administrativas	2.746	2.640
Despesas Financeiras	1.000	1.340
Duplicatas a Pagar	1.560	1.080
Encargos de Depreciação	360	480
Fornecedores	1.700	1.200
Mercadorias	1.260	1.560
Móveis e Utensílios	4.800	4.800
Prejuízos Acumulados	(120)	zero
Reservas de Lucros	zero	14
Vendas de Mercadorias	10.240	15.224

Observações:

1) O estoque final de mercadorias em 20x2 foi avaliado em R$ 1.700.
2) Não deve ser considerada nenhuma implicação de natureza fiscal ou tributária.

Ao promover-se a análise contábil dos balanços, elaborados com base nas informações acima, pode-se dizer que:

a) a liquidez corrente cresceu quase 52% de 20x1 para 20x2;
b) a rentabilidade do capital sofreu forte declínio de 20x1 para 20x2;
c) a liquidez imediata tem-se mantido abaixo de um décimo;
d) a liquidez seca manteve-se inalterada de 20x1 para 20x2;
e) a rotação dos estoques, que era de 94 dias em 20x1, tornou-se mais lenta ao passar para 60 dias em 20x2.

(Auditor-Fiscal da Receita Federal/Esaf – Adaptada) Enunciado para a resolução das questões 70 a 77.

Com as informações referentes aos períodos contábeis de 20X0/20X2 da Cia. FIRMAMENTO, fornecidas a seguir:

Balanços Patrimoniais de 20X0/20X1 e o balancete de verificação referente a operações, do exercício de 20X2, já registradas até 31/12/20X2.

ATIVOS	20X0	20X1	Balancete de verificação 31/12/20X2
Disponibilidades	1.500	3.500	31.000
Duplicatas a Receber	224.000	210.000	257.500
(-) PECLD	(2.000)	(4.000)	(5.000)
Estoques	25.000	30.000	70.000
Participações Societárias			
Cia. SOL	0	80.000	80.000
Cia. LUA	0	150.000	150.000
Cia. ESTRELA	1.500	1.500	1.500
Terrenos	60.000	60.000	180.000
Veículos	40.000	40.000	40.000
Edificações	20.000	20.000	20.000
Obras em andamento		54.000	150.000
Depreciação Acumulada	(10.000)	(20.000)	(30.000)
CMV			170.000
Despesas Administrativas	0	0	70.000
Devedores Duvidosos	0	0	5.000
Despesas Financeiras	0	0	40.000
Depreciação	0	0	10.000
TOTAL DO ATIVO + Despesas	360.000	625.000	1.240.000
Fornecedor	25.000	40.000	56.000
Contas a Pagar	15.000	22.000	80.000
Impostos, Contribuições e Participações	11.000	26.000	0
Dividendos a Pagar	25.000	35.000	0
Empréstimos e Financiamentos	40.000	60.000	200.000
Capital	200.000	400.000	430.000
Reserva Legal	4.000	12.000	12.000
Reservas de Lucros	40.000	30.000	0
Vendas	0	0	460.000
Reversão de PECLD	0	0	2.000
TOTAL DO PASSIVO + PL + Receitas	360.000	625.000	1.240.000

Nota: PECLD – Perdas Estimadas em Créditos de Liquidação Duvidosa

II. A empresa provisiona, ao final do exercício, o valor de 86.100, que correspondem a 30% do lucro contábil, para o pagamento dos impostos, contribuições e participações incidentes sobre o lucro apurado. Distribui ainda dividendos à base de 20% do total dos lucros líquidos, sendo o saldo remanescente, após as destinações de Reserva Legal (5%) e outras Reservas de Lucros (20%), acrescido a esse valor distribuído aos dividendos.

III. Nos exercícios de 20X0 e 20X1, a empresa registrou Custos de Mercadorias Vendidas no valor de 120.000 e 145.000, respectivamente.

IV. A conta Empréstimos e Financiamentos refere-se a uma operação financeira realizada em dezembro de 20X0, vencível em 10 anos, com carência de 5 anos e juros de 0,5% pagos no final de cada mês.

V. Dados sobre as Participações Societárias:

Dados dos investimentos em Participações Societárias	% de Participação	Informações sobre as investidas			
		PL final em 31/12/20X1	Total do PL ajustado em 31/12/20X2 antes da distribuição dos dividendos e da reavaliação de ativos pelas investidas	Reavaliação de ativos efetuados por investidas em 21/12/20X2	Dividendos distribuídos ao final de 20X2
Cia. SOL	40% das ações ordinárias	200.000	370.000	100.000	20.000
Cia. LUA	80% do capital social	187.500	287.500	0	30.000
CIA. ESTRELA	2% das ações preferenciais	75.000	300.000	50.000	100.000

Observação: Em 31/12/20X2 ocorreu na Cia. SOL uma integralização de Capital em dinheiro de 75.000, de forma que a participação da investidora no capital desta investida não foi alterada.

70. Observando os valores inscritos no Patrimônio Líquido, é verdadeiro afirmar que:
    a) em 20x1, os sócios integralizaram o Capital Social com subscrição de ações no valor de 80.000;
    b) nos exercícios de 20x0 e 20x1, não foram utilizados saldos de reservas para aumentar capital;
    c) no exercício de 20x1, a empresa deu prejuízo e não efetuou distribuição do lucro;
    d) em 20x2 a empresa aumentou seu capital com subscrição de sócios;
    e) em 20x0, a participação do capital próprio na composição das fontes de recursos é de 68%.

71. Com relação aos dividendos distribuídos por suas investidas, a Cia. Firmamento, quando da apuração de seu resultado do exercício de 20X2, deve dar o seguinte tratamento contábil:
    a) Reconhecer como receitas não operacionais o valor de 20.000.
    b) Registrar como receita de dividendos o valor de 8.000.
    c) Lançar a crédito de Participações Societárias o valor de 32.000.
    d) Debitar Participações Societárias no valor de 34.000.
    e) Creditar como Outras Receitas Operacionais o valor de 10.000.

72. **Na apuração do resultado do exercício de 20X2 da Cia. Firmamento, o valor registrado a crédito na conta Reserva Legal deve ser:**
    a) 9.005;
    b) 10.045;
    c) 9.505;
    d) 9.045;
    e) 9.845.

73. **Em 20X1, o valor das compras de mercadorias efetuadas foi de:**
    a) 170.000;
    b) 140.000;
    c) 120.000;
    d) 150.000;
    e) 210.000.

74. **Analisando a variação do CCL – Capital Circulante Líquido da empresa, pode-se afirmar que o valor do CCL:**
    a) de 20X2 é menor do que o apurado em 20X0;
    b) de 20X1 é maior do que o apurado em 20X0;
    c) de 20X0 é menor do que o apurado em 20X2;
    d) de 20X2 é maior do que o apurado em 20X1;
    e) de 20X1 é menor do que o apurado em 20X2.

75. **Em 20X1, o valor total pago aos fornecedores foi de:**
    a) 130.000;
    b) 145.000;
    c) 140.000;
    d) 150.000;
    e) 135.000.

76. **O Índice de Imobilização da empresa, em 20X2, é:**
    a) 1,64;
    b) 1,40;
    c) 1,35;
    d) 1,20;
    e) 1,83.

77. **Pode-se afirmar que a participação do capital de terceiros em:**
    a) 20x1 é de 0,48;
    b) 20x0 é de 0,98;
    c) 20x1 é de 0,83;
    d) 20x2 é de 1,08;
    e) 20x0 é de 0,46.

78. (Transpetro – Contador Júnior/Fundação Cesgranrio) A Cia. Zodíaco possui um índice de participação de capitais de terceiros (CT/PL) igual a 1,5, enquanto a composição do endividamento (PC/CT) apresenta um resultado igual a 0,7. Em vista desses dados, é correto concluir que a empresa:
   a) está numa situação pré-falimentar;
   b) apresenta um quadro de endividamento elevado, além de concentrado no curto prazo;
   c) apresenta baixo endividamento, pois o patrimônio líquido representa 2/3 do total dos ativos, sendo irrelevante o perfil da dívida;
   d) tem uma situação excelente, tanto no volume da dívida quanto no seu perfil, concentrado no longo prazo;
   e) não apresenta maiores problemas em manter um endividamento elevado, já que tem perfil da dívida todo concentrado no curto prazo.

79. Se a imobilização do patrimônio líquido [(ANC – ARLP)]/PL apresentar um resultado superior a 1 (um), pode-se depreender que:
   a) todos os índices de atividade da empresa são positivos;
   b) o Ativo Não Circulante (ANC), exceto o Ativo Realizável a Longo Prazo (ARLP), é financiado inteiramente por capitais próprios (PL);
   c) o capital próprio financia todo o ANC e parte do AC;
   d) a empresa está utilizando recursos de terceiros para completar o montante necessário ao financiamento do Ativo Fixo, ou seja, a soma do Ativo Investimentos com o Ativo Imobilizado com o Ativo Intangível;
   e) o endividamento da empresa é bom.

80. (Empresa de Pesquisa Energética – Analista de Gestão Corporativa/Fundação Cesgranrio) Dados extraídos da contabilidade da Cia. Geração S/A:

Itens	2010	2009
Passivo Circulante	32.000,00	22.000,00
Variação do CCL	4.100,00	
Índice de Liquidez Corrente (ILC)		1,25

Considerando-se exclusivamente as informações acima, o índice de liquidez corrente da Cia. Geração S/A, em 2010, é:
   a) 0,82;
   b) 1,01;
   c) 1,16;
   d) 1,23;
   e) 1,30.

81. (Analista de Finanças e Controle – CGU/Esaf – Adaptada) A empresa Comércio Operacional S.A. apresenta os seguintes valores, em 31/12/20X5:

Contas	Saldos
Bancos conta Movimento	R$ 100.000,00
Fornecedores	R$ 170.000,00
Mercadorias em Estoque	R$ 180.000,00

Impostos a Recolher   R$ 30.000,00
Títulos a Receber   R$ 300.000,00
Títulos a Pagar   R$ 210.000,00
Investimentos   R$ 80.000,00
Capital Social   R$ 300.000,00
Ativo Imobilizado   R$ 220.000,00
Reservas de Lucros   R$ 120.000,00

Observações:

1) dos títulos a pagar, R$ 25.000,00 venceram em 20X5, R$ 115.000,00 vencerão em 20X6 e R$ 70.000,00 vencerão em 20X7;

2) dos títulos a receber, R$ 45.000,00 venceram em 20X5, R$ 195.000,00 vencerão em 20X6 e R$ 60.000,00 vencerão em 20X7;

3) dos títulos a vencer em 20X6, R$ 50.000,00 acham-se descontados em bancos.

A análise contábil do balanço patrimonial originário das contas e saldos evidenciam um quociente de liquidez seca ou *acid test* de:

a) 1,38;
b) 1,15;
c) 1,00;
d) 0,87;
e) 0,85.

82. (Analista de Finanças e Controle – CGU/Esaf – Adaptada) A firma Special Comércio S.A. é titular das contas abaixo relacionadas no livro Razão, em 31 de dezembro de 20X5, antes da apuração do resultado do exercício:

Caixa   R$ 100,00
Contas a Receber   R$ 3.680,00
Mercadorias   R$ 400,00
Fornecedores   R$ 5.160,00
Máquinas e Equipamentos   R$ 1.500,00
Depreciação Acumulada   R$ 280,00
Terrenos   R$ 3.400,00
Empréstimos de longo prazo   R$ 2.400,00
Capital Social   R$ 1.260,00
Reservas de Lucros   R$ 100,00
Vendas de Mercadorias   R$ 19.600,00
Despesas Administrativas e Gerais   R$ 2.000,00
Despesas Comerciais   R$ 1.800,00
Depreciação   R$ 120,00
Despesas Financeiras   R$ 800,00
Compras de Mercadorias   R$ 15.000,00

Observações:

1) o estoque final foi avaliado em R$ 1.400,00;
2) considerar o ano comercial;

3) desconsiderar quaisquer implicações de ordem fiscal ou tributária;

4) o débito inicial de clientes era de R$ 1.120,00 e o crédito de fornecedores era de R$ 2.840,00;

5) no período, a empresa operou a prazo 3/4 do movimento de vendas e 2/3 do movimento de compras.

A análise contábil a que foi submetida a empresa, no período, evidenciou quociente de:

a) lucratividade de 5%;
b) endividamento de 52,65%;
c) solvência de 77,14%;
d) rotação no pagamento das dívidas de 187 dias;
e) liquidez geral de 68,52%.

83. (Agente Fiscal de Rendas – SP/Fundação Carlos Chagas) A Empresa "X" possui Índice de Liquidez Geral igual a 1,4. Do Balanço Patrimonial foram extraídas as seguintes contas, com valores em reais:

Contas a Receber	5.000
Provisões a Pagar	3.000
Terrenos	5.000
Estoques	4.000
Contas a Receber Longo Prazo	2.500
Impostos a Pagar	3.500
Empréstimos Obtidos no Longo Prazo	2.000
Bancos	3.480
Veículos	2.200
Depreciação do Imobilizado	750
Participações Societárias – Controladas	3.200

O valor da conta Fornecedor que faz com que a empresa tenha Índice de Liquidez Geral mencionado acima é R$:

a) 4.300,00;
b) 3.700,00;
c) 2.600,00;
d) 2.200,00;
e) 2.000,00.

84. (Agente Fiscal de Rendas – SP/Fundação Carlos Chagas) Uma empresa tem prazo médio de renovação dos estoques 74 dias; prazo médio de recebimento de vendas 63 dias; prazo médio de pagamento de compras 85 dias e ciclo de caixa 52 dias. Considerando essas informações, o ciclo operacional é de:

a) 128 dias;
b) 137 dias;
c) 140 dias;
d) 142 dias;
e) 145 dias.

(Agente Fiscal de Rendas – SP/Fundação Carlos Chagas – Adaptada) **Instruções**: Para responder às questões de números 85 e 86, considere as seguintes informações:

I. A Cia. ITA possui, no final de 20x1, os dados identificados a seguir, com valores em reais:

II. Saldos finais no rol das contas listadas a seguir:

Contas a Receber	25.000
Contas a Pagar	15.000
Fornecedores	18.000
Estoques	16.000
Empréstimos obtidos de Curto Prazo	50.000
Ativo Investimentos, Imobilizado e Intangível	25.000
Empréstimos a Controladas	23.000

III. Um Patrimônio Líquido com valor médio no período de R$ 55.625,00.

IV. O índice de rentabilidade do Ativo é 2,5%.

85. Para alcançar este índice, o Lucro Líquido do Período deve ter sido de R$:
    a) 1.410,00;
    b) 1.450,00;
    c) 1.955,00;
    d) 2.000,00;
    e) 2.225,00.

86. O índice de rentabilidade do Patrimônio Líquido é:
    a) 4,0%;
    b) 3,7%;
    c) 3,5%;
    d) 3,0%;
    e) 2,5%.

(Agente Fiscal de Rendas – SP/Fundação Carlos Chagas) **Instruções**: Para responder às questões 87 a 89, considere SOMENTE as seguintes informações:

A Cia. Vila Isabel possui os seguintes saldos contábeis ao final de um exercício, com valores em reais:

Itens	Valores em R$
Contas a Receber	24.000
Vendas do Período	360.000
Estoques	17.500
Custo dos Produtos Vendidos	252.000
Fornecedores	24.000
Compras do Período	288.000

87. O prazo médio de recebimento das vendas é:
    a) 28 dias;
    b) 26 dias;
    c) 24 dias;
    d) 22 dias;
    e) 19 dias.

88. O prazo médio de rotação de estoques é:
    a) 25 dias;
    b) 20 dias;
    c) 19 dias;
    d) 14 dias;
    e) 10 dias.

89. O prazo de pagamento das compras é:
    a) 25 dias;
    b) 27 dias;
    c) 28 dias;
    d) 30 dias;
    e) 35 dias.

90. (Transpetro – Contador Júnior/Fundação Cesgranrio) A Empresa Catraia S.A. apurou em 20X4 um índice de liquidez corrente de 1,6, contra um índice de liquidez corrente de 1,25, no exercício social de 20X3.
    Tais índices mostram que, em 20X4, a Empresa:
    a) teve redução de 20% no comprometimento do Ativo Circulante;
    b) teve 80% de comprometimento do Ativo Circulante;
    c) reduziu sua capacidade de pagamento de curto prazo;
    d) passou a ter um grau de liberdade de 37,5%;
    e) aumentou sua capacidade de pagamento de longo prazo.

91. (Agência Nacional de Transportes Terrestres – Contador/NCE – UFRJ) Com o objetivo de analisar a estrutura de capital da CIA. GAMA em 20X4, tomou-se o seu Balanço Patrimonial demonstrado a seguir:

ATIVO	R$
Disponibilidades	37.500
Clientes	62.500
Duplicatas a Receber – Longo Prazo	50.000
Investimentos	20.000
Imobilizado	165.000
Total do Ativo	335.000
PASSIVO	R$
Fornecedores	30.000
Duplicatas a Receber	70.000
Títulos de Longo Prazo a Pagar	100.000
Capital Social	100.000
Reservas de Capital	35.000
Total do Passivo	335.000

Com base nesses dados, pode-se afirmar que o índice que expressa o nível de endividamento da CIA. GAMA em relação aos seus capitais próprios é:
a) 50;
b) 79;
c) 100;
d) 137;
e) 148.

92. (Eletrobrás – Contador/NCE – UFRJ – Adaptada) Considere o seguinte Balanço resumido de uma empresa:

ATIVO		PASSIVO	
Circulante	800	Circulante	250
Não Circulante	400	Não Circulante	150
		Patrimônio Líquido	800
Total	1.200	Total	1.200

O Índice de Composição do Endividamento referente a esta empresa é:
a) 50;
b) 63;
c) 150;
d) 200;
e) 320.

93. (Agência Nacional de Petróleo – Analista Contábil/Fundação Cesgranrio – Adaptada) Dados extraídos do balanço de dezembro de 20x1 da Cia. Montreal, em reais:

Ativo Circulante	264,00
• Disponibilidades	140,00
• Clientes	102,00
• Estoques	22,00
Passivo Circulante	200,00
• Fornecedores	80,00
• Contas a Pagar	55,00
• Empréstimos Bancários	65,00

Com base apenas nestas informações, sabendo-se que a empresa não possui valores no Realizável de Longo Prazo e que o índice de liquidez seca é 10% melhor que o índice de liquidez geral, o valor do Passivo Não Circulante da Cia. Montreal, em reais, é de:
a) 20,00;
b) 40,00;
c) 43,00;
d) 51,00;
e) 64,00.

94. (Agência Nacional de Petróleo – Analista Contábil/Fundação Cesgranrio) Uma empresa comercial apresentou um capital circulante líquido de R$ 100,00 em dezembro de 20X1, composto pelas seguintes contas (em reais):

Bancos	100,00
Duplicatas a Receber	400,00
Duplicatas Descontadas	100,00
Provisão p/ Devedores Duvidosos	5,00
Estoques	105,00
Fornecedores	150,00
Empréstimos a Pagar	150,00
Contas a pagar	100,00

Considerando as técnicas de análise de balanços, inclusive com reclassificação de contas, o índice de liquidez corrente desta empresa será:
a) 1,198;
b) 1,200;
c) 1,250;
d) 1,500;
e) 1,513.

95. (Agência Nacional de Petróleo – Analista Contábil/Fundação Cesgranrio – Adaptada) Analise as contas patrimoniais do balanço da Pacheco Comércio de Roupas Ltda., encerrado em dezembro de 20X1.

	R$
Estoques	230,00
Capital	1.000,00
Clientes	120,00
Financiamentos de Longo Prazo (*1)	350,00
Depósitos Judiciais	180,00
Empréstimos a Coligadas	20,00
Imóveis Destinados à Renda	250,00
Fornecedores	550,00
Bancos	550,00
Equipamentos	400,00
Dividendos a Pagar	200,00
Imóveis	600,00
Depreciação Acumulada	100,00
Adiantamento de Clientes	150,00

(*1) Com carência de dois anos para início da quitação.

Os índices de liquidez corrente e liquidez geral da empresa, respectivamente, são:
a) 0,64 e 0,61;
b) 1,00 e 0,88;
c) 1,00 e 1,08;
d) 1,20 e 0,88;
e) 1,20 e 1,00.

96. (Petrobras – Contador Pleno/Fundação Cesgranrio) Observe as informações abaixo, sobre as Empresas Alfa e Beta.

    Liquidez corrente da Empresa Alfa   2,0000
    Liquidez corrente da Empresa Beta   3,0000

    Sabendo-se que a Alfa compra mercadorias com vencimento de curto prazo e que Beta paga uma dívida com vencimento de curto prazo, pode-se concluir que a liquidez corrente:
    a) manteve-se inalterada nas duas empresas;
    b) aumentou na Empresa Alfa e diminuiu na Empresa Beta;
    c) aumentou nas duas empresas;
    d) diminuiu nas duas empresas;
    e) diminuiu na Empresa Alfa e aumentou na Empresa Beta.

97. (Auditor Interno/RJ – Araruama/IPDEP) Uma empresa apresenta um índice de 0,02 para a relação PL/AT (patrimônio líquido sobre ativo total). Isso significa:
    a) que os recursos próprios são elevados, mas comprometem a operacionalidade;
    b) que os recursos de terceiros são relevantes e podem comprometer a operacionalidade;
    c) que os recursos aplicados no ativo são, em sua maioria, oriundos de capital próprio;
    d) que os recursos próprios são maiores do que o passivo.

98. (Auditor Interno/RJ – Araruama/IPDEP) Identifica-se Ciclo Operacional como sendo o período:
    a) do início da industrialização até o recebimento das duplicatas;
    b) de um ano;
    c) do início da industrialização até as vendas das mercadorias;
    d) da atividade operacional da empresa.

99. (Controladoria Geral do Município – RJ/Fundação João Goulart) O indicador de análise econômico-financeira que revela a política de obtenção de recursos da empresa é o de:
    a) prazos;
    b) liquidez;
    c) estrutura;
    d) rentabilidade.

100. **(LIQUIGÁS – Contador Júnior/Fundação Cesgranrio)** Uma empresa apresentou as seguintes informações sobre o desempenho de sua rede de lojas:

Elementos	LOJA 1	LOJA 2	MATRIZ
Receita de vendas	798	900	
Despesas variáveis	450	498	
Despesas fixas	50	52	225
Investimentos	400	500	600

Considerando exclusivamente as informações apresentadas pela empresa, a taxa de retorno total das filiais, em percentual, é:
a) 43,2%;
b) 47,0%;
c) 50,0%;
d) 72,0%;
e) 83,3%.

101. **(Innova – Contador Júnior/Fundação Cesgranrio)** Uma companhia fez um investimento num projeto específico, investindo R$ 2.000.000,00, cuja estrutura de funcionamento foi 70% de capital de terceiros e o restante de capital próprio, projeto esse que gerou um lucro líquido de R$ 250.000,00.

Os proprietários das fontes de remuneração esperam uma taxa remuneratória mínima de 12% pelos credores e 8% pelos acionistas.

Considerando somente os dados recebidos e desconsiderando qualquer tipo de incidência de impostos, o valor econômico agregado, apurado nesse investimento, em reais, é:
a) 10.000,00;
b) 34.000,00;
c) 48.000,00;
d) 160.000,00;
e) 168.000,00.

(Innova – Contador Júnior/Fundação Cesgranrio) Considere as informações a seguir para responder às questões de números 102 e 103.

Analisando o Balanço Patrimonial de uma sociedade anônima de capital fechado, o analista fez as seguintes anotações, retiradas do Balanço que lhe foi apresentado, referente ao exercício social encerrado em 31 de dezembro de 2011:

- Índice de Liquidez Seca (ILS)   1,25
- Índice de Liquidez Corrente (ILC)   1,50
- Estoque final de mercadorias   R$ 600.000,00
- Capital de terceiros   R$ 4.000.000,00

A companhia não antecipou nenhum pagamento de despesas do exercício seguinte.

102. Considerando, exclusivamente, as informações recebidas e a boa técnica de análise das demonstrações contábeis, o Ativo Circulante da Companhia evidenciado no Balanço Patrimonial de 31/dezembro/2011, que está sendo analisado, em reais, é:
    a) 1.600.000,00;
    b) 2.400.000,00;
    c) 3.000.000,00;
    d) 3.400.000,00;
    e) 3.600.000,00.

103. Considerando somente os dados apresentados e a boa técnica de análise de balanço, a composição do endividamento mostrado no balanço da Companhia, levantado em 31 de dezembro de 2011, é de:
    a) 40,0%;
    b) 44,4%;
    c) 60,0%;
    d) 66,7%;
    e) 90,0%.

104. (TRF – 1ª Região – Analista Judiciário/FCC) A rentabilidade relativa à participação dos acionistas é dada pelo quociente resultante:
    a) do lucro retido sobre o capital realizado;
    b) da relação entre a venda bruta e o capital social autorizado;
    c) do lucro bruto sobre o capital de terceiros deduzido de 1 (um inteiro);
    d) da relação entre o patrimônio líquido e o capital de terceiros;
    e) do lucro líquido sobre o patrimônio líquido.

105. (Auditor-Fiscal da Receita Federal/Esaf) Ao encerrar o período contábil de 2010, a Cia. Harmonia identifica em suas demonstrações finais os seguintes saldos nas contas abaixo:

Contas	Valores em R$
Capital	5.000
Clientes	4.000
Contas a Pagar	450
Depreciação Acumulada	700
Disponibilidades	800
Duplicatas Descontadas	1.050
Edificações	1.000
Estoques	1.200
Fornecedores	2.000

Lucro Líquido do Exercício	400
Provisão p/ Crédito de Liquidação Duvidosa	200
Reserva Legal	200
Reservas de Lucros	300
Veículos	2.900
Vendas	12.000

Com base nos saldos fornecidos, pode-se afirmar que:
a) o índice de liquidez seca é 1,45.
b) no período, o giro dos estoques foi de 8 vezes.
c) o índice de liquidez corrente é 1,66.
d) o nível de endividamento da empresa é de 60%.
e) a participação do capital próprio é de 40%.

(Nossa Caixa Desenvolvimento – SP/FCC) <u>Instruções</u>: Para responder às questões de número 106 e 107 utilize as informações a seguir, extraídas das Demonstrações Contábeis de uma Companhia Aberta.

Receita Líquida de Vendas	R$ 625.000,00
Custo das Mercadorias Vendidas	R$ 300.000,00
Lucro Líquido do Exercício	R$ 120.000,00
Patrimônio Líquido	R$ 800.000,00
Estoque Médio do Exercício	R$ 125.000,00

Dados adicionais:

Número de ações da Companhia (todas ordinárias)	600.000
Preço da ação da Companhia no encerramento do exercício	R$ 0,80

106. O prazo médio de renovação de estoques (considere o ano comercial de 360 dias) e a margem bruta sobre vendas são, respectivamente:
a) 150 dias e 52%;
b) 180 dias e 45%;
c) 165 dias e 48,5%;
d) 120 dias e 56%;
e) 210 dias e 42%.

107. A taxa de rentabilidade sobre o capital próprio e a relação preço/lucro da ação da Companhia são, respectivamente:
a) 13% e 5;
b) 15% e 4;
c) 10% e 4;
d) 10% e 2;
e) 13% e 4.

(UNESP – Contador/Vunesp) O balancete de verificação da companhia "Quebra-cabeça Ltda." apresenta os seguintes saldos contábeis em 31.12.2010:

Descrição	R$
Receita de vendas	30.000
Imobilizado	26.500
Duplicatas a pagar	14.000
Capital social	13.000
Bancos	12.000
Despesas administrativas e vendas	10.000
Estoque inicial de mercadorias	9.100 (100 unidades)
Depreciação acumulada	9.000
Compra de mercadorias	4.400 (50 unidades)
ICMS sobre vendas	7.000
Reserva de capital	2.000
Salários a pagar	4.000
Despesas financeiras	3.000

Com base somente nessas informações e após apurado o custo das mercadorias vendidas pelo método do preço médio, sabendo-se que o inventário final de mercadorias, em 31.12.2010, totalizou 30 unidades e, encerradas as contas de resultado, preparado o balanço patrimonial e a demonstração do resultado do exercício em 31.12.2010, responda às questões de números 108 a 113.

108. O valor do Estoque Final de Mercadorias será de:
    a) R$ 13.500;
    b) R$ 10.800;
    c) R$ 9.100;
    d) R$ 4.400;
    e) R$ 2.700.

109. A importância que corresponde o Custo das Mercadorias Vendidas será de:
    a) R$ 2.700;
    b) R$ 4.400;
    c) R$ 9.400;
    d) R$ 13.500;
    e) R$ 10.800.

110. O valor do Resultado do Exercício será de:
    a) R$ 3.800 Prejuízo;
    b) R$ 800 Prejuízo;
    c) R$ 23.000 Lucro;
    d) R$ 10.000 Lucro;
    e) R$ 2.200 Lucro.

111. O indicador econômico-financeiro de estrutura, Endividamento, será de:
   a) 0,9333;
   b) 1,0352;
   c) 1,1392;
   d) 1,2676;
   e) 1,3846.

112. O indicador econômico-financeiro de liquidez, Liquidez Seca, será de:
   a) 1,5071;
   b) 1,4167;
   c) 1,2667;
   d) 0,8167;
   e) 0,6666.

113. O indicador econômico-financeiro de rentabilidade, Rentabilidade do Patrimônio Líquido, será de:
   a) – 0,0563;
   b) – 0,0615;
   c) 0,1901;
   d) 0,4000;
   e) 0,5714.

114. (TRT – 24ª Região – Analista Judiciário/FCC) Indica o tempo médio que a empresa leva para produzir, vender e receber a receita de seus produtos:
   a) Giro do Ativo.
   b) Ciclo Operacional.
   c) Giro do Estoque.
   d) Ciclo Financeiro.
   e) Rentabilidade do Ativo Total.

Gabarito

1. a	25. d	49. b	73. d	97. b
2. e	26. d	50. b	74. a	98. a
3. b	27. e	51. d	75. e	99. c
4. e	28. c	52. a	76. b	100. d
5. a	29. d	53. d	77. d	101. b
6. b	30. e	54. b	78. b	102. e
7. d	31. d	55. a	79. d	103. c
8. b	32. b	56. e	80. e	104. e
9. e	33. b	57. e	81. d	105. c
10. a	34. e	58. d	82. e	106. a
11. e	35. a	59. c	83. d	107. b
12. c	36. a	60. c	84. b	108. e
13. b	37. d	61. c	85. e	109. e
14. c	38. a	62. b	86. a	110. b
15. c	39. c	63. e	87. c	111. d
16. d	40. e	64. b	88. a	112. e
17. b	41. c	65. c	89. d	113. a
18. a	42. d	66. c	90. d	114. b
19. c	43. b	67. e	91. e	
20. e	44. e	68. c	92. b	
21. e	45. c	69. a	93. b	
22. d	46. d	70. e	94. b	
23. c	47. c	71. c	95. b	
24. a	48. a	72. b	96. e	

Soluções do Exercício de Fixação

Exercício 1

As obrigações de curto prazo encontram-se no passivo circulante. As de longo prazo, no passivo não circulante. Ao mesmo tempo, os recursos do ativo realizável a curto e longo prazo encontram-se, respectivamente, no ativo circulante e realizável a longo prazo. Desta forma, o índice que mede a capacidade de uma empresa pagar todas as suas dívidas é o de LIQUIDEZ GERAL, o qual é obtido da seguinte forma: (AC + ARLP) ÷ (PC + PNC).

Exercício 2

$$\text{Endividamento (em relação ao Ativo)} = \frac{PC+PNC}{Ativo} = \frac{800.000 + 1.200.000}{820.000 + 2.180.000} = 0{,}67$$

Exercício 3

$$\frac{\text{Lucro Líquido}}{\text{Receita de Vendas}} = \text{Margem Líquida}$$

Exercício 4

$$\text{Endividamento Total} = \frac{\text{Passivo}}{\text{Ativo}} = \frac{PC}{AC + AIMOB} = 0{,}45 \Rightarrow AC + AIMOB = \frac{PC}{0{,}45} \quad (1)$$

Por outro lado:

Capital Próprio (PL) = A − P = **AC + AIMOB** − PC = 22.000 **(2)**

Substituindo *(1)* em *(2)*:

$$\frac{PC}{0{,}45} - PC = 22.000 \Rightarrow PC - 0{,}45PC = 22.000 \times 0{,}45 \Rightarrow 0{,}55PC = 9.900 \Rightarrow PC = \frac{9.900}{0{,}55}$$

Exercício 5

$$\text{Rotação de Estoques (RE)} = \frac{CMV}{\frac{EI + EF}{2}} = \frac{12.000}{\frac{3.000 + 3.000}{2}} = \frac{12.000}{3.000} = 4$$

Prazo médio de rotação de estoques = 360/Rotação = 360/4 = 90 dias

Comentário extra: Analisando as outras opções, as quais estão INCORRETAS:

b) INCORRETO, pois a RE é igual a 4 e não 5.

c) INCORRETO, pois, conforme iremos calcular abaixo, o quociente entre a Liquidez Seca e a Liquidez Corrente, ou seja, LS/LC será igual a 0,7, valor este MAIOR do que 3/5, visto que 3/5 é igual a 0,6:

$$\frac{LS}{LC} = \frac{\frac{AC-E}{PC}}{\frac{AC}{PC}} = \frac{AC-E}{AC} = \frac{1.000+6.000}{1.000+6.000+3.000} = 0,7 \text{ (é maior do que 3/5)}$$

d) INCORRETO, pois o quociente de imobilização do capital é igual a Ativo Fixo/PL, ou seja, 1.000 ÷ (10.000 + 1.000 + 2.000 + 18.000 − 12.000 − 4.000) = 6,67% e não 50%.

e) INCORRETO, pois o rendimento do capital nominal, ou seja, Lucro Líquido/Capital Social, que é igual a (18.000 − 12.000 − 4.000) ÷ 10.000 = 20% e não 30%.

Exercício 6
Verificando as opções:

a) **20x0:**

$$LS = \frac{AC - Estoques}{PC} = \frac{100 + 408 + 4.020}{1.800 + 308} = \frac{4.528}{2.108} = 2.148$$

20x1:

$$LS = \frac{AC - Estoques}{PC} = \frac{110 + 510 + 4.400}{1.950 + 250} = \frac{5.020}{2.200} = 2.282$$

20x2:

$$LS = \frac{AC - Estoques}{PC} = \frac{80 + 220 + 1.640}{300 + 500 + 100} = \frac{1.940}{900} = 2.156$$

$$\frac{LS\ (20x1)}{LS\ (20x0)} = \frac{2.282}{2.148} = 1.062 \text{ (crescimento de 6,2\%, ou seja, maior que 5\%)}$$

$$\frac{LS\ (20x2)}{LS\ (20x0)} = \frac{2.156}{2.148} = 1.004 \text{ (crescimento de 0,4\%)}$$

Conclusão: A opção "a" está INCORRETA, visto que, apesar do crescimento da Liquidez Seca (LS) em 20x1 ter sido realmente superior a 5%, o crescimento em 20x2 foi de apenas 0,4%, dado que, para LS em 20x2 quase dobrar, seria necessário que a relação LS(20x2)/LS(20x0) tivesse valor próximo de "2" (ou "200%").

b) Para calcularmos a Rotação de Estoques (RE) em 20x1, o primeiro passo é obtermos o valor do CMV da seguinte forma:

LB = Vendas − CMV ⇨ CMV = Vendas − LB = 14.640 − 7.110 = 7.530

$$RE = \frac{CMV}{\text{Estoque Médio}} = \frac{7.530}{\frac{\text{Estoque (20x0)+Estoque (20x1)}}{2}} = \frac{7.530}{\frac{2.000+2.510}{2}} = 3,3$$

Comentário extra: Analisando as demais opções:

c) Liquidez Imediata (LI) = $\frac{\text{Disponibilidade}}{PC}$

LI (20x0) = $\frac{100+408}{1.800+308}$ = 0,24 ou 24% (superior a 20%)

LI (20x1) = $\frac{110+510}{1.950+250}$ = 0,28 ou 28% (superior a 20%)

LI (20x2) = $\frac{80+220}{300+500+100}$ = 0,33 ou 33% (subiu no terceiro ano, ao invés de cair)

d) CMV (20x2) = Vendas (20x2) − LB (20x2) = 16.150 − 7.480 = 8.670 ≠ 7.530

e) Rentabilidade do PL (20x2) = $\frac{\text{Lucro Líquido (20x2)}}{\text{PL (20x2)}} = \frac{990}{7.280}$ = 14% ≠ 26%

Exercício 7

20x0

AC = 18.000 + 5.000 + 10.000 + 16.000 − 300 = 48.700
PC = 14.000 + 2.000 + 23.000 + 4.000 + 2.000 + 20.000 = 65.000
CCL = 48.700 − 65.000 = − 16.300

20x1

AC = 23.000 + 8.000 + 17.000 + 13.000 − 570 = 60.430
PC = 25.000 + 3.500 + 18.500 + 11.500 + 5.500 + 15.000 = 79.000
CCL = 60.430 − 79.000 = − 18.570

20x2

$$AC = 16.000 + 10.000 + 13.000 + 28.060 - 630 = 66.430$$
$$PC = 15.000 + 2.500 + 28.500 + 8.000 + 2.500 + 28.500 = 85.000$$
$$CCL = 66.430 - 85.000 = -18.570$$

Conclusão: CCL(20x2) = CCL(20x1)

Exercício 8

$$\text{Liquidez Seca (LS)} = \frac{AC - \text{Estoques}}{PC}$$

$$LS\ (20x0) = \frac{48.700 - 16.000}{65.000} = 0,50$$

$$LS\ (20x1) = \frac{60.430 - 13.000}{79.000} = 0,60$$

$$LS\ (20x2) = \frac{66.430 - 28.060}{85.000} = 0,45$$

Exercício 9

Quando a banca utilizou a expressão "Índice de Participação de Capitais de Terceiros" (IPCT), estava se referindo à participação do Passivo Exigível (PC + PNC) em relação ao Passivo Total (PC + PNC + PL), possuindo este o mesmo valor do Ativo Total (A = PC + PNC + PL). Concluímos assim que o IPCT coincidirá com o Endividamento em relação ao Ativo Total, isto é, o quociente entre o passivo exigível e o ativo total. Apesar dos valores do IPCT e do Endividamento Total coincidirem, as óticas são diferentes, ou seja, o primeiro visa avaliar o percentual do capital de terceiros em relação ao passivo total no balanço; o segundo visa avaliar o grau de dependência do ativo em relação ao capital de terceiros. Assim, teremos:

20x0

PC = 65.000
PNC = 25.000
Passivo Exigível = 90.000

AC = 48.700
ANC = 10.300 − 3.000 − 7.000 + 20.000 + 6.000 + 4.000 + 10.000 + 35.000 + 20.000 = 95.300
Ativo Total = 48.700 + 95.300 = 144.000 = Passivo Total (Passivo Exigível + PL)

$$\text{IPCT} = \frac{\text{Passivo Exigível}}{\text{Passivo Total}} = \frac{131.000}{203.000} = 0,645$$

20x1

PC = 79.000
PNC = 52.000
Passivo Exigível = 131.000

AC = 60.430
ANC = 28.570 − 4.000 − 16.000 + 20.000 + 6.000 + 6.000 + 30.000 + 40.000 + 32.000 = 142.570
Ativo Total = 60.430 + 142.570 = 203.000 = Passivo Total

$$\text{IPCT} = \frac{\text{Passivo Exigível}}{\text{Passivo Total}} = \frac{140.000}{217.000} = 0,645$$

20x2

PC = 85.000
PNC = 55.000
Passivo Exigível = 140.000

AC = 66.430
ANC = 29.870 − 5.000 − 27.300 + 25.000 + 6.000 + 8.000 + 29.000 + 45.000 + 40.000 = 150.570
Ativo Total = 66.430 + 150.570 = 217.000 = Passivo Total

$$\text{IPCT} = \frac{\text{Passivo Exigível}}{\text{Passivo Total}} = \frac{140.000}{217.000} = 0,645$$

Exercício 10

$$\text{ML} = \frac{\text{Lucro Líquido}}{\text{Vendas}}$$

ML(20x0) = 6.000 ÷ 850.000 = 0,7%
ML(20x1) = 16.500 ÷ 1.270.000 = 1,3%
ML(20x2) = 7.500 ÷ 1.730.000 = 0,4%

ML(20x2) < ML(20x0), ou seja, ML de 20x2 é menor do que ML de 20x0

Exercício 11

LL por ação (20x0) = 6.000 ÷ 100.000 = 0,060

Exercício 12

Na questão 9, já estão calculados os ativos (144.000; 203.000 e 217.000). No entanto, poderíamos, a partir das informações fornecidas, calculá-los novamente da seguinte forma:

$$119.500 = \frac{95.000 + \text{Ativo (20x0)}}{2} \Rightarrow \text{Ativo} = 119.500 \times 2 - 95.000 = 144.000$$

$$173.500 = \frac{144.000 + \text{Ativo (20x1)}}{2} \Rightarrow \text{Ativo} = 173.500 \times 2 - 144.000 = 203.000$$

$$210.000 = \frac{203.000 + \text{Ativo (20x2)}}{2} \Rightarrow \text{Ativo} = 210.000 \times 2 - 203.000 = 217.000$$

Exercício 13

RIT (Rentabilidade do Investimento Total) = LL/ Ativo

RIT (20x1) = 16.500/ 203.000 = 8,1%
RIT (20x2) = 7.500/ 217.000 = 3,5%

Exercício 14

$$20X2 \Rightarrow LC = \frac{100}{75} = 1,33$$

$$20X3 \Rightarrow LC = \frac{160}{100} = 1,60$$

$$20X2 \Rightarrow LC = \frac{240}{160} = 1,50$$

Exercício 15

Quando, por exemplo, calculamos o quociente entre o passivo exigível e o ativo, estamos determinando o grau de dependência do ativo com relação aos recursos de terceiros. Desta forma, o referido quociente é de endividamento ou estrutura.

Exercício 16

AC = 150 + 250 + 300 = 700
ARLP = 200
PC = 120 + 220 + 60 = 400
PNC = 300 + 100 = 400

a) $LG = \dfrac{700 + 200}{400 + 400} = 1,125 = 112,5\%$

b) $LC = \dfrac{700}{400} = 1,75 = 175\%$

c) Liquidez Comum é o mesmo que Liquidez Corrente = 175%

d) $LS = \dfrac{700 - 300}{400} = 1 = 100\%$

e) $LI = \dfrac{150}{400} = 0,375 = 37,5\%$

Exercício 17

Quocientes de LIQUIDEZ	Medem a capacidade de pagamento de dívidas.
Quocientes de ENDIVIDAMENTO	Medem o grau de dependência de capitais, visando, sobretudo, avaliar a política de obtenção de recursos
Quocientes de RENTABILIDADE	Medem o retorno de capitais, através de lucros e receitas.

Exercício 18

$$RE = \dfrac{CMV}{\dfrac{EI+EF}{2}} = \dfrac{360.000}{\dfrac{35.900+64.100}{2}} = 7,2\% \Rightarrow PMRE = \dfrac{360 \text{ dias}}{7,2} = 50 \text{ dias}$$

$$RC = \dfrac{VP}{\dfrac{SIC+SFC}{2}} = \dfrac{240.000}{\dfrac{25.000+35.000}{2}} = 8 \Rightarrow PMRC = \dfrac{360 \text{ dias}}{8} = 45 \text{ dias}$$

$$RF = \dfrac{CP}{\dfrac{SIF+SFF}{2}} = \dfrac{540.000}{\dfrac{77.000+103.000}{2}} = 6 \Rightarrow PMRF = \dfrac{360}{6} = 60 \text{ dias}$$

LEGENDA:

RE: Rotação de Estoques

PMRE: Prazo Médio de Rotação de Estoques

EI: Estoque inicial

EF: Estoque final

RC: Rotação de Clientes

VP: Vendas a prazo

SIC: Saldo Inicial de Clientes (ou Duplicatas a Receber)

SFC: Saldo Final de Clientes (ou Duplicatas a Receber)

PMRC: Prazo Médio de Rotação de Clientes
RF: Rotação de Fornecedores
SIF: Saldo Inicial de Fornecedores (ou Duplicatas a Pagar)
SFF: Saldo Final de Fornecedores (ou Duplicatas a Pagar)
PMRF: Prazo Médio de Rotação de Fornecedores

Exercício 19

Se, por exemplo, Ativo Imobilizado/Patrimônio Líquido = 1,23 significaria que para cada R$ 1,00 pertencente aos sócios da empresa, foram aplicados no ativo imobilizado R$ 1,23, ou seja, há capitais de terceiros financiando o imobilizado, além desses capitais financiar todos os demais ativos, comprometendo a liquidez da empresa, isto é, dificultando a capacidade de pagamento de dívidas.

Exercício 20

Se o preço de uma ação de determinada sociedade anônima no mercado fosse, por exemplo, de R$ 12,00 e a relação lucro líquido por ação fosse de R$ 0,50, então a relação preço por lucro seria de R$ 12/R$ 0,50, ou seja, 24. Significaria, desta forma, que em 24 anos o investidor obteria o retorno de seu investimento na ação.

Exercício 21

$$\text{PMRE} = \frac{360}{\text{Rotação de Estoques}} = \frac{360}{\dfrac{\text{Vendas a prazo total}}{\text{Clientes (média mensal)}}}$$

Obs.: O saldo de Clientes (ou Duplicatas a Receber ou Contas a Receber) pode ser o saldo final, o saldo médio anual ou o saldo médio mensal. Este último dá maior precisão. No entanto, o mais usado é a média anual, isto é, a média entre o saldo de Clientes no balanço anterior e no balanço do exercício atual.

Exercício 22

Existem dois tipos de ENDIVIDAMENTO (E):

- Em relação ao Ativo total: E = Passivo Exigível/Ativo
- Em relação ao PL: E = Passivo Exigível/PL

Nessa questão foi considerada a relação entre o Passivo Exigível e Ativo. Assim, teremos:

20X1: $E = \dfrac{PC + PNC}{A} = \dfrac{50.000 + 20.000}{200.000} = 0,35$

20X2: $E = \dfrac{PC + PNC}{A} = \dfrac{90.000 + 10.000}{400.000} = 0,25$

Comentário extra: Algumas bancas elaboradoras de concursos públicos, ao utilizarem a expressão "ENDIVIDAMENTO", estão se referindo ao quociente entre o Passivo Exigível e o Patrimônio Líquido (E = P/PL). Outras bancas consideram a relação entre o Passivo Exigível e o Ativo (E = P/A). A banca ESAF (Escola de Administração Fazendária), por exemplo, tem considerado em diversos concursos públicos a segunda hipótese (E = P/A). A banca Fundação Cesgranrio, por exemplo, também tem considerado a 2ª hipótese. Cabe ressaltar que não existe uma versão mais correta, visto que as duas estão corretas. O ideal seria que as bancas especificassem se o endividamento é em relação ao ativo ou ao patrimônio líquido, coisa esta que não tem sido verificada, em geral, nas diversas provas de concursos públicos, onde se pede o cálculo desse quociente.

Exercício 23

31/12/X1:

LC = 14.000/20.000 = 0,7
LG = (14.000 + 700)/(20.000 + 1.000) = 0,7

Exercício 24

Dizer que a Liquidez Corrente (LC) é 25% melhor do que a Liquidez Geral (LG) é o mesmo que dizer que LC é igual a 1,25 vezes LG, ou seja:

$$\dfrac{AC}{PC} = 1,25 \times \dfrac{AC + 0}{PC + PNC}$$

Dividindo toda a equação acima por "AC", teremos:

$$\dfrac{1}{PC} = \dfrac{1,25}{PC + PNC} \;\Rightarrow\; \dfrac{PC}{PC + PNC} = \dfrac{1}{1,25} = 0,80 \text{ ou } 80\%$$

Exercício 25

Conforme já visto, há duas fórmulas diferentes para o cálculo da rotação de clientes:

$$\boxed{RC = \dfrac{\text{Vendas a Prazo}}{\text{Média dos Clientes}}} \quad e \quad \boxed{RC = \dfrac{\text{Vendas a Prazo}}{SFC}}$$

Em geral, quando o enunciado da questão fornece os saldos de "Clientes" no início e no final do exercício, ou seja, o saldo do balanço anterior e o saldo do balanço atual, utilizamos a <u>MÉDIA</u> dos clientes no denominador da fração. Caso só seja fornecido o saldo de "Clientes" do balanço atual, utilizamos no denominador apenas esse saldo.

Visto que o enunciado da questão fornece o saldo de "Duplicatas a Receber" (ou "Clientes") do exercício de X0, então concluímos que se trata de utilizar a fórmula que considera a "média" dos clientes no denominador, ou seja (SIC + SFC)/2. Assim, teremos:

$$\text{Rotação de Clientes} = \frac{21.600}{\dfrac{5.400 + 9.000}{2}} = 3$$

Ativo = – 2.900 + 300 + 5.400 + 5.000 + 9.800 + 15.000 + 3.600 + 800 + 6.000 = 43.000

Passivo Exigível = 1.500 + 4.200 + 9.400 + 1.700 – 1.300 + 2.200 = 17.700

Nota: A conta "Juros a Vencer" foi considerada retificadora do passivo (retificadora de Financiamentos).

PL = A – P = 43.000 – 17.700 = 25.300

Ativo Fixo (= Investimentos + Imobilizado + Intangível) = – 2.900 + 5.000 + 15.000 + 6.000 = 23.100

Imobilização do Capital Próprio = Ativo Fixo/PL = 23.100/25.300 = 0,913

Valor Patrimonial da Ação = PL/Total de ações = 25.300/20.000 = 1,265

Comentário extra: Observemos que no balancete fornecido existem "Prejuízos Acumulados" de 1.000 e "Reserva Legal" de 1.000. Infelizmente, alguns autores e contabilistas equivocadamente insistem em pôr no mesmo balanço a conta "Prejuízos Acumulados" juntamente com as reservas de lucros (Reserva Legal, Reserva Estatutária etc.). A Lei nº 6.404/1976 deixa **CLARO** no parágrafo único do art. 189: "*o prejuízo do exercício será* **obrigatoriamente** *absorvido pelos lucros acumulados, pelas reservas de lucros e pela reserva legal, nessa ordem*". Assim, é INCOMPATÍVEL a coexistência de qualquer reserva de lucro com prejuízos acumulados no mesmo balanço. Além disso, não só porque está na lei, mas também por uma questão de lógica e bom senso, ou seja, como é que uma empresa vai fazer reservas de lucros se teve prejuízo!?!? É um absurdo contábil, evidentemente.

Exercício 26

Dizer que o endividamento em relação ao ativo total é de 35% é dizer que o Passivo Exigível é 35% do Ativo (Patrimônio Bruto). Consequentemente, o Patrimônio Líquido (Capital Próprio) é 65% do Ativo. Assim:

0,65 A = 1.300 ⇨ A = 1.300 ÷ 0,65 = 2.000

Exercício 27

PNC = 10.000 = 0,05 × Ativo Ativo = 10.000 ÷ 0,05 = 200.000

$\text{Solvência} = \dfrac{\text{Ativo}}{\text{PC} + \text{PNC}}$

$2,5 = \dfrac{200.000}{\text{PC} + 10.000} \Rightarrow \text{PC} = \dfrac{200.000}{2,5} - 10.000 = 70.000$

$\text{Liquidez Corrente} = \dfrac{\text{AC}}{\text{PC}}$

$1,4 = \dfrac{\text{AC}}{70.000} \Rightarrow \text{AC} = 98.000$

ANC = 200.000 − 98.000 = 102.000

$\text{Liquidez Imediata} = \dfrac{\text{Disponibilidade}}{\text{PC}}$

$0,4 = \dfrac{\text{Disponibilidade}}{70.000} \Rightarrow \text{Disponibilidades} = 28.000$

Exercício 28

$\dfrac{\text{AC}}{\text{PC}} = 0,4$

$\dfrac{\text{AC} - \text{E}}{\text{PC}} = 0,3 \Rightarrow \dfrac{\text{AC}}{\text{PC}} - \dfrac{\text{E}}{\text{PC}} = 0,3 \Rightarrow 0,4 - \dfrac{\text{E}}{\text{PC}} = 0,3 \Rightarrow \dfrac{\text{E}}{\text{PC}} = 0,1 = 10\%$

Logo, visto que E = 0,1PC, ou seja, E = 10% de PC

Exercício 29

ATIVO CIRCULANTE (X1)

Caixa	60.290
Bancos c/Movimento	59.000
Aplicações de Liquidez Imediata	250.000
Mercadorias	70.000
Material de Consumo	22.500
Clientes	110.000
Perdas Estimadas em Créd. de Liq. Duvidosa	(5.710)
TOTAL	566.080

PASSIVO CIRCULANTE (X1)

Salários a Pagar	85.000
Contribuição Social a Recolher	22.380
Fornecedores	120.000
Títulos a Pagar	64.620
TOTAL	292.000

$$LC = \frac{566.080}{292.000} = 1,94$$

Exercício 30
PASSIVO CIRCULANTE (X3)

Contribuição Social a Recolher	64.630
Fornecedores	238.000
Títulos a Pagar	176.000
TOTAL	478.630

PASSIVO NÃO CIRCULANTE (X3)
Financiamentos de Longo Prazo 1.120.000

PATRIMÔNIO LÍQUIDO (X3)

Capital Social	350.000
Capital a Integralizar	(50.000)
Reservas de Capital	152.000
Prejuízos Acumulados	(31.420)
TOTAL	420.580

$$\text{Endividamento} = \frac{PC+PNC}{PL} = \frac{478.630 + 1.120.000}{420.580} = 3,80$$

Comentário extra: A banca elaboradora dessa prova (UFMG) considerou "Endividamento" o quociente entre o Passivo Exigível (PC + PNC) e o PL. O Cespe (Centro de Seleção e Promoção de Eventos) da UnB (Universidade de Brasília) e a Fundação Carlos Chagas também consideram a mesma coisa. Já a Esaf (Escola de Administração Fazendária) tem considerado a relação entre o Passivo Exigível e o Ativo Total.

Exercício 31
ATIVO FIXO (X2)

Coligadas/Controladas	342.000
Máquinas	126.000
Veículos	90.000

Depreciação Acumulada	(41.000)
Concessões Obtidas	103.000
Amortização Acumulada	(17.200)
	602.800

PATRIMÔNIO LÍQUIDO (X2)

Capital Social	350.000
Capital a Integralizar	(100.000)
Reservas de Capital	152.000
Prejuízos Acumulados	(41.000)
TOTAL DO PL	361.000

$$\text{Imobilização do Capital Próprio} = \frac{\text{Ativo Fixo}}{\text{PL}} = \frac{602.800}{361.000} = 167\%$$

Nota: Ativo Fixo = Ativo Investimentos + Ativo Imobilizado + Ativo Intangível.

Exercício 32

ATIVO CIRCULANTE (X1)

Caixa	60.290
Bancos c/Movimento	59.000
Aplicações de Liquidez Imediata	250.000
Mercadorias	70.000
Material de Consumo	22.500
Clientes	110.000
Perdas Estimadas em Créditos de Liq. Duvidosa	(5.710)
TOTAL	566.080

ATIVO REALIZÁVEL A LONGO PRAZO (X1)

Créditos de Controladas	48.000

ATIVO FIXO (X1)

Coligadas/Controladas	184.000
Máquinas	72.000
Depreciação Acumulada	(12.000)
	244.000
TOTAL DO ATIVO	**858.080**

$$\frac{\text{Ativo Fixo}}{\text{Ativo Total}} = \frac{244.000}{858.080} = 28\%$$

Exercício 33

ATIVO CIRCULANTE (X3)

Bancos Conta Movimento	62.000
Mercadorias	170.000
Material de Consumo	14.450
Clientes	138.760
TOTAL	385.210

ATIVO REALIZÁVEL A LONGO PRAZO (X3)

Créditos de Controladas	680.000

PASSIVO CIRCULANTE (X3):

Contribuição Social a Recolher	64.630
Fornecedores	238.000
Títulos a Pagar	176.000
TOTAL	478.630

PASSIVO NÃO CIRCULANTE (X3):

Financiamentos de Longo Prazo 1.120.000

$$LG = \frac{385.210 + 680.000}{478.630 + 1.120.000} = 0,67$$

Exercício 34

$$\text{Rotação de Estoques (RE)} = \frac{CMV}{\text{Estoque Médio}}$$

$$RE\ (X1) = \frac{184.720}{92.500} = 1,99 \text{ vezes}$$

$$RE\ (X2) = \frac{634.510}{184.450} = 3,44 \text{ vezes}$$

Exercício 35

$$\text{Rotação do Ativo (RA)} = \frac{\text{Receita Líquida}}{\text{Ativo Médio}}$$

$$RA\ (X1) = \frac{438.110}{576.720} = 0,76 \text{ vezes}$$

$$RA\ (X2) = \frac{1.077.690}{648.945} = 1,66 \text{ vezes}$$

Comentário extra: Em geral, o cálculo da Rotação do Ativo se dá pelo quociente entre a Receita Líquida e o ativo total no balanço de encerramento. No entanto, quando há diferença significativa entre o ativo total no balanço anterior e o ativo total no balanço atual, recomenda-se o uso do ativo MÉDIO, que é a média aritmética entre o ativo no balanço anterior e o ativo no balanço atual.

Exercício 36

$$\text{ML (X2)} = \frac{\text{Lucro Líquido}}{\text{Receita Líquida}} = \frac{156.147}{1.077.690} = 14,49\%$$

Exercício 37

$$\text{Margem Operacional} = \frac{\text{Lucro Operacional}}{\text{Receita Líquida}} = \frac{323.170}{438.110} = 73,76\%$$

Comentário extra: Pelas novas regras contábeis, o Lucro Operacional coincide com o Lucro antes do IR e CSLL, tendo em vista que não há mais os chamados "resultados não operacionais".

Exercício 38

$$\text{Retorno do PL (X1)} = \frac{\text{Lucro Líquido}}{\text{PL}} = \frac{207.220}{362.545} = 0,57\%$$

Exercício 39

$$\frac{\text{AC}}{\text{PC}} = 1,2 \Rightarrow \text{AC} = 1,2\text{PC}$$

$$\frac{\text{AC}+1.800}{\text{PC}+500} = 1,6 \Rightarrow \frac{\mathbf{1,2PC}+\mathbf{1.800}}{\text{PC}+500} = 1,6 \Rightarrow \text{PC} = 2.500$$

AC = 1,2PC = 1,2 × 2.500 = 3.000

$$\text{Imobilização do Capital Próprio} = \frac{\text{Ativo Fixo}}{\text{PL}} = 0,64$$

Nota: Ativo Fixo = Investimentos + Imobilizado + Intangível

Considerando a equação do balanço AC + ARLP + Ativo Fixo = PC + PNC + PL, teremos:
3.000 + 1.800 + 0,64PL = 2.500 + 500 + PL ⇨ PL = 500

Exercício 40

$$LC = \frac{AC}{PC} = \frac{42\%}{28\%} = 1,50$$

$$LG = \frac{AC+ARLP}{PC+PNC} = \frac{42\%+18\%}{28\%+52\%} = \frac{60\%}{80\%} = 0,75$$

$$\frac{LG}{LC} = \frac{0,75}{1,50} = 0,50 = 50\% \Rightarrow \text{LG é inferior em 50\%}$$

Exercício 41

Coeficiente do Ativo Fixo = 100% − 42% − 18% = 40%

Coeficiente do Capital de Giro Líquido = 42% − 28% = 14%

Se 40% equivalem a R$ 25.000,00, então 14% equivalem a R$ 25.000,00 ÷ 40 × 14 = R$ 8.750,00.

Exercício 42

$$\frac{AC}{PC} = 3 \Rightarrow AC = 3PC$$

AC − PC = 600 ⇨ 3PC − PC = 600 PC = 300

$$PC = 0,25 \, (PC + PNC) \Rightarrow PC + PNC = \frac{PC}{0,25} = \frac{300}{0,25} = 1.200$$

Exercício 43

Uma das formas de apurarmos a Rotação de Clientes (RE) é a seguinte:

$$RC = \frac{\text{Vendas a Prazo}}{\text{Duplicatas a receber}}$$

Nesse caso, o Prazo Médio de Recebimento de Vendas (PMRV) pode ser obtido da seguinte forma:

$$PMRV = \frac{360 \text{ dias}}{RC} = \frac{360 \text{ dias}}{\frac{\text{Vendas a prazo}}{\text{Duplicatas a Receber}}} = 360 \text{ dias} \times \frac{\text{Duplicatas a Receber}}{\text{Vendas a prazo}}$$

Desta última expressão, concluímos que, se o valor da receita de vendas a prazo não se alterar mas o saldo de Duplicatas a Receber estiver aumentando, isto é, o numerador da fração estiver aumentando, estará havendo DILATAÇÃO de prazo de recebimento de clientes.

Por outro lado, quando a empresa vende a prazo e os clientes não pagam suas duplicatas, o saldo destas também tende a aumentar, considerando uma receita de vendas constante. Em outras palavras, uma outra justificativa para o ocorrido é que pode estar havendo INADIMPLÊNCIA de clientes.

Exercício 44

$$\frac{AC}{PC} = 1,26 \Rightarrow AC = 1,26PC$$

$$\frac{AC - E}{PC} = 1,01 \Rightarrow \frac{1,26 - 1.250.000}{PC} = 1,01 \Rightarrow PC = 5.000.000$$

Finalmente, AC = 1,26PC = 1,26 × 5.000.000 = 6.300.000

Exercício 45

$$LC = \frac{AC}{PC} = \frac{500.000}{250.000} = 2$$

Finalmente, sendo LC = 2, concluímos que para cada R$ 1,00 de dívida do passivo circulante (dívida a curto prazo), a empresa possui R$ 2,00 de recursos aplicados no ativo.

Exercício 46

$$RE \text{ (Rotação de Estoques)} = \frac{CMV}{EF} = \frac{37.680}{10.800} = 3,49$$

Nota: *No cálculo da rotação de estoques, a banca elaboradora considerou apenas o Estoque Final (EF) e não o Estoque Médio, tendo em vista que não foi fornecido no enunciado da questão o Estoque Inicial.*

PMRE (Prazo Médio de Rotação de Estoques) = 360/RE = 360/3,49 = 103 dias

Exercício 47

$$\text{Retorno do Ativo} = \frac{\text{Lucro Líquido}}{\text{Ativo}} = \frac{606}{25.918} = 2,34\%$$

Exercício 48

$$\text{Rotação de Vendas (ou Rotação de Clientes)} = \frac{\text{Vendas a Prazo}}{\text{Duplicatas a Receber}} = \frac{60.800}{25.918} = 2,34\%$$

$$\text{Prazo Médio de Recebimento de Vendas} = \frac{360 \text{ dias}}{\text{Rotação}} = \frac{360}{11,26} = 32 \text{ dias}$$

Exercício 49

O índice de participação do Capital de Terceiros (Passivo Circulante + Passivo Não Circulante) em relação aos Recursos Totais (PC + PNC + PL) será:

$$\frac{\text{PC + PNC}}{\text{PC + PNC + PL}} = \frac{7.550 + 5.200}{25.918} = 49\%$$

Exercício 50

O que a banca elaboradora considerou "Margem de Garantia" (termo bastante genérico) foi o que normalmente conhecemos como "Solvência", isto é, o quociente entre o Ativo e o Passivo Exigível (A/P). Assim, teremos:

Variação no Ativo (numerador) = 400 + 200 − 100 = 500

Variação no Passivo Exigível (denominador) = 400

Exercício 51

$$\frac{360.000}{\text{PC}} = 1,8 \Rightarrow \text{PC} = 200.000$$

Exercício 52

$$\text{LG} = \frac{360.000 + \text{ARLP}}{300.000} = 1,6$$

$$\text{Solvência} = \frac{\text{AC + ARLP + AF}}{\text{Passivo Exigível}} \Rightarrow \frac{360.000 + 120.000 + \text{AF}}{300.000} = 3 \Rightarrow \text{AF} = 420.000$$

Nota: *AF (Ativo Fixo) = Ativo Investimentos + Ativo Imobilizado + Ativo Intangível*

Exercício 53

$$X3 = \frac{\text{AC} - \text{Estoques}}{\text{PC}} \Rightarrow \text{Liquidez Seca}$$

Lembrando que FI = 0,05X1 + 1,65X2 + 3,55X3 − 1,06X4 − 0,33X5, então quanto maior for o valor de X3 (Liquidez Seca), maior será FI.

Exercício 54

$$CE = \frac{PC}{PC + PNC} = \frac{PC}{1.000} = 0,75 \Rightarrow PC = 750 \text{ e } PNC = 250$$

$CCL = AC - PC \Rightarrow 450 = AC - 750 \Rightarrow AC = 1.200$

$$LC = \frac{AC}{PC} = \frac{1.200}{750} = 1,60$$

Exercício 55

$$\frac{AC}{PC} = 1,35 \Rightarrow AC = \mathbf{1{,}35PC}$$

$$\frac{AC - 150.000}{PC} = 1,05 \Rightarrow \frac{\mathbf{1{,}35PC} - 150.000}{PC} = 1,05 \Rightarrow PC = 500.000$$

Exercício 56

Suponhamos, por exemplo, que uma empresa apresentasse num determinado exercício social uma Receita de Vendas de R$ 60.000,00 e um Ativo Total de R$ 40.000,00. Desta forma, teríamos:

$$\text{Giro do Ativo} = \frac{\text{Receitas de Vendas}}{\text{Ativo}} = \frac{R\$\ 60.000,00}{R\$\ 40.000,00} = 1,50$$

Isso significaria que para cada R$ 1,00 investido no Ativo a empresa teria comercializado R$ 1,50.

Exercício 57

ATIVO CIRCULANTE
Caixa e Bancos	200,00
Mercadorias (Estoque <u>FINAL</u>)	780,00
Clientes	400,00
	1.380,00

PASSIVO CIRCULANTE
Fornecedores	1.150,00
Contas a Pagar	250,00
	1.400,00

$$LC = \frac{AC}{PC} = \frac{1.380,00}{1.400,00} = 99\%$$

Exercício 58

$$\text{Rotação de Estoques (RE)} = \frac{360 \text{ dias}}{80 \text{ dias}} = 4,5$$

$$RE = \frac{CMV}{\text{Estoque Médio (EM)}} = 4,5 \Rightarrow \frac{81.000}{EM} = 4,5 \Rightarrow EM = \mathbf{18.000}$$

$$EM = \frac{EI + EF}{2} = \frac{12.000 + EF}{2} = \mathbf{18.000} \Rightarrow EF = 24.000 \ (= \text{estoque que vai a balanço})$$

Assim, o estoque que vai a balanço (Estoque Final = 24.000) é o DOBRO do Estoque Inicial (12.000).

Exercício 59

Ao transferir um bem do Ativo Imobilizado para o Ativo Realizável a Longo Prazo, diminuímos o índice de IMOBILIZAÇÃO, que é um dos índices de endividamento, e aumentamos o índice de LIQUIDEZ GERAL, que é um dos índices de liquidez.

No caso dos índices de endividamento, quanto MENOR, melhor. No caso dos índices de liquidez, quanto MAIOR, melhor.

Desta forma, concluímos que a referida operação melhorou os índices de imobilização e de liquidez geral.

Exercício 60

Receita Bruta de Vendas	45.000,00
(–) Devolução de Vendas	(1.100,00)
(–) ICMS s/ Vendas	(7.500,00)
(=) Receita Líquida (RL)	**36.400,00**
(–) CMV	(12.200,00)
(–) Despesas com Vendas	(2.800,00)
(–) Despesas Financeiras	(1.700,00)
(–) Resultado Negativo Eq. Patrimonial	(1.500,00)
(=) Lucro Operacional (LOP)	**18.200,00**

$$MOP = \frac{LOP}{\text{Receita Líquida}} = \frac{18.200,00}{36.400,00} = 0,50$$

Exercício 61

Antes das novas normas contábeis, a conta "Duplicatas Descontadas" era considerada retificadora de "Duplicatas a Receber" no ativo circulante. Assim, na análise das demonstrações contábeis, aquela conta deveria ser "reclassificada" como passivo circulante, visto que era, em essência, equivalente a uma espécie de empréstimo, onde as duplicatas a receber eram dadas como garantia.

Atualmente, com base nas normas do CPC (Comitê de Pronunciamentos Contábeis), sobretudo com base no CPC 38 – Instrumentos Financeiros: Reconhecimento e Mensuração, entendemos que a conta "Duplicatas Descontadas" não deverá mais ser classificada como retificadora do ativo circulante no balanço e sim como passivo circulante. Desta forma, automaticamente, na análise das demonstrações contábeis ela já estará no lugar certo (passivo circulante), não havendo, portanto, a necessidade de reclassificação.

Cabe, no entanto, ressaltar que alguns ainda "insistem" nas antigas regras contábeis, dado que continuam classificando a referida conta como retificadora de Duplicatas a Receber no ativo circulante, de modo que na análise das demonstrações a conta "Duplicatas Descontadas" deve ser reclassificada como passivo.

Sendo assim, teremos, supondo em 20X4 a aplicação das normas atuais:

ATIVO CIRCULANTE
Bancos   100,00
Estoques   100,00
Duplicatas a Receber   900,00
Provisão para Devedores Duvidosos   (50,00)
                                       1.050,00

PASSIVO CIRCULANTE
Duplicatas Descontadas   200,00
Fornecedores   200,00
Financiamentos (50%)   100,00
Adiantamentos de Clientes   100,00
                                        600,00

$$LC = \frac{AC}{PC} = \frac{1.050}{600} = 1,75$$

Exercício 62

$$\text{Rotação de Estoques} = \frac{CMV}{\text{Estoque Médio}} = \frac{10.600 + 70.800 - 9.400}{\frac{10.600 + 9.400}{2}} = 7,2$$

$$PMRE = \frac{360 \text{ dias}}{7,2} = 50 \text{ dias}$$

Exercício 63

I. CORRETO. O EBITDA ("*Earning Before Interest, Taxes, Depreciation and Amortization*" – Tradução: Lucro Antes dos Juros, Impostos (sobre lucros), Depreciações e Amortizações) é calculado a partir do lucro líquido, eliminando-se deste as despesas financeiras (juros), pois dependem dos credores, as despesas de depreciação e amortização, visto que dependem dos diferentes tipos de bens a serem depreciados ou amortizados, e o IR e a CSLL, dado que dependem do Governo. Desta forma, o EBITDA visa à apuração do lucro que depende exclusivamente das operações da empresa. Assim, por exemplo, suponhamos a seguinte DRE, onde não há operações em descontinuidade:

Receita Bruta	48.000
(–) ICMS, PIS, Cofins	(9.000)
(=) Receita Líquida	39.000
(–) CMV	(15.000)
(=) Lucro Bruto	24.000
(–) Despesas Comercias	(4.300)
(–) Despesas Administrativas	(7.600)
(–) Depreciação	(1.800)
(–) Amortização	(400)
(=) Lucro antes das Despesas e Receitas Financeiras	9.900
(–) Despesas Financeiras	(2.100)
(=) Lucro antes do IR e CSLL	7.800
(–) IR e CSLL	(1.872)
(=) Lucro Líquido	5.928

Desta forma, o EBITDA seria obtido da seguinte forma:

Lucro Líquido	5.928
(+) Despesas Financeiras	2.100
(+) Depreciação	1.800
(+) Amortização	400
(+) IR e CSLL	1.872
(=) EBITDA	12.100

Nota: Caso na DRE acima houvesse operações em DESCONTINUIDADE, o EBTIDA seria somente aquele referente as operações em CONTINUIDADE, tendo em vista que as operações em descontinuidade não retratam a verdadeira realidade operacional da empresa, dado que é um estado transitório da mesma.

II. CORRETO. Se CCL > 0, então AC > PC. Desta forma Liquidez Corrente (LC), que é igual a AC/PC será uma fração imprópria (numerador maior que o denominador). Ao se efetuar o pagamento a fornecedores, diminuirá o numerador e o denominador da mesma quantidade, aumentando assim o valor da referida fração, isto é, melhorando a Liquidez Corrente. Assim, por exemplo, se LC = 5/4 = 1,25, após subtrairmos, por exemplo, 1 do numerador e do denominador a fração passará a 4/3 = 1,33, valor este maior que 1,25.

III. CORRETO. Margem Líquida = Lucro Líquido/Receita Líquida.

Exercício 64

Analisando as opções:

ERRADO – De 20X4 para 20X5 a liquidez geral diminui, piorando o seu perfil.

CERTO – A liquidez geral avalia a capacidade de pagamento do passivo exigível (= dívidas totais da empresa utilizando os recursos do ativo aplicados a curto prazo (AC) e a longo prazo (ARLP). Visto que o referido índice em 20X5 é MENOR que 1 (0,88), então a empresa está dependendo de geração futura de recursos do AC e ARLP para pagar suas dívidas totais.

ERRADO – Visto que a liquidez corrente em 20X5 é maior que 1 (1,61), então para cada real de dívida a curto prazo (Passivo Circulante), a empresa dispõe de R$ 1,61 de recursos do Ativo Circulante, de forma que a empresa não precisa de mais recursos do Ativo Circulante para pagar seu Passivo Circulante.

ERRADO – Não há nenhuma relação dos índices de liquidez com o capital total da empresa.

ERRADO – As dívidas de longo prazo a empresa está impossibilitada sim de pagá-las, visto que a liquidez geral é menor que 1 em 20X5. No entanto, as de curto prazo a empresa pode pagá-las, visto que a liquidez corrente é maior que 1.

Exercício 65

Prazo Médio de Rotação de Estoques (PMRE) = 360 dias ÷ 8 = 45 dias

Prazo Médio de Recebimento de Clientes (PMRC) = 360 dias ÷ 12 = 30 dias

Prazo Médio de Pagamento de Fornecedores (PMPF) = 360 dias ÷ 24 = 15 dias

----

Ciclo de Caixa = PMRE + PMRC – PMPF = 45 dias + 30 dias – 15 dias = 60 dias

Exercício 66

$$\text{Imobilização do Capital Próprio} = \frac{\text{Ativo Fixo}}{\text{PL}} = \frac{150 + 350 + 200}{700} = 1$$

ATIVO FIXO = INVESTIMENTOS + IMOBILIZADO + INTANGÍVEL

Exercício 67

$$TRI = \frac{\text{Lucro Líquido}}{\text{Ativo } (= \text{Investimento})}$$

A intenção da banca ao elaborar essa questão <u>não foi</u> a de "penalizar" o candidato obrigando-o a fazer 5 contas de divisão sem máquina de calcular, e sim aferir seu conhecimento, atenção e capacidade de percepção matemática. Assim, dividindo-se os valores dos investimentos por 10, verificaremos que nas relações entre os lucros e os investimentos a única fração que apresentará numerador maior que denominador será 250.000/238.000, indicando assim a maior TRI.

Exercício 68

ATIVO CIRCULANTE (AC)	
Caixa	260
Mercadorias	1.500
Títulos a Receber	500
Total	2.260
ATIVO REALIZÁVEL A LONGO PRAZO (ARLP)	
Títulos a Receber a Longo Prazo	600
ATIVO FIXO (= INVESTIMENTOS + IMOBILIZADO + INTANGÍVEL)	
Móveis e Utensílios	4.800
Depreciação Acumulada	(360)
Total	4.440
Total do Ativo	7.300
PASSIVO CIRCULANTE	
Empréstimos Bancários	2.500
Fornecedores	700
Total	3.200
PASSIVO NÃO CIRCULANTE	
Títulos a Pagar a Longo Prazo	400
PATRIMÔNIO LÍQUIDO	
Capital Social	3.000
Reservas de Lucro	700
Total	3.700
Total do Passivo	7.300

Receita de Vendas	9.000
(–) CMV	(6.000)
(=) Lucro Bruto	3.000
(–) Depreciação	(200)
(–) Despesas Administrativas	(1.300)
(–) Despesas Financeiras	(500)
(=) Lucro Líquido	1.000

Analisando as opções:

$$LG = \frac{AC + ARLP}{PC + PNC} = \frac{2.260 + 600}{3.200 + 400} = 79\% \text{ (e não 71\%)}$$

$$LC = \frac{AC}{PC} = \frac{2.260}{3.200} = 70,63\% \text{ (maior que as dívidas de curto prazo)}$$

$$\text{Rentabilidade Bruta} = \frac{\text{Lucro Bruto}}{\text{Ativo}} = \frac{3.000}{7.300}$$

$$\text{Rentabilidade Líquida} = \frac{\text{Lucro Líquido}}{\text{Ativo}} = \frac{1.000}{7.300}$$

$$\frac{\text{Rentabilidade Líquida}}{\text{Rentabilidade Bruta}} = \frac{1.000}{3.000} = \frac{1}{3}$$

CGL = AC – PC = 2.260 – 3.200 (GGL é negativo e não positivo)

Índice de imobilização não possui unidade de medida, e patrimônio bruto é uma grandeza cuja unidade é o real. Não se pode comparar uma grandeza sem unidade de medida com outra que possui unidade de medida.

Exercício 69

Contas	**20x1**	**20x2**
Caixa e Bancos	274	242
Mercadorias (estoque final)	1.560	1.700
Ativo Circulante	1.834	1.942
Duplicatas a Pagar	1.560	1.080
Fornecedores	1.700	1.200
Passivo Circulante	3.260	2.280

a) Liquidez Corrente (LC):

$$LC\ (20X1) = \frac{1.834}{3.260} = 0,5626$$

$$LC\ (20X2) = \frac{1.942}{2.280} = 0,8518$$

$$\frac{LC\ (20X2)}{LC\ (20X1)} = 1,5140\ \text{(crescimento de aproximadamente 52\%)}$$

(Resposta: opção a)

VERIFICANDO AS OUTRAS OPÇÕES:

b) Rentabilidade do Capital $(RCAP) = \dfrac{\text{Lucro Líquido}}{\text{Capital}}$

$$RCAP\ (20x1) = \frac{10.240 - (1.260 + 6.300 - 1.560) - 2.746 - 1.000 - 360}{3.000} = \frac{134}{3.000}$$

$$RCAP\ (20x2) = \frac{15.224 - (1.560 + 10.296 - 1.700) - 2.640 - 1.340 - 480}{3.000} = \frac{608}{3.000}$$

Logo, a RCAP sofreu <u>aumento</u>, ao invés de redução.

c) Liquidez Imediata (LI):

$$LI\ (20x1) = \frac{274}{3.260} < 1/10\ \text{(menor que 1/10)}$$

$$LI\ (20x2) = \frac{242}{2.280} < 1/10\ \text{(maior que 1/10)}$$

d) Como, além do dinheiro, só há estoques no Ativo Circulante, Liquidez Seca (LS) = Liquidez Imediata (LI). Na solução da opção anterior, verificamos que LI(20x1) ≠ LI(20x2). Logo, LS(20x1) ≠ LS(20x2), ou seja, a Liquidez Seca ALTEROU-SE de um ano para outro.

e) Se o prazo médio de rotação de estoques caiu de 94 dias para 60 dias, a rotação de estoques tornou-se <u>menos</u> lenta. Para acharmos 94 dias em 20x1 e 60 dias em 20x2, temos que, no cálculo da rotação de estoques, usar somente o estoque final e <u>não</u> o estoque médio. De modo diferente, em diversas outras questões de outras provas, a Esaf (Escola de Administração Fazendária) sempre usou o estoque médio e não o estoque final.

Exercício 70

a) INCORRETO. O Capital Social de 20X1 aumentou em 200.000 em relação ao ano anterior. Se parte desse aumento no valor de 80.000 fosse por subscrição de ações, a outra parte (120.000) teria que vir do lucro líquido e das reservas de lucros. No entanto, os sócios poderiam ter subscrito e integralizado, por exemplo, 70.000, e os 130.000 restantes poderiam também ter vindo do lucro líquido e das reservas de lucros. Assim, não necessariamente o Capital Social aumentou de 80.000 com subscrição e integralização de ações.

b) INCORRETO. No exercício de 20X0, não há como sabermos se a empresa utilizou saldos de reservas para aumento do Capital Social, pois não temos o balanço do ano anterior. Em 20X0, o saldo de reservas de lucros (exceto a legal) era de 40.000 e, em 20X1, 30.000. Tudo indica que a diferença no valor de 10.000 foi incorporada ao Capital Social.

c) INCORRETO. No exercício de 20X1, a empresa teve lucro, visto que houve formação de Reserva Legal, cujo saldo era de 4.000 em 20X0 e passou a 12.000 em 20X1.

d) INCORRETO. Observemos que do ano de 20X1 para 20X2 o Capital Social passou de 400.000 para 430.000. Esse aumento de 30.000 se deu com a utilização das reservas de lucros, exceto a Reserva Legal, do ano de 20X1.

e) CORRETO. A participação do capital próprio na composição das fontes de recursos é obtida pelo quociente do PL pela soma Passivo Exigível + PL. Assim, no exercício de 20X0, temos: PL = 200.000 + 4.000 + 40.000 = 244.000 e Passivo Exigível + PL = 360.000. Assim, 244.000 ÷ 360.000 = 0,68 ou 68%.

Exercício 71

Receita de Equivalência Patrimonial na investidora (Cia. Firmamento):

- Em relação à Cia. Sol (coligada) = 40% (370.000 – 75.000 – 200.00) = 38.000 (débito em Participações Societárias – Cia. Sol)
- Em relação à Cia. Lua (controlada) = 80% (287.500 – 187.500) = 80.000 (débito em Participações Societárias – Cia. Lua)

> **Nota 1:** No caso da Cia. Estrela, a investidora <u>não apura</u> receita de equivalência patrimonial, pois aquela companhia não é coligada e nem controlada da Cia. Firmamento. A avaliação pelo método da equivalência patrimonial é exclusiva para coligadas e controladas. Neste caso, como o investimento na Cia. Estrela é avaliado pelo custo de aquisição, existe Receita de Dividendos, coisa esta que não existe em investimentos avaliados por equivalência patrimonial.
>
> **Nota 2:** O Capital Social da Cia. Sol é formado <u>apenas</u> por ações ordinárias, pois o valor desse investimento em 20x1 apurado pela investidora é de 80.000, valor este que é exatamente 40% do PL final da investida em 31/12/20x1, isto é, 80.000 = 40% de 200.000. Se existissem ações preferenciais no Capital da Cia. Sol, a equivalência não seria essa.

Dividendos a Receber na investidora:
Em relação à Cia. Sol = 40% 20.000 = 8.000 (crédito em Partic. Soc. – Cia. Sol)
Em relação à Cia. Lua = 80% 30.000 = 24.000 (crédito em Partic. Soc. – Cia. Lua)
Em relação à Cia. Estrela = 2% 100.000 = 2.000 (crédito em Receita de Dividendos)
Total = 34.000

Ajustes de Avaliação Patrimonial na investidora.
Em relação à Cia. Sol = 40% 100.000 = 40.000 (débito em Participação Soc. – Cia. Sol)
Em relação à Cia. Lua – Não há, pois esta não reavaliou ativos.
Em relação à Cia. Estrela – Não há, pois, apesar de Estrela reavaliar ativos, esse investimento não é avaliado por equivalência patrimonial, não cabendo, portanto, o reconhecimento na investida.)

Analisando as opções:

a) INCORRETO. A investidora não apurou receitas ou despesas não-operacionais.
b) INCORRETO. Como visto, as receitas de dividendos importaram em 2.000.
c) CORRETO. O total dos créditos em Participações Societárias (Cia. Sol e Cia. Lua) foi de 8.000 + 24.000 = 32.000.
d) INCORRETO. Só o débito em Participações Societárias – Cia. Sol já ultrapassou o valor de 34.000, visto que foi de 38.000
e) INCORRETO. As outras receitas operacionais incluem a receita de equivalência patrimonial, a receita de dividendos e a reversão de PECLD. Nesse caso o somatório dessas receitas será de 38.000 + 80.000 + 2.000 + 2.000 = 122.000, valor este muito maior que 10.000.

Exercício 72

Vendas	460.000
(–) CMV	(170.000)
(=) Lucro Bruto	290.000
(–) Devedores Duvidosos	(5.000)
(–) Despesas Financeiras	(40.000)
(–) Despesas Administrativas	(70.000)
(–) Depreciação	(10.000)
(+) Outras Receitas Operacionais	
Reversão de PECLD	2.000
Receita de Equivalência Patrimonial	118.000
Receita de Dividendos	2.000
(=) Lucro Operacional	287.000
(–) IR, CSLL e Participações sobre o Lucro	(86.100)
(=) Lucro Líquido	200.900

Reserva Legal = 5% do Lucro Líquido = 5% 200.900 = 10.045

Exercício 73

CMV = EI + C − EF ⇨ 145.000 = 25.000 + C − 30.000 ⇨ Compras (20x1) = 150.000

Exercício 74

ATIVO CIRCULANTE	20X0	20X1	20x2
Disponibilidades	1.500	3.500	1.000*
Duplicatas a Receber	224.000	210.000	257.500
PDD	(2.000)	(4.000)	(5.000)
Estoques	25.000	30.000	70.000
Dividendos a Receber	-	-	34.000
TOTAL DO ATIVO	**248.500**	**239.500**	**357.500**
PASSIVO CIRCULANTE			
Fornecedor	25.000	40.000	56.000
Contas a Pagar	15.000	22.000	80.000
Impostos, Contribuições e Participações	11.000	26.000	86.1000
Dividendos a Pagar	25.000	35.000	150.675**
TOTAL	**76.000**	**123.000**	**372.775**
CCL = AC − PC	**172.500**	**116.500**	**(15.275)**

*   Disponibilidades = 31.000 − 30.000 = 1.000

** Dividendos a Pagar (2002) = 20% 200.900 + saldo remanescente em Lucros Acumulados (110.495)

Obs. 1: As disponibilidades caíram de 31.000 para 1.000, pois a investidora utilizou 30.000 em dinheiro para integralizar 40% de 75.000 das ações da Cia. Sol (*vide* a observação da solução da questão 76).

Obs. 2: De acordo com o § 6º do art. 2002 da Lei nº 6.404/1976, os lucros não destinados nos termos dos arts. 193 a 197 (Reserva Legal e demais Reservas de Lucros) deverão ser distribuídos como dividendos. Assim, se a Cia. FIRMAMENTO estabeleceu no seu estatuto que os dividendos são de 20% do lucro líquido, no caso, 20% de 200.900 = 40.180, esse será o <u>valor mínimo</u> a ser pago aos acionistas, tendo em vista que só seria distribuído exatamente esse valor se não remanescesse saldo em lucros acumulados após as destinações para reservas. O saldo remanescente em lucros acumulados, que no caso é de 110.495, será acrescido ao valor fixado no estatuto para determinação do valor final dos dividendos a pagar aos acionistas. Dessa forma, determinamos o saldo remanescente em Lucros Acumulados da seguinte forma:

Lucros Acumulados:

Saldo inicial	0
(+) Lucro Líquido (20X2)	200.900
(−) Reserva Legal (valor destinado em 31.12.20X2)	(10.045)
(−) Reservas de Lucros (20% 200.900)	(40.180)

(–) Dividendos a Pagar [Valor parcial = 20% 200.900]   (40.180)
(=) Saldo remanescente para dividendos   110.495

Comentário extra: Reforçando ainda o que foi citado acima, de acordo com a alínea *d* do § 2º do art. 178 da Lei nº 6.404/1976, o patrimônio líquido no balanço patrimonial é dividido em capital social, reservas de capital, ajustes de avaliação patrimonial, reservas de lucros, ações em tesouraria e prejuízos acumulados. Assim, a partir do ano de 2008, nenhuma companhia poderá ter em seu balanço saldo remanescente em lucros acumulados. Cabe ressaltar que esta conta NÃO foi extinta da contabilidade, visto que o art. 186 (Demonstração dos Lucros ou Prejuízos Acumulados) não foi alterado pela Lei nº 11.638/2007. Os lucros acumulados foram extintos APENAS no balanço patrimonial. Ao fim da DLPA, havendo saldo em prejuízos acumulados, este aparecerá no balanço patrimonial. No entanto, havendo saldo remanescente em lucros acumulados, este será distribuído como dividendos, conforme o § 6º do art. 202. Assim, em geral, o dividendo regulado pelo estatuto de uma companhia não é necessariamente o que vai ser pago aos acionistas e sim o MÍNIMO que será pago, havendo, no entanto, a possibilidade de que esse mínimo também não seja pago, caso seja constituída a reserva especial (art. 202, §§ 4º e 5º), em virtude de ser comprovada a inviabilidade financeira da companhia para o pagamento dos mesmos.

Exercício 75

O pagamento de fornecedores em 20x1 inclui o valor das compras a prazo feitas em 20x0 (saldo de fornecedores de 25.000) e das compras à vista feitas em 20x1, que pode ser obtido subtraindo-se o total das compras feitas em 20x1 (= 150.000) das compras a prazo feitas em 20x1 (= saldo de fornecedores em 20x1 = 40.000). Assim:

Compras a Prazo de 20x0 (foram pagas em 20x1) 25.000
Compras à vista 20x1 (= compras 20x1 – fornec. 20x1 = 150.000 – 40.000) 110.000
(=) Total pago aos fornecedores em 20x1 .... 135.000

Exercício 76

ATIVO FIXO (AP) em 20x2:

Participações Societárias	
Cia. SOL	180.000*
Cia. LUA	206.000**
Cia. Estrela	1.500
Terrenos	180.000
Veículos	40.000
Edificações	20.000
Obras em andamento	150.000
Depreciação Acumulada	(30.000)
TOTAL	747.500

* **Participações Societárias – Cia. Sol:**

- Saldo inicial 80.000
- (+) Receita de Equiv. Patrimonial 38.000
- (+) Ajustes de Avaliação Patrimonial 40.000
- (–) Dividendos a Receber (8.000)
- (+) Integralização (40% 75.000) 30.000
- Saldo atual 180.000

Obs.: Visto que no enunciado da questão foi informado que em 31/12/20x2 houve integralização de capital na Cia. Sol de 75.000 e que não houve alteração no percentual de participação da investidora no capital dessa investida, ou seja, a investidora continuou com 40% das ações da investida após essa integralização, necessariamente, para que isso ocorra, a investidora terá que participar exatamente em 40% dessa integralização, ou seja, 40% de 75.000 = 30.000.

** **Participações Societárias – Cia. Lua:**

- Saldo inicial 150.000
- (+) Receita de Equiv. Patrimonial 80.000
- (–) Dividendos a Receber (24.000)
- Saldo atual 206.000

PATRIMÔNIO LÍQUIDO (PL) em 20x2:

Capital	430.000
Reserva Legal	22.045
Reservas de Lucros	40.180
Ajustes de Avaliação Patrimonial	40.000*
TOTAL	532.225

* A Cia. Sol reavaliou ativos no total de 100.000. A investidora, que avalia esse investimento por equivalência patrimonial, contabiliza 40% como Ajustes de Avaliação Patrimonial:

D – Investimentos – Cia. Sol 40.000
C – Ajustes de Avaliação Patrimonial 40.000

- -

Finalmente:

$$\text{Imobilização} = \frac{\text{Ativo fixo}}{\text{PL}} = \frac{747.500}{532.225} = 1,40$$

Exercício 77

Participação do Capital de Terceiros $(\text{PCT}) = \dfrac{\text{PC+PNC}}{\text{PL}}$

Em 20X2, temos:

PC = 372.775
PNC = 200.000
PL = 532.225

$$PCT = \frac{372.775 + 200.000}{532.225} = 1,08$$

Comentário extra: A fim de facilitar a visão geral das questões 70 a 77, abaixo temos os lançamentos na investidora e o Balanço Patrimonial em 31/12/20X2:

Partic. Soc. – Cia. Sol		Partic. Soc. – Cia. Lua		Partic. Soc. – Cia. Estrela	
Débito	**Crédito**	**Débito**	**Crédito**	**Débito**	**Crédito**
80.000	8.000 (2)	150.000	24.000 (2)	1.500	
(1) 38.000		(1) 80.000			
(4) 40.000		206.000			
(5) 30.000					
180.000					

Rec. Equiv. Patrimonial		Receita de Dividendos		Dividendos a Receber	
Débito	**Crédito**	**Débito**	**Crédito**	**Débito**	**Crédito**
	118.000 (1)		2.000 (3)	(2) 32.000	
				(3) 2.000	
				34.000	

Ajustes de Avaliação Patrimonial		Disponibilidades	
Débito	**Crédito**	**Débito**	**Crédito**
	40.000 (4)	31.000	30.000 (5)
		1.000	

BALANÇO PATRIMONIAL

ATIVO		PASSIVO	
CIRCULANTE		**CIRCULANTE**	
Disponibilidades	1.000	Fornecedores	56.000
Duplicatas a Receber	257.500	Contas a Pagar	80.000
PECLD	(5.000)	Impostos, Contrb. e Partc. a Pag.	86.100
Estoques	70.000	Dividendos a Pagar	150.675
Dividendos a Receber	34.000		**372.775**
	357.500		

NÃO CIRCULANTE		NÃO CIRCULANTE	
Cia. SOL	180.000	Financiamentos	**200.000**
Cia. LUA	206.000		
Cia. ESTRELA	1.500		
Obras em Andamento	150.000	**PATRIMÔNIO LÍQUIDO**	
Terrenos	180.000	Capital	430.000
Veículos	40.000	Reserva Legal	22.045
Edificações	20.000	Reservas de Lucros	40.180
Depreciação Acumulada	(30.000)	Ajustes de Avaliação Pat.	40.000
	747.500		532.225
TOTAL DO ATIVO	172.500	**TOTAL DO PASSIVO**	

Exercício 78

Se o índice de participação de capitais de terceiros (PC + PNC)/PL igual a 1,5, significa que o PL não é suficiente para cobrir as dívidas da empresa, de forma que terá que ser aumentado em 50% para cobrir todas as dívidas, retratando uma situação ruim, ou seja, de elevado endividamento. Também, se a composição do endividamento PC/(PC + PNC) é de 0,7, significa que 70% das dívidas da empresa encontram-se no Passivo Circulante (PC), retratando um endividamento concentrado no curto prazo.

Exercício 79

Se Ativo Fixo/PL é superior a 1, significa que todo o PL (100% do PL) não é suficiente para financiar o Ativo Fixo, sendo este a soma do Ativo Investimentos com o Ativo Imobilizado com o Ativo Intangível, de forma que estão sendo utilizados recursos de terceiros para financiamento do Ativo Fixo.

Exercício 80

Em 2009: $\dfrac{AC_I}{22.000} = 1,25 \Rightarrow AC_I = 27.500$

Variação do CCL = $(AC_F - PC_F) - (AC_I - PC_I)$

$4.100 = (AC_F - 32.000) - (27.500 - 22.000) \Rightarrow AC_F = 41.600$

Finalmente: LC (em 2010) = $\dfrac{AC_F}{PC_F} = \dfrac{41.600}{32.000} = 1,30$

Exercício 81

ATIVO CIRCULANTE

BCM	100.000,00
Mercadorias	180.000,00
Títulos a Receber C.P. (300.000,00 – 60.000,00)	240.000,00
TOTAL	520.000,00

PASSIVO CIRCULANTE

Títulos Descontados	50.000,00
Fornecedores	170.000,00
Impostos a Recolher	30.000,00
Títulos a Pagar C.P. (210.000,00 – 70.000,00)	140.000,00
TOTAL	390.000,00

Liquidez Seca = $\dfrac{520.000 - 180.000}{390.000} = 0,87$

Comentário extra: Pelas normas atuais de Contabilidade, que seguem as normas internacionais, principalmente pelo CPC 38 – Instrumentos Financeiros: Reconhecimento e Mensuração, entendemos que "Títulos Descontados" (ou "Duplicatas Descontadas") não mais representa conta classificada como retificadora do ativo circulante e sim conta do passivo circulante, tendo em vista que esses títulos correspondem a uma espécie de empréstimo garantido pela entrega dos mesmos à instituição financeira fornecedora do empréstimo.

Exercício 82

DRE

Vendas de Mercadorias	19.600,00
(–) CMV (400,00 + 15.000,00 – 1.400,00)	(14.000,00)
(–) Despesas Administrativas	(2.000,00)
(–) Despesas Comerciais	(1.800,00)
(–) Depreciação	(120,00)
(–) Despesas Financeiras	(800,00)
(=) Lucro Líquido	880,00

Balanço Patrimonial

ATIVO CIRCULANTE	
Caixa	100,00
Contas a Receber	3.680,00
Mercadorias (estoque final)	1.400,00
	5.180,00

ATIVO REALIZÁVEL A LP	ZERO
ATIVO FIXO (INVESTIMENTOS + IMOBILIZADO + INTANGÍVEL)	
Máquinas e Equipamentos	1.500,00
Depreciação Acumulada	(280,00)
Terrenos	3.400,00
	4.620,00
TOTAL DO ATIVO	**9.800,00**
PASSIVO CIRCULANTE	
Fornecedores	5.160,00
PASSIVO NÃO CIRCULANTE	
Empréstimos de Longo Prazo	2.400,00
PATRIMÔNIO LÍQUIDO	
Capital Social	1.260,00
Reservas de Lucros	100,00
Lucro Líquido	880,00
	2.240,00
TOTAL DO PASSIVO	**9.800,00**

Analisando as opções:

a) INCORRETA: Lucratividade = $\dfrac{\text{Lucro Líquido}}{\text{Ativo}} = \dfrac{880,00}{9.800,00} = 8,98\%$ (e não 5%)

---

b) INCORRETA: Endividamento = $\dfrac{\text{Passivo}}{\text{Ativo}} = \dfrac{7.560,00}{9.800,00} = 77,14\%$ (e não 52,65%)

---

c) INCORRETA: Solvência = $\dfrac{\text{Passivo}}{\text{Ativo}} = \dfrac{9.800,00}{7.560,00} = 1,30\%$ (e não 77,14%)

---

d) INCORRETA: Rotação de Dívidas = $\dfrac{\text{Compras a prazo}}{\text{Média dos Fornecedores}} = \dfrac{15.000 \times 2/3}{(2.840 + 5.160)/2} = 2,5$

Prazo (Médio) de Pagamento = $\dfrac{360}{2,5} = 144$ dias (e não 187 dias)

---

e) CORRETA: LG = $\dfrac{5.180,00 + 0,00}{5.160,00 + 2.400,00} = 68,52\%$

Exercício 83

AC
Bancos	3.480
Contas a Receber	5.000
Estoques	4.000
	12.480

ARLP
Contas a Receber Longo Prazo	2.500

PC
Fornecedores	F
Provisões a Pagar	3.000
Impostos a Pagar	3.500
	F+ 6.500

PNC

Empréstimos Obtidos no Longo Prazo   2.000

$$\frac{AC+ARLP}{PC+PNC} = \frac{12.480+2.500}{F+6.500+2.000} = 1,4 \Rightarrow 1,4F + 11.900 = 14.980 \quad F = 2.200$$

Exercício 84

Há redundância de informações no enunciado dessa questão. Dessa forma, podemos chegar ao Ciclo Operacional (COP) de duas formas:

COP = PMRE + PMRV = 74 dias + 63 dias = 137 dias

ou

COP = CC + PMPC = 52 dias + 85 dias = 137 dias

Exercício 85

ATIVO
Contas a Receber	25.000
Estoques	16.000
Empréstimos a Controladas	23.000
Ativo Investimentos, Imobilizado, Intangível	25.000
TOTAL	89.000

$$\text{Rentabilidade do Ativo} = \frac{\text{Lucro Líquido}}{\text{Ativo}}$$

Ou seja:

Lucro Líquido = Rentabilidade do Ativo × Ativo = 0,025 × 89.000 = 2.225

Exercício 86

$$\text{Rentabilidade do PL} = \frac{\text{Lucro Líquido}}{\text{PL (médio)}} = \frac{2.225}{55.625} = 0,04 \text{ ou } 4\%$$

Comentário extra: Normalmente, quando calculamos o retorno do PL não utilizamos seu valor médio e sim o seu valor obtido do balanço. No entanto, se numa questão de concurso dispomos do valor médio do PL, então, em geral, damos "preferência" a esse valor, que foi o caso dessa questão.

Exercício 87

Visto que no enunciado não são fornecidos os valores médios, utilizaremos os saldos contábeis finais para calcular todos os prazos médios. Assim:

$$\text{Rotação de Vendas} = \frac{\text{Vendas a Prazo}}{\text{Contas a Receber}} = \frac{360.000}{24.000} = 15$$

$$\text{Prazo Médio de Pagamento de Compras} = \frac{360 \text{ dias}}{15} = 24 \text{ dias}$$

Exercício 88

$$\text{Rotação de Estoques (RE)} = \frac{\text{CMV}}{\text{Estoque Final}} = \frac{252.000}{17.500} = 14,4$$

$$\text{Prazo Médio de Rotação de Estoques} = \frac{360 \text{ dias}}{\text{RE}} = \frac{360 \text{ dias}}{14,4} = 25 \text{ dias}$$

Exercício 89

$$\text{Rotação de Compras} = \frac{\text{Compras a Prazo}}{\text{Fornecedores}} = \frac{288.000}{24.000} = 12$$

$$\text{Prazo Médio de Pagamento de Compras} = \frac{360 \text{ dias}}{12} = 30 \text{ dias}$$

Exercício 90

Analisando as opções:

a) INCORRETO. Se em 2003 a liquidez corrente foi de 1,25, significa que para cada unidade monetária de Passivo Circulante existe 1,25 unidade monetária de Ativo Circulante. Desta forma, se desejarmos saber o contrário, ou seja, 1,00 unidade monetária de Ativo Circulante está comprometida com quanto de Passivo Circulante? Para respondermos isso, basta efetuarmos a divisão entre 1,00 e 1,25, ou seja, 1,00 ÷ 1,25 = 0,80. Daí, concluímos que em 2003 cada $ 1,00 de Ativo Circulante está comprometido com $ 0,80 de Passivo Circulante. Em outras palavras, o grau de comprometimento do Ativo Circulante em 2003 é de 0,80 ou 80%. Analogamente, o grau de comprometimento do Ativo Circulante em 2004 é de 1,00 ÷ 1,60 = 62,5%. Finalmente, concluímos que de 2003 para 2004 a empresa teve redução do grau de comprometimento de 80% para 62,5%, ou seja, 17,5% e não 20%.

b) INCORRETO. Conforme visto no comentário anterior, em 2004 o comprometimento do Ativo Circulante foi de 62,5% e não 80%.

c) INCORRETO. Quanto maior a liquidez corrente, maior a capacidade de pagamento de curto prazo.

d) CORRETO. Conforme visto nos comentários anteriores, em 2004 o comprometimento Ativo Circulante é de 62,5%. Desta forma, o grau de liberdade é de 100% − 62,5% = 37,5%.

e) INCORRETO. O índice que avalia a capacidade de pagamento de longo prazo não é liquidez corrente e sim liquidez geral.

Exercício 91

PASSIVO EXIGÍVEL (PC + PNC) = 30.000 + 70.000 + 100.000 = 200.000

PL = 100.000 + 35.000 = 135.000

$$\text{Endividamento (em relação ao PL)} = \frac{PC+PNL}{PL} = \frac{200.000}{135.000} = 148\%$$

Exercício 92

$$\text{Composição do Endividamento} = \frac{PC}{PC+PNC} = \frac{250}{250+150} = 0{,}625 \text{ (aproximadamente 63\%)}$$

Exercício 93

Se a liquidez seca é 10% melhor do que a liquidez geral, então aquela é igual ao valor desta multiplicado por 1,10, ou seja:

$$\frac{AC - E}{PC} = \frac{AC + ARLP}{PC + PNC} \times 1,10$$

$$\frac{264 - 22}{200} = \frac{264 + 0}{200 + PNC} \times 1,10 \Rightarrow PNC = \frac{264 \times 1,10 \times 200}{264 - 22} - 200 = 40$$

Exercício 94

Pelas normas contábeis anteriores, a conta "Duplicatas Descontadas" era classificada no Ativo Circulante como "conta retificadora" de Clientes (ou Duplicatas a Receber). Assim, para efeitos de análise de balanços, aquela conta deveria ser reclassificada como uma conta "normal" do Passivo Circulante.

Atualmente, em consonância com as normas internacionais de Contabilidade e com os pronunciamentos técnicos do CPC (Comitê de Pronunciamentos Contábeis), sobretudo o CPC 38 – Instrumentos Financeiros: Reconhecimento e Mensuração, entendemos que tal conta é equivalente a uma espécie de empréstimo garantido pela entrega das duplicatas ao banco. Desta forma, não é mais necessário a reclassificação dessa conta como Passivo Circulante, tendo em vista que ela já é classificada naturalmente nesse grupo. Assim, teremos, considerando as normas atuais:

ATIVO CIRCULANTE

Bancos	100,00
Duplicatas a Receber	400,00
Provisão p/ Devedores Duvidosos	(5,00)
Estoques	105,00
Total	600,00

PASSIVO CIRCULANTE

Duplicatas Descontadas	100,00
Fornecedores	150,00
Empréstimos a Pagar	150,00
Contas a Pagar	100,00
Total	500,00

$$\text{Liquidez Corrente} = \frac{600,00}{500,00} = 1,2$$

Comentário extra: Atualmente, com base no Pronunciamento Técnico CPC 25 – Provisões, Passivos Contingentes e Ativos Contingentes, as PROVISÕES **são** passivos de prazo ou valor incertos. Desta forma, não há mais que se falar em provisões retificando contas do ativo, como é o caso da "antiga" conta "Provisão p/ Devedores Duvidosos". Atualmente, esta conta recebe o nome de "Perdas Estimadas em Créditos de Liquidação Duvidosa". No entanto, tendo em vista que a Lei nº 6.404/76 não foi adequadamente adaptada às novas regras contábeis, de modo que ainda utiliza a inadequada expressão "provisão" para algumas contas retificadoras do ativo, algumas questões atuais de concursos públicos ainda utilizam a intitulação "Provisão para Devedores Duvidosos", contrariando assim as determinações do referido CPC. A própria Lei nº 6.404/76 no seu artigo 177 reconhece que se deve priorizar as normas internacionais de contabilidade. Assim, o uso "insistente" da expressão "provisão" em contas retificadoras do ativo é um equívoco que já deveria ter sido superado, mas, infelizmente, como temos observado em diversas questões atuais, ainda não foi.

Exercício 95

ATIVO CIRCULANTE
Bancos	550,00
Clientes	120,00
Estoques	230,00
Total	900,00

ATIVO REALIZÁVEL A LONGO PRAZO
Depósitos Judiciais	180,00
Empréstimos a Coligadas	20,00
Total	200,00

PASSIVO CIRCULANTE
Fornecedores	550,00
Dividendos a Pagar	200,00
Adiantamentos de Clientes	150,00
Total	900,00

PASSIVO NÃO CIRCULANTE
Financiamentos de Longo Prazo	350,00

$$LC = \frac{900,00}{900,00} = 1,00$$

$$LG = \frac{900,00 + 200,00}{900,00 + 350,00} = 0,88$$

Exercício 96

Empresa Alfa: Suponhamos que inicialmente o AC da empresa Alfa fosse de R$ 5.000,00 e o PC de R$ 2.500,00, de sorte que a liquidez corrente fosse de R$ 5.000,00/R$ 2.500,00, isto é, 2,00. Admitindo que logo em seguida a empresa comprasse mercadorias a prazo no valor de 1.500,00, o AC subiria para R$ 6.500,00, pela entrada das mercadorias, e o PC para R$ 4.000,00, pela entrada da dívida, de sorte que a liquidez corrente **DIMINUIRIA** para R$ 6.500,00/R$ 4.000,00, ou seja, 1,625.

Empresa Beta: Suponhamos que inicialmente o AC da empresa Beta fosse de R$ 9.000,00 e o PC de R$ 3.000,00, de sorte que a liquidez corrente fosse de R$ 9.000,00/R$ 3.000,00, isto é, 3,00. Admitindo que logo em seguida a empresa pagasse uma dívida de R$ 1.000,00, o AC cairia para R$ 8.000,00 e o PC para R$ 2.000,00, de sorte que a liquidez corrente **SUBIRIA** para R$ 8.000,00/R$ 2.000,00, ou seja, 4,00.

Exercício 97

Se PL/Ativo vale 0,02, significa que o PL financia apenas 2% do ativo da empresa, de sorte que 98% do ativo são financiados por capitais de terceiros, retratando um elevadíssimo endividamento.

Exercício 98

No caso de uma empresa industrial, o ciclo operacional começa quando as matérias-primas são levadas dos estoques à produção e termina no recebimento de dinheiro, referente às vendas dos produtos fabricados.

Exercício 99

Se, por exemplo, o Ativo de uma empresa for de R$ 100.000,00, o Passivo Exigível de R$ 70.000,00 e o PL de R$ 30.000,00, concluímos que o Ativo da empresa é financiado por 70% com recursos de terceiros e 30% com recursos próprios. Desta forma, estabelecendo relações semelhantes a essas, estamos utilizando os índices de estrutura de capitais (ou endividamento), os quais revelam a política de obtenção de recursos (próprios e de terceiros) para financiamento de capitais aplicados no ativo.

Exercício 100

Lucro (Loja 1) = 798 – 450 – 50 = 298
Lucro (Loja 2) = 900 – 498 – 52 = 350

- -

Lucro das Filiais = 298 + 350 = 648

- -

Investimentos das Filiais = 400 + 500 = 900

$$\text{Taxa de retorno total das Filiais} = \frac{\text{Lucro das Filiais}}{\text{Investimentos das Filiais}} = \frac{648}{900} = 0,72 = 72\%$$

Exercício 101

Custo Médio Ponderado de Capital (CMPC) = (12% × 70%) + (30% × 8%) = 0,084 + 0,024 = 0,108

$$\text{Margem de Lucro} = \frac{\text{Lucro}}{\text{Investimento}} = \frac{250.000}{2.000.000} = 0,125$$

VEA = (Margem de Lucro − CMPC) × Investimento

Valor Econômico Agregado = (0,125 − 0,108) × 2.000.000 = 34.000

Exercício 102

$$\text{Liquidez Corrente} = \frac{AC}{PC} = 1,50 \Rightarrow AC = \mathbf{1,50PC}$$

$$\text{Liquidez Seca} = \frac{AC - 600.000}{PC} = 1,25 \Rightarrow \frac{\mathbf{1,50PC} - 600.000}{PC} = 1,25$$

1,50PC − 1,25PC = 600.000 ⇨ PC = 2.400.000 ⇨ AC = 1,50 × 2.400.000 = 3.600.000

Exercício 103

$$CE = \frac{PC}{\text{Capital de Terceiros}} = \frac{2.400.000}{4.000.000} = 0,60 = 60\%$$

Exercício 104

$$\text{Rentabilidade do Capital Próprio} = \frac{\text{Lucro Líquido}}{PL}$$

Exercício 105

ATIVO CIRCULANTE	
Disponibilidades	800
Estoques	1.200
Clientes	4.000
Provisão para Crédito de Liquidação Duvidosa	(200)
	5.800

ATIVO NÃO CIRCULANTE
Edificações	1.000
Veículos	2.900
Depreciação Acumulada	(700)
	3.200

PASSIVO CIRCULANTE
Contas a Pagar	450
Duplicatas Descontadas	1.050
Fornecedores	2.000
	3.500

PASSIVO NÃO CIRCULANTE — zero

PATRIMÔNIO LÍQUIDO
Capital Social	5.000
Reserva Legal	200
Reserva de Lucros	300
	5.500

Verificando as opções:

a) Liquidez Seca $= \dfrac{AC - E}{PC} = \dfrac{5.800 - 1.200}{3.500} = 1,31$ (e não 1,45)

b) Giro de Estoques: Não há informações suficientes para o seu cálculo, principalmente pela omissão do valor do "CMV".

c) $LC = \dfrac{5.800}{3.500} = 1,66$

Comentário extra: Analisando as outras opções:

d) Endividamento $= \dfrac{\text{Passivo Exigível}}{\text{Ativo}} = \dfrac{3.500}{9.000} = 39\%$

e) Participação do Capital Próprio $= \dfrac{PL}{\text{Passivo Total}} = \dfrac{5.500}{9.000} = 61\%$

Exercício 106

Rotação de Estoques $= \dfrac{CMV}{\text{Estoque Médio}} = \dfrac{R\$\ 300.000,00}{R\$\ 125.000,00} = 2,4$

Prazo Médio de Renovação (Rotação) de Estoques $= \dfrac{360 \text{ dias}}{2,4} = 150 \text{ dias}$

$$\text{Margem Bruta} = \frac{\text{Lucro Bruto}}{\text{Receita Líquida}} = \frac{R\$\ 625.000{,}00 - R\$\ 300.000{,}00}{R\$\ 625.000{,}00} = 52\%$$

Exercício 107

$$\text{Rentabilidade sobre o Capital Próprio} = \frac{\text{Lucro Líquido}}{\text{PL}} = \frac{R\$\ 120.000{,}00}{R\$\ 800.000{,}00} = 0{,}15\% \text{ ou } 15\%$$

$$\text{Relação Preço/Lucro} = \frac{\text{Preço da Ação}}{\text{Lucro Líquido por Ação}} = \frac{R\$\ 0{,}80}{R\$\ 120.000 \div 600.000} = 4$$

Exercício 108

$$\text{Custo médio unitário do estoque} = \frac{R\$\ 9.100 + R\$\ 4.400}{100 + 50} = R\$\ 90$$

Estoque final = R$ 90 × 30 = R$ 2.700

Exercício 109

CMV = R$ 90 × (100 + 50 − 30) = R$ 10.800

Nota: A quantidade vendida (120 unidades) é igual à quantidade inicial (100 unidades) mais a quantidade comprada (50 unidades) menos a quantidade final (30 unidades).

Exercício 110

Receita de venda	R$ 30.000
(−) ICMS s/ vendas	(R$ 7.000)
(−) CMV	(R$ 10.800)
(−) Despesas administrativas e vendas	(R$ 10.000)
(−) Despesas financeiras	(R$ 3.000)
(=) Resultado do Exercício	(R$ 800) – Prejuízo

(Resposta: opção b)

Exercício 111

ATIVO CIRCULANTE

Bancos	R$ 12.000
Estoque final de mercadorias	R$ 2.700
	R$ 14.700

ATIVO NÃO CIRCULANTE
Imobilizado ....R$ 26.500
Depreciação acumulada ....(R$ 9.000)
$$\text{R\$ 17.500}$$
TOTAL DO ATIVO ....R$ 32.200

PASSIVO CIRCULANTE
Duplicatas a pagar ....R$ 14.000
Salários a pagar ....R$ 4.000
$$\text{R\$ 18.000}$$

PASSIVO NÃO CIRCULANTE ....zero

PATRIMÔNIO LÍQUIDO
Capital social ....R$ 13.000
Reservas de capital ....R$ 2.000
Prejuízo ....(R$ 800)
$$\text{R\$ 14.200}$$

A banca elaboradora não especificou qual o tipo de ENDIVIDAMENTO que se deseja calcular. Assim, iremos calcular as duas versões existentes:

(1ª VERSÃO) – Em relação ao Ativo total:

$$\text{Endividamento} = \frac{\text{Passivo Exigível}}{\text{Ativo}} = \frac{\text{R\$ 18.000}}{\text{R\$ 32.200}} = 0{,}559 \text{ (não há opções)}$$

(2ª VERSÃO) – Em relação ao PL:

$$\text{Endividamento} = \frac{\text{Passivo Exigível}}{\text{PL}} = \frac{\text{R\$ 18.000}}{\text{R\$ 14.200}} = 1{,}2676$$

Comentário extra: Caso nas opções também existisse "0,559", além de "1,2676", a questão seria passível de ANULAÇÃO, tendo em vista que as duas versões de Endividamento <u>são válidas</u> entre os diversos analistas e autores.

Exercício 112

$$LS = \frac{AC - \text{Estoque}}{PC} = \frac{14.700 - 2.700}{18.000} = 0{,}6666$$

Exercício 113

Rentabilidade do PL = $\dfrac{\text{Lucro Líquido}}{\text{PL}} = \dfrac{-800}{14.200} = -0{,}0563$

Nota: Visto que o resultado foi PREJUÍZO em vez de lucro, demos sinal NEGATIVO ao numerador da fração para o cálculo da rentabilidade do PL.

Exercício 114

Produção — Venda — Recebimento = CICLO OPERACIONAL

Capítulo 4

Quocientes Complexos

1. Grau de Alavancagem Financeira

1.1. Introdução

Sabemos que os recursos aplicados no ativo (investimento total) têm origem no passivo exigível (capitais de terceiros) e no patrimônio líquido (capital próprio). Dessa forma, por exemplo, se o ativo de determinada empresa fosse de R$ 200.000 e o passivo exigível, R$ 80.000, o patrimônio líquido seria de R$ 120.000. Nesse caso, 40% dos recursos aplicados no ativo são financiados por capitais de terceiros e 60%, por capitais próprios. No entanto, dependendo dos juros (encargos financeiros) pagos pela empresa em função da utilização de capitais de terceiros remunerados, seria possível que essas despesas financeiras pudessem eliminar os ganhos produzidos pela utilização de capitais de terceiros, não sendo, portanto, recomendável tal nível de endividamento. Só seria vantajosa a utilização de capitais de terceiros se os ganhos gerados fossem superiores aos encargos financeiros incorridos.

O grau de alavancagem financeira (GAF) tem por objetivo avaliar se a rentabilidade do capital próprio (lucro líquido/patrimônio líquido), quando há capitais de terceiros remunerados financiando parte do ativo da empresa, foi maior, igual ou menor do que aquela que seria se todo o ativo fosse financiado somente por capitais próprios. Em outras palavras, o GAF mede a eficiência da utilização de capitais de terceiros para alavancar a rentabilidade do capital próprio de forma positiva (favorável), de forma negativa (desfavorável) ou de forma indiferente (nem favorável nem desfavorável).

1.2. Exemplo Prático de Cálculo do GAF

Suponhamos que uma empresa apresente a seguinte estrutura patrimonial:

Ativo	40.000
Passivo Exigível	15.000
Patrimônio Líquido	25.000

Nota: Estamos supondo nesse exemplo que o Passivo Exigível é composto apenas de empréstimos e financiamentos (capitais de terceiros "remunerados"), ou seja, coincide com o conceito de Passivo Financeiro, que é o único que gera encargos financeiros (juros).

Supondo que a utilização de capitais de terceiros (passivo exigível) gerou encargos financeiros (juros) na ordem de 20% sobre o valor dos mesmos (20% de 15.000 = 3.000) e supondo a seguinte DRE:

Receita de Vendas	98.000
CMV	(52.000)
Lucro Bruto	46.000
Despesas Comerciais	(5.000)
Despesas Financeiras	**(3.000)**
Despesas Administrativas	(8.000)
Lucro Líquido	30.000

A rentabilidade do capital próprio (RCP) seria:

$$\frac{\text{Lucro Líquido}}{\text{PL}} = \frac{30.000}{25.000} = 1,20$$

No entanto, se todo o ativo da empresa fosse financiado por capitais próprios, teríamos:

Ativo	40.000
Passivo Exigível	0
Patrimônio Líquido	40.000

Receita de Vendas	98.000
CMV	(52.000)
Lucro Bruto	46.000
Despesas Comerciais	(5.000)
Despesas Financeiras	(-)
Despesas Administrativas	(8.000)
Lucro Líquido	33.000

$$\text{RCP} = \frac{33.000}{40.000} = 0,825$$

Assim, podemos calcular o GAF da seguinte forma:

$$\text{GAF} = \frac{\text{Rentabilidade do capital próprio \textbf{``com''} a utilização de capitais de terceiros}}{\text{Rentabilidade do capital próprio \textbf{``sem''} a utilização de capitais de terceiros}}$$

$$\text{GAF} = \frac{1,20}{0,825} = 1,4545$$

Interpretação: Sendo o GAF de 1,4545, concluímos que a utilização de capital de terceiros trouxe uma rentabilidade sobre o capital próprio 45,45% superior àquela que seria se todo o ativo fosse financiado por capitais próprios. Logo a alavanca financeira foi favorável (positiva).

No exemplo anterior, se os encargos financeiros fossem de 90% sobre o valor dos capitais de terceiros (90% de 15.000 = 13.500), considerando a mesma estrutura patrimonial, teríamos:

Receita de Vendas	98.000
CMV	(52.000)
Lucro Bruto	46.000
Despesas Comerciais	(5.000)
Despesas Financeiras	**(13.500)**
Despesas Administrativas	(8.000)
Lucro Líquido	19.500

Nesse caso, a rentabilidade do capital próprio seria de 19.500/25.000, isto é, 0,78 e o GAF seria de 0,78/0,825 = 0,95, significando que a utilização de capitais de terceiros trouxe uma rentabilidade sobre o capital próprio 5% inferior àquela que seria caso todo o ativo fosse financiado por capitais próprios. Desta forma, a alavanca financeira seria desfavorável (negativa).

No entanto, no mesmo exemplo, se as despesas financeiras fossem, por exemplo, de 12.375, em vez de 13.500, teríamos:

Receita de Vendas	98.000
CMV	(52.000)
Lucro Bruto	46.000
Despesas Comerciais	(5.000)
Despesas Financeiras	**(12.375)**
Despesas Administrativas	(8.000)
Lucro Líquido	20.625

Agora, a rentabilidade do capital próprio seria de 20.625/25.000, isto é, 0,825 e o GAF seria de 0,825/0,825 = 1, significando que a utilização de capitais de terceiros traria uma rentabilidade sobre o capital próprio igual àquela que seria se não houvesse capitais de terceiros financiando parte do ativo. Nesse caso, a alavanca financeira não seria favorável ou desfavorável, sendo indiferente, em termos de rentabilidade sobre capitais próprios, a utilização de capitais de terceiros.

1.3. Fórmula para o Cálculo do GAF

No item 1.2, por definição, foi estabelecida uma relação para o cálculo do GAF, isto é:

$$GAF = \frac{\text{Rentabilidade do capital próprio "com" a utilização de capitais de terceiros}}{\text{Rentabilidade do capital próprio "sem" a utilização de capitais de terceiros}}$$

O numerador da fração foi obtido dividindo-se o lucro líquido (LL) pelo patrimônio líquido (PL). O denominador da fração foi obtido dividindo-se o lucro líquido caso não houvesse despesas financeiras (DF), isto é, a soma do lucro líquido na situação anterior com as despesas financeiras (LL + DF) pelo patrimônio líquido caso não houvesse passivo exigível, isto é, pelo ativo (A) da situação anterior. Assim, chegamos à seguinte fórmula:

$$GAF = \frac{\dfrac{\text{Lucro Líquido}}{\text{PL}}}{\dfrac{\text{Lucro Líquido + Despesas Financeiras}}{\text{Ativo Líquido}}}$$

Resumindo, teremos:

GAF > 1 ⇨ Alavanca financeira favorável (positiva), pois a utilização de capitais de terceiros aumentou a rentabilidade do patrimônio líquido.

GAF = 1 ⇨ Alavanca financeira indiferente (nula), pois a utilização de capitais de terceiros não alterou a rentabilidade do patrimônio líquido.

GAF < 1 ⇨ Alavanca financeira desfavorável (negativa), pois a utilização de capitais de terceiros diminuiu a rentabilidade do patrimônio líquido.

Obs. 1: Na análise da alavancagem financeira feita anteriormente, supomos que todo o Passivo Exigível era gerador de encargos financeiros. Porém, na realidade o passivo gerador de encargos, isto é, o passivo que gera juros é chamado de <u>Passivo Financeiro</u> (ou Débitos de Financiamento), o qual é composto, basicamente, dos empréstimos e financiamentos. A parte do passivo não remunerada financeiramente é chamada de <u>Passivo Operacional</u> (ou Débitos de Funcionamento), que é composto pelos Salários a Pagar, Provisões Passivas, Adiantamentos de Clientes, Impostos a Recolher, Duplicatas a Pagar, Previdência Social a Recolher etc. Assim, o mais preciso na análise da alavancagem financeira é considerar apenas o Passivo Financeiro, pois é o único Passivo que pode ser substituído por Capital Próprio e o único que gera encargos financeiros. No caso específico das dívidas com fornecedores, os juros já estariam embutidos no valor a pagar, de modo que a conta "Duplicatas a Pagar" (ou Fornecedores) só seria considerada passivo financeiro no caso em que se fizesse a redução a valor presente, conforme o Pronunciamento Técnico CPC 12 – Ajuste a Valor Presente. Numa situação em que não se considerasse esse tipo de ajuste, a referida conta seria considerada passivo operacional, em vez de financeiro. Graficamente, temos a seguinte situação:

ATIVO	Passivo Operacional	passivo não remunerado
	Passivo Financeiro	passivo remunerado
	PL (= Passivo Não Exigível)	

O somatório do Lucro Líquido (LL) com as Despesas Financeiras (DF) é conhecido como "Lucro antes das Despesas Financeiras" (LADF). Em outras palavras, LADF = LL + DF. Este lucro será distribuído no Passivo Remunerado da seguinte forma: as despesas financeiras caberão aos credores da empresa (titulares do Passivo Financeiro); o LL caberá aos sócios (titulares do PL).

No quadro acima podemos estabelecer a seguinte relação: Ativo – Passivo Operacional = Passivo Financeiro + PL, onde a diferença entre o Ativo e o Passivo Operacional poderá ser chamada de Ativo Líquido.

Finalmente, concluímos que, havendo Passivo Operacional (POP), o gráfico mais adequado para a análise da alavancagem financeira é o seguinte:

Ativo Líquido	Passivo Financeiro (ou Passivo Gerador de Encargos)
	PL

Consequentemente, a fórmula "mais real" no cálculo do GAF é a seguinte:

$$GAF = \frac{\frac{\text{Lucro Líquido}}{\text{PL}}}{\frac{\text{Lucro Líquido + Despesas Financeiras}}{\text{Ativo "Líquido"}}}$$

Nota: *Ativo Líquido = Ativo Total no Balanço – Passivo Operacional*

Obs. 2: Na fórmula acima para o cálculo do GAF, estamos supondo que todo o ativo é necessário para gerar lucros na empresa. No entanto, na realidade existem ativos não necessários às operações da empresa para geração de lucros, tais como os créditos a receber a longo prazo, as participações societárias permanentes em outras empresas, as propriedades para investimentos etc. Desse modo, a forma mais precisa ainda de apurar o GAF é utilizando o conceito de ATIVO OPERACIONAL, o qual é definido como o ativo necessário às operações da empresa para geração de lucros. Regra geral, esse ativo é o somatório do ativo circulante com o ativo imobilizado com o ativo intangível. Cabe ressaltar, no entanto, que na grande maioria dos exercícios e questões de concursos públicos, por questões de simplificação, não é cogitado esse detalhe, de forma que no cálculo do GAF, em geral, utiliza-se o Ativo Total, presumindo-se que este seja todo operacional, quando, na realidade, nem sempre isso é verdade. Por fim, caso se queira um "refinamento" no cálculo do GAO, a fórmula "mais real" seria a seguinte, desconsiderando os efeitos dos tributos sobre o lucro (IR e CSLL):

$$GAF = \frac{\frac{\text{Lucro Líquido}}{\text{PL}}}{\frac{\text{Lucro Líquido + Despesas Financeiras}}{\text{Ativo "Operacional" Líquido}}}$$

Obs. 3: Nas análises anteriores, desconsideramos os efeitos do IR (Imposto de Renda) e da CSLL (Contribuição Social sobre o Lucro Líquido). Na prática, existem esses tributos e isso irá modificar o cálculo do GAF. Assim, suponhamos a seguinte DRE:

Receita Bruta	120.000
ICMS, Pis, Cofins	(24.000)
Receita Líquida	96.000
CMV	(31.000)
Lucro Bruto	65.000
Despesas Comerciais e Administrativas	(41.000)
Lucro antes das Despesas Financeiras	24.000
Despesas Financeiras (juros)	(4.000)
Lucro antes do IR e CSLL	20.000
IR e CSLL (alíquota conjunta de 24%)	(4.800)
Lucro Líquido	15.200

Assim, no cálculo do GAF, ao somarmos o Lucro Líquido (LL) com as Despesas Financeiras (DF), encontramos R$ 15.200 + R$ 4.000 = R$ 19.200. No entanto, estamos cometendo um erro, pois as DF de R$ 4.000 fazem o lucro antes do IR e CSLL cair desse valor e, consequentemente, o IR e a CSLL reduzirem em 24% de R$ 4.000 = R$ 960, ocasionando um aumento do LL neste valor. Dessa forma, para compensarmos esse efeito, a fórmula correta para o cálculo do GAF passa a ser:

$$GAF = \frac{\dfrac{\text{Lucro Líquido}}{\text{PL}}}{\dfrac{\text{Lucro Líquido} + \text{DF} - \text{IR e CSLL sobre DF}}{\text{Ativo Operacional Líquido}}}$$

Na DRE anterior, LL + DF − IR e CSLL sobre DF = R$ 15.200 + R$ 4.000 − 25% R$ 4.000 = R$ 18.240

1.4. Forma Alternativa de Análise do GAF

Consideremos ainda o exemplo do item 1.2.:

Balanço 31/12/X0

Ativo	40.000
Passivo Exigível (só empréstimos ou financiamentos)	15.000
Patrimônio Líquido	25.000

DRE 31/12/X1

Receita de Vendas	98.000
CMV	(52.000)
Lucro Bruto	46.000
Despesas Comerciais	(5.000)
Despesas Financeiras	**(3.000)**
Despesas Administrativas	(8.000)
Lucro Líquido	30.000

Consideremos também os seguintes itens:

- **RsA:** Retorno sobre o Ativo
- **CD:** Custo da Dívida
- **DF:** Despesas Financeiras (Juros)
- **RsPL:** Retorno sobre o PL
- **LL + DF:** Lucro Líquido + Despesas Financeiras, que é o lucro devido às atividades operacionais da empresa (ao somarmos DF ao LL, estamos eliminando deste as DF e, consequentemente, determinando o lucro que depende <u>exclusivamente</u> das operações empresa = Lucro obtido exclusivamente em função da utilização dos bens do Ativo e não em função da utilização de capitais de terceiros = Lucro dos Ativos).
- **P:** Passivo Gerador de Encargos (Passivo Financeiro) – em geral, empréstimos e financiamentos.

Assim:

(1) $\quad \text{RsA} = \dfrac{\text{LL} + \text{DF}}{\text{A}} = \dfrac{30.000 + 3.000}{40.000} = 82,5\%$

Interpretação: Para cada R$ 1.000 investidos no Ativo, a empresa gera um lucro de R$ 825, lucro esse exclusivamente devido às suas operações, ou seja, o lucro que <u>independe</u> das despesas financeiras (estas dependem dos credores e não da atividade operacional da empresa).

---

(2) $\quad \text{CD} = \dfrac{\text{DF}}{\text{P}} = \dfrac{3.000}{15.000} = 20\%$

Interpretação: Para cada R$ 1.000 tomados de empréstimos ou financiamentos, a empresa paga aos credores R$ 200 de juros.

1ª Conclusão: De (1) e (2), concluímos que para cada R$ 1.000 tomados dos credores e investidos no Ativo, a empresa ganha R$ 825 – R$ 200 = R$ 625, ou, em termos percentuais, 82,5% – 20% = 62,5% = RsA – CD. Visto que se a empresa obteve dos credores R$ 15.000, então ganhou 62,5% de R$ 15.000 = R$ 9.375, além do lucro que teria se não utilizasse capitais de terceiros. Como o RsA é de 82,5%, somente a <u>atividade operacional</u> gerou para os sócios um ganho de 82,5% de R$ 25.000 = R$ 20.625, os quais somados aos R$ 9.375, que é o ganho gerado pela obtenção de recursos junto aos credores, totaliza R$ 30.000, que é o Lucro Líquido da empresa, o qual, economicamente, é o ganho total dos sócios.

(1) $\quad \text{RsPL} = \dfrac{\text{LL}}{\text{PL}} = \dfrac{30.000}{25.000} = 120\%$

Interpretação: Para cada R$ 1.000 pertencentes aos sócios, existe um retorno de R$ 1.200.

2ª Conclusão: Para 82,5% de rentabilidade da atividade operacional da empresa, esta consegue 120% para os sócios, isto é, uma impulsão de 120% ÷ 82,5% = 1,4545 vezes, que é o GAF (Grau de Alavancagem Financeira). Assim:

$$GAF = \frac{RsPL}{RsA}$$

3ª Conclusão: Da 2ª conclusão, inferimos a ideia de "alavanca financeira" da seguinte forma:

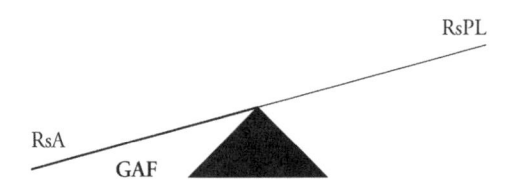

Na alavanca acima o GAF seria o braço esquerdo. O RsA é a força que se faz nesse braço. Daí, quanto maior for o GAF, maior será o RsPL em função do RsA. Assim, por exemplo, para um GAF de 1,60 (favorável ou positivo), um RsA de 40% geraria um RsPL de 40% × 1,60 = 64%. Para um GAF de 1,80 (favorável ou positivo) o mesmo RsA geraria um RsPL de 40% × 1,80 = 72%. Para um GAF de 1 (indiferente), o mesmo RsA geraria um RsPL de 40% × 1 = 40%. Para um GAF de 0,65 (desfavorável ou negativo), o mesmo RsA geraria um RsPL de 40% × 0,65 = 26%.

(2) $\quad \dfrac{P}{PL} = \dfrac{15.000}{25.000} = 60\%$

Interpretação: Para cada R$ 1.000 pertencentes aos sócios, existem R$ 600 pertencentes aos credores. Em outras palavras, para cada 100% de capital próprio, a empresa possui 60% de capitais de terceiros.

4ª Conclusão: Visto que no exemplo do item 1.2 o ganho líquido da empresa para os sócios (RsA – CD) é de 62,5% de sua dívida com credores, então o incremento da taxa de retorno sobre o PL é de 62,5% de 60% = 37,5%. Assim, o RsPL será igual ao somatório do RsA com o referido incremento, ou seja:

$$RsPL = RsA + (RsA - CD) \times \frac{P}{PL}$$

Finalmente, a fórmula do GAF pode ser apresentada também da seguinte forma:

$$GAF = \frac{RsA + (RsA - CD) \times \dfrac{P}{PL}}{RsA}$$

Finalmente, da fórmula acima, concluímos que:

1) Se RsA > CD ⇨ GAF > 1 (alavanca financeira favorável)
2) Se RsA = CD ⇨ GAF = 1 (alavanca financeira indiferente)
3) Se RsA < CD ⇨ GAF < 1 (alavanca financeira desfavorável)

Nota: Evidentemente, desenvolvendo algebricamente a fórmula acima, chegaremos à primeira fórmula apresentada para o cálculo do GAF. Assim:

$$GAF = \dfrac{RsA + (RsA - CD) \times \dfrac{P}{PL}}{RsA}$$

$$= \dfrac{\dfrac{LL+DF}{A} + \left[\dfrac{LL+DF}{A} - \dfrac{DF}{P}\right] \times \dfrac{P}{PL}}{\dfrac{LL+DF}{A}} =$$

$$= \dfrac{\dfrac{LL+DF}{A} + \dfrac{(LL.P)+(DF.P)}{A.PL} - \dfrac{DF}{P}}{\dfrac{LL+DF}{A}} =$$

$$= \dfrac{\dfrac{LL.PL + DF.PL + LL.P + DF.P - DF.A}{A.PL}}{\dfrac{LL+DF}{A}} =$$

Lembrando que PL = A − P e pondo " − DF" em evidência, teremos:

$$= \dfrac{\dfrac{LL.(A-P) + DF.(A-P) + LL.P + - DF.(A-P)}{A.PL}}{\dfrac{LL+DF}{A}} =$$

$$= \dfrac{\dfrac{LL.A - LL.P + LL.P}{A.PL}}{\dfrac{LL+DF}{A}} = \dfrac{\dfrac{\mathbf{LL}}{\mathbf{PL}}}{\dfrac{\mathbf{LL+DF}}{\mathbf{A}}}$$

EXERCÍCIO RESOLVIDO 1: (Petrobras – Contador(a) Júnior/Fundação Cesgranrio) A Cia. Planaltina S/A apresentou as seguintes demonstrações contábeis em 31/12/2009:

BALANÇO PATRIMONIAL		DRE	
ATIVO (R$)		CONTAS	VALORES (R$)
Ativo Circulante	3.000.000,00	Receita Líquida	15.000.000,00
Ativo Não Circulante	3.000.000,00	CPV	(9.000.000,00)
TOTAL DO ATIVO	6.000.000,00	Lucro Bruto	6.000.000,00
PASSIVO (R$)		Desp. de Vendas	(1.500.000,00)
Passivo Circulante	1.500.000,00	Desp. Administrativas	(2.500.000,00)
Patrimônio Líquido	4.500.000,00	Desp. Financeiras	(300.000,00)
TOTAL DO PASSIVO	6.000.000,00	Lucro Operacional	1.700.000,00
		IR (35%)	(595.000,00)
		Lucro Líquido	1.105.000,00

Sabendo-se que a empresa utiliza a alavancagem financeira como ferramenta de avaliação do desempenho operacional e desconsiderando-se qualquer efeito inflacionário na avaliação, o Grau de Alavancagem Financeira (GAF) da empresa no exercício foi de:

a) 1,55;

b) 1,49;

c) 1,38;

d) 1,13;

e) 1,10.

(SOLUÇÃO)

Considerando os efeitos do IR no cálculo do GAF, utilizaremos a seguinte fórmula:

$$\frac{\dfrac{Lucro\ Líquido}{PL}}{\dfrac{Lucro\ Líquido + DF - IR\ sobre\ DF}{Ativo}} = \frac{\dfrac{1.105.000}{4.500.000}}{\dfrac{1.105.000 + 300.000 - 0,35 \times 300.000}{6.000.000}} = 1,13$$

(Resposta: opção d)

EXERCÍCIO RESOLVIDO 2: Dado o Balanço e a DRE da Cia. Delta, determine o Grau de Alavancagem Financeira (valores em R$):

Ativo	
Circulante	
Caixa e Bancos	13.000
Aplicações de Liquidez Imediata	41.000
Estoques	45.000
Clientes	76.000
	175.000
Não Circulante	
Veículos	150.000
Depreciação Acumulada	(11.000)
	139.000
Total do Ativo	**314.000**
Passivo	
Circulante	
Salários a Pagar	12.000
Duplicatas a Pagar	32.000
Tributos a Recolher	36.000
Empréstimos a Pagar	18.000
	98.000
Não Circulante	
Empréstimos a Pagar	62.000
Patrimônio Líquido	
Capital Social	121.000
Reservas	33.000
	154.000
Total do Passivo	**314.000**
Receita de Vendas	388.000
CMV	(173.000)
Lucro Bruto	**215.000**
Despesas Comerciais	(22.000)
Despesas Administrativas	(86.000)
Outras Receitas	12.000
Despesas Financeiras (Juros Passivos)	(25.000)
Receitas Financeiras (Juros Ativos)	6.000
Lucro antes do IR e CSLL	**100.000**
IR e CSLL (24% de 100.000)	(24.000)
Lucro Líquido	**76.000**

(SOLUÇÃO)

Para o cálculo do GAF, devemos <u>modificar</u> a forma tradicional de apresentação do balanço, onde as contas do "passivo operacional" (salários a pagar, duplicatas a pagar e tributos a recolher), que é o passivo <u>não</u> gerador de encargos financeiros (juros), serão agora redutoras das contas do ativo circulante. Assim, teremos:

Ativo	
Circulante	
Caixa e Bancos	13.000
Aplicações de Liquidez Imediata	41.000
Estoques	45.000
Clientes	76.000
Salários a Pagar	(12.000)
Duplicatas a Pagar	(32.000)
Tributos a Recolher	<u>(36.000)</u>
	95.000
Não Circulante	
Veículos	150.000
Depreciação Acumulada	<u>(11.000)</u>
	139.000
Total do Ativo	234.000
Passivo Financeiro	18.000
Empréstimos a Pagar (CP)	<u>62.000</u>
Empréstimos a Pagar (LP)	80.000
Patrimônio Líquido	121.000
Capital Social	<u>33.000</u>
Reservas	154.000
Total do Passivo	234.000

Assim, teremos:

$$\frac{\dfrac{\text{Lucro Líquido}}{PL}}{\dfrac{\text{Lucro Líquido} + DF - IR \text{ sobre } DF}{\text{Ativo}}} = \frac{\dfrac{76.000}{154.000}}{\dfrac{76.000 + 25.000 - 0{,}24 \times 25.000}{234.000}} = 1{,}22$$

(2ª SOLUÇÃO) – Podemos também calcular o GAF utilizando a seguinte fórmula:

$$\frac{RsA + (RsA - CD) \times \dfrac{P}{PL}}{RsA}$$

(1) Cálculo do Retorno sobre o Ativo (RsA):

$$RsA = \frac{LL + DF - IR \text{ e } CSLL \text{ sobre } DF}{Ativo} = \frac{76.000 + 25.000 - 0,24 \times 25.000}{234.000} = 0,41$$

(2) Cálculo do Custo da Dívida (CD):

$$CD = \frac{DF - IR \text{ e } CSLL \text{ s/ } DF}{Passivo\ Financeiro} = \frac{25.000 - 0,24 \times 25.000}{80.000} = 0,24$$

(3) Cálculo do quociente do Passivo Financeiro (P), que é o passivo gerador de encargos financeiros (juros), pelo Patrimônio Líquido (PL):

$$\frac{P}{PL} = \frac{80.000}{154.000} = 0,52$$

Finalmente, teremos:

$$GAF = \frac{0,41 + (0,41 - 0,24) \times 0,52}{0,41} = 1,22$$

2. Grau de Alavancagem Operacional (GAO)

Considerando o sistema de custeio variável, onde não há distinção entre custos fixos e despesas fixas, dado que todos são tratados como despesas e não como custos de produção, o GAO mede a sensibilidade da "Variação Percentual do Lucro sobre Vendas" (Δ%L) em função da "Variação Percentual do Volume de Vendas" (Δ%Q). Dessa forma, quanto maior for o GAO, mais sensível será a variação do lucro sobre vendas em função da variação do volume de vendas. Assim, por exemplo, se a empresa "A" opera com um GAO de 1,40 e a empresa "B" com um GAO de 1,60, se o volume de vendas aumentar, por exemplo, de 50% em ambas as empresas, o lucro sobre vendas na empresa "A" aumentará em 1,40 × 50%, ou seja, 70%, e o lucro sobre vendas na empresa "B" aumentará em 1,60 × 50%, isto é, 80%. Assim, concluímos neste exemplo, que a variação percentual do lucro sobre vendas da empresa "B" é mais sensível à variação do volume de vendas do que na empresa "A". Generalizando, podemos estabelecer a seguinte relação:

$$\boxed{\Delta\%Q \times GAO = \Delta\%L}$$

ou

$$\boxed{GAO = \frac{\Delta\%L}{\Delta\%Q}}$$

Exemplo prático: Uma indústria, que no decorrer de um período fabricou e vendeu 100 unidades de determinado produto, apurou o seguinte resultado:

- Preço Unitário de Venda ....R$ 80

- Custos Variáveis Unitários:
    Matérias-Primas ....R$ 6
    Mão de Obra Direta..R$ 4
    Custos Indiretos Variáveis ....R$ 2

- Despesas Variáveis Unitárias:
    Tributos sobre Vendas (ICMS, Pis, Cofins) ....R$ 13
    Comissões sobre Vendas..R$ 5

- Custos Fixos Totais:
    Aluguel de Fábrica..R$ 500
    Depreciação de Máquinas Fabris ....R$ 300
    Outros Custos Fixos..R$ 400

- Despesas Fixas Totais (administração e vendas)......................R$ 1.800

Considerando os seguintes elementos:

V: Preço Unitário de Venda

C: Custos e Despesas Variáveis por Unidade

F: Custos e Despesas Fixos Totais

L: Lucro sobre Vendas

Q: Quantidade Produzida e Vendida (volume de vendas)

Teremos:

$Q = 100$

$V = 80$

$C = 6 + 4 + 2 + 13 + 5 = 30$

$F = 500 + 300 + 400 + 1.800 = 3.000$

$L = Q(V - C) - F \Rightarrow L = 100 (80 - 30) - 3.000 = 2.000$

Supondo que a quantidade produzida e vendida aumentasse para 130 unidades, teríamos:

$L' = Q'(V - C) - F \Rightarrow L' = 130 (80 - 30) - 3.000 = 3.500$

Assim, teremos os seguintes cálculos:

$$\Delta\%L = \frac{L' - L}{L} \times 100\% = \frac{3.500 - 2.000}{2.000} \times 100\% = 75\%$$

$$\Delta\%Q = \frac{Q' - Q}{L} \times 100\% = \frac{130 - 100}{100} \times 100\% = 30\%$$

$$GAO = \frac{75\%}{30\%} = 2{,}50$$

Interpretação: Sendo o GAO = 2,50 (ou 250%), concluímos que a variação percentual do lucro sobre vendas é 150% superior à variação percentual do volume de vendas (75% é 150% superior a 30%).

Obs.: No exemplo acima, calculamos o GAO supondo que a o volume de vendas (Q) aumentasse em 30%. No entanto, veremos pela fórmula ideal para o cálculo do GAO que seu cálculo não depende de quanto o volume de vendas variou, visto que no exemplo acima se aumentasse de 30% ou de 35% ou de 40% ou de qualquer outro valor, encontraríamos o mesmo GAO.

A seguir, deduziremos a fórmula ideal para o cálculo do GAO e concluiremos que seu cálculo depende tão somente do volume atual de vendas (Q), do preço unitário de vendas (V), dos custos e despesas variáveis por unidade (C) e dos custos e despesas fixos totais (F):

$$GAO = \frac{\Delta\%L}{\Delta\%Q} =$$

$$= \frac{\dfrac{L' - L}{L}}{\dfrac{Q' - Q}{Q}} =$$

$$= \frac{\dfrac{Q'(V - C) - F - Q(V - C) + F}{Q(V - C) - F}}{\dfrac{Q' - Q}{Q}} =$$

$$= \frac{(Q' - Q)(V - C)}{Q(V - C) - F} \times \frac{Q}{Q' - Q} \Rightarrow GAO = \frac{Q(V - C)}{Q(V - C) - F}$$

Desse modo, considerando o exemplo dado, para o cálculo do GAO, não precisaremos supor que o volume de vendas aumentasse em 30%, pois com o uso da fórmula acima o cálculo é direto:

$$GAO = \frac{Q(V - C)}{Q(V - C) - F} = \frac{100 \times (80 - 30)}{100 \times (80 - 30) - 3.000} = 2{,}50$$

Nota: Através da fórmula acima, concluímos que o menor GAO que uma empresa pode possuir é igual a 1, pois, o menor valor que F (custos e despesas fixos totais) pode assumir é zero. Assim, se F = 0, o numerador da fração, que é igual a Q(V − C), seria igual ao denominador, fazendo com que GAO = 1. Desse modo, por exemplo, seria completamente impossível uma empresa apresentar GAO = 0,8, ou GAO = 0,9 ou qualquer outro valor menor do que 1.

EXERCÍCIO RESOLVIDO 3: Uma empresa industrial possui num determinado momento um grau de alavancagem operacional de 1,20. Desta forma, se reduzir seu volume de vendas em 70%, seu lucro sobre vendas reduzirá em:

a) 25%;
b) 24%;
c) 84%;
d) 36%;
e) 16%.

(SOLUÇÃO)

$\Delta\%L = 1{,}20 \times 70\% = 84\%$

(Resposta: opção c)

Comentário: *Variação percentual ($\Delta\%L$) <u>tanto pode ser para mais quanto para menos</u>. Desta forma, a fórmula para o cálculo da redução é a mesma para o cálculo do aumento, isto é, sendo o GAO 1,20, se o volume de vendas aumentar ou reduzir em 70%, o lucro sobre vendas irá, respectivamente, aumentar ou reduzir em 84%.*

EXERCÍCIO RESOLVIDO 4: <u>Enunciado comum às questões 1 e 2</u>: A Indústria Silvestre S.A. apresentou os seguintes saldos em seus livros contábeis e registros auxiliares de custos:

Custos e Despesas fixos durante o ano:
- Despesas com Vendas 20.000
- Despesas Administrativas 5.000
- Mão de Obra 56.000
- Seguros de Fábrica 10.000
- Depreciação de Máquinas 29.000

Custos e Despesas Variáveis Unitários:
- Matéria-Prima 285
- Embalagem 70
- Comissões sobre Vendas 45
- Tributos sobre Vendas 200

Preço Unitário de Venda 1.000

1. **A quantidade produzida e vendida para atingir o ponto de equilíbrio contábil e o grau de alavancagem operacional nesse ponto são, respectivamente:**

a) Q = 300 unidades e GAO = 3,60;
b) Q = 250 unidades e GAO = 5,20;
c) Q = 200 unidades e GAO = 2,80;
d) Q = 300 unidades e GAO = 1,20;
e) Q = 300 unidades e não há sentido algum em se falar de grau de alavancagem operacional nesse ponto.

(SOLUÇÃO)

Sejam os seguintes elementos:

CT: Custo Total (inclui os custos de fabricação e as despesas)
C: Custos e Despesas Variáveis por Unidade
Q: Quantidade produzida e vendida
F: Custos e Despesas Fixos Totais
V: Preço Unitário de Venda
RT: Receita Total (Preço Total de Venda ou Receita Bruta de Vendas)

Assim, podemos estabelecer as seguintes relações:

(1) CT = C × Q + F
(2) RT = V × Q

$C = 285 + 70 + 45 + 200 = 600$
$F = 20.000 + 5.000 + 56.000 + 10.000 + 29.000 = 120.000$
$V = 1.000$

(1) CT = 600Q + 120.000
(2) RT = 1.000Q

No ponto de equilíbrio contábil, a empresa não terá lucro ou prejuízo. Desta forma, a Receita Total deverá ser igual ao Custo Total, ou seja:

$1.000Q = 600Q + 120.000 \Rightarrow Q = 300$ *unidades*

- -

$$GAO = \frac{Q(V-C)}{Q(V-C) - F} = \frac{300 \times (1.000 - 600)}{300 \times (1.000 - 600) - 120.000} = \frac{120.000}{0} \text{ (impossível!)}$$

Assim, não há que se falar em GAO no ponto de equilíbrio contábil.

(Resposta: opção e)

2. **A quantidade produzida e vendida para que se tenha um lucro de 25% sobre a Receita Total e o grau de alavancagem operacional nesse ponto são, respectivamente:**

a) Q = 800 unidades e GAO = 2,40;
b) Q = 800 unidades e GAO = 1,60;
c) Q = 600 unidades e GAO = 1,25;
d) Q = 600 unidades e GAO = 1,60;
e) Q = 800 unidades e GAO = 1,25.

(SOLUÇÃO)

$LUCRO = RT - CT = V \times Q - C \times Q - F = Q(V - C) - F$

$LUCRO = Q \times (1.000 - 600) - 120.000 = 400Q - 120.000$

No entanto, o LUCRO deverá ser igual a 25% da Receita Total, isto é, 25% de 1.000Q, ou seja, 250Q. Assim, podemos estabelecer a seguinte igualdade:

$400Q - 120.000 = 250Q \Rightarrow Q = 800$ *unidades*

$$GAO = \frac{Q(V-C)}{Q(V-C) - F} = \frac{800 \times (1.000 - 600)}{800 \times (1.000 - 600) - 120.000} = \frac{320.000}{200.000} = 1,60$$

(Resposta: opção b)

Exercícios de Fixação

1. (Fiscal de Tributos Estaduais/PA – Esaf) Quando o retorno produzido pelo capital de terceiros for superior ao custo financeiro de sua captação, pode-se afirmar que nesse caso ocorreu um(a):
   a) imobilização baixa de recursos próprios;
   b) baixo nível de endividamento;
   c) margem líquida superavitária;
   d) alavancagem financeira favorável;
   e) resultado operacional negativo.

2. Uma empresa reduziu em 40% o volume de vendas de seus produtos. Em decorrência disso, o lucro sobre vendas reduziu em 50%. Desta forma, podemos afirmar que o Grau de Alavancagem operacional é igual a:
   a) 1,25;
   b) 1,20;
   c) 1,10;
   d) 1,50;
   e) 0,80.

3. (BNDES – Contador – UFRJ – NCE) Com base nos dados abaixo, calcule o grau de alavancagem financeira da Empresa XXX.

Descrição	Valor ($)
Ativo Operacional	100.000
Patrimônio Líquido	60.000
Lucro Antes das Despesas Financeiras	20.000
Lucro Líquido	15.000

   a) 2,20;
   b) 1,25;
   c) 0,45;
   d) 0,80;
   e) 1,00.

4. (Petrobras – Contador Pleno – Fundação Cesgranrio) A Cia. Alvorada apresentou, em determinado momento, as seguintes informações, em reais:

Ativo Não Criculante	700.000,00
Patrimônio Líquido	600.000
Ativo Total	1.000.000
Receita Líquida	2.500.000
Despesas Financeiras	80.000
Lucro Líquido do Exercício	220.000

Com base nesses dados, pode-se afirmar que o grau de alavancagem financeira (GAF) da Cia. Alvorada é:
a) 1,66;
b) 1,50;
c) 1,45;
d) 1,33;
e) 1,22.

5. (Transpetro – Contador Júnior – Fundação Cesgranrio) A Comércio Legal Ltda. apresentou as seguintes informações ao final de um determinado exercício social, com valores em reais:

Ativo Total	2.750,00
Capital Próprio	1.800,00
Capital de Terceiros	950,00
Vendas Líquidas	7.250,00
Custo das Vendas	4.825,00
Despesas Operacionais (excluindo as despesas financeiras)	555,00
Despesas Financeiras	340,00

Considerando exclusivamente as informações acima, o grau de alavancagem financeira (GAF) da empresa, no aludido exercício, foi:
a) 1,25;
b) 1,35;
c) 1,53;
d) 1,61;
e) 1,97.

6. (Petrobras – Contador Pleno – Fundação Cesgranrio) A Cia. Santa Cruz tinha a seguinte estrutura patrimonial, com valores em reais, no início do trimestre:

Total do Ativo	2.000,00
Capital de Terceiros (Empréstimos e Financiamentos)	500,00
Capital Próprio (Patrimônio Líquido)	1.500,00

Ao final do trimestre, a empresa apresentou o seguinte resultado:

Lucro antes das Despesas Financeiras	200,00
(-) Despesas Financeiras	75,00
Lucro Líquido do Trimestre	125,00

A interpretação dos dados disponíveis leva à conclusão de que a empresa apresenta alavancagem financeira:
a) desfavorável, devido ao retorno do ativo ser 6,25%, devendo ser, pelo menos, de 10%;
b) desfavorável, pois a remuneração do capital de terceiros foi maior do que a remuneração total do ativo investido;
c) favorável de 6,25%, pois este é o percentual do ativo total que a empresa obteve de lucro;
d) favorável de 8,3%, considerando que, do capital próprio investido, a empresa obteve um lucro de R$ 125,00;
e) favorável, pois o Lucro Líquido foi maior que o valor remunerado a terceiros, como despesas financeiras.

7. (Transpetro – Administrador Pleno – Fundação Cesgranrio) Uma empresa apresentou, em dois exercícios consecutivos, os seguintes resultados:

Itens	2004	2005
Receita de Vendas	50.000,00	100.00,00
Custo das Vendas	(25.000,00)	(50.000,00)
Lucro Bruto	25.000,00	50.000,00
Despesas Operacionais	(15.000,00)	(25.000,00)
Lucro Operacional (lucro antes de juros e imposto de Renda (LAJIR))	10.000,00	25.000,00

Com base nos dados acima, é correto afirmar que a alavancagem operacional da empresa é de:
a) 1,25;
b) 1,50;
c) 1,75;
d) 2,00;
e) 2,50.

8. (Petrobras – Contador Júnior(a) – Fundação Cesgranrio) Dados extraídos da análise gerencial sobre a alavancagem financeira da Cia. Arco-Íris S.A. em dezembro de 2009:
- Lucro Líquido (antes do IR e CSLL)   R$ 335.000,00
- Patrimônio Líquido   R$ 1.675.000,00
- Grau de Alavancagem Financeira (GAF)   1,25
- Total do Ativo   R$ 2.500.000,00

Com base exclusivamente nos dados acima, o valor da despesa financeira considerada na análise gerencial realizada pela empresa foi, em reais, de:
a) 53.333,33;
b) 55.000,00;
c) 60.000,00;
d) 65.000,00;
e) 66.666,66.

9. (ENADE – Ciências Contábeis – Inep) A empresa Alfa acumula vendas no valor de R$ 1.000.000,00, obtendo um lucro bruto de R$ 200.000,00. O preço de venda do único produto produzido pela empresa é de R$ 1.000,00 e o seu custo unitário variável é de R$ 300,00.

Nessa situação, o grau de alavancagem operacional da empresa Alfa é igual a:
a) 5,5;
b) 5,0;
c) 4,5;
d) 4,0;
e) 3,5.

10. (Petrobras – Contador Júnior – Fundação Cesgranrio) No estudo da alavancagem financeira, a fórmula para se calcular o ROA (Retorno sobre o Ativo Total) divide o lucro antes dos encargos financeiros sobre o ativo total.

Tal fato ocorre porque, no conceito de administração financeira, o lucro antes dos encargos financeiros representa a(o):

a) geração bruta de caixa obtida pela diferença entre as receitas geradas pelas operações e as despesas operacionais e não operacionais;
b) geração de recursos oriundos das operações que não transitam em resultado;
c) valor gerado pela empresa no período, quer seja operacional, quer seja de outra fonte;
d) valor efetivo que os ativos conseguem gerar, independentemente da forma como são financiados;
e) lucro antes dos juros, da depreciação, da amortização e do imposto de renda, isto é, o EBTIDA.

11. (BNDES – Profissional Básico – Contabilidade/Fundação Cesgranrio) Analisando o Balanço Patrimonial de uma companhia, o analista financeiro fez as seguintes anotações:
    - Retorno sobre o ativo   40%
    - Retorno sobre o capital próprio   52%
    - Retorno sobre o capital de terceiros gerador dos encargos   22%

    Considerando-se exclusivamente as anotações do analista e a boa técnica de análise das demonstrações contábeis, o Grau de Alavancagem Financeira (GAF) da companhia analisada é:
    a) 1,085;
    b) 1,120;
    c) 1,300;
    d) 1,400;
    e) 1,520.

Gabarito:

1. d	4. e	7. b	10. d
2. a	5. a	8. d	11. c
3. b	6. b	9. e	

Soluções do Exercício de Fixação

Exercício 1

Retorno produzido pelo capital de terceiros pode ser traduzido em "retorno produzido pelo ativo quando há capitais de terceiros financiando parte desse ativo", ou, simplesmente, Retorno sobre o Ativo (RsA). Ao mesmo tempo, o custo financeiro de captação do capital de terceiros pode ser traduzido em "Custo da Dívida" (CD). Em vista desses conceitos, consideremos a fórmula abaixo para o cálculo do GAF:

$$GAF = \frac{RsA + (RsA - CD) \times \frac{P}{L}}{RsA}$$

Retorno do capital de terceiros, que é o mesmo que Retorno sobre o Ativo (RsA) superior ao custo financeiro de sua captação, ou seja, superior ao Custo da Dívida (CD), implica que a diferença RsA – CD é positiva, isto é, RsA – CD > 0. Neste caso, o numerador da fração acima ("RsA + (RsA – CD) × P/PL") será <u>maior</u> do que o denominador ("RsA"), implicando que a fração seja maior do que 1, isto é, GAF > 1, de sorte que isso se traduz em alavanca financeira FAVORÁVEL.

Exercício 2

$$GAO = \frac{\Delta\%L}{\Delta\%Q} = \frac{50\%}{40\%} = 1,25$$

Exercício 3

$$GAF = \frac{\frac{15.000}{PL}}{\frac{Lucro\ Líquido + DF}{Ativo}} = \frac{\frac{1}{60.000}}{\frac{20.000}{100.000}} = \frac{\frac{4}{1}}{\frac{1}{5}} = \frac{5}{4} = 1,25$$

Exercício 4

1ª SOLUÇÃO

$$GAF = \frac{\frac{Lucro\ Líquido}{PL}}{\frac{Lucro\ Líquido + DF}{Ativo}} = \frac{\frac{220.000}{600.000}}{\frac{220.000 + 80.000}{1.000.000}} = \frac{\frac{22}{60}}{\frac{30}{100}} = 5 = 1,22$$

2ª SOLUÇÃO – O GAF também pode ser encontrado pela seguinte fórmula:

$$GAF = \frac{RsA + (RsA - CD) \times \dfrac{P}{PL}}{RsA}$$

$$RsA = \frac{LL + DF}{A} = \frac{220.000 + 80.000}{1.000.000} = 0,3$$

$$CD = \frac{DF}{P} = \frac{80.000}{400.000} = 0,2$$

$$\frac{P}{PL} = \frac{400.000}{600.000} = 0,67$$

Por fim:

$$GAF = \frac{0,3 + (0,3 - 0,2) \times 0,67}{0,3} = \frac{0,367}{0,3} = 1,22$$

Exercício 5

LL = 7.250 – 4.825 – 555 – 340 = 1.530

$$GAF = \frac{\dfrac{\text{Lucro Líquido}}{PL}}{\dfrac{\text{Lucro Líquido + DF}}{\text{Ativo}}} = \frac{\dfrac{1.530}{1.800}}{\dfrac{1.530 + 340}{2.750}} = \frac{\dfrac{17}{20}}{\dfrac{17}{25}} = \frac{17}{20} \times \frac{25}{17} = 1,25$$

Exercício 6

Analisando a fórmula:

$$GAF = \frac{RsA + (RsA - CD) \times \dfrac{P}{PL}}{RsA}$$

Concluímos que uma forma objetiva de avaliar se a alavanca financeira foi <u>favorável</u> ou <u>desfavorável</u> é compararmos o RsA (Retorno sobre o Ativo) com o CD (Custo da Dívida). Assim:

$$RsA = \frac{LL + DF}{A} = \frac{125 + 75}{2.000} = 10\% \Rightarrow \text{Remuneração total do ativo investido}$$

$$CD = \frac{DF}{P} = \frac{75}{500} = 15\% \Rightarrow \text{Remuneração do capital de terceiros}$$

Conclusão: Como RsA < CD, a alavanca financeira foi <u>desfavorável</u>.

Exercício 7

Pela forma como os dados da questão foram apresentados, o cálculo do GAO (Grau de Alavancagem Operacional) será feito utilizando a definição:

$$GAO = \frac{\Delta\%L}{\Delta\%Q}$$

Onde:

$\Delta\%L$: Variação percentual do lucro sobre vendas

$\Delta\%Q$: Variação percentual do volume de vendas (ou, opcionalmente, da RECEITA de vendas, que é o caso da presente questão)

Assim:

$\Delta\%L = (25.000 - 10.000) \div 10.000 = 1,50 = 150\%$

$\Delta\%Q = (100.000 - 50.000) \div 50.000 = 1,00 = 100\%$

$$GAO = \frac{150\%}{100\%} = 1,50$$

Comentário extra: "Q" representa a quantidade vendida (volume de vendas). Nas informações fornecidas na questão <u>não dispomos</u> da quantidade. No entanto, podemos substituir a quantidade vendida pela receita de vendas. Assim, por exemplo, suponhamos que num determinado período uma empresa tenha vendido 40 unidades de determinado produto a R$ 12 cada, gerando assim receita de vendas de R$ 480. Suponhamos que no período seguinte a mesma empresa tenha vendido 50 unidades do mesmo produto ao mesmo preço unitário, gerando assim receita de vendas de R$ 600. Dessa forma, podemos calcular a variação percentual do volume de vendas de duas maneiras:

$\Delta\%Q = (50 - 40) \div 40 = 25\%$

ou

$\Delta\%Q = (R\$ 600 - R\$ 480) \div R\$ 480 = 25\%$

Deve-se, no entanto, atentar que a condição básica para que a variação percentual do volume de vendas corresponda exatamente à variação percentual da receita de vendas é que o preço unitário de venda não se altere.

Exercício 8

Sendo o GAF igual a 1,25, calcularemos o valor das Despesas Financeiras (DF), resolvendo a seguinte equação:

$$\frac{\dfrac{335.000}{1.675.000}}{\dfrac{335.000 + DF}{2.500.000}} = 1,25$$

$$1,25 \times \frac{335.000 + DF}{2.500.000} = \frac{335.000}{1.675.000}$$

Dividindo 2.500.000 por 1,25 e 1.675.000 por 335.000, teremos:

$$\frac{335.000 + DF}{2.000.000} = \frac{1}{5}$$

$$335.000 + DF = \frac{1}{5} \times 2.000.000 = 400.000$$

DF = 400.000 – 335.000 = 65.000

Exercício 9

Sendo a receita de vendas de R$ 1.000.000,00 e o preço unitário de venda de R$ 1.000,00, então a quantidade vendida é de 1.000 unidades.

Por outro lado, sendo a receita de vendas de R$ 1.000.000,00 e o lucro bruto de R$ 200.000,00, então o custo das vendas é de R$ 800.000,00. Esse custo é o somatório do custo variável unitário (R$ 300,00) multiplicado pela quantidade vendida (1.000 unidades) com os custos fixos totais (F). Assim, temos a seguinte equação:

300 × 1.000 + F = 800.000 ⇨ F = 500.000

Finalmente, podemos calcular o GAO (Grau de Alavancagem Operacional) utilizando a seguinte fórmula:

$$GAO = \frac{Q\,(V - C)}{Q\,(V - C) - F}$$

Onde:

Q (Quantidade vendida) = 1.000

V (Preço unitário de venda) = R$ 1.000,00

C (Custo variável unitário) = R$ 300,00

F (Custo fixo total) = R$ 500.000,00

Finalmente, teremos:

$$GAO = \frac{1.000 \times (1.000 - 300)}{1.000 \times (1.000 - 300) - 500.000} = \frac{700.000}{200.000} = 3,5$$

Exercício 10

O RsA (Retorno sobre o Ativo), também chamado de "ROA" (Retorno Operacional do Ativo), é igual ao quociente do lucro antes dos encargos financeiros (Lucro Líquido + Despesas Financeiras) pelo ativo total (A), ou seja:

$$RsA = \frac{LL + DF}{A}$$

Em outras palavras, o RsA representa o valor efetivo que os ativos conseguem gerar, independentemente da forma como são financiados.

Exercício 11

$$GAF = \frac{\text{Retorno sobre o PL (RsPL)}}{\text{Retorno sobre o Ativo (RsA)}}$$

Onde:

$$RsPL = \frac{LL}{PL} = 52\%$$

$$RsA = \frac{LL + DF}{A} = 40\%$$

Assim, GAF = 52% ÷ 40% = 1,30

Capítulo 5

Análise do Capital de Giro

1. Tipos de Capital de Giro

Considerando que o Capital de Giro (CG) corresponde ao conceito de Ativo Circulante (AC), podemos classificá-lo segundo os seguintes critérios:

(A) Quanto à apresentação
- Capital de Giro Financeiro
- Capital de Giro Operacional

(B) Quanto à sazonalidade
- Capital de Giro Sazonal
- Capital de Giro Permanente

1.1. Capital de Giro Financeiro

Também chamado de Ativo Circulante Financeiro, é composto pelas DISPONIBILIDADES (Caixa, Bancos e Aplicações Financeiras de Liquidez Imediata) e pelas APLICAÇÕES FINANCEIRAS que não sejam de liquidez imediata, mas que serão resgatadas até o término do exercício social seguinte. Havendo EMPRÉSTIMOS CONCEDIDOS, que não sejam classificados no Ativo Realizável a Longo Prazo, esses também podem ser classificados como Capital de Giro Financeiro, visto que se assemelham, em essência, às aplicações financeiras de curto prazo. No entanto, no caso da entidade em análise ser uma instituição financeira, como um banco, por exemplo, os empréstimos concedidos seriam considerados Capital de Giro Operacional, dado que tais empréstimos integrariam o ciclo operacional desse tipo de entidade.

1.2. Capital de Giro Operacional

Também chamado de Ativo Circulante Operacional, é a parte do capital de giro decorrente das operações da empresa necessárias para a concretização de seu ciclo operacional, tais como estoques (decorrentes das operações de produção ou compra), duplicatas a receber (decorrente das operações de vendas a prazo), impostos a recuperar (decorrente das operações de compras) etc. De outro modo, o Capital de Giro Operacional é composto por todo Ativo Circulante, exceto pelas disponibilidades, pelas aplicações financeiras a curto prazo e pelos empréstimos concedidos que não se classifiquem como ativo realizável a longo prazo, no caso de entidades que não sejam instituições financeiras.

1.3. Capital de Giro Permanente

É a parte do capital de giro que tende a se manter FIXA, dado que seu montante é definido pelo nível mínimo de recursos demandados pelo ciclo operacional da empresa em suas atividades ordinárias.

1.4. Capital de Giro Sazonal

É a parte VARIÁVEL do capital de giro, a qual surge em função das variações temporárias nos negócios de uma empresa, tais como maior volume de vendas em determinadas épocas do ano (natal, carnaval, verão, inverno etc.) ou maior volume de compras de estoques para revenda em épocas de entressafra. Considerando que o Ativo Circulante (AC) é o somatório do Capital de Giro Permanente com o Capital de Giro Sazonal, podemos estabelecer a seguinte igualdade:

> Capital de Giro Sazonal = AC − Capital de Giro Permanente

Exemplo prático: O ativo circulante da Cia. Ômega no balanço de 31/12/X1 apresentou a seguinte composição:

ATIVO CIRCULANTE
Caixa .... R$ 3.000,00
Duplicatas a Receber .... R$ 15.000,00
Mercadorias .... R$ 17.000,00
R$ 35.000,00

Informações complementares:
– Volume de vendas: R$ 60.000,00 mensais, sendo R$ 16.000,00 a prazo.
– Prazo médio de recebimento de 18 dias.

- Estoque mínimo para manter a empresa em operação normal: 10 dias de vendas (a preço de custo).
- A percentagem do custo de produção em relação ao preço de venda é de 40%.
- O volume mínimo de caixa é de R$ 1.800,00 para 12 dias de desembolsos.

ATIVO CIRCULANTE	PERMANENTE	SAZONAL	TOTAL
Caixa	1.800	1.200	3.000
Duplicatas a Receber (15.000 × 18/30)	9.000	6.000	15.000
Mercadorias (40% × 60.000 × 15/30)	12.000	5.000	17.000
TOTAL	22.800	12.200	35.000

EXERCÍCIO RESOLVIDO 1: (Petrobras – Contador Júnior/Fundação Cesgranrio) Quando uma empresa está analisando a necessidade de investimento em capital de giro, deve fazer sua classificação em capital de giro permanente (fixo) e sazonal (variável).

Balanço Patrimonial

ATIVO		PASSIVO	
ATIVO CIRCULANTE	**47.000**	**PASSIVO CIRCULANTE**	**30.000**
CAIXA	5.000	FORNECEDORES	20.000
DUPLICATAS A RECEBER	30.000	SALÁRIOS A PAGAR	10.000
ESTOQUE	12.000	**PASSIVO NÃO CIRCULANTE**	**30.000**
ATIVO NÃO CIRCULANTE	**63.000**	**PATRIMÔNIO LÍQUIDO**	**50.000**
TOTAL DO ATIVO	110.000	TOTAL DO PASSIVO	110.000

Informações adicionais relativas ao mesmo exercício social:
- Volume de vendas R$ 40.000,00, sendo R$ 30.000,00 a prazo e o restante à vista;
- Prazo médio de recebimento: 26 dias;
- Estoque mínimo para manter a empresa em operação normal: 15 dias de vendas (a preço de custo);
- Percentagem do custo de produção em relação ao preço de venda: 60%;
- Volume mínimo de caixa exigido pelas atividades da empresa (para períodos de 10 dias de desembolsos): R$ 3.500,00.

Considerando exclusivamente as informações acima, adotando o ano comercial nos cálculos, o montante de capital de giro sazonal apurado, em reais, é:
a) 1.500,00;
b) 4.000,00;
c) 5.500,00;

d) 38.000,00;
e) 41.500,00.

(SOLUÇÃO)

$$\text{Capital Giro Permanente} = 3.500 + 30.000 \times \frac{26}{30} + 60\% \; 40.000 \times \frac{15}{30} = 41.500$$

Capital Giro Sazonal = AC – Capital Giro Permanente = 47.000 – 41.500 = 5.500

(Resposta: opção c)

2. Diferença entre Capital de Giro Líquido e Capital de Giro Próprio

Ao passo que o Capital de Giro Líquido (CGL), também chamado de Capital Circulante Líquido (CCL), é a diferença entre o Ativo Circulante (AC) e o Passivo Circulante (PC), o Capital de Giro Próprio (CGP), ou Capital Circulante Próprio (CCP), corresponde ao excesso do Capital Próprio (= Patrimônio Líquido) sobre o Ativo Não Circulante (ANC). Cabe lembrar que o ANC é igual à seguinte soma: Ativo Realizável a Longo Prazo + Investimentos + Imobilizado + Intangível.

$$\boxed{\text{CGP} = \text{PL} - \text{ANC}}$$

Graficamente (em forma genérica de balanço patrimonial), teríamos:

AC	CGL = AC – PC	PC	
		PNC	
		CGP	PL
	ANC		

Observando o gráfico acima, podemos concluir que o CGP (Capital de Giro Próprio) é parte do Capital "Próprio" (Patrimônio Líquido) aplicada no Ativo Circulante, justificando assim sua denominação "Giro Próprio", visto que Capital de Giro é o mesmo que Ativo Circulante, de modo que CGP também pode ser visto como a parte do Capital de Giro (Ativo Circulante) financiada pelo Capital Próprio. Além disso, do gráfico acima podemos estabelecer mais duas igualdades:

(1) CGL = CGP + PNC
(2) CGL = PNC + PL – ANC

Desta forma, podemos tirar as seguintes conclusões:

- Pela igualdade (1), concluímos que o CGL é formado por dois tipos de recursos: o CGP e o PNC. Na análise do CGL, esse conceito é importante, pois o PNC tem prazo para se extinguir, ao passo que o CGP continuará existindo por prazo indeterminado, enquanto o PL for maior que o ANC. Caso o PL seja inferior ao ANC, o CGP será negativo, de forma que a única coisa que poderá manter o CGL são as exigibilidades a longo prazo (PNC).
- Pela igualdade (2), concluímos que o CGL é o excesso dos Recursos Não Correntes (RNC = PNC + PL) sobre o ANC, sendo este último também chamado de Aplicações Não Correntes.

3. NECESSIDADE DE CAPITAL DE GIRO (NCG)

Também chamada de <u>Investimento Operacional em Giro</u> (IOG), é a diferença entre o Ativo Circulante Operacional (ACO) e o Passivo Circulante Operacional (PCO), sendo este último composto por todas as dívidas ordinárias da empresa, as quais, na maioria dos casos, <u>não</u> geram encargos financeiros e <u>não</u> estão relacionadas à remuneração dos sócios ou de terceiros investidores em títulos da entidade, tais como, impostos a recolher, salários a pagar, fornecedores, encargos sociais a recolher etc.

$$\boxed{NCG = ACO - PCO}$$

Obs. 1: Para efeitos de análise do capital de giro, o Ativo Circulante (AC) pode ser dividido em Ativo Circulante Operacional (ACO) e Ativo Circulante Financeiro (ACF), sendo este formado pelas disponibilidades e pelas aplicações financeiras resgatáveis até o final do exercício seguinte, bem como pelos empréstimos concedidos por empresas que não sejam instituições financeiras, sendo tais empréstimos classificados no ativo circulante, tendo em vista que são semelhantes às aplicações financeiras a curto prazo.

$$\boxed{AC = ACO + ACF}$$

ATIVO CIRCULANTE FINANCEIRO:
- Caixa
- Bancos
- Aplicações Financeiras de Liquidez Imediata (resgate até 3 meses)
- Aplicações Financeiras (resgate superior a 3 meses e não superior a 12 meses)
- Empréstimos Concedidos (não classificados no realizável a longo prazo)

ATIVO CIRCULANTE OPERACIONAL:
- Clientes
- Estoques
- ICMS a Recuperar
- Adiantamentos a Fornecedores etc.

Obs. 2: Quando afirmamos que AC = ACO + ACF, essa igualdade é sempre válida somente para efeitos de análise do capital de giro, visto que existem contas no Ativo Circulante que, para fins desse tipo de análise, **não são** consideradas ACO e nem ACF, como, por exemplo, contas a receber por conta de vendas a prazo de bens do ativo imobilizado, dado que tais créditos não compõem o ACO, pois não fazem parte do ciclo operacional da empresa, e nem compõem o ACF, visto que não são disponibilidades e nem se assemelham às aplicações financeiras de curto prazo. Nesse caso, esses tipos de créditos poderiam ser, para efeitos de análise do capital de giro, reclassificados como realizações a longo prazo, embora a classificação original tenha sido no Ativo Circulante. Outro exemplo seriam as despesas pagas antecipadamente, tais como seguros a vencer, aluguéis a vencer etc., dado que também não podem ser classificadas como ACF e nem como ACO, em virtude de serem "despesas em potencial", devendo ser, portanto, reclassificadas como "redutoras" do Patrimônio Líquido para efeitos de análise de capital de giro.

Obs. 3: Da mesma forma que o Ativo Circulante, o Passivo Circulante (PC) também pode ser dividido em Passivo Circulante Operacional (PCO) e Passivo Circulante Financeiro (PCF), sendo este último formado pelos empréstimos, financiamentos e todas as dívidas relacionadas à remuneração dos sócios e investidores e à participação de empregados e administradores nos lucros da empresa.

$$PC = PCO + PCF$$

PASSIVO CIRCULANTE OPERACIONAL:
- Duplicatas a Pagar
- Salários a Pagar
- ICMS a Recolher
- INSS a Recolher
- IRRF a Recolher
- IR a Pagar
- CSLL a Pagar
- 13º Salário a Pagar etc.

Nota: Alguns analistas consideram no PCO somente os tributos <u>sobre vendas</u> (ISS, ICMS, PIS e COFINS), visto que os tributos <u>sobre o lucro</u> (IR e CSLL) classificam como PCF. Entendemos aqui, no entanto, que TODOS os tributos a pagar ou a recolher compõem o ciclo operacional da empresa, independentemente de serem sobre vendas ou sobre o lucro. Cabe mencionar que na análise das demonstrações contábeis não há um consenso único sobre todos os pontos entre os diversos analistas. Como uma "boa referência", podemos citar a questão 6 resolvida ao final desse capítulo, a qual foi elaborada pela Fundação Cesgranrio para a prova de contador da Petrobras, onde os TRIBUTOS SOBRE O LUCRO (IR e CS) **<u>foram considerados como PCO no cálculo da NCG</u>**.

PASSIVO CIRCULANTE FINANCEIRO:
- Empréstimos Obtidos
- Financiamentos
- Duplicatas Descontadas
- Dividendos a Pagar
- Debêntures
- Participação de Debenturistas a Pagar etc.

Obs. 4: O Ativo Circulante Operacional e o Passivo Circulante Operacional também podem ser, respectivamente, chamados de Ativo Circulante "Cíclico" e Passivo Circulante "Cíclico", dado que estão relacionados aos <u>ciclos</u> econômicos e financeiros de uma empresa. No caso do <u>Ciclo Econômico</u> de uma indústria, por exemplo, este é representado pelo tempo decorrido desde a compra de matérias-primas até a venda de produtos prontos, de forma que estão associados às operações econômicas de compras e vendas, dando origem aos "Estoques", os quais são ativos operacionais (ou cíclicos), e às "Duplicatas a Receber" e "Duplicatas a Pagar", os quais são, respectivamente, ativo e passivo operacional (ou cíclico). No caso do <u>Ciclo Financeiro</u> de uma indústria, por exemplo, este é representado pelo tempo decorrido desde o pagamento das compras de matérias-primas, além do pagamento de salários, encargos e tributos, até ao recebimento das vendas dos produtos prontos.

Obs. 5: A expressão "**<u>Necessidade</u>** de Capital de Giro" justifica-se pelo seguinte raciocínio: Quanto mais rapidamente as matérias-primas se transformarem em produtos acabados e esses serem vendidos, menor serão os estoques, menor será o Ativo Circulante Operacional (ou Cíclico) e, consequentemente, <u>MENOR</u> será a NCG (lembrando que NCG = ACO − PCO); quanto mais "rapidamente" ocorrerem o recebimento de vendas e quanto mais "demorado" o prazo de pagamento de fornecedores, menores serão os ciclos econômicos e financeiros da empresa, "menor" será o seu Ativo Circulante Operacional, "maior" será o Passivo Circulante Operacional e, consequentemente, <u>MENOR</u> a Necessidade de Capital de Giro, ou seja, não há "necessidade" de um grande investimento operacional em giro para que se concretizem os ciclos econômicos e financeiros da empresa.

A análise da Necessidade de Capital de Giro pode ser feita graficamente, onde temos três casos:

1º CASO: ACO > PCO

Fontes que irão financiar a NCG

Esse é o caso mais comum nas empresas em geral. O espaço vazio corresponde às fontes que a empresa deverá utilizar para financiamento da NCG. Essas fontes podem ser as seguintes:

- Passivo Circulante Financeiro (PCF)
- Empréstimos e Financiamentos a Longo Prazo (EFLP)
- Capital de Giro Próprio (CGP)

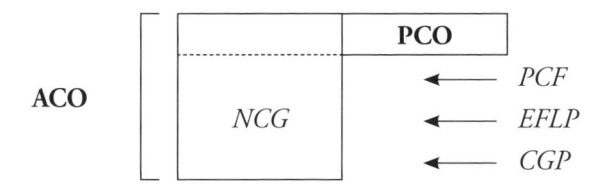

2º CASO: ACO = PCO

Essa situação indica que <u>não há</u> necessidade para a empresa de fontes de financiamento para o giro.

3º CASO: ACO < PCO

Nesse último caso há excesso de fontes de financiamentos operacionais sobre investimentos operacionais. Em decorrência disso, os recursos excedentes, que podem estar em forma de disponibilidades, poderão ser utilizados para aplicação no mercado financeiro ou até mesmo para a aquisição de bens do ativo não circulante.

4. SALDO DE TESOURARIA

Complementando a análise do Capital de Giro, temos o conceito de "Saldo de Tesouraria" (ST), que é a diferença entre o Ativo Circulante Financeiro (ACF) e o Passivo Circulante Financeiro (PCF).

$$\boxed{ST = ACF - PCF}$$

Lembrando que:

1) AC = ACO + ACF
2) PC = PCO + PCF

Subtraindo a segunda equação da primeira, teremos:

AC − PC = ACO − PCO + ACF − PCF ⇨ **CGL = NCG + ST**

Assim, na hipótese de que CGL > 0, se NCG < 0, então ST > 0, isto é, ACF > PCF, confirmando o que foi visto na conclusão do 3º caso do item 2 (Análise do Capital de Giro). Em outras palavras, havendo insuficiência dos investimentos operacionais (ACO) em relação às fontes de financiamentos operacionais (PCO), ocorrerá excesso das disponibilidades e aplicações de curto prazo sobre os empréstimos e financiamentos. Tal excesso, poderá ser aplicado no mercado financeiro ou na aquisição de bens fixos.

5. EFEITO TESOURA (OU *OVERTRADING*)

Se uma empresa aumentar excessivamente suas vendas, a ponto de o capital de giro presente não acompanhar tal crescimento na mesma proporção, ocorrerá o chamado EFEITO TESOURA, também conhecido como *overtrading*.

Assim, suponhamos, por exemplo, que a indústria X de fabricação de uniformes escolares tenha capacidade de produzir a quantidade de 50.000 uniformes e venda no mercado, com regularidade, 80% dessa produção. Entretanto, duas grandes redes de colégios de seu Estado lançaram consulta de mercado para aquisição de 40.000 uniformes, cada uma. Caso a indústria X aceite os pedidos, há grande probabilidade da ocorrência do efeito tesoura.

Lembrando do item anterior que CGL = NCG + ST, no efeito tesoura acontece um crescimento das vendas e, consequentemente, um crescimento da NCG, desproporcionalmente maior do que o crescimento mais do CGL, resultando portanto em ST negativo, ou seja, a empresa terá mais Passivo Circulante Financeiro a curto prazo (empréstimos e financiamentos a curto prazo) do que disponibilidades (caixa, bancos e aplicações financeiras de curtíssimo prazo), fazendo com que aumente o risco do negócio, que se traduz em risco de insolvência.

Uma forma de aferirmos o afloramento do efeito tesoura é por meio do cálculo da seguinte relação:

$$\boxed{\dfrac{\text{Saldo de Tesouraria}}{\text{NCG}}}$$

Assim, por exemplo, se no balanço do exercício social de 20X1 uma empresa apurasse ST = − R$ 3.000,00 e NCG = + R$ 5.000,00, então ST/NCG = − 0,60. Supondo que no balanço do exercício social de 20X2 a mesma empresa apurasse ST = − R$ 4.500,00 e NCG = R$ 6.000,00, então ST/NCG = − 0,75.

Nesse caso, esse crescimento negativo da relação ST/NCG indicaria que a empresa está sofrendo o efeito tesoura, visto que um crescente ST negativo pressiona a um endividamento cada vez maior, mediante empréstimos com elevados valores de juros, além do limite sustentável.

EXERCÍCIO RESOLVIDO: (BNDES – Contador – Prova Discursiva/Fundação Cesgranrio – Adaptada) Considerando o Balanço Patrimonial apresentado a seguir, demonstre e analise, em relação aos anos de 20X1, 20X2 e 20X3, a Necessidade de Capital de Giro, o Saldo de Tesouraria e o Capital de Giro Líquido dessa empresa.

ATIVO	20X3	20X2	20X1
CIRCULANTE	1.250	520	700
Disponibilidades	55	80	60
Clientes	874	320	500
Estoques	321	120	140
NÃO CIRCULANTE	1.020	970	1.100
Realizável a Longo Prazo	120	100	130
Investimentos	534	450	550
Imobilizado	280	310	300
Intangível	86	110	120
TOTAL	2.270	1.490	1.800
PASSIVO	20X3	20X2	20X1
CIRCULANTE	970	520	610
Fornecedores	400	100	210
Empréstimos Bancários	300	200	220
Salários a Pagar	108	120	100
Impostos a Recolher	162	100	80
NÃO CIRCULANTE	200	100	130
Empréstimos a Longo Prazo	200	100	130
PATRIMÔNIO LÍQUIDO	1.100	870	1.060
Capital Social	1.000	800	1.000
Reservas	100	70	60
TOTAL	2.270	1.490	1.800

(SOLUÇÃO)

I. NECESSIDADE DE CAPITAL DE GIRO (NCG)

	20X3	20X2	20X1
ATIVO CIRCULANTE OPERACIONAL (ACO)	1.195	440	640
Clientes	874	320	500
Estoques	321	120	140
PASSIVO CIRCULANTE OPERACIONAL (PCO)	670	320	390
Fornecedores	400	100	210
Salários a Pagar	108	120	100
Impostos a Recolher	162	100	80
NCG = ACO – PCO	525	120	250

Conclusão:

Nos três anos, a NCG foi <u>positiva</u>, isto é, ACO > PCO. Desta forma, a empresa possui fontes de financiamentos que são empréstimos e/ou capital de giro próprio.

Em 20X1, a NCG foi de 250, valor esse integralmente financiado pelos empréstimos de curto prazo (220) e parte pelos empréstimos de longo prazo.

Em 20X2, a NCG foi de 120. Esse valor foi integralmente financiado pelos empréstimos de curto prazo (200).

Em 20X3, a NCG foi de 525. Parte desse valor foi financiada por empréstimos de curto e longo prazo (300 + 200 = 500). A outra parte (525 – 500 = 25) foi financiada pelo capital de giro próprio, que é a diferença entre o patrimônio líquido e o ativo não circulante, isto é, 1.100 – 1.020 = 80.

II. SALDO DE TESOURARIA (ST)

	20X3	20X2	20X1
ATIVO CIRCULANTE FINANCEIRO (ACF)	55	80	60
Disponibilidades	55	80	60
PASSIVO CIRCULANTE FINANCEIRO (PCF)	300	200	220
Empréstimos (Curto Prazo)	300	200	220
ST = ACF – PCF	(245)	(120)	(160)

Conclusão:

Nos três anos, o ST foi negativo, resultado este <u>não</u> considerado bom para a empresa, pois houve mais obrigações bancárias a curto prazo do que disponibilidades. Neste caso, para que a empresa não seja considerada insolvente a curto prazo, ou seja, tenha mais aplicações correntes (ativo circulante) que recursos correntes (passivo circulante), é necessário que a NCG cubra pelo menos toda diferença negativa entre o ativo circulante financeiro e o passivo circulante financeiro, fato esse ocorrido em 20X2.

Em 20X1 e 20X3, o Capital de Giro Líquido foi positivo, visto que a NCG nesses anos ultrapassou o valor <u>negativo</u> do ST. O ideal é que o ST tivesse sido <u>positivo</u>, pois nesse caso, mesmo havendo insuficiência de ativo circulante operacional em relação ao passivo circulante operacional, o Capital de Giro Líquido poderia ser positivo, lembrando que este é o somatório da NCG com o ST.

III. CAPITAL DE GIRO LÍQUIDO

	20X3	20X2	20X1
NCG	525	120	250
ST	(245)	(120)	(160)
CGL = NCG + ST	280	0	90

Conclusão:

Nos anos de 20X1 e 20X3, o CGL foi positivo, isto é, houve excesso das aplicações correntes (ativo circulante) sobre os recursos correntes (passivo circulante).

No exercício de 20X2, o CGL foi nulo. No entanto, considerando os três anos, concluímos que a empresa apresentou uma situação de solvência a curto prazo, pois demonstra condições de pagar suas dívidas a curto prazo.

Exercícios de Fixação

1. (Agente Fiscal de Rendas/SP – Fundação Carlos Chagas) A Cia. Estrela possui as seguintes contas patrimoniais, dentre outras, com valores em reais:

Fornecedores	1.500
13º Salário e Férias a Pagar	1.200
Contas a Receber (90 dias)	2.500
Empréstimos de Curto Prazo	1.500
Empréstimos a Controladas	2.500
Contas a Receber por Venda de Imobilizado	2.500
Estoques	3.000
Imposto a Pagar	900

   Tendo como base somente essas informações, a necessidade de capital de giro da empresa é R$:
   a) 1.200,00;
   b) 1.600,00;
   c) 1.900,00;
   d) 2.100,00;
   e) 2.500,00.

2. (Agência Nacional do Petróleo – Analista Administrativo – Fundação Cesgranrio) A parcela de capital aplicada pela empresa em seu ciclo operacional, caracteristicamente de curto prazo, a qual assume diferentes formas ao longo de seu processo produtivo e de vendas, corresponde ao (à):
   a) capital de giro;
   b) capital próprio;
   c) fluxo de caixa;
   d) ciclo de caixa;
   e) rotação de valores a receber.

3. (Controladoria Geral do Município/RJ – Fundação João Goulart – Adaptada) Observe o balanço patrimonial da Empresa Controladora abaixo:

ATIVO	20X2	20X1
CIRCULANTE	**3.800**	**4.320**
DISPONIBILIDADES	70	80
CLIENTES	2.200	2.400
ESTOQUES	1.530	1.750
NÃO CIRCULANTE	**4.878**	**5.026**
REALIZÁVEL A LONGO PRAZO	2.300	210
INVESTIMENTOS	580	930
IMOBILIZADO	1.198	3.086
INTANGÍVEL	800	800
TOTAL	8.678	9.346
CIRCULANTE	**2.580**	**4.484**
FORNECEDORES	140	150
EMPRÉSTIMOS BANCÁRIOS	2.050	3.914
SALÁRIOS A PAGAR	90	100
IMPOSTOS A RECOLHER	300	320
NÃO CIRCULANTE	**1.200**	**1.000**
EMPRÉSTIMOS L.P.	1.200	1.000
PATRIMÔNIO LÍQUIDO	**4.898**	**3.862**
CAPITAL SOCIAL	4.000	4.000
RESERVAS DE LUCROS	98	-
PREJUÍZOS ACUMULADOS	-	(138)
	8.678	9.346

A Necessidade de Capital de Giro do ano de 20X2 é de:
a) $ 3.500;
b) $ 3.200;
c) $ 2.320;
d) $ 1.220.

4. (LIQUIGÁS – Contador Júnior/Fundação Cesgranrio) Uma sociedade anônima elaborou o seguinte balanço sintético, referente ao exercício social encerrado em 31 de dezembro de 2011:

Ativo		Passivo	
Circulante	8.000,00	Circulante	4.500,00
Caixa e Bancos	800,00	Fornecedores	3.500,00
Clientes	1.200,00	Outros	1.000,00
Estoques	6.000,00		
		Não Circulante	1.500,00
Não Circulante	7.000,00	Empréstimo Bancário	1.500,00
Realizável a Longo Prazo	2.500,00		
Imobilizado	4.500,00	Patrimônio Líquido	9.000,00
		Capital	7.500,00
		Reservas	1.500,00
Total	15.000,00	Total	15.000,00

Considerando exclusivamente as contas e os valores evidenciados no balanço acima, o Capital Circulante Próprio, denominado por alguns autores Capital de Giro Próprio, dessa sociedade anônima, em 31 de dezembro de 2011, é:

a) R$ 1.000,00;
b) R$ 2.000,00;
c) R$ 3.000,00;
d) R$ 4.500,00;
e) R$ 7.500,00.

(Petrobras – Contador Júnior/Fundação Cesgranrio) Considere os Balanços Patrimoniais e Demonstrações de Resultados apresentados a seguir para responder às questões de nos 5 e 6.

BALANÇO PATRIMONIAL

	ANO 4	ANO 3	ANO 2	ANO 1
ATIVO				
CIRCULANTE	325.604	166.703	130.167	95.625
Disponibilidades	5.000	5.000	5.000	5.000
Aplicações Financeiras	164.354	24.981	-	-
Contas a Receber de Clientes	140.625	117.556	96.000	62.500
Estoques	15.625	19.167	29.167	28.125
NÃO CIRCULANTE	372.000	444.000	516.000	588.000
IMOBILIZADO	360.000	420.000	480.000	540.000

INTANGÍVEL	12.000	24.000	36.000	48.000
TOTAL DO ATIVO	697.604	610.703	646.167	683.625
PASSIVO				
CIRCULANTE	90.313	79.349	185.850	273.098
Fornecedores	31.250	23.958	16.667	9.375
Empréstimos Bancários	-	-	124.899	240.684
Dividendos a Pagar	25.313	23.679	16.596	3.509
Impostos e Contribuições	28.125	26.450	24.000	18.750
Imposto de Renda/Cont. Social	5.625	5.262	3.688	780
NÃO CIRCULANTE				
Financiamentos Bancários	100.000	100.000	100.000	100.000
PATRIMÔNIO LÍQUIDO	507.291	431.354	360.317	310.527
Capital Social	300.000	300.000	300.000	300.000
Reservas de Lucros	207.291	131.354	60.317	10.527
TOTAL DO PASSIVO	697.604	610.703	646.167	683.625

DEMONSTRAÇÃO DO RESULTADO DO EXERCÍCIO

	ANO 4	ANO 3	ANO 2	ANO 1
Vendas Brutas	1.125.000	1.058.000	960.000	750.000
(–) Impostos e Contribuições	(281.250)	(264.500)	(240.000)	(187.500)
(=) Vendas Líquidas	843.750	793.500	720.000	562.500
(–) Custo dos Produtos Vendidos	(443.000)	(409.000)	(358.000)	(273.000)
(=) Resultado Operacional Bruto	400.750	384.500	362.000	289.500
(–) Despesas Operacionais	(160.000)	(154.640)	(179.357)	(194.106)
Administrativas	(30.000)	(30.000)	(30.000)	(30.000)
Comerciais	(115.000)	(109.640)	(101.800)	(85.000)
Financeiras	(15.000)	(15.000)	(47.557)	(79.106)
(–) Depreciações e Amortizações	(72.000)	(72.000)	(72.000)	(72.000)
(=) Lucro antes do IR e CS	168.750	157.860	110.643	23.394
(–) IR e CS	(67.500)	(63.144)	(44.257)	(9.358)
(=) Lucro Líquido do Exercício	101.250	94.716	66.386	14.036

5. O EBITDA em cada ano é:

	Ano 4	Ano 3	Ano 2	Ano 1
a)	220.750	214.860	230.200	174.500
b)	235.750	234.860	230.200	174.500
c)	255.750	244.860	230.200	174.500
d)	258.750	212.860	230.200	174.500
e)	283.750	240.860	230.200	174.500

6. A Necessidade de Capital de Giro em cada ano é:

	Ano 4	Ano 3	Ano 2	Ano 1
a)	98.250	42.052	80.812	61.720
b)	96.250	98.052	80.812	61.720
c)	85.250	68.052	80.812	61.720
d)	91.250	81.052	80.812	61.720
e)	74.250	79.052	80.812	61.720

Gabarito

1. c	3. b	5. c
2. a	4. b	6. d

Soluções dos Exercícios de Fixação

Exercício 1

ATIVO CIRCULANTE OPERACIONAL (ACO)

Contas a Receber (90 dias)	2.500
Estoques	3.000
	5.500

PASSIVO CIRCULANTE OPERACIONAL (PCO)

Fornecedores	1.500
13º Salário e Férias a Pagar	1.200
Impostos a Pagar	900
	3.600

NCG = ACO − PCO = 5.500 − 3.600 = 1.900

Exercício 2

O CAPITAL DE GIRO, que é o próprio Ativo Circulante da empresa, é composto por todos os itens necessários para que uma empresa possa concretizar o seu ciclo operacional em todas as suas fases, desde a compra de mercadorias ou matérias-primas até o recebimento das vendas de seus produtos ou serviços.

Exercício 3

ATIVO CIRCULANTE OPERACIONAL (ACO)

Clientes	2.200
Estoques	1.530
	3.730

PASSIVO CIRCULANTE OPERACIONAL (PCO)

Fornecedores	140
Salários a Pagar	90
Impostos a Recolher	300
	530

NCG = 3.730 – 530 = 3.200

Exercício 4

CGP = PL – ANC = 9.000,00 – 7.000,00 = 2.000,00

Exercício 5

O EBITDA ("*Earning Before Interest, Taxes, Depreciation and Amortization*" – Tradução: Lucro Antes dos Juros, Impostos (sobre lucros), Depreciações e Amortizações) é calculado a partir do lucro líquido, eliminando-se deste as despesas financeiras (juros), pois dependem dos credores, as despesas de depreciação e amortização, visto que dependem dos diferentes tipos de bens a serem depreciados ou amortizados, e o IR e a CSLL, dado que dependem do Governo. Assim, teremos:

- EBITDA (ano 4) = 101.250 + 67.500 + 72.000 + 15.000 = 255.750
- EBITDA (ano 3) = 94.716 + 63.144 + 72.000 + 15.000 = 244.860
- EBITDA (ano 2) = 66.386 + 44.257 + 72.000 + 47.557 = 230.200
- EBITDA (ano 1) = 14.036 + 9.358 + 72.000 + 79.106 = 174.500

Exercício 6

	ANO 4	**ANO 3**	**ANO 2**	**ANO 1**
Ativo Circulante Operacional				
Contas a Receber de Clientes	140.625	117.556	96.000	62.500
Estoques	15.625	19.167	29.167	28.125
TOTAL	**156.250**	**136.723**	**125.167**	**90.625**
Passivo Circulante Operacional				
Fornecedores	31.250	23.958	16.667	9.375
Impostos e Contribuições	28.125	26.450	24.000	18.750
Imposto de Renda/Cont. Social	5.625	5.262	3.688	780
TOTAL	**65.000**	**55.670**	**44.355**	**28.905**
NCG = ACO – PCO	**91.250**	**81.053**	**80.812**	**61.720**

Capítulo 6

Demonstração dos Fluxos de Caixa (DFC)

1. Conceito e Objetivo

A DFC é a demonstração contábil que tem por objetivo evidenciar as alterações ocorridas nas disponibilidades de uma empresa, através da descrição dos fluxos de entradas de disponibilidades (recebimentos) e dos fluxos de saídas de disponibilidades (pagamentos), os quais são denominados de FLUXOS DE CAIXA.

Assim, suponhamos, por exemplo, que no balanço de 31/12/X1 uma empresa tenha a seguinte situação de disponibilidades:

Caixa	R$ 12.700,00
BCM	R$ 37.500,00
Aplicações de Liquidez Imediata	R$ 11.200,00
Total das Disponibilidades	R$ 61.400,00

Suponhamos também que a mesma empresa no balanço de 31/12/X2 apresentasse o seguinte:

Caixa	R$ 10.100,00
BCM	R$ 49.600,00
Aplicações de Liquidez Imediata	R$ 15.300,00
Total das Disponibilidades	R$ 75.000,00

Logo, a variação das disponibilidades no exercício social de X2 seria de R$ 75.000,00 – R$ 61.400,00, ou seja, R$ 13.600,00. Nesse caso, ao fazer a DFC de 31/12/X2, a empresa iria evidenciar de forma sistemática as entradas e saídas de dinheiro que levaram as disponibilidades a aumentar desse valor.

Nota: De acordo com o item 6 do Pronunciamento Técnico CPC 03 (R2) – Demonstração dos Fluxos de Caixa, *FLUXOS DE CAIXA* são as entradas e saídas de caixa e equivalentes de caixa, tendo em vista que, conforme o mesmo CPC, a expressão "*CAIXA*" compreende numerário em espécie e depósitos bancários disponíveis.

2. Disponibilidades

Para efeitos de elaboração da DFC, as disponibilidades incluem o dinheiro em tesouraria (Caixa), o dinheiro em conta-corrente bancária (Bancos Conta Movimento) e as aplicações financeiras de liquidez imediata (= equivalente de caixa, ou seja, aplicações que se transformarão em dinheiro com prazo de resgate não superior a três meses).

Cabe ressaltar, no entanto, que a expressão "CAIXA" para efeitos do CPC 03 (R2) – Demonstração dos Fluxos de Caixa – não compreende apenas a conta "Caixa" mas também a conta "BCM" (Bancos Conta Movimento). Assim, teremos:

> CAIXA (conforme CPC 03) = Conta "Caixa" + Conta "BCM"

3. Equivalentes de Caixa

São investimentos que, apesar de não estarem em forma de moeda, podem ser instantaneamente convertidos nesta, sendo pouco provável a alteração de seus valores. Havendo aplicações em equivalentes de caixa numa sociedade anônima, esta deverá em notas explicativas às demonstrações contábeis esclarecer sobre os critérios utilizados para a identificação de tais investimentos.

Em geral, as aplicações em títulos, públicos ou privados, de renda fixa resgatáveis num prazo máximo de 3 meses da data de aquisição do título, tais como CDB e RDB prefixados, poupança, títulos de dívida pública etc. são considerados equivalentes de caixa.

Obs. 1: Um título de dívida pública com vencimento máximo de 3 meses ou adquirido no máximo em 3 meses da data de seu vencimento é considerado equivalente de caixa. No entanto, um título de dívida pública comprado há dois anos *não será considerado equivalente de caixa* quando faltarem 3 meses para sua maturidade.

Obs. 2: Corroborando as definições acima, o item 6 do Pronunciamento Técnico CPC 03 (R2) – Demonstração dos Fluxos de Caixa – define que EQUIVALENTES DE CAIXA são aplicações financeiras de curto prazo, de alta liquidez, que são prontamente conversíveis em montante conhecido de caixa e que estão sujeitas a um insignificante risco de mudança de valor.

4. Obrigatoriedade da DFC

Com base no art. 176 da Lei nº 6.404/1976, a partir das alterações impostas pela Lei nº 11.638/2007, a DFC é obrigatória às sociedades por ações. No entanto, de acordo com o § 6º do mesmo artigo, a companhia fechada com patrimônio líquido, na data do balanço, inferior a R$ 2.000.000,00 (dois milhões de reais) não será obrigada à elaboração e publicação da demonstração dos fluxos de caixa. Além disso, o Pronunciamento Técnico CPC 26 (R1) – Apresentação das Demonstrações Contábeis – elenca no seu item 10 a DFC como integrante do CONJUNTO COMPLETO das demonstrações contábeis.

Também, em nível de contabilidade internacional, a FASB (*Financial Accounting Standards Board* – Comissão de Padrões da Contabilidade Financeira), que é o órgão responsável pelo estabelecimento de normas de práticas contábeis americanas, e o IASB (*International Accounting Standards Board* – Comissão Internacional de Padrões Contábeis), que é o órgão normatizador de práticas contábeis internacionais, tornaram obrigatória a elaboração da DFC.

5. FLUXOS DE CAIXA – CLASSIFICAÇÃO

De modo geral, numa entidade podemos destacar três tipos de ATIVIDADES, as quais definirão três tipos de fluxos de caixa:

- Fluxo das atividades operacionais;
- Fluxo das atividades de investimento;
- Fluxo das atividades de financiamento.

O item 6 do CPC 03 (R2), dá as seguintes definições:

ATIVIDADES OPERACIONAIS são as principais atividades geradoras de receita da entidade e outras atividades que não são de investimento e tampouco de financiamento.

ATIVIDADES DE INVESTIMENTO são as referentes à aquisição e à venda de ativos de longo prazo e de outros investimentos não incluídos nos equivalentes de caixa.

ATIVIDADES DE FINANCIAMENTO são aquelas que resultam em mudanças no tamanho e na composição do capital próprio e no capital de terceiros da entidade.

Assim, por exemplo, se uma empresa comercial vende ou compra mercadorias à vista ou "paga" despesas comerciais ou administrativas, esses fluxos irão compor o fluxo das atividades operacionais na elaboração da DFC, tendo em vista que esses fatos estão relacionados às operações para que esse tipo de empresa atinja a sua atividade fim. Por outro lado, se esse mesmo tipo de empresa comprar ou vender à vista, por exemplo, veículos ou móveis para uso, isso não é atividade operacional e sim atividade de investimento. No entanto, caso esse mesmo tipo de empresa obtenha dinheiro através de empréstimos bancários (capital de terceiros) ou através de emissão de novas ações (capital próprio) isso não é atividade operacional e nem de investimento e sim de financiamento.

Obs. 1: De acordo com o item 9 do CPC 03 (R2) – Demonstração dos Fluxos de Caixa, os fluxos de caixa **excluem** movimentos entre itens que constituem caixa ou equivalentes de caixa porque esses componentes são parte da gestão de caixa da entidade, e não parte de suas atividades operacionais, de investimento e de financiamento. A gestão de caixa inclui o investimento do excesso de caixa em equivalentes de caixa. Assim, por exemplo, se uma empresa realiza retiradas bancárias para reforço de caixa em tesouraria, isso não fluxo nenhum, pois o saldo total das disponibilidades não se altera com esse tipo de operação.

Obs. 2: Os fluxos de caixa necessariamente têm que envolver entradas e saídas de caixa (incluindo bancos) e equivalentes de caixa. Assim, por exemplo, compras de matérias-primas à vista, para uma indústria, são consideradas saídas nos fluxos de atividades operacionais. Já, no caso de compras de matérias-primas a prazo, isso não é fluxo algum, dado que não envolve movimentação de disponibilidades. Cabe, no entanto, neste caso ressaltar que os pagamentos das duplicatas referentes a essas compras de matérias-primas a prazo são considerados integrantes das saídas dos fluxos de atividades operacionais na elaboração da DFC dessa indústria, visto que altera o saldo das disponibilidades e está ligado à atividade fim da empresa industrial. No caso, por exemplo, de uma compra de imóvel à vista, isso compõe as saídas dos fluxos das atividades de investimento. Porém, se essa compra de imóvel for a prazo, mediante um financiamento bancário, isso não é fluxo algum, visto que não há movimentação das disponibilidades. Todavia, o pagamento das parcelas desse financiamento na aquisição desse imobilizado é considerado saídas nos fluxos das atividades de financiamento.

6. FLUXOS DAS ATIVIDADES OPERACIONAIS (FAO)

São aqueles referentes às atividades principais da entidade. No caso de uma empresa comercial, por exemplo, são as atividades ligadas à compra e revenda de mercadorias, incluindo os gastos com despesas comerciais e administrativas. No caso de uma indústria, são as atividades ligadas desde as compras de matérias-primas até as vendas dos produtos prontos incluindo também as despesas comerciais e administrativas.

Conforme o item 14 do CPC 03 (R2), os fluxos de caixa advindos das atividades operacionais são basicamente derivados das principais atividades geradoras de receita da entidade. Portanto, eles geralmente resultam de transações e de outros eventos que entram na apuração do lucro líquido ou prejuízo.

Os fluxos das atividades operacionais são identificados pelas entradas (recebimentos) e pelas saídas (pagamentos) da seguinte forma:

ENTRADAS
- Recebimentos dos clientes referentes às vendas realizadas à vista e das duplicatas referentes às vendas a prazo, bem como dos adiantamentos de clientes para entrega futura de bens ou serviços.
- Recebimentos de dividendos de participações no capital de outras sociedades.
- Recebimento de juros de empréstimos concedidos.
- Recebimentos de caixa decorrentes de *royalties*, honorários, comissões e outras receitas.
- Recebimentos de caixa por venda de contratos mantidos para negociação imediata ou disponíveis para venda futura (a entidade pode manter títulos e empréstimos para fins de negociação imediata ou futura - *dealing or trading purposes*, os quais, no caso, são semelhantes estoques adquiridos especificamente para revenda).
- Recebimentos diversos, os quais, regra geral, não podem ser classificados juntamente com os fluxos de financiamento ou investimento, tais como os recebimentos de aluguéis de imóveis, os recebimentos de seguradoras referentes a sinistros em estoques, recebimentos referentes a ganhos de causa em sentenças judiciais etc.

SAÍDAS

- Pagamentos a fornecedores referentes às compras à vista e pagamentos das duplicatas referentes às compras a prazo, bem como adiantamentos em dinheiro a fornecedores para recebimento futuro de matérias-primas ou mercadorias para revenda.
- Pagamentos de salários a funcionários.
- Pagamentos de tributos e multas.
- Pagamento de juros de empréstimos obtidos.
- Pagamento de seguros.
- Pagamentos de caixa por compra de contratos mantidos para negociação imediata ou disponíveis para venda futura etc.

Obs. 1: Algumas transações, como a venda de item do imobilizado, podem resultar em ganho ou perda, que é incluído na apuração do lucro líquido ou prejuízo. Os fluxos de caixa relativos a tais transações são fluxos de caixa provenientes de atividades de investimento. Entretanto, pagamentos em caixa para a produção ou a aquisição de ativos mantidos para aluguel a terceiros que, em sequência, são vendidos, conforme descrito no item 68A do Pronunciamento Técnico CPC 27 – Ativo Imobilizado, são fluxos de caixa advindos das atividades operacionais. Os recebimentos de aluguéis e das vendas subsequentes de tais ativos são também fluxos de caixa das atividades operacionais.

Obs. 2: Normalmente, para a elaboração da DFC, dispomos dos saldos das duplicatas a receber do balanço anterior e do balanço atual. Neste caso, não interessam as vendas a prazo realizadas para recebimento dentro do próprio exercício social, como, por exemplo, uma venda realizada em março de 20x1 cuja duplicata a receber é para julho do mesmo ano. Para efeitos da DFC, em 31/12/20x1, essa venda teria o mesmo efeito se tivesse sido realizada à vista em 20x1. Na realidade, o que faz realmente a diferença são as vendas a prazo efetuadas em 20x1, cujas duplicatas serão recebidas em 20x2. Assim, por exemplo, se em 31/12/20x0 o saldo de Duplicatas a Receber indicado no ativo circulante do balanço fosse de R$ 12.000,00 e em 31/12/20x1 de R$ 9.000,00, presume-se, supondo que não houve inadimplência de clientes, que os R$ 12.000,00 foram recebidos em 20x1 e os R$ 9.000,00 são as vendas a prazo realizadas em 20x1, cujo recebimento se dará em 20x2. Se houve vendas a prazo em 20x1, cujos recebimentos foram dentro do mesmo ano, isso é irrelevante na DFC de 31/12/20x1, pois é como se essa venda tivesse sido à vista. Em outras palavras, regra geral, para a elaboração da DFC, quando falamos em vendas a prazo realizadas, por exemplo, no exercício social de 20x1, está implícito que essas vendas foram realizadas em 20x1 e os recebimentos se darão em 20x2. Quando falamos em vendas à vista em 20x1, podemos estar incluindo as vendas que foram realmente feitas à vista nesse ano como também as vendas feitas a prazo, cujas duplicatas foram recebidas dentro do mesmo ano. Daí, o ideal não é usarmos a expressão "vendas à vista em 20x1", pois isso pode ser interpretado de forma inadequada, e sim a expressão "recebimentos de clientes das vendas realizadas em 20x1", o qual poderá incluir as vendas que foram realmente feitas à vista, como as vendas realizadas a prazo, cujas duplicatas foram recebidas no mesmo ano. Raciocínio análogo serve para as compras, isto é, para efeitos de elaboração da DFC de 20x1, devemos evitar a expressão "compras à vista em

20x1" e sim usar a expressão "pagamentos a fornecedores referentes às compras realizadas em 20x1", que poderá incluir as compras que foram feitas realmente à vista em 20x1, como as compras a prazo feitas nesse ano cujas duplicatas foram pagas dentro do próprio ano.

Exemplo prático 1: As seguintes informações foram obtidas nos registros contábeis da comercial Alfa:

- Vendas totais (exercício social de 20X2)..................................R$ 47.000,00
- Saldo de Duplicatas a Receber:
  Balanço de 31/12/20X1..R$ 21.000,00
  Balanço de 31/12/20X2..R$ 33.000,00

Pergunta-se: Qual o total recebido dos clientes em 20X2?

(SOLUÇÃO): O total recebido dos clientes em 20X2 poderá incluir três coisas:

- Vendas a prazo em 2004, cujas duplicatas foram recebidas em 20X2 (R$ 21.000,00).
- Vendas realizadas à vista em 20X2 (não sabemos).
- Vendas realizadas a prazo em 20X2, cujas duplicatas foram recebidas no próprio ano de 20X2 (não sabemos).

Com apenas as informações dadas, não sabemos os valores isolados dos últimos dois itens. No entanto, podemos saber o <u>somatório</u>, que é o que realmente importa para a DFC. Assim, esse somatório será obtido subtraindo-se R$ 33.000,00 (vendas a prazo em 20X2, cujas duplicatas serão recebidas em 20X3) do total das vendas realizadas em 20X2 (R$ 47.000,00), ou seja, R$ 47.000,00 − R$ 33.000,00 = R$ 14.000,00 (este valor inclui as vendas que foram realmente feitas à vista em 20X2 e as vendas a prazo nesse ano, cujas duplicatas foram recebidas no mesmo ano). R$ 14.000,00 poderia até mesmo ser "impropriamente" chamado de valor das vendas à vista em 20X2, pois, como já comentado, não irá fazer diferença na DFC de 31/12/20X2. Finalmente, teremos:

Recebimento de clientes em 20X2 = R$ 21.000,00 + R$ 14.000,00 = R$ 35.000,00

Exemplo prático 2: As seguintes informações foram obtidas nos registros contábeis da comercial Alfa:

- Compras totais (exercício social de 20X2) .... R$ 18.000,00
- Saldo de Duplicatas a Pagar:
  Balanço de 31/12/20X1 .... R$ 7.000,00
  Balanço de 31/12/20X2 .... R$ 8.000,00

Pergunta-se: Qual o total pago aos fornecedores em 20X2?

(SOLUÇÃO): O total pago aos fornecedores em 20X2, poderá incluir três coisas:

- Compras a prazo em 20X1, cujas duplicatas foram pagas em 20X2 (R$ 7.000,00).
- Compras realizadas à vista em 20X2 (não sabemos).
- Compras realizadas a prazo em 20X2, cujas duplicatas foram pagas no próprio ano de 20X2 (não sabemos).

Analogamente a todo o raciocínio anterior, não importa saber o valor isolado dos dois últimos itens para efeitos da DFC de 31/12/20X2. O que realmente interessa é o somatório, o qual será a diferença entre R$ 18.000,00 e R$ 8.000,00, isto é, R$ 10.000,00. Neste caso, não é recomendável chamar este valor de "compras à vista em 20X2" e sim "pagamento a fornecedores referentes às compras efetuadas em 20X2". No entanto, se "impropriamente" chamarmos os R$ 10.000,00 de compras à vista em 20X2, isso não irá afetar os valores indicados na DFC de 31/12/20X2. Finalmente, teremos:

Pagamento a fornecedores em 20X2 = R$ 7.000,00 + R$ 10.000,00 = R$ 17.000,00

7. Fluxos das Atividades de Investimento (FAI)

Em geral, esses fluxos são aqueles relacionados aos aumentos ou reduções dos ativos de lenta realização, incluindo os fluxos referentes aos investimentos permanentes no capital de outras sociedades, tais como compra ou venda de ações de coligadas ou controladas. Tais fluxos incluem também os desembolsos e recebimentos de empréstimos e financiamentos <u>concedidos</u>. Desta forma, podemos exemplificar as entradas e saídas nesses fluxos da seguinte forma:

ENTRADAS

- Recebimentos de caixa resultantes da venda de ativo imobilizado, intangíveis e outros ativos de longo prazo.
- Recebimentos de caixa provenientes da venda de instrumentos patrimoniais ou instrumentos de dívida de outras entidades e participações societárias em *joint ventures* (exceto aqueles recebimentos referentes aos títulos considerados como equivalentes de caixa e aqueles mantidos para negociação imediata ou futura).
- Recebimentos de caixa pela liquidação de adiantamentos ou amortização de empréstimos concedidos a terceiros (exceto aqueles adiantamentos e empréstimos de instituição financeira);
- Recebimentos de caixa por contratos futuros, a termo, de opção e *swap*, exceto quando tais contratos forem mantidos para negociação imediata ou venda futura, ou os recebimentos forem classificados como atividades de financiamento.

SAÍDAS

- Pagamentos em caixa para aquisição de ativo imobilizado, intangíveis e outros ativos de longo prazo. Esses pagamentos incluem aqueles relacionados aos custos de desenvolvimento ativados e aos ativos imobilizados de construção própria.

- Pagamentos em caixa para aquisição de instrumentos patrimoniais ou instrumentos de dívida de outras entidades e participações societárias em *joint ventures* (exceto aqueles pagamentos referentes a títulos considerados como equivalentes de caixa ou aqueles mantidos para negociação imediata ou futura).
- Adiantamentos em caixa e empréstimos feitos a terceiros (exceto aqueles adiantamentos e empréstimos feitos por instituição financeira).
- Pagamentos em caixa por contratos futuros, a termo, de opção e *swap*, exceto quando tais contratos forem mantidos para negociação imediata ou futura, ou os pagamentos forem classificados como atividades de financiamento etc.

8. FLUXOS DAS ATIVIDADES DE FINANCIAMENTO (FAF)

Estão relacionados a empréstimos, financiamentos e à captação de recursos junto a sócios e investidores na companhia em geral. Assim, por exemplo, se uma empresa contrai um empréstimo bancário, a entrada do dinheiro é fluxo positivo no FAF. Na época de quitação do empréstimo (somente o principal), a saída do dinheiro é fluxo negativo no FAF. Cabe lembrar que o pagamento dos juros não é FAF e sim FAO (Fluxo das Atividades Operacionais), conforme já mencionado antes. O aumento do capital social em dinheiro, por exemplo, também é fluxo positivo classificado como FAF.

Abaixo, temos os principais casos de FAF:

ENTRADAS

- Caixa recebido pela emissão de ações ou outros instrumentos patrimoniais.
- Caixa recebido pela emissão de debêntures, empréstimos, notas promissórias, outros títulos de dívida, hipotecas e outros empréstimos de curto e longo prazos etc.

SAÍDAS

- Pagamentos em caixa a investidores para adquirir ou resgatar ações da Entidade.
- Amortização de empréstimos e financiamentos.
- Pagamentos em caixa pelo arrendatário para redução do passivo relativo a arrendamento mercantil financeiro.
- Pagamentos de participações de investidores sobre os lucros da empresa.
- Pagamentos de dividendos.
- Pagamentos referentes a resgate ou reembolso de ações.
- Pagamento no resgate de debêntures etc.

Obs. 1: Os pagamentos dos financiamentos referentes às aquisições a prazo de bens do ativo investimentos imobilizado ou intangível é FAF. No entanto, os pagamentos à vista dos mesmos bens devem ser classificados como FAI.

Obs. 2: Empréstimos bancários são geralmente considerados como atividades de financiamento. Entretanto, saldos bancários a descoberto, decorrentes de empréstimos obtidos por meio de instrumentos como cheques especiais ou contas-correntes garantidas que são liquidados em curto lapso temporal compõem parte integral da gestão de caixa da entidade. Nessas circunstâncias, saldos bancários a descoberto são incluídos como componente de caixa e equivalentes de caixa, isto é, não constituem fluxo algum, pois não alteram o valor das disponibilidades. Uma característica desses arranjos oferecidos pelos bancos é que frequentemente os saldos flutuam de devedor para credor.

9. MÉTODOS DE ELABORAÇÃO DA DFC

São dois os métodos de elaboração: Método Direto e Método Indireto. Essencialmente, o que irá fazer a diferença entre um e outro método é a forma de evidenciação dos Fluxos das Atividades Operacionais, pois a forma de apresentar os Fluxos das Atividades de Investimento e os Fluxos das Atividades de Financiamento nos dois métodos é exatamente a mesma.

10. MÉTODO DIRETO

Para a elaboração da DFC deve-se evidenciar os três tipos de fluxos existentes. Conforme comentado anteriormente, na evidenciação dos referidos fluxos, o que irá fazer a diferença entre o método direto e o indireto é a forma de apresentar os fluxos das atividades operacionais. No método direto a apresentação dos Fluxos das Atividades Operacionais consiste na exposição <u>direta</u> das entradas (recebimentos) e saídas (pagamentos).

Exemplo: Suponhamos as seguintes operações ocorridas na empresa comercial Atacadão S.A. ao longo do exercício social de X1:

(1) Compra de mercadorias à vista no valor de 1.680.
(2) Compra de mercadorias a prazo no valor de 2.090.
(3) Venda de mercadorias à vista no valor de 3.700 ao custo de 1.960.
(4) Venda de mercadorias a prazo no valor de 2.100 ao custo de 1.170.
(5) Recebimento de duplicatas referente às vendas a prazo realizadas em X0 no valor de 1.400.
(6) Pagamento de duplicatas referentes às compras a prazo realizadas em X0 no valor de 1.700.
(7) Pagamento de salários de X1 no valor de 1.440.
(8) Depreciação de imóveis referente ao exercício de X1 no valor de 380.

Assim, a apresentação dos Fluxos das Atividades Operacionais em 31.12.X1 pelo método direto pode ser feita da seguinte forma:

FAO

Recebimentos de clientes *(3.700 + 1.400)*	5.100
Pagamentos a fornecedores *(1.680 + 1.700)*	(3.380)
Pagamentos de salários	(1.440)
	280

11. Método Indireto

A evidenciação dos Fluxos das Atividades Operacionais pelo método indireto tem como ponto de partida o Resultado Líquido do exercício (Lucro ou Prejuízo Líquido do exercício).

A elaboração dos FAO pelo método indireto consiste basicamente em converter o Lucro (ou Prejuízo) Líquido do exercício obtido da DRE, o qual foi apurado pelo regime de competência, naquele que seria se fosse apurado pelo regime de caixa.

Para ajustar o resultado líquido do exercício ao regime de caixa, existem duas etapas:

1ª ETAPA – EXCLUIR as despesas e receitas que não representam saídas e entradas de dinheiro e INCLUIR as despesas e receitas de competência de outros exercícios, cujos pagamentos e recebimentos se deram no exercício atual. Dessa forma, temos os seguintes exemplos de ajustes:

- Despesas de depreciação, amortização e exaustão – Devem ser somadas ao lucro líquido ou subtraídas do prejuízo líquido, visto que reduziram o lucro líquido ou aumentaram o prejuízo líquido, sem a correspondente saída de dinheiro.

- Despesa de equivalência patrimonial – Deve ser somada ao lucro líquido ou subtraída do prejuízo líquido pela mesma razão anterior.

- Receita de equivalência patrimonial – Deve ser subtraída do lucro líquido ou somada ao prejuízo líquido, pois aumentou o lucro líquido ou reduziu o prejuízo líquido, sem a correspondente entrada de dinheiro.

- Aumento do saldo de receitas diferidas do balanço passado para o balanço atual – Se, por exemplo, no balanço de 31/12/X1 o saldo da conta Receita Diferida de Aluguéis era de R$ 12.000,00 e no balanço de 31/12/X2 o saldo dessa conta aumentou para R$ 15.000,00, significa que os R$ 12.000,00 em dinheiro entraram no exercício de X1, mas a receita integrou o lucro (ou prejuízo) líquido de X2 e os R$ 15.000,00 em dinheiro entraram em X2, mas a receita integrou o lucro (ou prejuízo) líquido de X3. Assim, supondo que o resultado de X2 seja de lucro líquido, na elaboração da DFC de 31/12/X2 pelo método indireto, devemos excluir os R$ 12.000,00 e incluir os R$ 15.000 a esse lucro líquido, isto é, devemos SOMAR a variação positiva de R$ 3.000,00 em receitas diferidas ao lucro líquido de X2 na elaboração da DFC de X2.

- Redução do saldo de receitas diferidas do balanço passado para o balanço atual – Analogamente ao raciocínio anterior, deve ser subtraída do lucro líquido ou somada ao prejuízo líquido na elaboração da DFC pelo método indireto.

2ª ETAPA – As variações positivas em ativos circulantes (ou realizáveis a longo prazo) e passivos circulantes (ou não circulantes) operacionais devem ser, respectivamente, subtraídas e somadas ao lucro líquido, e as variações negativas em ativos circulantes (ou realizáveis a longo prazo) e passivos circulantes (ou não circulantes) operacionais devem ser, respectivamente, somadas e subtraídas ao lucro líquido. No caso de prejuízo líquido, basta inverter as regras acima. Assim, por exemplo, se a conta "Clientes" nos balanços de X1, X2 e X3 apresentasse, respectivamente, saldos de R$ 11.000,00; R$ 15.000,00 e R$ 13.000,00, no ajuste do lucro líquido da DFC de X2 deve ser subtraída a variação positiva de Clientes no valor de

R$ 4.000,00 e ser somada ao lucro líquido de X3 na elaboração da DFC desse ano a variação negativa na referida conta no valor de R$ 2.000,00. A explicação lógica é a seguinte: o saldo de R$ 11.000,00 na conta Clientes no balanço de X1 significa que a receita de vendas integrou o lucro desse ano, mas o recebimento ocorreu em X2. Da mesma forma, o saldo de Clientes de R$ 15.000,00 no balanço de X2 significa que a receita de vendas integrou o lucro desse ano, mas o recebimento se deu em X3. Assim, na elaboração da DFC de X2, devem ser somados ao lucro líquido de X2 os R$ 11.000,00 e ser subtraídos os R$ 15.000,00, ou seja, deve-se subtrair a variação positiva de R$ 4.000,00.

Considerando ainda o exemplo da empresa Atacadão S.A. do item 10, iremos calcular o lucro líquido e as variações nos saldos das contas relacionadas às atividades operacionais:

- Lucro líquido = 3.700 + 2.100 − 1.960 − 1.170 − 1.440 − 380 = 850
- Variação do saldo de Clientes = 2.100 − 1.400 = 700
- Variação do saldo de Mercadorias = 1.680 + 2.090 − 1.960 − 1.170 = 640
- Variação do saldo de Fornecedores = 2.090 − 1700 = 390

Assim, na apresentação dos Fluxos das Atividades Operacionais pelo método indireto teríamos:

Lucro Líquido	850
(+) Depreciação	380
(−) Aumento em Clientes	(700)
(−) Aumento em Mercadorias	(640)
(+) Aumento em Fornecedores	390
	280

Obs. 1: Os conceitos de ACF (Ativo Circulante Financeiro), ACO (Ativo Circulante Operacional), PCF (Passivo Circulante Financeiro) e PCO (Passivo Circulante Operacional) já estudados no Capítulo 5 (Análise do Capital de Giro) continuam os mesmos para efeitos de análise de ajustes do lucro ou prejuízo líquido na elaboração da DFC pelo método indireto, porém com algumas ressalvas no caso do ACF e do ACO. Lembrando que o ACF é composto pelas disponibilidades (caixa, bancos e aplicações de liquidez imediata), além das aplicações financeiras não imediatas classificadas no Ativo Circulante e dos empréstimos concedidos também classificados no Ativo Circulante, para efeitos de análise dos fluxos de caixa, somente os fluxos internos entre as disponibilidades não são considerados fluxos de caixa para efeitos de elaboração da DFC, visto que as alterações em aplicações financeiras e empréstimos a curto prazo são considerados Fluxos das Atividades de Investimento. No caso do ACO, o qual é composto por todo Ativo Circulante, exceto o ACF, a única ressalva é com relação às despesas a vencer, tais como seguros a vencer, aluguéis a vencer etc., visto que na análise do capital de giro essas despesas devem ser reclassificadas para o PL (Patrimônio Líquido), ao passo que nos ajustes do lucro ou prejuízo líquido para a elaboração da DFC pelo método indireto tais despesas continuam sendo consideradas ACO, de forma que não são reclassificadas como PL.

Obs. 2: Com relação às variações positivas ou negativas nos ativos ou passivos operacionais, *são 4 (quatro) o número de regras básicas para ajuste do lucro ou prejuízo líquido na elaboração* *da DFC pelo método indireto*, ressaltando que as variações em ativos ou passivos financeiros não afetam em nada os Fluxos das Atividades Operacionais nos ajustes do lucro ou prejuízo líquido para elaboração da DFC pelo método indireto:

1ª Regra) As variações positivas em itens do Ativo Circulante (ou Realizável a Longo Prazo) Operacional devem ser subtraídas do lucro líquido (ou somadas ao prejuízo líquido). Assim, por exemplo, se no balanço de uma determinada empresa em 31/12/X0 o valor dos Estoques era de R$ 12.000 e no balanço de 31/12/X1 subiu para R$ 15.600, a variação positiva foi de R$ 3.600. No ajuste do lucro líquido para a determinação do valor do FAO na DFC de 31/12/X1, essa variação positiva deve ser subtraída do lucro líquido (ou somada ao prejuízo líquido). A explicação lógica e matemática dessa regra é a seguinte: Lembrando que CMV = EI + C − EF, se houve variação positiva no estoque, significa que o EF aumentou em relação ao inicial. Dessa forma, o CMV cairá dessa diferença, aumentando assim o lucro líquido. No entanto, esse aumento não é porque entrou dinheiro e sim porque houve variação positiva no valor nos estoques. Logo, para que o lucro líquido corresponda efetivamente à entrada de dinheiro, deve-se subtrair do seu valor essa variação positiva, lembrando que na DFC pelo método indireto o lucro líquido deve ser ajustado a fim de que corresponda efetivamente à entrada de dinheiro. A mesma lógica deve ser usada no caso de prejuízo líquido, lembrando que este deve ser tratado como se fosse um lucro líquido com sinal negativo.

2ª Regra) As variações negativas em itens do Ativo Circulante (ou Realizável a Longo Prazo) Operacional devem ser somadas ao lucro líquido (ou subtraídas do prejuízo líquido). Assim, por exemplo, se no balanço de uma determinada empresa em 31/12/X0 o valor dos Estoques era de R$ 6.700 e no balanço de 31/12/X1 reduziu para R$ 4.100, a variação negativa foi de R$ 2.600. Essa variação negativa deve ser somada ao lucro líquido na DFC de 31/12/X1. A lógica disso é a seguinte: Se o estoque final reduziu em relação ao inicial, o CMV aumentará dessa variação, reduzindo o lucro líquido de R$ 2.600. Como isso não representa saída de dinheiro e sim redução de estoques, devemos somar os R$ 2.600 ao lucro líquido para que o mesmo corresponda efetivamente à entrada de dinheiro.

3ª Regra) As variações positivas em itens do Passivo Circulante (ou Não Circulante) Operacional devem ser somadas ao lucro líquido (ou subtraídas do prejuízo líquido). Assim, por exemplo, se no balanço de 31/12/X0 o saldo de Duplicatas a Pagar era de R$ 12.700 e no balanço de 31/12/X1 era de R$ 15.000, a variação positiva foi de R$ 2.300. Esse valor deve ser somado ao lucro líquido na DFC de 31/12/X1. A lógica é a seguinte: Se houve variação positiva em Duplicatas a Pagar, significa que houve aumento do valor das compras a prazo nesse valor. Na fórmula CMV = EI + C − EF, aumenta o valor de "C" (Compras), aumentando assim o valor do CMV, reduzindo, portanto, o lucro líquido, sem ter saído dinheiro. Logo, para que este corresponda efetivamente à entrada de dinheiro, deve-se somar essa variação ao mesmo.

4ª Regra) As variações negativas em itens do Passivo Circulante (ou Não Circulante) Operacional devem ser subtraídas do lucro líquido (ou somadas ao prejuízo líquido). Assim, por exemplo, se o saldo de ICMS a Recolher no balanço de 31/12/X0 era de R$ 1.200 e no balanço de 31/12/X1 era de R$ 500, a variação negativa foi de R$ 700. Este valor deve ser subtraído do lucro líquido na elaboração da DFC de 31/12/X1. A lógica é a seguinte: O ICMS de R$ 1.200 é despesa se X0 mas seu pagamento se deu em X1. Dessa forma, não afetou o lucro líquido de X1, mas o dinheiro saiu em X1. Para que o lucro líquido de X1 corresponda efetivamente à entrada de dinheiro, devemos subtrair os R$ 1.200 do lucro líquido de X1. Já o ICMS de R$ 500 diminuiu o lucro líquido de X1, mas o dinheiro só saiu em janeiro de X2. Dessa forma, devemos somar os R$ 500 ao lucro líquido de X1. Resumindo, devemos subtrair os R$ 1.200 e somar os R$ 500 ao lucro líquido de X1, ou seja, devemos subtrair a diferença de R$ 700.

Obs. 3: No caso das Perdas Estimadas em Créditos de Liquidação Duvidosa (PECLD), podemos subtrair seu valor das Duplicatas a Receber e trabalharmos no ajuste do lucro líquido com o conceito de variação no saldo líquido de Duplicatas a Receber. Assim, por exemplo, se no balanço de uma empresa em 31/12/X0 o saldo de Duplicatas a Receber fosse de R$ 45.000 e das PECLD de R$ 2.000, o saldo líquido de Duplicatas a Receber seria de R$ 43.000. Se na mesma empresa o saldo de Duplicatas a Receber em 31/12/X1 fosse de R$ 67.000 e das PECLD de R$ 5.000, o saldo líquido de Duplicatas a Receber seria de R$ 62.000. Logo, a variação líquida em Duplicatas a Receber seria positiva de R$ 19.000, variação essa, como já visto, que deveria ser subtraída do lucro líquido na elaboração da DFC de 31/12/X1.

Obs. 4: As despesas antecipadas do ativo circulante seguem as mesmas regras básicas: Variações positivas no seus saldos devem ser subtraídas do lucro líquido e variações negativas devem ser somadas ao lucro líquido, tendo em vista, conforme já comentado na observação 1, que também são consideradas Ativo Circulante (ou Realizável a Longo Prazo) Operacional, de forma diferente da análise do capital de giro já estudada no Capítulo 5, onde tais despesas são reclassificadas para o Patrimônio Líquido.

EXERCÍCIO RESOLVIDO: Balanço da Comercial Caxias S.A. em 31/12/X1:

ATIVO		PASSIVO	
CIRCULANTE		CIRCULANTE	
Caixa	6.700	Salários a Pagar	900
Bancos	13.000	Duplicatas a Pagar	10.800
Mercadorias	20.400	Dividendos a Pagar	2.300
Duplicatas a Receber	29.000	IR a Pagar	7.300
PECLD	(700)		21.300
	68.400		
NÃO CIRCULANTE		PATRIMÔNIO LÍQUIDO	
Realizável LP		Capital Social	65.000
Promissórias a Receber	11.000	Reserva Legal	9.100
			74.100
Imobilizado			
Veículos	20.000		
Depreciação Acumulada	(4.000)		
TOTAL DO ATIVO	95.400	TOTAL DO PASSIVO	95.400

Nota: As Promissórias a Receber de R$ 11.000 constituem empréstimos da empresa concedidos a diretores.

Ao longo do exercício de X2, ocorreram os seguintes fatos:

(1) Aumento do capital com a emissão de novas ações, mediante depósito bancário de R$ 11.000.
(2) Pagamento de IR no valor de R$ 7.300 com emissão de cheques da empresa.
(3) Pagamento dos salários de dezembro de X1 no valor de R$ 900.
(4) Pagamento de dividendos com cheques da empresa no total de R$ 2.300.
(5) Compra de mercadorias à vista no valor de R$ 5.100.
(6) Compra de mercadorias a prazo com aceite de duplicatas de R$ 16.200.
(7) Venda de mercadorias à vista no valor de R$ 39.500 ao custo de R$ 17.600.
(8) Venda de mercadorias a prazo ao custo de R$ 11.300 com emissão de duplicatas de R$ 32.700.
(9) Pagamento de duplicatas no valor de R$ 14.700 com juros de R$ 1.100
(10) Recebimento de duplicatas no valor de R$ 28.800 com juros de R$ 1.700.
(11) Recebimento de promissórias no valor de R$ 9.000.
(12) Obtenção de empréstimo bancário no valor de R$ 8.900 para pagamento em X4.
(13) Pagamento de despesas gerais no valor de R$ 11.900 com cheques da empresa.
(14) Compra de um terreno à vista no valor de R$ 12.700.
(15) Apropriação de salários (janeiro a dezembro) no valor total de R$ 12.000.
(16) Pagamento de salários (janeiro a novembro) no valor total de R$ 11.000.
(17) Depreciação de veículos em 20%.
(18) Baixa de duplicatas incobráveis no valor de R$ 200,00.
(19) Reversão de PECLD (Perdas Estimadas em Créditos de Liquidação Duvidosa) no valor de R$ 500,00
(20) Constituição de PECLD no valor de R$ 1.500.

Assim, supondo exclusivamente as operações acima, faça:

I. A DRE em 31/12/X2;
II. O Balanço Patrimonial em 31/12/X2;
III. A DFC pelo método direto em 31/12/X2;
IV. A DFC pelo método indireto em 31/12/X2.

Informações adicionais:

1) Suponha o Imposto de Renda igual a 15% do lucro real (desconsidere a CSLL).
2) Constitua Reserva Legal, conforme Lei nº 6.404/1976.
3) O estatuto da cia. fixou os dividendos em 40% do lucro líquido após a Reserva Legal.
4) O saldo remanescente em Lucros Acumulados foi destinado à Reserva Especial.

(SOLUÇÃO)

Capital Social	
	65.000
	11.000 (1)
	76.000

Caixa	
6.700	900 (3)
(7) 39.500	5.100 (5)
(10) 30.500	15.800 (9)
(11) 9.000	12.700 (14)
	11.000 (16)
40.200	

Bancos	
13.000	7.300 (2)
(1) 11.000	2.300 (4)
(12) 8.900	11.900 (13)
11.400	

Duplicatas a Receber	
29.000	28.800 (10)
(8) 32.700	
32.900	200 (18)
32.700	

Empréstimos a Pagar	
	8.900 (12)

Terreno	
(14) 12.700	

Mercadorias	
20.400	17.600 (7)
(5) 5.100	11.300 (8)
(6) 16.200	
12.800	

Promissórias a Receber	
11.000	9.000 (11)
2.000	

Duplicatas a Pagar	
(9) 14.700	10.800
	16.200 (6)
	12.300

IR a Pagar	
(2) 7.300	7.300
	2.400 (c)

Veículos	
20.000	

Depreciação Acumulada	
	4.000
	4.000 (17)
	8.000

Salários a Pagar	
(3) 900	900
(16) 11.000	12.000 (15)
	1.000

Vendas	
	39.500 (7)
	32.700 (8)
(b) 72.200	72.200

Depreciação	
(17) 4.000	**4.000 (a)**

Salários	
(15) 12.000	**12.000 (a)**

Reversão de PECLD	
(b) 500	500 (19)

Despesa c/ PECLD	
(20) 1.500	**1.500 (a)**

Despesas Gerais	
(13) 11.900	**11.900 (a)**

CMV	
(7) 17.600	
(8) 11.300	
28.900	**28.900 (a)**

PECLD	
(18) 200	700
(19) 500	1.500 (20)
	1.500

Juros Passivos	
(9) 1.100	**1.100 (a)**

Juros Ativos	
(b) 1.700	1.700 (10)

Dividendos a Pagar	
(4) 2.300	2.300
	4.788 (g)

Apuração do Resultado		IR (Despesa)		Reserva Especial	
(a) 4.000	72.200 (b)	(c) 2.400	2.400 (d)		7.182 (h)
(a) 12.000	1.700 (b)				
(a) 11.900	500 (b)	Reserva Legal		Lucros Acumulados	
(a) 28.900			9.100	(f) 630	12.600 (e)
(a) 1.500			630 (f)	(g) 4.788	
(a) 1.100			9.730	(h) 7.182	
d) 2.400	15.000 (LAIR)				
(e) 12.600	12.600 (LL)				

LEGENDA:
LAIR: Lucro Antes do Imposto de Renda
LL: Lucro Líquido

Nota 1: O IR será de 15% de (15.000 + 1.500 − 500), ou seja, 15% de 16.000 = 2.400, tendo em vista que a despesa com PECLD é indedutível e a receita de reversão de PECLD é não tributável na apuração do LUCRO REAL, sendo este a base de cálculo do IR.

Nota 2: Reserva Legal = 5% de 12.600 = 630

Nota 3: Dividendos (estatuto) = 40% (12.600 − 630) = 4.788

DESCRIÇÃO DAS OPERAÇÕES CONTABILIZADAS NOS RAZONETES:
(1) a (20): Contabilização dos 20 fatos
 (a) Encerramento das despesas
 (b) Encerramento das receitas
 (c) Contabilização do IR
 (d) Encerramento da conta "Despesa c/ IR"
 (e) Transferência do Lucro Líquido da conta ARE (Apuração do Resultado) para a conta Lucros Acumulados
 (f) Contabilização da Reserva Legal
 (g) Distribuição dos Dividendos, conforme estatuto
 (h) Saldo remanescente em Lucros Acumulados para Reserva Especial

DRE em 31/12/X2:

Vendas	72.200
CMV	(28.900)
(=) Lucro Bruto	**43.300**
(–) Despesa com PECLD	(1.500)
(–) Despesas Gerais	(11.900)
(–) Salários	(12.000)
(–) Depreciação	(4.000)
(+) Reversão de PECLD	500
(–) Juros Passivos	(1.100)
(+) Juros Ativos	1.700
(=) LAIR	**15.000**
(–) IR	(2.400)
(=) Lucro Líquido	**12.600**

BALANÇO em 31/12/X2:

ATIVO		PASSIVO	
Circulante		**Circulante**	
Caixa	40.200	Salários a Pagar	1.000
Bancos	11.400	Duplicatas a Pagar	12.300
Mercadorias	12.800	IR a Pagar	2.400
Duplicatas a Receber	32.700	Dividendos a Pagar	4.788
PECLD	(1.500)		20.488
	95.600		
		Não Circulante	
Realizável LP		Empréstimos a Pagar	8.900
Promissórias a Receber	2.000		
		Patrimônio Líquido	
Imobilizado		Capital Social	76.000
Terrenos	12.700	Reserva Legal	9.730
Veículos	20.000	Reserva Especial	7.182
Depreciação Acumulada	(8.000)		92.912
	24.700		
TOTAL DO ATIVO	122.300	TOTAL DO PASSIVO	122.300

DFC em 31/12/X2 (pelo Método Direto)

FLUXOS DAS ATIVIDADES OPERACIONAIS
Recebimento de Clientes [39.500 + 28.800] 72.200
Recebimento de Juros 1.700
Pagamentos a Fornecedores [5.100 + 14.700] .... (19.800)
Pagamentos de Despesas Gerais .... (11.900)
Pagamentos de Salários .... (11.900)
Pagamentos de Impostos .... (7.300)
Pagamentos de Juros .... (1.100)
18.000
FLUXOS DAS ATIVIDADES DE INVESTIMENTO
Recebimento de Promissórias 9.000
Aquisição de Terrenos .... (12.700)
(3.700)
FLUXOS DAS ATIVIDADES DE FINANCIAMENTO
Realização de Capital 11.000
Empréstimos Bancários 8.900
Pagamento de Dividendos .... (2.300)
17.600
Variação das Disponibilidades (18.000 − 3.700 + 17.600) 31.900

Disponibilidades (Balanço 31/12/X1)	Disponibilidades (Balanço 31/12/X2)
Caixa 6.700	Caixa 40.200
Bancos 13.000	Bancos 11.400
19.700	51.600

Variação das Disponibilidades (51.600 − 19.700) 31.900

DFC em 31/12/X2 (pelo Método Indireto)

FLUXOS DAS ATIVIDADES OPERACIONAIS
Lucro Líquido 12.600
(+) Depreciação 4.000
(+) Redução em Mercadorias [20.400 − 12.800] 7.600
(+) Aumento em Salários a Pagar [1.000 − 900] 100
(+) Aumento em Duplicatas a Pagar [12.300 − 10.800] 1.500
(−) Aumento "Líquido" em Dup. a Rec. [(32.700 − 1500) − (29.000 − 700)] .... (2.900)
(−) Redução de IR a Pagar [7.300 − 2.400] .... (4.900)
18.000
FLUXOS DAS ATIVIDADES DE INVESTIMENTO
Recebimento de Promissórias 9.000
Aquisição de Terreno .... (12.700)
(3.700)

FLUXOS DAS ATIVIDADES DE FINANCIAMENTO	
Realização de Capital	11.000
Empréstimos Bancários	8.900
Pagamento de Dividendos	(2.300)
	17.600
Variação das Disponibilidades (18.000 – 3.700 + 17.600) 31.900	

Disponibilidades (Balanço 31/12/X1)	Disponibilidades (Balanço 31/12/X2)
Caixa 6.700	Caixa 40.200
Bancos 13.000	Bancos 11.400
19.700	51.600
Variação das Disponibilidades (51.600 – 19.700) 31.900	

Nota: A "prova real" da exatidão da DFC é a verificação de que o somatório dos três fluxos (18.000 – 3.700 + 17.600 = 31.900) é exatamente igual à variação das disponibilidades nos balanços (51.600 – 19.700 = 31.900).

Exercícios de Fixação

1. **(Auditor-Fiscal da Receita Federal/Esaf)** Das operações listadas a seguir, indique aquela que **não** tem como consequência alteração nas disponibilidades.
   a) Diminuições de financiamentos por amortizações.
   b) Novos investimentos de longo prazo.
   c) Aumento de imobilizados por reavaliações.
   d) Créditos concedidos a coligadas e controladas.
   e) Operações com debêntures conversíveis em ações

2. **(Auditor-Fiscal da Previdência Social/Esaf)** Os Fluxos dos Caixas podem ser elaborados pelos métodos:
   a) descontado e direto;
   b) de geração líquida e descontado;
   c) indireto e descontado;
   d) corrente e de geração líquida;
   e) direto e indireto.

3. **(Cedae – Área contábil-financeira – Fesp)** Com relação aos fluxos de caixa da empresa, observa-se que:
   a) somente variações brutas em ativos fixos aparecem na demonstração de fluxos de caixa, evitando contagem dupla da depreciação;
   b) os lançamentos diretos de variações em lucros retidos são incluídos na demonstração de fluxos de caixa;
   c) uma empresa pode ter um prejuízo líquido e, ainda assim, ter um fluxo de caixa positivo, quando encargos não desembolsáveis durante o período são menores do que prejuízo líquido.

4. **(Cedae – Área contábil-financeira – Fesp)** Os tipos de fluxos de caixa relativos à depreciação, à diminuição em títulos a pagar e à diminuição dos estoques, respectivamente, correspondem a:
   a) Fluxo de Investimento, Fluxo de Financiamento e Fluxo Operacional;
   b) Fluxo Operacional, Fluxo de Financiamento e Fluxo Operacional;
   c) Fluxo Operacional, Fluxo de Investimento e Fluxo Operacional;
   d) Fluxo de Investimento, Fluxo de Financiamento e Fluxo de Investimento.

5. **(BNDES – Contador/Vunesp)** As seguintes informações foram extraídas da escrituração contábil da Cia. Aldebará, relativas ao exercício findo em 31/12/X0:
   - **Diminuição em duplicatas a receber**   40.000,00
   - **Aumento em duplicatas descontadas**   10.000,00
   - **Aumento em estoques**   15.000,00

- Diminuição em despesas antecipadas   3.000,00
- Diminuição em fornecedores   8.000,00
- Aumento em impostos e contribuições a recolher   2.500,00
- Redução em salários a pagar   1.500,00
- Lucro Líquido de X1   25.000,00

Os itens que compuseram o lucro do exercício, mas que não afetaram as disponibilidades da companhia, foram:
- Despesas de Depreciação   4.000,00
- Resultado negativo da equivalência patrimonial   7.000,00

Pode-se concluir que a variação positiva das disponibilidades da companhia em função de suas atividades operacionais foi:
a) R$ 51.000,00;
b) R$ 57.000,00;
c) R$ 63.000,00;
d) R$ 67.000,00;
e) R$ 74.000,00.

(Auditor-Fiscal da Receita Federal/Esaf – Adaptada) Dadas as informações a seguir:

I. As Demonstrações Contábeis, de três períodos consecutivos, da CIA. MARACANÁ, registram nas contas abaixo, os seguintes saldos:

SALDOS FINAIS	20X1	20X2	20X3
Vendas	15.000.000	25.000.000	32.000.000
Custo das Mercadorias Vendidas	8.500.000	14.500.000	18.000.000
Despesa c/ Devedores Duvidosos	10.000	12.000	15.000
Clientes	13.000.000	22.000.000	26.000.000
Estoques	30.000	65.000	70.000
PECLD	10.000	12.000	15.000
Reversão de PECLD	-	-	4.000
Fornecedores	1.450.000	2.600.000	3.900.000
Despesas do Período	3.000.000	4.500.000	5.000.000
Contas a Pagar	220.000	350.000	400.000
Perdas com Clientes	-	8.000	-

II. O Balanço Patrimonial de 20X0 evidenciava como saldos finais das contas a seguir os valores:

Estoques	Fornecedores	Clientes	PECLD	Contas a Pagar
100.000	1.070.000	3.000.000	3.000	150.000

III. A empresa utilizava Contas a Pagar somente para registrar despesas a prazo.
Com base unicamente nas informações fornecidas, responda às questões de 6 a 9:

6. O valor das compras efetuadas pela empresa em 20X3 é:
   a) 18.005.000;
   b) 17.935.000;
   c) 16.705.000;
   d) 14.535.000;
   e) 13.385.000.

7. O valor de ingresso no Fluxo de Caixa, nos três períodos, proveniente das Vendas é:

	20X1	20X2	20X3
a)	15.000.000	25.000.000	32.000.000
b)	13.000.000	22.002.000	31.998.000
c)	12.997.000	22.000.000	31.992.000
d)	9.007.000	21.992.000	27.998.000
e)	4.997.000	15.982.000	27.992.000

8. Se 10% das Despesas do ano de 20X2 representarem valores ligados a itens provisionados, pode-se afirmar que o valor das saídas de caixa decorrentes de pagamentos de despesas é:
   a) 3.700.000;
   b) 3.920.000;
   c) 4.150.000;
   d) 4.500.000;
   e) 4.720.000.

9. No período de 20X2 os pagamentos efetuados pela empresa aos fornecedores foram no valor de:
   a) 18.005.000;
   b) 17.935.000;
   c) 16.705.000;
   d) 14.535.000;
   e) 13.385.000.

10. (Auditor-Fiscal da Receita Federal/Esaf) A composição da diferença entre o Lucro Contábil com o Fluxo de Caixa Operacional Líquido é evidenciada:
    a) na Demonstração das Origens e Aplicações de Recursos;
    b) no Fluxo de Caixa Indireto;
    c) na Demonstração de Resultados;
    d) no fluxo gerado por Investimentos;
    e) na composição dos financiamentos de Caixa.

11. (Auditor-Fiscal da Receita Federal/Esaf) O valor de resgate referente a aplicações financeiras de longo prazo é classificado no Fluxo de Caixa como item:
    a) de Empreendimentos;
    b) de Financiamentos;
    c) de Operações;
    d) de Amortizações;
    e) de Investimentos.

    (Auditor-Fiscal da Receita Federal/Esaf) Das demonstrações contábeis da Cia. Azulão foram extraídas as contas abaixo com seus respectivos saldos:

CONTAS	Exercício de 2000	Exercício de 2001
Fornecedores	23.000	32.000
CMV	800.000	1.300.000
Compras	750.000	1.200.000
Vendas	2.500.000	6.500.000
Despesas Antecipadas	15.000	240.000
Despesas Totais do Período	1.200.000	4.000.000
Depreciação do Período	320.000	540.000

    Tomando por base os dados fornecidos, responda às questões de número 12 a 14.

12. O valor pago pelas compras no ano de 2001 foi:
    a) 1.300.000;
    b) 1.200.000;
    c) 1.191.000;
    d) 1.101.000;
    e) 1.091.000.

13. Se o valor do estoque final for 90.000, o estoque inicial será:
    a) 190.000;
    b) 180.000;
    c) 120.000;
    d) 100.000;
    e) 90.000.

14. Considerando que o Passivo Circulante da empresa era formado unicamente pela rubrica fornecedores e o Balanço Patrimonial não evidenciava a existência de Realizável a Longo Prazo, pode-se afirmar que o valor das Despesas pagas no período é:
    a) 3.220.000;
    b) 3.445.000;
    c) 3.460.000;
    d) 3.685.000;
    e) 4.000.000.

15. **(CVM – Analista de Mercado de Capitais/Esaf)** Na elaboração do fluxo financeiro de uma empresa, as despesas provisionadas constantes da demonstração de resultado:
    a) afetam o fluxo de caixa quando registradas no passivo de longo prazo e no permanente;
    b) representam origens de recursos quando registradas fora dos resultados de exercício;
    c) são consideradas como aplicações de recursos se registradas no Imobilizado e Diferido;
    d) não interferem na composição do fluxo de caixa por não representarem desembolsos;
    e) representam aumento dos investimentos não operacionais afetando diretamente o Fluxo dos Caixas.

16. **(Auditor-Fiscal da Previdência Social/Esaf)** Na elaboração do Fluxo dos Caixas são consideradas atividades de financiamento:
    a) Recebimentos por emissão de debêntures, pagamentos de dividendos distribuídos no período e empréstimos obtidos.
    b) Pagamentos pela aquisição de títulos patrimoniais de outras empresas, empréstimos obtidos no mercado e pagamentos a fornecedores.
    c) Recebimento de dividendos pela participação no patrimônio de outras empresas, pagamento a fornecedores e recursos para aumento de capital.
    d) Pagamentos de encargos sobre empréstimos de longo prazo, recebimentos de dividendos e recebimentos de clientes.
    e) Recebimento do principal dos empréstimos concedidos, aquisições de novas participações societárias e recebimentos de dividendos de empresas coligadas.

17. **(Auditor-Fiscal da Previdência Social/Esaf)** Das assertivas a seguir, indique aquela que é formada por fatores que provocam movimentações do caixa geradas pelas atividades de investimentos.
    a) Contratação de financiamentos de longo prazo e aumento de capital com a utilização de reservas.
    b) Acréscimos de capital por subscrição firme de ações ordinárias e reversão de reserva contingencial.
    c) Reversão de provisão para devedores duvidosos e alienação de imobilizado operacional.
    d) Alienação de imobilizado e aquisições de controle acionário de outras companhias.
    e) Aumento de capital com utilização de saldo de reservas de lucro e aquisição de investimentos permanentes.

18. **(Auditor-Fiscal da Receita Federal/Esaf)** Representam operações que <u>não</u> afetam o fluxo de caixa:
    a) Recebimento por doação de terrenos e depreciações lançadas no período.
    b) Aquisição de bens não de uso e quitação de contratos de mútuo.
    c) Alienação de participações societárias e depreciações lançadas no período.
    d) Amortizações efetuadas no período de diferidos e venda de ações emitidas.
    e) Repasse de recursos para empresas coligadas e aquisição de bens.

19. **(Agência Nacional de Transportes Terrestres – Contador/UFRJ – NCE)** As atividades de financiamento na Demonstração do Fluxo de Caixa relacionam-se com os empréstimos de credores e investidores à entidade. Assinale a opção que se enquadra como uma atividade de financiamento:

a) Venda de participações de outras empresas.
b) Recebimento de dividendos pela participação no patrimônio líquido de outras empresas.
c) Venda de Ativo Imobilizado.
d) Pagamento de juros dos financiamentos obtidos.
e) Pagamento dos empréstimos obtidos, exceto juros.

20. **(BNDES – Contador/UFRJ – NCE – Adaptada)** As Organizações Buriti reuniram uma série de dados visando à elaboração da Demonstração de Fluxo de Caixa de 20X4 (DFC). Esses dados são:
    - Lucro líquido em 20X3: $ 10.000
    - Dados para a elaboração da DFC de 20X4: Aumento em Fornecedores – $ 11.000; Aumento do Ativo Intangível – $ 1.100; Aumento em Contas a Receber – $ 1.000; Integralização de Capital – $ 6.000; Aumento em Estoques – $ 3.000; e Redução em Salários a Pagar – $ 600.
    - Informações sobre o Ativo Imobilizado (saldos em 01/01/20X4):

Ativo	Custo ($)	Depreciação Acumulada ($)	Taxa de Depreciação
Edifícios	15.000,00	6.000,00	4% a.a.
Móveis e Utensílios	3.000,00	1.500,00	10% a.a.
Máquinas e Equipamentos	4.000,00	4.000,00	10% a.a.
Veículos	6.000,00	1.200,00	20% a.a.

    - Informações referentes aos resultados:

Ativo	Anos	
	20X3	20X4
Receita Bruta de Vendas	$ 130.000	$ 120.000
Devoluções e Abatimentos	$ 30.000	$30.000
Margem Bruta	50%	40%
Margem Operacional	30%	30%
Margem Líquida	10%	9%

    - O saldo final de disponibilidades em 20X4 é igual ao quádruplo da variação das disponibilidades no período.

    Tendo como referência a DFC de 20X4, é correto afirmar que:
    a) o aumento das disponibilidades em 20X4 foi de $ 21.500;
    b) o saldo final das disponibilidades em 20X3 era de $ 71.400;
    c) as disponibilidades aumentaram em $ 21.900 no ano de 20X4;
    d) o saldo final das disponibilidades em 20X4 era de $ 97.200;
    e) o saldo final das disponibilidades em 20X4 ficou maior em $ 23.400.

Gabarito

1. c	5. d	9. e	13. a	17. d
2. e	6. a	10. b	14. d	18. a
3. a	7. e	11. e	15. d	19. e
4. b	8. b	12. c	16. a	20. a

Soluções do Exercício de Fixação

Exercício 1

A reavaliação de bens do ativo imobilizado implica aumento (ou redução) de valor desses bens, sem a entrada ou saída de dinheiro.

Exercício 2

A DFC pode ser elaborada pelo método DIRETO ou INDIRETO.

Exercício 3

CORRETO. Somente variações brutas em ativos fixos aparecem na demonstração de fluxos de caixa, evitando contagem dupla da depreciação. Assim, suponhamos, por exemplo, os seguintes valores da conta "Veículos" e respectiva "Depreciação Acumulada" nos balanços de 31/12/X0 e 31/12/X1:

	31/12/X0	31/12/X1
Veículos	R$ 60.000	R$ 81.000
Depreciação Acumulada	(R$ 18.000)	(R$ 32.000)

- Variação bruta na conta Veículos = 81.000 – 60.000 = 21.000 = compra de veículos
- Variação líquida na conta Veículos = (81.000 – 32.000) – (60.000 – 18.000) = 7.000
- Despesa de depreciação do exercício de X1 = 32.000 – 18.000 = 14.000

Supondo o Lucro Líquido de X1 de R$ 65.000, na DFC pelo método indireto, teríamos:

FAO

Lucro Líquido 65.000

(+) Depreciação 14.000

79.000

FAI

Compra de Veículos ....(21.000)

FAO + FAI = 79.000 – 21.000 = 58.000

No entanto, se em vez de variação bruta (R$ 21.000), puséssemos nos FAI (Fluxos das Atividades de Investimento) a variação líquida (R$ 7.000), teríamos:

FAO

Lucro Líquido	65.000
(+) Depreciação	<u>14.000</u>
	79.000

FAI

Compra de Veículos	(7.000)

FAO + FAI = 79.000 − 7.000 = 72.000

Esse último valor poderia também ser obtido fazendo contagem dupla da depreciação nos FAO (Fluxos das Atividades Operacionais) da seguinte forma, o que evidentemente estaria <u>incorreto</u>:

FAO

Lucro Líquido	65.000
(+) Depreciação	14.000
(+) Depreciação	<u>14.000</u>
	93.000

FAI

Compra de Veículos	(21.000)

FAO + FAI = 93.000 − 21.000 = 72.000

INCORRETO. Os lançamentos diretos de variações em lucros retidos normalmente NÃO são incluídos na demonstração de fluxos de caixa. Um exemplo seria a reversão de Reserva para Contingências, onde debitaríamos essa conta e creditaríamos a conta Lucros Acumulados (ou Lucros Retidos), não tendo isso nada a ver com variações de disponibilidades.

INCORRETO. Uma empresa pode ter um prejuízo líquido e, ainda assim, ter um fluxo de caixa positivo, quando encargos não desembolsáveis (ex: depreciação) durante o período são MAIORES do que prejuízo líquido. Exemplo:

Prejuízo Líquido	(14.000)
(+) Depreciação	<u>17.000</u>
(=) FAO positivo de 3.000	

Exercício 4

- Embora a <u>depreciação</u> não implique movimentação de dinheiro, ela constitui um dos ajustes do lucro ou prejuízo líquido na elaboração dos Fluxos das Atividades Operacionais pelo método indireto.

- Em geral, presumimos que os "títulos a pagar" se referem a empréstimos ou financiamentos e não à obrigação com fornecedores. Neste caso, a diminuição desses títulos se refere à saída de dinheiro nos Fluxos de Atividades de Financiamento.

- A redução de estoques deve ser somada ao lucro líquido na apuração dos Fluxos das Atividades Operacionais pelo método indireto.

Exercício 5

Lucro Líquido	25.000,00
(+) Depreciação	4.000,00
(+) Resultado negativo da equivalência patrimonial	7.000,00
(+) Diminuição em duplicatas a receber	40.000,00
(+) Aumento em duplicatas descontadas	10.000,00
(–) Aumento em estoques	(15.000,00)
(+) Diminuição em despesas antecipadas	3.000,00
(–) Diminuição em fornecedores	(8.000,00)
(+) Aumento em impostos e contribuições a recolher	2.500,00
(–) Redução em salários a pagar	(1.500,00)
(=) FAO	67.000,00

Exercício 6

CMV (2001) = EI (em 20X2) + C (20X3) – EF (em 20X3)

18.000.000 = 65.000 + C – 70.000 ➡ C = 18.005.000

Exercício 7

20X1:

Vendas totais	15.000.000
(–) Vendas a prazo para recebimento em 20X2	(13.000.000)
(=) Vendas efetuados em 20X1 e recebidas em 20X1	2.000.000
(+) Vendas efetuadas em 20X0 e recebidas em 20X1	2.997.000
(=) Ingressos de caixa em 20X1 decorrentes de vendas	**4.997.000**

Obs. 1: Visto que em 20X0 o total das vendas a prazo para recebimento em 20X1 foi de 3.000.000 e que havia PECLD (Perdas Estimadas em Créditos de Liquidação Duvidosa) de 3.000, a qual em 20X1 não foi revertida (Reversão de PECLD = 0) e nem complementada (Perdas com Clientes = 0), a inadimplência de clientes em 20X1 foi exatamente igual às PECLD feita em 20X0, isto é, 3.000. Daí, o valor das vendas efetuadas em 20X0 e recebidas em 20X1 no total de 3.000.000 – 3.000 = 2.997.000.

20X2:

Vendas totais	25.000.000
(–) Vendas a prazo para recebimento em 20X3	(22.000.000)
(=) Vendas efetuadas em 20X2 e recebidas em 20X2	3.000.000
(+) Vendas efetuadas em 20X1 e recebidas em 20X2	12.982.000
(=) Ingressos de caixa em 20X2 decorrentes de vendas	**15.982.000**

Obs. 2: Visto que em 20X1 o total das vendas a prazo para recebimento em 20X2 foi de 13.000.000 e que havia PECLD de 10.000, a qual em 20X2 foi complementada com 8.000 (Perdas com Clientes = 8.000), a inadimplência de clientes em 20X2 foi igual ao somatório das PECLD de 20X1 com as Perdas com Clientes de 20X2, isto é, 10.000 + 8.000 = 18.000. Daí, o valor das vendas efetuadas em 20X1 e recebidas em 20X2 no total de 13.000.000 – 18.000 = 12.982.000.

20X3:

Vendas totais	32.000.000
(–) Vendas a prazo para recebimento em 20X4	(26.000.000)
(=) Vendas efetuadas em 20X3 e recebidas em 20X3	6.000.000
(+) Vendas efetuadas em 20X2 e recebidas em 20X3	21.992.000
(=) Ingressos de caixa em 20X3 decorrentes de vendas	**27.992.000**

Obs. 3: Visto que em 20X2 o total das vendas a prazo para recebimento em 20X3 foi de 22.000.000 e que havia PECLD de 12.000, a qual em 20X3 foi revertida em 4.000 (Reversão de PECLD = 4.000), a inadimplência de clientes em 20X3 foi igual à diferença entre a PECLD de 20X2 e a Reversão de PECLD de 20X3, isto é, 12.000 – 4.000 = 8.000. Daí, o valor das vendas efetuadas em 20X2 e recebidas em 20X3 no total de 22.000.000 – 8.000 = 21.992.000.

Exercício 8

Despesas de 20X2	4.500.000
(–) Despesas com provisões em 20X2 (10%)	(450.000)
(–) Despesas referentes a 20X2 e pagas em 20X3 (Contas a Pagar de 20X2)	(350.000)
(=) Despesas referentes a 2000 e pagas em 20X2	3.700.000
(+) Despesas referentes a 20X1 e pagas em 20X2 (Contas a Pagar de 20X1)	220.000
(=) Pagamento de despesas em 20X2	3.920.000

Obs.: "Contas a Pagar" no balanço representam, em geral, despesas referentes a um exercício social e pagas no exercício seguinte. Desta forma, as "Contas a Pagar" em 20X1 no valor de 220.000 representam despesas a prazo desse ano que foram pagas em 20X2. Daí, somamos seu valor às despesas pagas em 20X2, visto que, para efeitos de fluxos de caixa, não importa o regime de competência e sim a saída do dinheiro.

Exercício 9

O primeiro passo é determinarmos o valor das compras totais em 20X2, utilizando a fórmula do CMV:

CMV (20X2) = EI (Estoque em 20X1) + Compras (20X2) − EF (Estoque em 20X2)

14.500.000 = 30.000 + Compras (20X2) − 65.000 ⇨ C (20X2) = 14.535.0000

Assim, teremos:

Compras totais em 20X2	14.535.000
(−) Compras a prazo em 20X2 pagamento em 20X3 (Fornecedores em 20X2)	(2.600.000)
(=) Compras efetuadas em 20X2 e pagas em 20X3	1.935.000
(+) Compras efetuadas em 20X1 e pagas em 20X2 (Fornecedores em 20X1)	1.450.000
(=) Pagamentos totais aos Fornecedores em 20X2	13.385.000

Exercício 10

A determinação do valor dos FAO mediante ajuste do lucro ou prejuízo líquido é feita no método INDIRETO.

Exercício 11

O resgate de aplicações financeiras de longo prazo constitui ENTRADA nos Fluxos das Atividades de Investimento.

Exercício 12

Compras em 2001	1.200.000
(−) Compras em 2001 para pagamento em 200 (Fornecedores em 2001)	(32.000)
(=) Pagamento pelas compras de 2001	1.168.000
(+) Compras em 2000 pagas em 2001 (Fornecedores em 2000)	23.000
(=) Valor pago pelas compras em 2001 (independente da competência)	1.191.000

Exercício 13

CMV (2001) = EI (2000) + Compras (2001) − EF (2001)

1.300.000 = EI + 1.200.000 − 90.000 ⇨ EI = 190.000

Exercício 14

Despesas totais em 2001 .... 4.000.000

(–) Despesas referentes a 2001 e pagas antecipadamente em 2000 .... (15.000)

(–) Depreciação em 2001 .... (540.000)

(=) Despesas pagas em 2001 que competem a 2001 .... 3.445.000

(+) Despesas pagas antecipadamente em 2001 que competem a 2002 .... 240.000

(=) Despesas totais pagas em 2001, independentemente da competência 3.685.000

Exercício 15

As despesas com provisões são contabilizadas mediante débito numa conta de despesa e crédito numa conta de passivo. Desta forma, não implicam movimentação de caixa.

Exercício 16

Os Fluxos das Atividades de Financiamento estão relacionados às movimentações de caixa derivadas de passivos financeiros de curto ou longo prazos (empréstimos obtidos, pagamento de financiamentos obtidos, debêntures, pagamento de dividendos etc.) ou movimentações de caixa derivadas de capitais próprios (integralização de capital social, alienação de bônus de subscrição etc.).

Exercício 17

Os Fluxos das Atividades de Investimento estão relacionados às movimentações de caixa derivadas de ativos de lenta realização, tais como compra ou venda de ativo investimentos, incluindo ações permanentes de outras sociedades, ativo imobilizado e ativo intangível. Também são incluídos nesses fluxos as aplicações financeiras não imediatas e os empréstimos obtidos. Cabe ressaltar, no entanto, que as aplicações em títulos destinados à negociação ou mantidos para venda, por serem semelhantes a estoques, não são incluídos nos referidos fluxos, sendo considerados Fluxos das Atividades Operacionais.

Exercício 18

O recebimento de terrenos em doação e as depreciações não estão relacionados com movimentações de dinheiro. Portanto, não afetam os fluxos de caixa.

Exercício 19

Analisando as opções:

a) Venda de participações de outras empresas: Se forem participações classificadas como disponíveis para venda ou mantidas para negociação imediata, são consideradas FAO. Caso sejam participações permanentes, tais como ações de coligadas e controladas, sua venda é incluída no FAI.

b) Em geral, os recebimentos de dividendos são incluídos como FAO.
c) Venda de Ativo Imobilizado é incluída como FAI.
d) Pagamento de Juros é considerado FAO.
e) Pagamento de empréstimos obtidos é FAF.

Exercício 20

Cálculo da despesa de depreciação de 20X4:

Edifícios ....4% 15.000 = 600
Móveis e Utensílios..10% 3.000 = 300
Máquinas e Equipamentos ....ZERO (já estão 100% depreciados)
Veículos.. 20% 6.000 = 1.200
TOTAL..2.100

Cálculo do Lucro Líquido de 20X4:

$$\text{Margem Líquida} = \frac{\text{Lucro Líquido (LL)}}{\text{Receita Líquida}} \Rightarrow 0{,}09 = \frac{LL}{120.000 - 30.000} \Rightarrow LL = 8.100$$

FAO

Lucro Líquido 8.100
(+) Depreciação 2.100
(+) Aumento em Fornecedores 11.000
(–) Aumento em Contas a Receber .... (1.000)
(–) Aumento em Estoques .... (3.000)
(–) Redução em Salários a Pagar .... (600)
(=) Total dos FAO 16.600

FAI

Aumento do Ativo Intangível .... (1.100)

FAF

Integralização de Capital 6.000

Variação das Disponibilidades = FAO + FAI + FAF = 16.600 – 1.100 + 6.000 = 21.500

Capítulo 7

Demonstração do Valor Adicionado (DVA)

1. Conceito e Objetivo

A DVA é a demonstração contábil que tem por objetivo evidenciar a riqueza criada por uma entidade ao longo do exercício social sob a ótica do regime de competência e a forma como essa riqueza foi distribuída aos empregados (incluindo administradores e diretores), ao Governo (Federal, Estadual e Municipal), à remuneração de capitais de terceiros e aos sócios da entidade.

2. Obrigatoriedade

De acordo com o artigo 176 da Lei nº 6.404/76, a DVA é obrigatória somente às companhias abertas.

3. Relação da DVA com a DRE

Ao passo que a DRE evidencia a apuração da riqueza criada que permanece na empresa na forma de lucro líquido, a DVA indica, além disso, a riqueza gerada e destinada a terceiros.

A DRE fornece quase todas as informações para a elaboração da DVA, sendo esta, portanto, baseada em regime de competência e não em regime de caixa. Em outras palavras, quando se fala em riqueza gerada e riqueza distribuída na elaboração da DVA, isso não tem nenhuma relação com dinheiro entrando ou saindo, ou seja, a DVA não possui <u>nenhuma</u> ligação com a DFC (Demonstração dos Fluxos de Caixa).

4. Estrutura da DVA

Com base no Pronunciamento Técnico CPC 09, podemos dividir a DVA em duas partes:

[1ª PARTE] – GERAÇÃO DO VALOR ADICIONADO: Evidencia a criação da riqueza da seguinte forma:

I. RECEITAS
    - Receita na venda de mercadorias, produtos e serviços;
    - Receita relativa à construção de ativos próprios;
    - Outras receitas/despesas (lucro ou prejuízo na venda de bens do ativo investimentos, imobilizado ou intangível);
    - Perdas Estimadas em Créditos de Liquidação Duvidosa (reversão ou constituição);
    - Outros.

II. INSUMOS
    - Custo das mercadorias, produtos e serviços vendidos;
    - Materiais, energia, serviços de terceiros e outros;
    - Perda/Recuperação de valores ativos;
    - Fretes sobre vendas;
    - Seguros;
    - Outros.

Obs. 1: Conforme indicado acima, o CMV (Custo das Mercadorias Vendidas) é considerado INSUMO e seu cálculo é feito mediante o uso da seguinte fórmula: CMV = EI + Compras – EF. Já no caso de uma indústria, temos o CPV (Custo dos Produtos Vendidos), o qual, em princípio, é obtido mediante a seguinte fórmula: CPV = EIPP + EIPF + MPA + MOD + CIF – EFPF – EFPP (*Legenda: EIPP: Estoque Inicial de Produtos Prontos; EIPF: Estoque Inicial de Produtos em Fabricação; MPA: Matéria-Prima Aplicada; MOD: Mão de Obra Direta; CIF: Custos Indiretos de Fabricação; EFPF: Estoque Final de Produtos em Fabricação; e EFPP: Estoque Final de Produtos Prontos*). No entanto, ao indicarmos o CPV como INSUMO na elaboração da DVA de uma indústria, não incluímos no seu cálculo a MOD (Mão de Obra Direta) e nem a MOI (Mão de Obra Indireta – está incluída "dentro" do CIF), visto que se trata de salários e encargos referentes ao pessoal da fábrica, os quais devem ser indicados na 2ª parte da DVA como valor adicionado distribuído aos empregados. O mesmo raciocínio também se aplica no caso de uma empresa prestadora de serviços, visto que no cálculo do CSV (Custo dos Serviços Vendidos) não devem ser considerados os salários do pessoal considerado mão de obra direta ou indireta no cálculo dos insumos, visto que devem ser indicados como valor adicionado distribuído ao PESSOAL e não como insumos. Esse procedimento, além de lógico, tem por base o disposto no item 14 do CPC 09, o qual determina que *o custo dos produtos, das mercadorias e dos serviços vendidos inclui os valores das matérias-primas adquiridas junto a terceiros e contidas no custo do produto vendido, das mercadorias e dos serviços vendidos adquiridos de terceiros;* **não inclui gastos com pessoal próprio**.

Obs. 2: No cálculo do CMV, CPV ou CSV não devem ser excluídos os tributos sobre compra de mercadorias, produtos ou materiais, visto que devem ser indicados na 2ª parte da DVA na apuração do valor adicionado distribuído ao Governo. Assim, por exemplo, se determinada empresa comercial comprasse, por exemplo, R$ 10.000,00 em mercadorias para revenda com ICMS de 17% e logo em seguida vendesse essas mercadorias por R$ 16.000,00 com ICMS também de 17%, supondo não haver estoques iniciais ou finais e nenhuma outra operação de compra ou venda, teríamos na elaboração da DVA um CMV indicado como insumo no valor de R$ 10.000,00 e não no valor de R$ 8.300,00, visto que no valor adicionado distribuído ao Governo Estadual seria indicado ICMS de 17% sobre a diferença entre aquele apurado na venda e aquele apurado na compra, ou seja, ICMS = 17% de R$ 6.000,00 = R$ 1.020. Cabe ressaltar que esse procedimento, além de lógico, tem por base o disposto no item 14 do CPC 09, o qual determina que *nos valores dos custos dos produtos e mercadorias vendidos, materiais, serviços, energia etc. consumidos, devem ser considerados os tributos incluídos no momento das compras (por exemplo, ICMS, IPI, PIS e COFINS), recuperáveis ou não. Esse procedimento é diferente das práticas utilizadas na demonstração do resultado.*

III. VALOR ADICIONADO BRUTO – É a diferença entre as Receitas e os Insumos.
IV. DEPRECIAÇÃO, AMORTIZAÇÃO, EXAUSTÃO
V. VALOR ADICIONADO LÍQUIDO PRODUZIDO PELA ENTIDADE – É a diferença entre o Valor Adicionado Bruto e a Depreciação, Amortização e Exaustão.
VI. VALOR ADICIONADO RECEBIDO EM TRANSFERÊNCIA – Riqueza produzida por terceiros e transferida à entidade.
- Receita de juros
- Receita/Despesa de equivalência patrimonial
- Receita de dividendos
- Receita de *royalty*
- Outros

VII. VALOR ADICIONADO TOTAL A DISTRIBUIR – É a soma do Valor Adicionado Líquido Produzido pela Entidade e o Valor Adicionado Recebido em Transferência.

[2ª PARTE] – DISTRIBUIÇÃO DO VALOR ADICIONADO – Evidencia a distribuição da riqueza da seguinte forma:
I. PESSOAL
- Remuneração direta (salários, 13º salário, férias, honorários da diretoria, comissões, horas extras, participação de empregados nos lucros etc.
- Benefícios (assistência médica, alimentação, transporte, planos de aposentadoria etc.)
- FGTS (devido aos empregados e depositado em conta vinculada)

Nota: Ao passo que o FGTS integra o valor adicionado distribuído ao pessoal, o INSS integra o valor adicionado distribuído aos impostos federais.

II. IMPOSTOS, TAXAS e CONTRIBUIÇÕES (= V.A. distribuído ao Governo)
- Federais
- Estaduais
- Municipais

III. REMUNERAÇÃO DE CAPITAIS DE TERCEIROS
- Juros
- Aluguéis
- Outras

IV. REMUNERAÇÃO DE CAPITAIS PRÓPRIOS
- Juros sobre o capital próprio
- Dividendos
- Lucros retidos/Prejuízo do exercício

EXERCÍCIO RESOLVIDO: A partir da DRE da Comercial Jacutinga S.A., a qual não possui operações em descontinuidade, elabore a DVA:

Vendas de Mercadorias	180.000
(–) Devoluções de Vendas	(10.000)
(–) Descontos Incondicionais	(20.000)
(–) ICMS	(12.000)
(–) PIS	(1.000)
(–) Cofins	(5.000)
(=) Vendas Líquidas	132.000
(–) CMV	(51.000)
(=) Lucro Bruto	81.000
(–) Comissões sobre Vendas	(4.000)
(–) Fretes sobre Vendas	(2.800)
(–) PECLD	(1.200)
(–) Juros	(5.300)
(+) Juros Ativos	1.400
(–) Aluguéis	(2.700)
(–) Serviços de Terceiros	(7.200)
(–) IPTU	(800)
(–) Salários	(15.000)
(–) FGTS	(1.200)
(–) INSS	(1.600)

(–) Depreciação	(2.200)
(–) Despesa de Equivalência Patrimonial	(3.000)
(+) Reversão de PECLD	2.000
(+) Receita de *Royalty*	4.000
(–) Prejuízo na Venda de Terreno	(3.600)
(=) Lucro antes do IR e CSLL	37.800
(–) CSLL	(3.600)
(–) IR	(6.000)
(–) Participação de Empregados	(4.200)
(=) Lucro Líquido	24.000

Informações adicionais:

- O ICMS, o PIS e a Cofins incidentes nas compras de mercadorias foram, respectivamente, de R$ 3.600,00, R$ 330,00 e R$ 1.520,00.
- 40% do lucro líquido do exercício foram distribuídos como dividendos e o restante destinado às reservas de lucros.

(SOLUÇÃO)

GERAÇÃO DO VALOR ADICIONADO	
RECEITAS	
Vendas de Mercadorias	*180.000*
(–) Devoluções de Vendas	*(10.000)*
(–) Descontos Incondicionais	*(20.000)*
(–) PECLD	*(1.200)*
(+) Reversão de PECLD	*2.000*
(–) Prejuízo na Venda de Terreno	*(3.600)*
	147.200
(–) INSUMOS	
CMV (51.000 + 3.600 + 330 + 1.520)	*(56.450)*
Serviços de Terceiros	*(7.200)*
Fretes sobre Vendas	*(2.800)*
	66.450
(=) VALOR ADICIONADO BRUTO	*80.750*

(–) DEPRECIAÇÃO, AMORTIZAÇÃO, EXAUSTÃO	
Depreciação	
(=) VALOR ADICIONADO LÍQUIDO	(2.200)
(+) VALOR ADICIONADO RECEBIDO EM TRANSFERÊNCIA	78.550
Juros Ativos	
Receita de Royalty	
Despesa de Equivalência Patrimonial	1.400
	4.000
	(3.000)
(=) VALOR ADICIONADO A DISTRIBUIR	2.400
	80.950
DISTRIBUIÇÃO DO VALOR ADICIONADO	
PESSOAL	
Salários	15.000
FGTS	1.200
Comissões sobre Vendas	4.000
Participação de Empregados nos Lucros da Empresa	4.200
	24.400
IMPOSTOS, TAXAS e CONTRIBUIÇÕES FEDERAIS	
PIS (1.000 – 330)	670
Cofins (5.000 – 1.520)	3.480
INSS	1.600
IR	6.000
CSLL	3.600
ESTADUAIS	
ICMS (12.000 – 3.600)	8.400
MUNICIPAIS	
IPTU	800
	24.550
REMUNERAÇÃO DE CAPITAIS DE TERCEIROS	
Juros	5.300
Aluguéis	2.700
	8.000

REMUNERAÇÃO DE CAPITAIS PRÓPRIOS	
Dividendos	9.600
Lucros Retidos (Reservas de Lucros)	14.400
	24.000

Comentário extra: *De forma diferente da DRE elaborada pela forma "tradicional" (art. 187 da Lei 6.404/76), o CMV <u>não exclui</u> os tributos incidentes sobre compras. Daí, na apresentação dos insumos, o CMV foi **ajustado**, somando-se os tributos incidentes sobre compras ao seu valor, tendo em vista que na 2ª parte da DVA o ICMS, PIS e Cofins "efetivamente" distribuídos ao Governo não foram os apresentados explicitamente na DRE e sim a diferença desses e seus respectivos valores incidentes sobre compras, tendo em vista que a empresa fornecedora das mercadorias pode ter apresentado os respectivos valores em sua DVA como distribuídos ao Governo, evitando assim dupla contagem na apuração do PIB (Produto Interno Bruto) nacional.*

Exercícios de Fixação

1. (BNDES – Contador/Fundação Cesgranrio) Observe a seguinte Demonstração do Resultado do Exercício, com valores em reais:

Itens	Valores
Receita Bruta de Venda	422.400
Devoluções e Abatimentos	(17.600)
Impostos sobre Vendas	(96.800)
Receita Líquida de Venda	308.000
Custo das Mercadorias Vendidas	(211.200)
Lucro Operacional Bruto	96.800
Despesas Administrativas	(44.000)
Despesas Financeiras	(8.800)
Receitas Financeiras	13.200
Lucro Operacional Líquido	57.200
Contribuição Social sobre Lucro	(3.520)
Imposto de Renda	(7.040)
Lucro Líquido	46.640

Composição das Despesas Administrativas (em reais):
- Ordenados e Salários   6.400
- Serviços de Terceiros   7.920
- Materiais de Consumo   5.104
- Depreciação   3.696
- Impostos e Taxas   880

Tendo em Vista o Demonstrativo do Valor Adicionado – DVA, pode-se afirmar que ficou para o Governo a quantia, em reais, de:
a) 26.400,00;
b) 27.456,00;
c) 46.640,00;
d) 96.800,00;
e) 108.240,00.

2. Na elaboração da DVA, considera-se **REMUNERAÇÃO DIRETA**:
a) somente os salários;
b) salários, 13º salário, honorários da diretoria, férias, comissões, horas extras, participação de empregados nos resultados, etc.;
c) somente os salários, 13º salário e férias;
d) os benefícios pagos aos empregados;
e) salários, 13º salário, honorários da diretoria, férias, comissões e horas extras, não sendo incluídas as participações de empregados nos resultados.

3. (Agente Fiscal de Rendas/SP – FCC) A Demonstração do Valor Adicionado (DVA) deve evidenciar a distribuição da riqueza gerada pela entidade. Os princípios componentes dessa distribuição a serem evidenciados são:
   a) Pessoal; Impostos, taxas e contribuições; Insumos adquiridos de terceiros;
   b) Impostos, taxas e contribuições; Remuneração de capitais próprios e de terceiros; Valor adicionado recebido em transferência;
   c) Pessoal; Impostos, taxas e contribuições; Remuneração de capitais próprios; Remuneração de capitais de terceiros;
   d) Pessoal; Remuneração de capitais de terceiros; Remuneração dos sócios; Receita financeira;
   e) Pessoal; Impostos, taxas e contribuições; Remuneração de capitais próprios e de terceiros; Valor adicionado recebido em transferência.

Enunciado comum às questões de número 04 a 14: A Cia. Impetuosa apresentou o seguinte Balanço Patrimonial em 31/12/X1 (valores em R$):

ATIVO	
Disponibilidades	42.700,00
Clientes	33.000,00
PECLD	(600,00)
Estoques	6.480,00
Ações de Investimentos Avaliados a Valor Justo	5.000,00
Terreno	7.800,00
Veículos	30.000,00
Depreciação Acumulada	(1.500,00)
Total	122.880,00
PASSIVO E PATRIMÔNIO LÍQUIDO	
Fornecedores	24.000,00
Capital Social	84.000,00
Reservas	14.880,00
Total	122.880,00

As seguintes operações ocorreram na referida empresa ao longo do exercício de X2:
• Recebimento de dividendos das ações de outras companhias avaliadas a valor justo no montante de R$ 614,00.
• Do saldo de clientes, 99% foram integralmente recebidos, sendo cobrados 10% de juros de mora. 1% dos clientes foram baixados com a utilização das Perdas Estimadas em Créditos de Liquidação Duvidosa (PECLD), sendo o saldo remanescente desta conta revertido para o resultado.
• Do saldo de fornecedores, 80% foram integralmente pagos.
• Pagamento de juros de mora a fornecedores no total de R$ 200,00.
• Compra de mercadorias para revenda no total de R$ 44.600,00 sendo R$ 7.200,00 pagos à vista e o restante a prazo para pagamento em X3.

- Venda do único terreno por R$ 12.333,00, sendo 70% desse valor recebidos em X2 e o restante a receber em X3.
- A empresa auferiu receitas de vendas de mercadorias no valor de R$ 87.600,00, as quais foram compradas por R$ 44.600,00. Sabe-se que 2/3 do valor foram recebidos em X2 e o restante será recebido em X3.
- Os veículos são depreciados à taxa de 20% ao ano, sem considerar valor residual.
- A empresa incorreu em despesas operacionais no valor de R$ 25.000,00, sendo 90% desse valor pagos em X2 e o restante a pagar em X3. A composição dessas despesas foi a seguinte: Salários = R$ 12.000,00; FGTS = 960,00; Aluguéis = 1.000,00; INSS = R$ 2.640,00; Fretes sobre vendas = R$ 900,00; Água, Luz, gás, telefone = R$ 5.400,00; IPVA = R$ 660,00; Comissões sobre Vendas = R$ 1.440,00.
- Constituição de PECLD no valor de 2% do saldo de Clientes.
- O dividendo obrigatório fixado no estatuto é de 40% após deduzida a Reserva Legal. O saldo remanescente do lucro após o dividendo obrigatório e a Reserva Legal deverá ser destinado à Reserva Especial.

Informações Adicionais:
(1) O ICMS mercadorias foi de 12% e o PIS e a COFINS com alíquota conjunta de 8% todos incidiram nas compras e vendas.
(2) O IR e CSLL com alíquota conjunta de 24% sobre o lucro real (lucro fiscal), sendo as receitas de dividendos e a reversão de PECLD não tributáveis e a despesa c/ PECLD indedutível do referido lucro.

4. O lucro líquido apurado na DRE em 31/12/X2 importou em:
   a) R$ 7.560,00;
   b) R$ 8.500,00;
   c) R$ 8.860,00;
   d) R$ 9.000,00;
   e) R$ 9.500,00.

5. Na elaboração da DVA de 31/12/X1, o total das RECEITAS é de:
   a) R$ 87.600,00;
   b) R$ 79.080,00;
   c) R$ 87.870,00;
   d) R$ 87.486,00;
   e) R$ 92.019,00.

6. Na elaboração da DVA de 31/12/X1, o total dos INSUMOS é de:
   a) R$ 50.900,00;
   b) R$ 44.600,00;
   c) R$ 50.000,00;
   d) R$ 35.680,00;
   e) R$ 36.580,00.

7. **Na elaboração da DVA de 31/12/X1, o VALOR ADICIONADO BRUTO importou em:**
   a) R$ 47.419,00;
   b) R$ 41.119,00;
   c) R$ 42.019,00;
   d) R$ 36.586,00;
   e) R$ 50.906,00.

8. **Na elaboração da DVA de 31/12/X1, o VALOR ADICIONADO LÍQUIDO produzido pela entidade importou em:**
   a) R$ 41.419,00;
   b) R$ 36.019,00;
   c) R$ 30.586,00;
   d) R$ 35.119,00;
   e) R$ 44.906,00.

9. **Na elaboração da DVA de 31/12/X1, VALOR ADICIONADO RECEBIDO EM TRANSFERÊNCIA importou em:**
   a) R$ 614,00;
   b) R$ 3.267,00;
   c) R$ 3.881,00;
   d) R$ 3.900,00;
   e) R$ 3.980,00.

10. **Na DVA (Demonstração do Valor Adicionado) elaborada em 31/12/X2, o Valor Adicionado total a Distribuir foi de:**
    a) R$ 39.000,00;
    b) R$ 38.000,00;
    c) R$ 37.000,00;
    d) R$ 36.000,00;
    e) R$ 35.000,00.

11. **Do total da riqueza gerada pela Cia. Impetuosa no exercício social de X2, o percentual dessa riqueza distribuída aos EMPREGADOS foi, aproximadamente, de:**
    a) 32%;
    b) 28%;
    c) 37%;
    d) 12%;
    e) 30%.

12. **Do total da riqueza gerada pela Cia. Impetuosa no exercício social de X2, o percentual dessa riqueza distribuída ao GOVERNO foi, aproximadamente, de:**
    a) 32%;
    b) 28%;
    c) 37%;
    d) 12%;
    e) 30%.

13. **Do total da riqueza gerada pela Cia. Impetuosa no exercício social de X2, o percentual dessa riqueza distribuída para REMUNERAÇÃO DE CAPITAIS DE TERCEIROS foi, aproximadamente, de:**
    a) 6%;
    b) 5%;
    c) 4%;
    d) 3%;
    e) 2%.

14. **Do total da riqueza gerada pela Cia. Impetuosa no exercício social de X2, o percentual dessa riqueza distribuída para REMUNERAÇÃO DE CAPITAL PRÓPRIO foi, aproximadamente, de:**
    a) 23%;
    b) 25%;
    c) 27%;
    d) 29%;
    e) 31%.

15. **(Petrobras – Contador Júnior – Fundação Cesgranrio) Segundo a definição legal, a Demonstração do Valor Adicionado deverá refletir o valor da riqueza gerada pela companhia e a distribuição entre os elementos que contribuíram para a geração dessa riqueza. Quais os elementos que devem constar como beneficiários da distribuição da riqueza?**
    a) Empregados, fornecedores, autoridades, governo e outros, bem como a parcela da riqueza não distribuída.
    b) Empregados, financiadores, acionistas, governo e outros, bem como a parcela não distribuída.
    c) Empregados, financiadores, fornecedores, autoridades, acionistas, governo e outros.
    d) Empregados, financiadores, fornecedores, autoridades, acionistas, governo e outros, bem como a parcela da riqueza não distribuída.
    e) Fornecedores, autoridades, governo e outros, bem como a parcela da riqueza não distribuída.

Gabarito

1. e	5. e	9. c	13. d
2. b	6. a	10. a	14. a
3. c	7. b	11. c	15. b
4. c	8. d	12. c	

Soluções do Exercício de Fixação

Exercício 1

GOVERNO (Impostos, Taxas e Contribuições)

Impostos sobre vendas	96.800
Contribuição social sobre o lucro	3.520
Imposto de renda	7.040
Impostos e taxas	880
	108.240

Exercício 2

Abaixo, reproduzimos parte do item 30 do Pronunciamento Técnico CPC 09 – Demonstração do Valor Adicionado (grifos nossos):

*30. A **segunda parte da DVA** deve apresentar de forma detalhada como a riqueza obtida pela entidade foi distribuída. Os principais componentes dessa distribuição estão apresentados a seguir:*

Pessoal – valores apropriados ao custo e ao resultado do exercício na forma de:

REMUNERAÇÃO DIRETA - valores relativos a salários, 13° salário, honorários da diretoria, férias, comissões, horas extras, participação de empregados nos resultados, etc.

Exercício 3

A distribuição do valor adicionado por uma entidade na elaboração da DVA é feita em 4 partes:

- Pessoal
- Impostos, Taxas e Contribuições (Governo)
- Remuneração de Capitais de Terceiros
- Remuneração de Capitais Próprios

Exercício 4

Vendas de mercadorias	87.600
(–) ICMS, PIS, COFINS [(12% + 8%) × 87.600)]	(17.520)
(–) CMV [44.600 – (12% + 8%) × 44.600]	(35.680)
(=) Lucro Bruto	34.400
(–) Despesas Operacionais	(25.000)
(–) Despesa c/ PECLD (2% × 1/3 × 57.600)	(384)
(–) Depreciação (20% 30.000)	(6.000)

(+) Reversão de PECLD (600 – 1% 33.000) 270
(+) Receita de Dividendos 614
(+) Lucro na Venda de Terreno (12.333 – 7.800) 4.533
(+) Receita de Juros (10% × 99% × 33.000) 3.267
(–) Despesa de Juros .... (200)
(=) Lucro antes do IR e CSLL 11.500
(–) IR e CSLL [24% (11.500 + 384 – 614 – 270)] .... (2.640)
(=) Lucro Líquido 8.860

Exercício 5
RECEITAS

Vendas de mercadorias 87.600
Reversão de PECLD (600 – 1% 33.000) 270
Despesa c/ PECLD (2% × 1/3 × 57.600) .... (384)
Outras Receitas (lucro na venda de Terreno = 12.340 – 7.800) 4.533
                                                                                    92.019

Exercício 6
INSUMOS

CMV (não excluiu os tributos sobre compras) .... (44.600)
Fretes sobre vendas .... (900)
Água, luz, gás, telefone .... (5.400)
                                                                                    (50.900)

Exercício 7
Valor Adicionado Bruto (VAB) = Receitas – Insumos = 92.019 – 50.900 = 41.119

Exercício 8
Valor Adicionado Líquido (VAL) = VAB – Depreciação = 41.119 – 6.000 = 35.119

Exercício 9
VALOR ACIONADO RECEBIDO EM TRANSFERÊNCIA (VART)

Receita de Dividendos 614
Receita de Juros (10% × 99% × 33.000) 3.267
                                                                                    3.881

Exercício 10

Valor Adicionado a Distribuir = VAL + VART = 35.119 + 3.881 = 39.000

Exercício 11

PESSOAL

Salários	12.000,00
FGTS	960,00
Comissões sobre Vendas	<u>1.440,00</u>
	14.400,00

% distribuída ao PESSOAL = 14.400,00 ÷ 39.000 = 36,92% (aproximadamente, 37%)

Exercício 12

IMPOSTOS, TAXAS, CONTRIBUIÇÕES

ICMS [12% (87.600 – 44.600)]	5.160,00
IPVA	660,00
INSS	2.640,00
PIS e COFINS [8% (87.600 – 44.600)]	3.440,00
IR e CSLL	<u>2.640,00</u>
	14.540,00

% distribuída ao GOVERNO = 14.540,00 ÷ 39.000 = 37,28% (aproximadamente, 37%)

Exercício 13

REMUNERAÇÃO DE CAPITAIS DE TERCEIROS

Despesa de Aluguéis	1.000
Despesa de Juros	<u>200</u>
	1.200

% Capitais de Terceiros = 1.200,00 ÷ 39.000 = 3% (aproximadamente)

Exercício 14

O valor adicionado distribuído para remuneração do CAPITAL PRÓPRIO é composto pela parte distribuída aos dividendos, aos juros sobre capital próprio e à parte retida, em geral, na forma de reservas de lucros, incluindo a reserva legal. Visto que o objetivo da questão é apenas determinar o percentual da riqueza gerada (R$ 39.000,00) destinada para esse tipo de remuneração, não é necessário apurarmos individualmente o valor dos dividendos, reserva legal e reserva especial, visto que o somatório desses valores é que irá importar, sendo este o próprio lucro líquido apurado ao fim da DRE (R$ 8.860,00). Por fim, teremos: 8.860,00 ÷ 39.000,00 = 22,72% (aproximadamente, 23%).

Exercício 15

Na DVA, a riqueza gerada é distribuída em 4 pedaços (pessoal, governo, remuneração de capitais de terceiros e remuneração de capitais próprios), os quais incluem, entre outros, empregados (pessoal), financiadores (remuneração de capitais de terceiros), acionistas (remuneração de capitais próprios), governo (impostos, taxas e contribuições) e outros (desde que estejam "dentro" dos referidos 4 pedaços), bem como a parcela não distribuída (também está incluída na remuneração de capitais próprios, visto que, se um dia a empresa se extinguisse, essa parcela não distribuída seria também paga aos detentores do capital próprio – acionistas ou quotistas).

Em nenhuma hipótese "fornecedores" são incluídos nas referidas 4 partes, coisa esta que observamos nas opções "a", "c", "d" e "e", razão pela qual, por exclusão, a resposta correta só poderia ser a opção "b".

Capítulo 8

Demonstração do Resultado Abrangente (DRA)

1. Introdução

Em geral, expressão "RESULTADO" se refere a lucro ou prejuízo, os quais são consequência do confronto entre as despesas e receitas indicadas na DRE (Demonstração do Resultado do Exercício). No entanto, há itens que não integram essa demonstração, mas têm o mesmo efeito final, que é o aumento ou redução do valor do patrimônio líquido. Daí a expressão "RESULTADO ABRANGENTE", visto que este inclui, além das contas de resultado propriamente ditas (receitas e despesas), as contas que <u>não</u> comparecem na DRE, mas também alteram o valor do patrimônio líquido, dado que são contas do patrimônio líquido, as quais integram o que chamamos de "outros resultados abrangentes".

Abaixo, temos a definição de "resultado abrangente" extraída do item 7 do Pronunciamento Técnico **CPC 26 (R1) – Apresentação das Demonstrações Contábeis**:

RESULTADO ABRANGENTE é a mutação que ocorre no patrimônio líquido durante um período que resulta de transações e outros eventos que não sejam derivados de transações com sócios na qualidade de proprietários. Compreende TODOS os componentes da "demonstração do resultado" e da "demonstração dos outros resultados abrangentes".

> Resultado Abrangente = Resultado do Período + Outros Resultados Abrangentes

Assim, por exemplo, a "Receita de Vendas" integra o resultado do período e, consequentemente, integra o "Resultado Abrangente" da empresa, sendo indicada, portanto, na DRE. Já, por exemplo, um "Ajuste de Avaliação Patrimonial" em função da reavaliação de algum ativo não é uma conta de resultado, mas integra o valor do patrimônio líquido da empresa, sendo desta forma considerada **"<u>Outros</u>"** Resultados Abrangentes.

Cabe mencionar que os "Outros Resultados Abrangentes" se transformarão em algum momento no futuro em RESULTADO, integrando assim a DRE como receita ou despesa. Esse fenômeno contábil é denominado de AJUSTE DE RECLASSIFICAÇÃO, o qual é definido no item 7 do CPC 26 (R1) como *o valor **reclassificado** para o resultado no período corrente que foi inicialmente reconhecido como outros resultados abrangentes no período corrente ou em período anterior.* Assim, por exemplo, suponhamos que a Cia. Franciscana, a qual adquiriu em 01/12/X1 R$ 12.000,00 em ações da Cia. Azul, sendo esses ativos financeiros classificados como disponíveis para venda. Supondo que na data do balanço de 31/12/X1 avaliasse essas ações a valor justo de R$ 15.000,00, o seguinte lançamento contábil seria feito ao final do exercício de X1 para ajustar as referidas ações a valor justo:

D – Ativos Financeiros Disponíveis para Venda... 3.000,00
C – Outros Resultados Abrangentes – Ajustes de Avaliação Patrimonial 3.000,00

Supondo que em X2 as referidas ações fossem reclassificadas como ativos financeiros mantidos para negociação imediata, e seu valor justo fosse estimado em R$ 17.600,00, de acordo com o Pronunciamento Técnico CPC 38 – Instrumentos Financeiros: Reconhecimento e Mensuração, os ativos financeiros mantidos para negociação imediata devem ser avaliados a valor justo por meio do resultado. Assim, teríamos as seguintes contabilizações:

Ajuste de reclassificação:
D – Outros Resultados Abrangentes – Ajustes de Avaliação Patrimonial 3.000,00
C – **Receita de Ajustes de Avaliação Patrimonial** 3.000,00

Reclassificação de ativos financeiros disponíveis para venda para mantidos para negociação imediata:
D – Ativos Financeiros Mantidos p/ Negociação Imediata............................ 15.000,00
C – Ativos Financeiros Disponíveis para Venda 15.000,00

Avaliação a valor justo de R$ 15.000,00 para R$ 17.600,00:
D – Ativos Financeiros Mantidos p/ Negociação Imediata............................. 2.600,00
C – Receita de Ajuste a Valor Justo 2.600,00

Observemos que no lançamento de ajuste de reclassificação, houve a reclassificação de "Outros Resultados Abrangentes" para o resultado como "receita" (também poderia haver a reclassificação como "despesa", caso a avaliação anterior a valor justo fosse para menor, antes da referida reclassificação).

Complementando o estudo dos AJUSTES DE RECLASSIFICAÇÃO, os itens 94 a 96 do CPC 26 (R1) determinam algumas regras com relação a esses ajustes. Abaixo, reproduzimos esses itens:

94. Os ajustes de reclassificação podem ser apresentados na demonstração do resultado abrangente ou nas notas explicativas. A entidade que apresente os ajustes de reclassificação nas notas explicativas deve apresentar os componentes dos outros resultados abrangentes após os respectivos ajustes de reclassificação.

95. Os ajustes de reclassificação são cabíveis, por exemplo, na baixa de investimentos em entidade no exterior (ver CPC 02), no desreconhecimento (baixa) de ativos financeiros disponíveis para venda (ver CPC 38) e quando transação anteriormente prevista e sujeita a hedge *de fluxo de caixa afeta o resultado líquido do período (ver item 100 do CPC 38 no tocante à contabilização de operações de* hedge *de fluxos de caixa).*

96. Ajustes de reclassificação não decorrem de mutações na reserva de reavaliação (quando permitida pela legislação vigente) reconhecida de acordo com os Pronunciamentos Técnicos CPC 27 – Ativo Imobilizado e CPC 04 – Ativo Intangível ou de ganhos e perdas atuariais de planos de benefício definido reconhecidos em consonância com o Pronunciamento Técnico CPC 33 – Benefícios a Empregados. Esses componentes são reconhecidos como outros resultados abrangentes e não são reclassificados para o resultado líquido em períodos subsequentes. As mutações na reserva de reavaliação podem ser transferidas para reserva de lucros retidos (ou nos prejuízos acumulados) no período em que forem reconhecidos como outros resultados abrangentes (ver CPC 33).

2. OUTROS RESULTADOS ABRANGENTES

O item 7 do CPC 26 (R1) determina que OUTROS RESULTADOS ABRANGENTES compreendem itens de receita e despesa (incluindo ajustes de reclassificação) que **não são** reconhecidos na demonstração do resultado como requerido ou permitido pelos Pronunciamentos, Interpretações e Orientações emitidos pelo CPC. Os componentes dos outros resultados abrangentes incluem:

- variações na reserva de reavaliação quando permitidas legalmente (veja Pronunciamentos Técnicos CPC 27 – Ativo Imobilizado e CPC 04 – Ativo Intangível);
- ganhos e perdas atuariais em planos de pensão com benefício definido reconhecidos conforme item 93A do Pronunciamento Técnico CPC 33 – Benefícios a Empregados;
- ganhos e perdas derivados de conversão de demonstrações contábeis de operações no exterior (ver Pronunciamento Técnico CPC 02 – Efeitos das Mudanças nas Taxas de Câmbio e Conversão de Demonstrações Contábeis);
- ajuste de avaliação patrimonial relativo aos ganhos e perdas na remensuração de ativos financeiros disponíveis para venda (ver Pronunciamento Técnico CPC 38 – Instrumentos Financeiros: Reconhecimento e Mensuração);
- ajuste de avaliação patrimonial relativo à efetiva parcela de ganhos ou perda de instrumentos de *hedge* em *hedge* de fluxo de caixa (ver também Pronunciamento Técnico CPC 38).

3. Demonstração do Resultado Abrangente (DRA)

A DRA é a demonstração contábil que, partindo do Lucro ou Prejuízo Líquido apurado ao final da DRE (Demonstração do Resultado do Exercício), indica em sequência todos os "Outros Resultados Abrangentes".

Exemplo de DRA:

Lucro Líquido	**97.000,00**
Outros Resultados Abrangentes	
Ajuste de Avaliação Patrimonial	10.000,00
Ajuste de Avaliação Patrimonial (reclassificado para o resultado)	(2.500,00)
Ajuste Acumulado de Conversão	(3.000,00)
Equivalência Patrimonial s/ Ganhos Abrangentes de Controladas	1.000,00
IR e CSLL s/ Outros Resultados Abrangentes	(1.080,00)
Total de Outros Resultados Abrangentes	**4.420,00**
Resultado Abrangente Total do Período	**101.420,00**

Obs. 1: O item 90 do CPC 26 (R1) determina que a entidade deve divulgar o montante do efeito tributário relativo a cada componente dos outros resultados abrangentes, incluindo os ajustes de reclassificação na demonstração do resultado abrangente ou nas notas explicativas.

Obs. 2: O item 91 do CPC 26 (R1) determina que os componentes dos outros resultados abrangentes podem ser apresentados: (a) líquidos dos seus respectivos efeitos tributários; ou (b) antes dos seus respectivos efeitos tributários, sendo apresentado em montante único o efeito tributário total relativo a esses componentes. No exemplo acima apresentamos a DRA conforme a alínea (b) do item 91 do CPC 26 (R1), visto que cada item componente dos Outros Resultados Abrangentes foi apresentado pelo seu valor bruto, ou seja, antes da dedução dos tributos sobre os lucros (IR e CSLL), de modo que esses tributos foram calculados em montante único da seguinte forma, supondo uma alíquota conjunta de 24%:

IR e CSLL = 24% (10.000,00 – 2.500,00 – 3.000,00) = 1.080,00

Nota: *No cálculo do IR e CSLL não foi computada a Equivalência Patrimonial s/ Ganhos Abrangentes de Controladas, visto que pela legislação desses tributos a Receita de Equivalência Patrimonial é considerada "não tributável".*

Exercícios de Fixação

1. Com relação à DRA (Demonstração do Resultado Abrangente), marque a opção que indica item não incluído nessa demonstração:
   a) Resultado líquido do período.
   b) Cada item dos outros resultados abrangentes classificados conforme sua natureza.
   c) Parcela dos outros resultados abrangentes de empresas investidas reconhecidas por meio do método de equivalência patrimonial.
   d) Resultado abrangente do período.
   e) Reservas de lucros originárias da distribuição do resultado.

2. As seguintes informações foram obtidas ao final do exercício social de X1 na Cia. Asteroide para elaboração da DRA (Demonstração do Resultado Abrangente):

– Receita de vendas de mercadorias	89.000,00
– Custo das mercadorias vendidas	41.000,00
– Despesas operacionais	23.000,00
– Receita de equivalência patrimonial	10.000,00
– Lucro na venda de imobilizado	5.000,00
– Ajuste positivo de ativos financeiros disponíveis para venda	4.000,00
– Equivalência Patrimonial sobre Perdas Abrangentes de Coligadas	1.500,00

   Admitindo que o IR e a CSLL têm alíquota conjunta de 24% sobre o lucro tributável apurado segundo a legislação desses tributos, na elaboração da DRA o resultado abrangente do exercício social de X1 da referida empresa foi de:
   a) 32.800,00;
   b) 36.800,00;
   c) 35.300,00;
   d) 34.340,00;
   e) 41.540,00.

Gabarito

1. e
2. d

Soluções do Exercício de Fixação

Exercício 1

De acordo com o item 82A do CPC 26 (R1) – Apresentação das Demonstrações Contábeis, a demonstração do resultado abrangente deve, no mínimo, incluir as seguintes rubricas:

a) Resultado líquido do período.
b) Cada item dos outros resultados abrangentes classificados conforme sua natureza.
c) Parcela dos outros resultados abrangentes de empresas investidas reconhecidas por meio do método de equivalência patrimonial.
d) Resultado abrangente do período.

As destinações de reservas de lucros originárias do resultado são itens indicados na DLPA (Demonstração dos Lucros ou Prejuízos Acumulados) ou na DMPL (Demonstração das Mutações do Patrimônio Líquido) e não na DRA.

Exercício 2

Lembrando que a DRA (Demonstração do Resultado Abrangente) tem como ponto de partida o Lucro (ou Prejuízo) Líquido apurado ao final da DRE (Demonstração do Resultado do Exercício), o primeiro passo é apurarmos esse resultado da seguinte forma:

Receita de vendas	89.000,00
(–) CMV	(41.000,00)
(=) Lucro bruto	48.000,00
(–) Despesas operacionais	(23.000,00)
(+) Receita de equivalência patrimonial	10.000,00
(+) Lucro na venda de imobilizado	5.000,00
(=) Lucro antes do IR e CSLL	40.000,00
(–) IR e CSLL [24% (40.000,00 – 10.000,00)]	(7.200,00)
(=) Lucro líquido	32.800,00

Agora podemos montar a DRA, partindo do Lucro Líquido apurado na DRE, da seguinte forma:

Lucro líquido..	**32.800,00**
Outros Resultados Abrangentes:	
Ajuste positivo de ativos financeiros disponíveis para venda.............................	4.000,00
(–) Equivalência Patrimonial sobre Perdas Abrangentes de Coligadas................	(1.500,00)
(–) IR e CSLL s/ outros resultados abrangente (24% 4.000,00)........................	(960,00)
	1.540,00
Resultado abrangente do período...	**34.340,00**

Nota: *A receita de equivalência patrimonial é não tributável pelo lucro que serve de base para o cálculo do IR e da CSLL e a equivalência patrimonial sobre perdas abrangentes de coligadas, quando for reclassificada para o resultado, dará origem a uma despesa indedutível no cálculo do mesmo lucro, razão pela qual não afetaram os cálculos desses tributos na DRE e na DRA.*

Capítulo 9

Questões do CESPE/UnB

1. Introdução

As questões elaboradas pelo Cespe/UnB (Centro de Seleção e Promoção de Eventos da Universidade de Brasília) são elaboradas, em geral, na forma de múltipla escolha complexa (tipo C – Certo ou E – Errado), podendo cada questão ser dividida em 5 itens, ou não haver divisão em questões, de modo que só haja numeração dos itens. Assim, por exemplo, se uma prova elaborada pelo Cespe contiver 20 questões divididas em 5 itens cada, ao todo será composta por 100 itens. No entanto, a outra opção é que a prova não seja dividida em questões de modo que os 100 itens seriam numerados sequencialmente de 1 a 100, em vez de blocos de 5 itens numerados de 1 a 5. De qualquer modo, a cada item o candidato deverá atribuir o valor "C" (Certo) ou "E" (Errado) ou deixá-lo "em branco", de modo que cada item respondido incorretamente anulará um item respondido corretamente. Assim, se o candidato não quiser se arriscar basta deixar "em branco" a resposta do item, ficando apenas com nota "zero" no item, de sorte que não perderá a pontuação de um item que já tenha acertado.

Suponhamos, por exemplo, uma prova dividida em questões de 5 itens cada, onde determinada questão fosse a seguinte:

QUESTÃO XX

A respeito do patrimônio de uma empresa e de seus componentes, julgue os itens a seguir:

(1) Apenas os bens fazem parte do ativo da empresa.

(2) O patrimônio bruto corresponde ao conceito de ativo.

(3) O patrimônio líquido é a diferença entre o ativo e o passivo exigível.

(4) O capital próprio corresponde ao conceito de patrimônio líquido.

(5) As obrigações correspondem ao conceito de capital investido.

Nesse caso, o gabarito oficial seria: ECCCE, valendo esta questão 1 ponto, pois cada acerto valeria 0,2 ponto. Se um candidato indicasse na referida questão, por exemplo, EECCE, o erro cometido significaria a perda de 0,2 ponto, isto é, ficaria com apenas 0,6 ponto (um erro anula um acerto). Se, por exemplo, indicasse como gabarito da referida questão EECCC, os dois erros cometidos implicariam a perda de 0,4 ponto, ficando na questão toda com apenas 0,2 ponto. Mais um erro que cometesse, perderia 0,6 ponto, zerando a questão inteira e ainda absorvendo 0,2 ponto de outra questão, isto é, nesse tipo de prova há a possibilidade de ficar com nota negativa! No entanto, conforme já comentado, há a opção de deixar os itens em branco, ou seja, o candidato poderia, por exemplo, dar como gabarito da referida questão o seguinte: E...CCE. Desta forma, ficaria com 0,8 ponto nessa questão, não perdendo nenhum ponto.

Conforme também já comentado, há também a possibilidade de as questões do tipo Certo ou Errado serem sequenciais. Nesse caso, em vez de cada questão apresentar 5 itens, as questões já seriam os próprios itens. Assim, suponhamos a seguinte prova composta por 13 questões (ou 13 itens):

1. A liquidez geral é o quociente entre o ativo circulante e o passivo circulante.
2. A Contabilidade é a ciência que tem por objeto o patrimônio das entidades.
3. A análise de balanços é uma das técnicas contábeis.
4. O balanço patrimonial revela a situação econômica da empresa.
5. A demonstração do resultado do exercício revela a situação financeira da empresa.
6. O capital circulante líquido é a diferença entre o ativo circulante e o passivo circulante.
7. As realizações a longo prazo não afetam o cálculo da liquidez seca.
8. O capital de terceiros é composto apenas pelas exigibilidades a curto prazo.
9. As marcas e patentes são itens do ativo imobilizado.
10. A diferença entre a receita líquida e o custo das mercadorias vendidas corresponde ao conceito de resultado operacional bruto de uma empresa comercial.
11. A soma do capital próprio com o capital de terceiros corresponde ao total do passivo no balanço.
12. A diferença entre o ativo total e o capital de terceiros corresponde ao capital próprio.
13. A Auditoria não é um ramo da Contabilidade.

Dessa forma, o gabarito também viria de forma sequencial: 1E, 2C, 3C, 4E, 5E, 6C, 7C, 8E, 9E, 10C, 11C, 12C, 13E

Valendo as mesmas regras de pontuação já comentadas anteriormente, isto é, cada item marcado incorretamente implicaria anulação de item marcado corretamente.

2. ALGUMAS QUESTÕES RESOLVIDAS E COMENTADAS

1. **(Auditor-Fiscal da Previdência Social – Adaptada)** Uma empresa apresenta a seguinte estrutura patrimonial: ativo circulante = 5%; ativo realizável a longo prazo = 1%; ativo investimentos, imobilizado e intangível = 94%; passivo circulante = 10%; passivo não circulante = 15% e patrimônio líquido = 75%. Com base nesses dados, julgue os itens seguintes.

   (1) A liquidez corrente dessa empresa é menor que um.
   (2) A liquidez geral dessa empresa é maior que um.
   (3) O quociente de imobilização de capitais próprios é inferior a um.
   (4) O capital de giro líquido dessa empresa é positivo.
   (5) Essa estrutura patrimonial revela que pode tratar-se de uma empresa intensiva em capital.

(SOLUÇÃO)

(1) CERTO. LC = AC/ PC = 5%/ 10% = 0,5 < 1

(2) ERRADO. LG = (AC + ARLP)/ (PC + PNC) = 6%/25% = 0,24 < 1

(3) ERRADO. ICP = (A Inv. + A Imob. + A Int.)/ PL = 94%/75% > 1

(4) ERRADO. CGL = AC – PC < 0

(5) CERTO. *O ativo investimentos mais o imobilizado mais o intangível correspondem ao capital fixo. Por esse aspecto, a empresa é intensiva em capital, dada a grande concentração de capital fixo (94%). Por outro lado, o patrimônio líquido, que corresponde ao conceito de capital próprio, possui grande concentração (75%). Por esse aspecto, a empresa também é intensiva em capital. A banca não especificou a que capital está se referindo. No entanto, conforme comentado, qualquer que seja o capital (fixo ou próprio), a empresa é intensiva em capital.*

2. **(Auditor-Fiscal da Previdência Social)** Julgue as conclusões de análise das demonstrações contábeis apresentadas nos itens que se seguem.

   (1) Abstraindo-se de outros compromissos, uma empresa que possui um quociente de liquidez igual a 0,71, um prazo médio de renovação do circulante de trinta dias e um prazo médio do pagamento dos compromissos de curto prazo de noventa dias não se encontra em situação financeira difícil.

   (2) Uma empresa com um quociente de endividamento de 0,11 e que opera com prejuízo anual na base de 20% do seu patrimônio líquido deverá enfrentar sérias dificuldades financeiras ao longo do tempo, caso a situação de prejuízo não se reverta.

   (3) Uma empresa que imobilizou totalmente o seu capital próprio e que necessita expandir a sua planta instalada só tem como opção o aumento de seu endividamento.

(4) Um índice de liquidez elevado e um prejuízo acentuado em uma mesma empresa são condições reveladoras de uma boa situação econômica contrastando com dificuldades financeiras.

(5) A alavancagem financeira positiva decorre da utilização de capitais de terceiros com juros (ajustados pelo efeito do imposto sobre a renda e a contribuição social sobre o lucro) superiores à taxa de retorno dos ativos da empresa.

(SOLUÇÃO)

(1) CERTO. Em princípio, a empresa se encontraria numa situação financeira difícil, pois, com uma liquidez corrente de 0,71, para cada real de dívidas a curto prazo, a empresa só teria à disposição R$ 0,71 de recursos aplicados no ativo circulante. No entanto, dado que em 30 dias a empresa renova seu ativo circulante, com 90 dias para pagar suas dívidas, haverá uma compensação, de tal forma que podemos concluir que a empresa não se encontra em situação financeira difícil.

(2) CERTO. Lembrando que a banca elaboradora (Cespe) considera endividamento o quociente entre o passivo exigível e o patrimônio líquido, se o valor desse endividamento é de 0,11, significa que apenas 11% do patrimônio líquido cobrem todo o passivo exigível, indicando uma boa situação financeira. No entanto, com um prejuízo anual de 20% do patrimônio líquido, significa que em 5 anos o prejuízo terá absorvido 100% do patrimônio líquido, fazendo com que a empresa se encontre em sérias dificuldades financeiras.

(3) ERRADO. Se a empresa imobilizou totalmente o seu capital próprio, significa, por exemplo, que, se o patrimônio líquido tiver o valor de R$ 12.000,00, então o capital fixo (ou ativo fixo) também terá o mesmo valor. Mas, se a empresa quiser aumentar o seu capital fixo (ou ativo fixo), uma opção é emitir novas ações, não havendo, portanto, a necessidade de se endividar com terceiros.

(4) ERRADO. Um índice de liquidez elevado e um prejuízo acentuado em uma mesma empresa são condições reveladoras de uma boa situação financeira contrastando com dificuldades econômicas.

(5) ERRADO. A alavancagem financeira positiva (favorável) decorre da utilização de capitais de terceiros com juros (ajustados pelo efeito do imposto sobre a renda e a contribuição social sobre o lucro) inferiores à taxa de retorno dos ativos da empresa.

3. **(Auditor-Fiscal da Previdência Social) Acerca da análise de balanço, julgue os itens a seguir.**

(1) O quociente de retorno sobre o ativo multiplicado pelo quociente do ativo financiado pelo patrimônio líquido (patrimônio líquido/ativo) resulta no quociente de retorno sobre o patrimônio líquido.

(2) A margem de lucros sobre as vendas é um indicador de avaliação da dependência de capitais de terceiros por parte da empresa.

(3) O prazo de recebimento de contas é um indicador componente do método *Du Pont* de avaliação da taxa de retorno do investimento.

(4) Uma situação de rentabilidade moderada e normatizada é adequada para um endividamento com prazo de pagamento alongado.

(5) A taxa de juros é fator determinante do nível de endividamento que uma empresa pode assumir, em conjunto com o nível de rentabilidade esperado para os ativos.

(SOLUÇÃO)

(1) ERRADO. *Porém, o que seria o correto.*

(2) ERRADO. *A margem de lucros sobre as vendas é um quociente de rentabilidade, ao passo que a medida do grau de dependência de capitais de terceiros é o objetivo dos quocientes de endividamento (ou estrutura de capitais).*

(3) ERRADO. *"Du Pont" (pronúncia: "dipom") é o nome de uma empresa francesa que fabrica tecidos considerados por muitos como os melhores do mundo. Essa empresa foi uma das primeiras a desenvolver estudo sobre os quocientes de rentabilidade (ou lucratividade). O prazo de recebimento de contas não é um quociente de rentabilidade e sim de rotatividade.*

(4) CERTO. *A combinação de uma rentabilidade moderada com um endividamento com prazo de pagamento alongado é boa, pois a empresa está obtendo lucro suficiente para pagar suas dívidas num prazo maior.*

(5) CERTO. *Uma taxa de juros elevada é adequada com um baixo endividamento.*

4. **(Bacen) A avaliação do desempenho de uma empresa do ponto de vista econômico envolve considerações a respeito do comportamento de receitas, despesas, ativos e passivos utilizados no processo de geração de riqueza. Considerando a análise da taxa de rentabilidade do ativo e demais índices correlacionados de determinada empresa que apresenta vendas líquidas anuais de R$ 10.000,00 e ativo final de R$ 2.000,00, julgue os itens abaixo.**

(1) Com o giro do ativo de 5 vezes e uma margem líquida (**lucro líquido/vendas líquidas x 100**) entre 0,5% e 1%, a rentabilidade do ativo (**lucro líquido/ativo final x 100**) será igual ou maior que 2,5% no período analisado.

(2) Caso a margem líquida tenha se situado entre 2% e 3% no período em análise, é correto concluir que a rentabilidade do ativo tenha ficado entre 6% e 9%.

(3) Caso a rentabilidade do investimento tenha se situado entre 8% e 10%, é correto afirmar que a margem líquida no período analisado tenha ficado acima de 1,5%.

(4) O crescimento das vendas, mesmo com a redução da margem de lucro, pode aumentar a rentabilidade final da empresa.

(5) Assumindo que todo o ativo é financiado por capitais de terceiros, é correto afirmar que a rentabilidade do ativo é igual à do capital próprio.

(SOLUÇÃO)

Lembrando que a Rentabilidade do Ativo (RA) é igual ao produto da Margem Líquida (ML) pelo Giro do Ativo (GA), isto é, RA = ML × GA, teremos:

(1) CERTO. RA = (0,5% a 1%) × 5 = 2,5% a 5%.

(2) ERRADO. RA = (2% a 3%) × 5 = 10% a 15% e não de 6% a 9%.

(3) CERTO. RA = ML × GA ML = RA ÷ GA = (8% a 10%) ÷ 5 = 1,6% a 2%, que é acima de 1,5%.

(4) CERTO. Se no produto ML × GA, uma empresa reduzir a Margem de Lucro, é possível que o Giro do Ativo aumente de tal forma que o referido produto acabe aumentando.

(5) ERRADO. Se todo o ativo de uma empresa é financiado por capitais de terceiros, não há capital próprio (patrimônio líquido) e, consequentemente, não há sentido algum em se falar de rentabilidade do capital próprio.

5. **(Polícia Federal/Perito Criminal – Adaptada)** Os quocientes de garantia de capitais de terceiros são apurados com a finalidade de medir o risco que a posição patrimonial de uma empresa oferece aos capitais que a financiam e são de grande utilidade nas análises feitas para orientar a concessão de créditos e financiamentos em geral e subsidiar tomada de decisões de aplicações no mercado de capitais. Para os fins citados, no Brasil há várias instituições especializadas em análise econômico-financeira, que é uma atividade permanente em muitas instituições financeiras e não-financeiras. Esses quocientes de garantias de capitais de terceiros apresentam-se como:

(1) (PC + PNC)/PL;

(2) (AC + ARLP)/AIMOB;

(3) (PC + PNC)/Ativo Real;

(4) Resultado Líquido do Exercício/PL;

(5) PNC/ Imobilizado.

(SOLUÇÃO)

No sentido genérico, qualquer quociente que relacione itens do ativo ou do patrimônio líquido com itens do passivo exigível pode ser considerado como medida de garantia de capitais de terceiros. Desta forma, teremos:

(1) CERTO, pois relaciona passivo exigível (PC + PNC) com PL.

(2) ERRADO, pois relaciona itens do ativo com itens do ativo.

(3) CERTO, pois relaciona passivo exigível com ativo.

(4) ERRADO, pois é um quociente de rentabilidade, isto é, relaciona itens da DRE (Demonstração do Resultado do Exercício) com itens do Balanço Patrimonial.

(5) CERTO, pois relaciona item do passivo exigível com item do ativo.

6. **(Bacen)** O índice de participação de capitais de terceiros, isto é, 100 x capitais de terceiros/patrimônio líquido, é utilizado, nas análises das demonstrações contábeis destinadas a avaliar a concessão de crédito às empresas, com a finalidade de:
   (1) revelar o nível de endividamento das empresas;
   (2) identificar o grau de liquidez das empresas;
   (3) identificar o nível de rentabilidade das empresas;
   (4) medir o risco das dívidas sobre o patrimônio, que aumenta na proporção direta da elevação da participação dos capitais de terceiros;
   (5) avaliar a estrutura de capitais que financiam as empresas.

(SOLUÇÃO)

(1) CERTO. De fato, para a referida banca, endividamento é o quociente entre o passivo exigível (capital de terceiros) e o patrimônio líquido (capital próprio).

(2) ERRADO. O grau de liquidez é obtido pelo quociente entre itens do ativo e itens do passivo exigível.

(3) ERRADO. A rentabilidade associa elementos do resultado com elementos do balanço.

(4) CERTO. Quanto maior for o referido índice, maior a participação de capitais de terceiros no financiamento de ativos. Consequentemente, maior será o risco de insolvência da empresa.

(5) CERTO. Qualquer índice que relacione elementos do passivo exigível com elementos do patrimônio líquido ou do ativo serve também para avaliar a estrutura de capitais que financiam as empresas.

7. **(Bacen)** As análises horizontal e vertical são utilizadas na avaliação da situação patrimonial, econômica e financeira de uma empresa como instrumentos facilitadores das conclusões a que se deseja chegar. A esse respeito, julgue os itens seguintes.
   (1) A análise vertical quando se tem interesse em avaliar a evolução de um item patrimonial ao longo de vários períodos.
   (2) A análise horizontal facilita a avaliação da tendência de rubrica objeto de análise.
   (3) A avaliação da estrutura patrimonial é facilitada pela análise vertical.
   (4) Pode-se perfeitamente substituir os quocientes de liquidez pela análise horizontal.
   (5) A análise vertical da demonstração do resultado facilita a análise das margens bruta, operacional e líquida.

(SOLUÇÃO)

(1) ERRADO. A evolução de um item patrimonial ao longo de vários períodos é objeto da análise horizontal e não da análise vertical.

(2) CERTO. Tendência de rubrica, em outras palavras, é a evolução de um item patrimonial ou de resultado ao longo de vários períodos.

(3) CERTO. A análise vertical também é conhecida como análise de estrutura.

(4) ERRADO. Os quocientes de liquidez são obtidos através da relação entre itens do balanço de um mesmo exercício social, ao passo que os índices de análise horizontal são obtidos pela relação entre itens de mesma rubrica e de balanços de exercícios sociais diferentes.

(5) CERTO. Ao dividirmos, por exemplo, o lucro líquido pela receita líquida, encontramos a margem líquida, que é, ao mesmo tempo, um índice utilizado no cálculo dos quocientes de rentabilidade e um índice de análise vertical.

8. (Auditor-Fiscal da Previdência Social) O índice de prazo médio de recebimento de vendas (PMRV) revela quanto tempo a empresa demora, em média, para receber suas contas a receber provenientes de vendas. As principais causas do aumento do PMRV, de trinta para sessenta dias, podem ser resultantes de:
   (1) alteração na política de vendas, aumentando o prazo de venda de trinta para sessenta dias, objetivando, com isso, atrair mais clientes;
   (2) alteração na política de compras, modificando, consequentemente, o PMRV;
   (3) vendas exclusivamente à vista;
   (4) aumento no nível de inadimplência na sua carteira de clientes;
   (5) desconto, junto ao banco, de todas as suas duplicatas em carteira.

(SOLUÇÃO)

(1) CERTO. Aumentando o prazo de recebimento de vendas de 30 para 60 dias, a empresa estará, em outras palavras, aumentando o PMRV.

(2) ERRADO. A política de compras não tem nenhuma relação direta com a política de vendas.

(3) ERRADO. Se as vendas forem exclusivamente à vista, o PMRV será ZERO.

(4) CERTO. O aumento da inadimplência de clientes, em outras palavras, é o aumento da demora do recebimento de vendas a prazo. Logo, o PMRV aumentará.

(5) ERRADO. Ao descontar suas duplicatas a receber no banco, a empresa não poderá dar baixa nesses títulos, enquanto o banco não os receber dos clientes. Desta forma, não haverá nenhuma alteração do prazo de recebimento dos clientes.

9. (Polícia Federal/Perito Criminal) Na análise da rentabilidade de uma entidade, vários índices e quocientes podem ser utilizados para permitir uma ideia clara e completa sobre o seu desempenho, já que analisar a rentabilidade em termos absolutos apenas leva a uma utilidade informativa bastante limitada. Esses índices e quocientes ganham benefício à medida que haja maior coerência no conceito das informações relacionadas entre si. A respeito desse assunto, julgue os itens seguintes.

(1) A margem de lucro operacional pode ser calculada com base no lucro racional sobre as vendas líquidas e será melhor quanto maior for o quociente.

(2) O giro do ativo é calculado com base nas despesas operacionais sobre o ativo total médio e será melhor quanto maior for o quociente.

(3) O retorno sobre o investimento é calculado com base na margem operacional dividida pelo giro do ativo e será melhor quanto maior for o resultado.

(4) O retorno sobre o patrimônio líquido pode ser calculado com base no lucro líquido sobre o patrimônio líquido e será melhor quanto maior for o quociente.

(5) O quociente obtido pelo total das receitas sobre as despesas operacionais é denominado alavancagem operacional.

(SOLUÇÃO)

(1) CERTO. MOP (Margem Operacional) = LOP (Lucro Operacional)/RL (Receita Líquida). Quanto maior for o valor da Margem Operacional, maior será a participação do LOP na RL, isto é, menor será a participação dos custos e despesas operacionais na RL.

(2) ERRADO. Giro do Ativo = Receita Líquida/Ativo Total Médio (ou só Ativo Total).

(3) ERRADO. Retorno do Investimento (ou Rentabilidade do Ativo) = Margem Operacional (ou Margem Líquida, dependendo do objetivo da análise) × Giro do Ativo. Se o objetivo for avaliar o retorno que o lucro operacional dá ao investimento total no ativo, utiliza-se na fórmula acima a Margem Operacional. Se o objetivo for avaliar o retorno que o lucro líquido dá ao investimento total no ativo, utiliza-se Margem Líquida.

(4) CERTO. Retorno do Patrimônio Líquido (ou Rentabilidade do Capital Próprio) = Lucro Líquido/Patrimônio Líquido. Quanto maior for o referido retorno, melhor será, pois maior será a rentabilidade do investimento dos sócios.

(5) ERRADO. Alavancagem Operacional = Variação Percentual do Lucro sobre Vendas/ Variação Percentual do Volume de Vendas.

10. **(Bacen) A elevação do quociente de liquidez corrente (ativo circulante/passivo circulante) de um período para o outro pode ter como causa:**

(1) a elevação do prazo de pagamento de fornecedores, em razão da estabilidade da economia, desde que seja mantido o mesmo volume de compras;

(2) o aumento do financiamento do crescimento da planta instalada (ativo fixo), com a utilização de créditos de curto prazo;

(3) a ampliação de adiantamentos de clientes, por conta de entrega futura de bens e/ou serviços;

(4) a ampliação do prazo de recebimento de contas de clientes, visando ao aumento das vendas;

(5) a elevação do prazo de renovação dos estoques, por dificuldades de aquisição de matéria-prima.

(SOLUÇÃO)

(1) ERRADO (gabarito oficial). Regra geral, a elevação da liquidez corrente não possui nenhum vínculo direto com a elevação do prazo de pagamento de fornecedores. Cabe, no entanto, ressaltar que há a possibilidade, mesmo que remota, de haver alguma relação, tal como, por exemplo, o alongamento do prazo a ponto da dívida sair do PC e se tornar PNC, o que aumentaria a liquidez corrente. Desta forma, para que concordemos com o gabarito da banca, devemos entender o "pode ter como causa" aquilo que é mais provável ocorrer (pode ter como causa mais provável). Apesar do gabarito, esta afirmativa é questionável!

(2) ERRADO. Se aumentarmos o PC para financiamento do ativo fixo, a liquidez corrente irá reduzir.

(3) ERRADO (gabarito oficial). O aumento do adiantamento de clientes implica aumento do AC no mesmo valor que o aumento do PC. De fato, se a liquidez corrente for maior que 1 (AC/PC > 1), o aumento simultâneo do AC e do PC irá reduzir a fração. No entanto, se a liquidez corrente for menor que 1 (AC/PC < 1), o aumento de AC do mesmo valor que PC irá aumentar a fração. Apesar do gabarito oficial (ERRADO), a afirmativa deveria ter sido considerada CERTA, tendo em vista o "pode ter como causa".

(4) CERTO. É mais provável que a elevação do prazo de recebimento para as contas a receber, de fato, aumente o volume de vendas, aumentando o saldo das contas a receber, estas provavelmente no ativo circulante.

(5) CERTO. Partindo do princípio que a empresa vende seus produtos com contas a receber a longo prazo, se o estoque de produtos permanece mais tempo no AC, o valor deste será maior do que aquele que seria se vendesse os produtos. Logo, a liquidez corrente, nessa hipótese, aumentaria. No entanto, se a empresa vendesse seus estoques com contas a receber a curto prazo, supondo que tais vendas fossem feitas com lucro, ocorreria o contrário, isto é, o ativo circulante seria menor do que aquele que seria se vendesse os estoques, reduzindo a liquidez corrente.

11. **(Bacen) A companhia objeto de determinada análise apresenta elevados níveis de endividamento e imobilização em 1996, os quais pioraram significativamente em relação à posição dos exercícios anteriores. A sua liquidez é razoável, mas também declinou relativamente aos anos anteriores. Destaca-se, negativamente, em 1996, o índice de liquidez geral. Os resultados da empresa foram razoáveis em 1996, entretanto haviam atingido bom nível em 1994. De maneira geral, a empresa caiu, de 1994 para 1996, do nível bom para o nível satisfatório.**

    Com base nesses comentários de análise e considerando que não tenha havido redução do capital social, julgue os itens que se seguem.

    (1) A empresa está aumentando a parcela de recursos próprios aplicados no ativo circulante.

    (2) Os quocientes de liquidez apresentam redução ao longo dos anos.

    (3) Em relação aos anos anteriores, a rentabilidade apresenta-se em queda.

(4) As dívidas da empresa estão crescendo mais que os recursos próprios.

(5) A empresa está imobilizando menos recursos próprios ao longo dos exercícios sociais em análise.

(SOLUÇÃO)

(1) ERRADO. Se o endividamento está aumentando, as dívidas estão aumentando em relação aos recursos aplicados no ativo. Se a imobilização está aumentando, significa que está havendo aumento dos recursos aplicados no ativo fixo. Assim, dificilmente está havendo aumento dos recursos próprios aplicados no ativo circulante.

(2) CERTO. O endividamento tem um comportamento inversamente proporcional aos quocientes de liquidez, ou seja, se o endividamento está aumentando, a liquidez está reduzindo.

(3) CERTO. Se os resultados caíram de bom para razoável, então a rentabilidade, que é a relação entre resultados e capitais próprios (patrimônio líquido) ou capitais aplicados (ativos), está em queda.

(4) CERTO. O aumento do endividamento é um indício de que as dívidas estão crescendo mais do que os recursos próprios, estes também afetados negativamente pela redução da rentabilidade (redução de lucros).

(5) ERRADO. O índice de imobilização, em termos gerais, representa a concentração de recursos aplicados no ativo fixo, isto é, quanto maior esse índice, menor será a concentração de recursos aplicados no ativo circulante e realizável a longo prazo. Desta forma, uma das formas de aumentar os recursos aplicados no ativo fixo é aumentar os recursos próprios, através, por exemplo, de integralizações de capital com bens do ativo imobilizado. Assim, não podemos concluir estar imobilizando menos recursos próprios.

Editora Impetus

Rua Alexandre Moura, 51
24210-200 – Gragoatá – Niterói – RJ
Telefax: (21) 2621-7007
www.impetus.com.br

Esta obra foi impressa em papel offset 75 grs./m²